CLEOPATRA

Y LA FASCINACIÓN DE EGIPTO

CLEOPATRA

Y LA FASCINACIÓN DE EGIPTO

SKIRA | Canal de Isabel II gestión

Art director
Marcello Francone

Proyecto gráfico
Luigi Fiore

Edición y diseño de portada
Empty

Redacción
Marco Abate

Maquetación
Paola Oldani

Traducción
Polisemia

Acabado de imprimir en el mes de diciembre de 2015
por Skira, Ginevra-Milano
Printed in Italy

CLEOPATRA
Y LA FASCINACIÓN DE EGIPTO

Madrid, Centro de Exposiciones Arte Canal
3 de diciembre de 2015
8 de mayo de 2016

Canal de Isabel II Gestión Comunidad de Madrid

Cristina Cifuentes Cuencas
Presidenta de la Comunidad de Madrid

Ángel Garrido García
Presidente de Canal de Isabel II Gestión y consejero de Presidencia, Justicia y portavoz del Gobierno de la Comunidad de Madrid

Adrián Martín López de las Huertas
Director general de Canal de Isabel II Gestión

Exposición

Organizada por Canal de Isabel II Gestión y Arthemisia Group

Comisarios

Giovanni Gentili
Historiador del Arte Antiguo

Martín Almagro-Gorbea
Académico Anticuario de la Real Academia de la Historia (España)

Comité científico

Alessia Amenta
Conservadora de las Colecciones de Antigüedades Egipcias de los Musei Vaticani

François Antonovich
Egiptólogo, París

Matilde Borla
Egiptóloga, miembro del Comité de Patrimonio Arqueológico de la Región del Piamonte, Italia

Giovanni Brizzi
Profesor de Historia de la Antigua Roma, Universidad de Bolonia

Elena Calandra
Superintendente del Comité de Patrimonio Arqueológico de la Región de Umbría

Massimiliano Capella
Historiador de la Moda y el Vestido, Universidad de Bérgamo

Francesca Cenerini
Profesora de Historia de la Antigua Roma, Universidad de Bolonia

Luis Alberto de Cuenca y Prado
Profesor de Investigación del Centro de Ciencias Humanas y Sociales del CSIC

Angela Donati
Profesora de Epigrafía Latina, Universidad de Bolonia

José Manuel Galán Allué
Profesor de Investigación del Centro de Ciencias Humanas y Sociales del CSIC

Rosanna Friggeri
Directora del Museo Nazionale Romano - Terme di Diocleziano, Roma

Giovanni Gentili
Historiador, especialista en Arte Antiguo, director

Maria Cristina Guidotti
Directora del Museo Egizio, Florencia

Pilar León-Castro Alonso
Académica de la Real Academia de la Historia (España)

Paolo Liverani
Profesor de Topografía de la Italia antigua, Universidad de Florencia

Luigi Malnati
Superintendente del Comité de Patrimonio Arqueológico de la Región de Emilia-Romaña

Miguel Ángel Molinero Polo
Profesor titular de Historia Antigua / Egiptología de la Universidad de La Laguna (Tenerife)

Javier Negrete
Profesor, filólogo y novelista

Gabriella Pantò
Directora del Museo di Antichità, Polo Reale, Turín

Rita Paris
Directora del Museo Nazionale Romano: Palazzo Massimo alle Terme, Roma

M. Carmen Pérez Die
Conservadora jefe del Departamento de Antigüedades Egipcias y del Oriente Próximo en el Museo Arqueológico Nacional, Madrid

Daniela Picchi
Egiptóloga, Museo Civico Archeologico, Bolonia

Enzo Sallustro
Director de RAI Movie, Roma

Carla Salvetti
Conservadora, Musei Capitolini, Roma

Valeria Sampaolo
Arqueóloga, Museo Archeologico Nazionale, Nápoles

Gemma Sena Chiesa
Profesora de Arqueología Clásica, Universidad de Milán

Giandomenico Spinola
Conservador, Colecciones de Antigüedades Griegas y Romanas de los Musei Vaticani

Grete Stefani
Directora del Comité Especial para el Patrimonio Arqueológico de Pompeya y Herculano

Giovanni C.F. Villa
Profesor de Historia del Arte Moderno, Universidad de Bérgamo

Coordinadores

Fernando Arlandis Pérez
José Luis Auger Martínez
Paula Matellanes Rodríguez
Andrea Rodríguez Valls
Nuria San Román Navarro

Diseño, construcción y montaje

Empty

Instituciones prestatarias

Canal de Isabel II Gestión agradece sinceramente a las instituciones, a los colaboradores de dichas instituciones y a los coleccionistas su contribución:

Altes Museum, Staatliche Museen zu Berlin
Antikensammlung Basel and Sammlung Ludwig, Basilea
Fondazione Arnaldo Pomodoro, Milán
Biblioteca Histórica de la UCM, Madrid
Biblioteca Nacional de España, Madrid
The Brooklyn Museum, Nueva York
Fondazione Casa Buonarroti, Florencia
Collezione Costumi d'Arte – Peruzzi – Roma
Collezione Dario del Bufalo, Roma
Collection François Antonovich, París
Collezioni d'Arte e di Storia della Fondazione Cassa di Risparmio, Bolonia
Fondation Gandur pour l'Art, Genève (Ginebra)
Fondazione Arena di Verona
Fondazione Dino ed Ernesta Santarelli – Onlus, Roma
Fondazione Museo delle Antichità Egizie, Turín
Fondazione Teatro dell'Opera di Roma
Fundació Museu del Cinema - Col·lecció Tomàs Mallol, Gerona
Fundación Lázaro Galdiano, Madrid

Galerie Cybele, París
Galleria d'Arte Moderna di Roma Capitale - Sovrintendenza Capitolina ai Beni Culturali
Galleria d'Arte Moderna, Milán
Galleria Spada - Polo Museale Regionale del Lazio
Instituto Egipcio de Estudios Islámicos, Madrid
Kunsthistorisches Museum, Viena
Museo Civico Archeologico, Bolonia
Musée Champollion, Figeac
Musée des Augustins, Toulouse
Musée des Beaux-Arts de Chambéry
Musée du Louvre, París
Musei Capitolini - Sovrintendenza Capitolina ai Beni Culturali, Roma
Musei Civici d'Arte Antica, Bolonia
Musei Vaticani, Ciudad del Vaticano
Museo Archeologico dei Campi Flegrei - Polo Museale della Campania, Bacoli, Nápoles
Museo Archeologico Nazionale di Cagliari - Soprintendenza Archeologia della Sardegna
Museo Archeologico Nazionale di Formia - Soprintendenza per i Beni Archeologici del Lazio
Museo Archeologico Nazionale, Nápoles
Museo Archeologico Nazionale di Sperlonga & Area Archeologica di Villa Adriana - Polo

Museale Regionale del Lazio
Museo Archeologico Nazionale, Florencia - Polo Museale Regionale della Toscana
Museo Archeologico Ostiense, Roma - Soprintendenza Speciale per il Colosseo, il Museo Nazionale Romano e l'Area archeologica di Roma
Museo Arqueológico de Linares. Conjunto Arqueológico de Cástulo
Museo Arqueológico Nacional, Madrid
Museo Arqueológico y Etnológico de Granada
Museo Carrozze d'Epoca, Roma
Museo Cerralbo, Madrid
Museo Civico di Palazzo Te, Mantua
Museo de Burgos
Museo de Cádiz
Museo de Cuenca
Museo de Historia de Madrid
Museo de Huelva
Museo de Huesca
Museo de la Real Academia de Bellas Artes de San Fernando, Madrid
Museo de Málaga
Museo de Menorca
Museo di Antichità, Turín - Polo Museale Reale Torino
Museo di Antropologia, Padua - Università degli studi di Padova
Museo di Palazzo Venezia, Roma - Polo Museale Regionale del Lazio
Museo di Priverno - Soprintendenza per i Beni Archeologici del Lazio

Museo Nacional de Artes Decorativas, Madrid
Museo Nacional de Ciencias Naturales, Madrid
Museo Nacional del Prado, Madrid
Museo Nazionale e Aree Archeologiche, Quarto d'Altino, Soprintendenza per i Beni Archeologici del Veneto
Museo Nazionale Romano - Palazzo Altemps, Roma - Soprintendenza Speciale per il Colosseo, il Museo Nazionale Romano e l'Area archeologica di Roma
Museo Nazionale Romano - Palazzo Massino alle Terme, Roma - Soprintendenza Speciale per il Colosseo, il Museo Nazionale Romano e l'Area archeologica di Roma
Museo Nazionale Romano - Terme di Diocleziano, Roma - Soprintendenza Speciale per il Colosseo, il Museo Nazionale Romano e l'Area archeologica di Roma
Museum Kunstpalast, Düsseldorf
Pinacoteca dell'Accademia dei Concordi e del Seminario Vescovile di Rovigo
Pontificia Commissione di Archeologia Sacra, Roma
Samek Art Museum, Bucknell University, Lewisburg
Soprintendenza Speciale per i Beni Archeologici di Pompei, Ercolano e Stabia
Colección particular, Suiza
Colección particular, Londres
Collezione Roberto della Valle

Agradecimiento especial al Instituto Egipcio de Estudios Islámicos de Madrid por su colaboración en este proyecto.

Índice

Prólogo

El Centro de Exposiciones Arte Canal ofrece con esta exposición sobre "Cleopatra y la fascinación de Egipto" una excelente muestra de divulgación cultural presidida por la calidad y el rigor. La Comunidad de Madrid está firmemente comprometida con la función de la cultura como valor social y educativo, como expresión de libertad y como principal factor de integración. Una cultura con propuestas originales y sugerentes, como esta gran exposición.

La cultura es, asimismo, un destacado foco de proyección de la Comunidad de Madrid. En 2013, más de cuatro millones de las personas que visitaron nuestra región lo hicieron por motivos culturales. Una cifra que da idea de la importancia social, económica y turística que tiene la cultura, y que vamos a seguir potenciando desde la Administración regional.

Arte Canal se ha adentrado, desde su primera exposición hace once años, en algunos episodios históricos apasionantes con muestras tan destacadas y de tanto éxito como las dedicadas a los Guerreros de Xi'an, a los faraones, a la vida cotidiana en la antigua Roma, al bicentenario de la Guerra de la Independencia, a la personalidad de Alejandro Magno, a la genialidad de Leonardo da Vinci, a Pompeya o, la más reciente, a Hernán Cortés. Y alguna de ellas tuvo que ser prorrogada ante la demanda del público.

En todas estas exposiciones se han reunido obras de arte, objetos, documentos y piezas de incalculable valor procedentes de los mejores museos del mundo, y han contado con investigadores e historiadores de primer nivel en la preparación y coordinación de los discursos expositivos.

Fiel a ese espíritu de rigor e investigación, esta nueva exposición que presenta Canal de Isabel II Gestión rescata a una de las mujeres más interesantes de la Antigüedad: Cleopatra, la última reina de Egipto, recreando la época que le tocó vivir. Uno de los grandes hallazgos de esta exposición es la originalidad y profundidad con la que estudia aquel momento histórico. Es de justicia agradecer a los profesores Giovanni Gentili y Martín Almagro-Gorbea su trabajo en la organización de una muestra única que reúne más de 440 piezas procedentes de 80 museos y colecciones españolas e internacionales.

Este rico muestrario sobre Cleopatra y su tiempo ocupa la totalidad del Centro Arte Canal, considerado como la sala de exposiciones temporales más grande de España y una de las mayores de Europa. Desde su apertura al público en 2004, cerca de tres millones de personas han visitado este espacio artístico que ha sabido ganarse un merecido prestigio como uno de los referentes nacionales e internacionales en el mundo del arte gracias a unas propuestas innovadoras y de indiscutible calidad.

Les deseo que disfruten con este viaje fascinante al Antiguo Egipto.

Cristina Cifuentes
Presidenta de la Comunidad de Madrid

Presentación

El Centro de Exposiciones Arte Canal acoge otra gran exposición, que esta vez lleva por título "Cleopatra y la fascinación de Egipto". Como en años anteriores, se trata de todo un evento cultural que la Comunidad de Madrid y Canal de Isabel II Gestión ofrecen a los madrileños y a cuantos visitan la capital de España para que disfruten de una de las más interesantes figuras de la Historia, a la vez que se acercan a otras tierras y culturas que facilitan la comprensión de nuestro mundo global.

Esta exposición prosigue la tradición del ciclo iniciado en 2004 con "Guerreros de Xi'an", seguido por otros éxitos tan notables como "Faraón" (2005), "Madrid, 2 de mayo 1808-2008" (2008), "Alejandro Magno: encuentro con Oriente" (2010), "Leonardo da Vinci, el Genio" (2012) o "Itinerario de Hernán Cortés" (2014). Entre todas ellas han atraído a varios millones de visitantes y han hecho destacar la personalidad del Centro de Exposiciones Arte Canal en la cosmopolita vida cultural de Madrid.

La protagonista en esta ocasión, Cleopatra, es un personaje popular, pues los más grandes literatos y artistas del mundo se han inspirado en su vida, que ha quedado plasmada en todo tipo de obras, desde esculturas y cuadros a novelas, tragedias, óperas, ballets o películas. Todo ello animaba a organizar esta muestra para que el público pueda conocer más y mejor a una figura tan interesante y enigmática del Antiguo Egipto, del que constituye un simbólico epílogo, a la vez deslumbrante y trágico. Si se añade la fascinación que Egipto ejerce siempre –para los que ya lo conocen porque se sienten atraídos una vez más, y para los que todavía no, porque sienten la llamada de esa tierra fabulosa regada por el Nilo, tan cargada de arte, de historia y de vida–, resulta evidente el atractivo de esta gran exposición.

Constituía todo un reto presentar a Cleopatra ante el público madrileño enmarcada en su contexto cultural, pues aunque pueda parecer lejana en el tiempo y en el espacio, resulta tan atrayente hoy como en otros momentos. Se trata de una adaptación enriquecida para el público de Madrid de versiones de una misma exposición realizadas previamente en Roma y París, aunque el tema ha sido tratado en otras ocasiones, como en la antológica que el British Museum le dedicó en 2001. Dentro de este panorama cultural europeo tan actual, con un montaje moderno y sugerente, se presenta por primera vez en España a la última reina del Antiguo Egipto, para que los madrileños y los que visitan nuestra ciudad la conozcan mejor y queden intrigados por su figura.

Cleopatra ha gozado siempre de gran popularidad, a pesar de que su papel histórico no parezca muy relevante en el decadente estado faraónico. Su vida es todavía mal conocida y ofrece muchos puntos oscuros, suplidos con más o menos acierto en las numerosas biografías a ella dedicadas; no obstante, destaca su apasionante relación con los grandes personajes que fraguaron el Imperio Romano: Pompeyo, César, Marco Antonio y Augusto. Ese estrecho margen desde el antagonismo político a la complicidad personal es uno de los misterios de Cleopatra. Vivió en una época convulsa y, dentro de ese torbellino de acontecimientos, supo triunfar, hasta que, finalmente, alcanzó su trágico destino. Éste es el contexto histórico que ilustra la exposición.

Su figura como última reina del fabuloso Egipto faraónico ofrece gran interés, y su personalidad destaca en el mundo básicamente masculino de la Antigüedad como contrapunto femenino, gracias a su habilidad y sus encantos, que tanto han atraído siempre a cuantos de un modo u otro se han aproximado a su estudio, ya que una vida como la suya siempre ejerce profunda fascinación; por eso aún hoy deseamos saber cómo era de verdad Cleopatra más allá de los mitos que la rodean. Nació en la refinada y decadente dinastía de los Ptolomeos, cuando la presencia dominante de Roma ya marcaba nuevos tiempos históricos. Al brillo de su cuna se añadía una espléndida formación en la corte helenística asentada en la cosmopolita ciudad de Alejandría, la gran ciudad griega fundada en Egipto por Alejandro Magno el 331 a.C., que con su *Museion* y su *Bibliotheca* se había convertido en el centro cultural del mundo. Cleopatra se había formado en literatura y música, matemáticas y astronomía, medicina y política. Hablaba, además de griego –que era su lengua familiar–, egipcio, arameo, hebreo, sirio y seguramente latín. A su magnífica educación se añadía el haberse formado y crecido en el ambiente de la corte helenística de los Ptolomeos, de cultura griega, con refinadas fiestas y también con terribles intrigas y corrupciones, que ayudaron a conformar el carácter firme y cautivador de esta reina y que explican su ambición, su empeño y su habilidad para alcanzar los objetivos que se proponía. En esta personalidad radica su verdadero atractivo, que ejerció sobre cuantos entraron en contacto con ella, encanto que radicaba más que en su belleza física, en sus femeninas dotes personales: su cultura, su cuidada figura, sus modales seductores y su voz persuasiva, como señaló Plutarco.

Esta gran exposición sobre Cleopatra dedica especial atención al eco que ha tenido la personalidad de la reina egipcia en las creaciones artísticas de todos los tiempos, desde el Renacimiento hasta nuestros días. Pinturas y esculturas, composiciones musicales de ópera y ballet, obras de teatro, películas y novelas tienen por tema a la última reina de Egipto, con el indudable atractivo añadido de los personajes con los que convivió, desde los últimos y decadentes Ptolomeos a las grandes figuras del Imperio Romano, como Pompeyo y César o Marco Antonio y Augusto. Su vida, además, marca el final del Egipto faraónico y queda resaltada por el interés del momento histórico en que vivió, cuando Roma conquista y absorbe los últimos reinos helenísticos herederos de Alejandro Magno, con toda su riqueza artística, cultural y económica, que acabaron triunfando en Roma al llevar hasta ella ese mundo de lujo y, a la postre, de refinada decadencia.

Para hacer llegar al público estas ideas, la exposición, concebida con el mayor rigor científico y organizada en las magníficas salas del Centro de Exposiciones Arte Canal por profesionales de gran sensibilidad, ofrece más de 400 piezas de más de 50 museos y colecciones de toda Europa, cifras que dan idea de su volumen y de su carácter internacional. El cuidadoso montaje resalta la belleza de las piezas expuestas, para que éstas transmitan las ideas argumentales, pues el arte es un lenguaje universal, ya que a través de la belleza cada cual, según su interés y personalidad, capta sin esfuerzo el contenido de esas creaciones y su mensaje. La exposición pretende agradar y embelesar a todos los públicos, desde los niños a los amantes del Arte y de la Historia, sin que se pueda destacar qué pieza es la más atractiva entre tantas reunidas, aspecto que se deja al gusto y mentalidad de cada visitante.

La exposición la conforman ambientes sucesivos, que transportan al Antiguo Egipto y a la trama y al contexto histórico de la época, y que han sido concebidos de forma independiente para que ofrezcan más variedad y ritmo. La primera sala contiene una breve introducción titulada "Egipto, tierra del Nilo", pues "Egipto es un don del Nilo", en palabras del sabio Heródoto, padre de la Geografía, la Historia y la Etnología. Distintos apartados conforman esta sección, dedicados a los Ptolomeos, a Alejandro y a Alejandría, al arte y la cultura, y a los dioses y cultos sincréticos egipcios de época helenística. Una especial referencia al Templo de Debod, procedente de Nubia, joya del último periodo de la arquitectura faraónica que enriquece la capital de España, constituye el final de esta parte.

La sección siguiente aborda la figura de Cleopatra bajo el título "La última reina de Egipto". Analiza la imagen de Cleopatra reflejada en obras de arte y en descripciones de la Antigüedad y también su vida en la etapa final de la dinastía de los Ptolomeos, hasta su trágica muerte, tras la que Egipto pasó a ser provincia romana. A continuación, "Egipto en Roma" ilustra cómo la cultura egipcia cautivó a Roma, en la que se pusieron de moda los temas nilóticos, las refinadas joyas y objetos suntuarios alejandrinos, mientras se hacían cada vez más populares cultos egipcios como los de Isis y Serapis.

Un apartado especial se dedica al eco que la figura de Cleopatra ha tenido en la cultura y el arte desde el Renacimiento hasta nuestros días. Recordar en las artes escénicas la tragedia *Antonio y Cleopatra* de Shakespeare, la ópera *César en Egipto* de Händel o producciones cinematográficas tan famosas como la polémica superproducción *Cleopatra* de Mankiewicz, protagonizada por Elizabeth Taylor con Richard Burton como Marco Antonio, o la de *Marco Antonio y Cleopatra*, dirigida y protagonizada por Charlton Heston. Todo ello da idea de la popularidad de la última reina egipcia en todas las artes, sin excluir visiones humorísticas, como el cómic *Astérix y Cleopatra*, y obras menos conocidas de autores españoles como *Los áspides de Cleopatra* de Francisco de Rojas Zorrilla (1607-1648).

La sede española de la exposición ha aconsejado dedicar la última sección a "La fascinación de Egipto en España", a modo de corolario. En ella se reúnen obras del patrimonio histórico español que permiten conocer cómo España, al igual que el resto de Europa, ha sentido la fascinación de la cultura faraónica. A través de fenicios, griegos y romanos llegaron a la Península Ibérica los primeros objetos egipcios, cuyo influjo se aprecia también en la *Hispania* romana. En época moderna, el coleccionismo egiptológico y la Egiptología se desarrollaron en España menos que en otros países, aunque colecciones y creaciones literarias indican el interés de ciertas élites, hasta que la participación en las campañas de Nubia en el decenio de 1960, que finalizaron con la llegada del Templo de Debod, permitieron superar esa situación e iniciar una tradición egiptológica española.

Junto a todas las piezas expuestas, cada una dotada de brillo propio, se pueden contemplar unas excelentes producciones audiovisuales pensadas para que el visitante se sumerja en la exposición y pueda disfrutar todavía más de Egipto y de la figura de Cleopatra. Además, un completo catálogo y guías audiovisuales e impresas ayudan a la visita y permiten recordar después el itinerario de la exposición y las piezas más destacadas.

En resumen, esta magnífica exposición "Cleopatra y la fascinación de Egipto", en el magnífico marco de las salas de Canal de Isabel II Gestión, lleva al público de Madrid y de toda España a descubrir y a disfrutar de uno de los personajes femeninos más fascinantes de la Historia, como evidencia la popularidad que siempre ha gozado a lo largo del tiempo en su continua aparición en los medios más diversos de la cultura y de la comunicación.

Martín Almagro-Gorbea
Real Academia de la Historia

Giovanni Gentili

Cleopatra reivindicada

Entre las exposiciones dedicadas a Cleopatra VII *Theá Filopátor Neótera*, última reina lágida de Egipto, que se suicidó en el año 30 a.C. para evitar caer en manos del vencedor Octavio y pasar por la vergüenza de formar parte de su "triunfo", celebrado en Roma en 29 a.C., un año después de la victoria por él lograda en aguas de Accio –véase, en este catálogo, una interpretación de tan célebre batalla a cargo de Giovanni Brizzi, mientras que Angela Donati traza en sus páginas un bosquejo histórico harto oportuno sobre las relaciones multiformes que existieron entre Roma y la tierra del Nilo–, la presente exposición, organizada en el magnífico marco del Centro de Exposiciones Arte Canal, se distingue por varias razones.

Ante todo, hemos tenido el deber y el placer de realizar para el público más amplio una gran exposición dedicada a la más célebre de las reinas de la Antigüedad. Se trata de una muestra de carácter exclusivamente arqueológico –alejada, pues, de lo que se ha llevado a cabo recientemente en otros lugares, en los que se ha sucumbido a la fascinación y al glamur propio de los platós cinematográficos de históricos péplums de imperecedera memoria que, para nuestra desgracia, han tenido por regla general el demérito de presentarnos una imagen de esta reina muy distinta de la realidad–.

Nada que objetar, desde luego, respecto a la fascinante Liz Taylor ni al pasional Richard Burton, por poner un ejemplo. Pero el retrato de la soberana –y no sólo el suyo– que se proyectó en la gran pantalla de medio mundo durante el invierno de 1963-1964 quedó, como mínimo, distorsionado, empezando precisamente por el célebre "perfil" de la reina, que arqueólogos e historiadores conocen a través de las acuñaciones monetarias de Cleopatra –de las que trata en estas páginas Samuele Ranucci– por su característica y pronunciada nariz, levemente aguileña. Verdad es que hasta aquel entonces nadie había sospechado que las facciones de la última reina de la tierra del Nilo coincidieran con las de una hermosa cabeza marmórea –por otro lado, falta precisamente de nariz– que representa a una joven reina alejandrina: cabeza hallada en Roma, en la Villa de los Quintili, en la segunda mitad del siglo XVIII y conservada posteriormente en las colecciones vaticanas. Así, gracias al cine, en el imaginario popular se afianzó la idea de una Cleopatra "faraónica" bajo muchos conceptos, tan igualmente "faraónico" como se presentaba en su globalidad el Egipto ptolemaico escogido para servir de telón de fondo –junto con una Roma análogamente imaginaria en su mayor parte– a las alternas y, por último, amargas vicisitudes de los dos amantes.

No resulta, sin embargo, fácil reconstruir el verdadero rostro ni, en especial, la personalidad de Cleopatra. La desinformación y la distorsión de la verdad llevadas a cabo por Octavio y por sus aliados detractores de la reina –particularmente por sus historiadores cortesanos– fueron tan sumamente amplias como tergiversadoras, y causaron una *damnatio memoriae* ("condena de la memoria") que es ya bimilenaria. De ahí que algo verdadero sobre Cleopatra sólo pueda sur-

15

gir cribando y expurgando atentamente –cuando no eliminando– muchas presuntas "noticias" que la historiografía augustal y filoaugustal nos ha legado, y acudiendo a fuentes más neutrales, si no abiertamente antiaugustales. En este sentido, Francesca Cenerini, en su ensayo dedicado a Cleopatra, traza un retrato *sui generis* de la reina: un retrato, en cualquier caso, escueto, ya que, en realidad, es poco lo que se sabe de esta joven mujer extraordinaria –por su envergadura tanto intelectual como política–, odiosa para Roma pero amada por su pueblo, la última de los Ptolomeos, la cual, en varios aspectos, puede compararse con los primeros grandes soberanos lágidas de Alejandría. Recientes hallazgos deparan, aquí y allá, aportaciones significativas, aun cuando sean pequeñas como las microteselas de un mosaico de factura alejandrina: es el caso, por ejemplo, de una pequeña estela parisiense, de carácter devocional, que nos confirma el culto –incluso doméstico– del que era objeto la diosa-reina.

Por lo que respecta a su fisonomía, algunos importantes estudios recientes van encaminados a reconocer las facciones de Cleopatra en retratos y estatuas de estilo egipcio tradicional, con resultados que permanecen todavía abiertos, y de los que trata, en el presente catálogo, Matteo Cadario. Este estudioso, obviamente, toma también en consideración los retratos helenísticos de la soberana, entre los cuales la presente exposición yuxtapone algunos procedentes de conocidas colecciones; retratos que parecen reproducir los rasgos de Cleopatra en diferentes edades.

La presente exposición presta, además, gran atención al Egipto tardo ptolemaico, del que Cleopatra es hija y heredera que vive y reinterpreta, alimentándose de ellas, las extraordinarias experiencias propiciadas por la multiforme complejidad social, religiosa y cultural de la capital del Mediterráneo antiguo: precisamente Alejandría, ciudad que Elena Calandra presenta en su escrito, dándonos de ella una panorámica tan viva como variada. Se trata de un mundo en sí, al que Roma –ya al final de la República y en los albores del Principado inminente– observa con mirada calculadora, entreverada de desprecio, avidez y envidia. Tampoco hay que olvidar a este respecto –y la exposición lo recoge– los motivos económicos, que, junto con los políticos, inducen a Octavio a conquistar Egipto, tierra mítica de la abundancia amén de "Jauja" a los ojos de los romanos, descrita como tal en

pinturas y mosaicos de carácter nilótico que son objeto del fluido estudio de Carla Salvetti. Se trata, ante todo, del trigo y de la cebada, y después del papiro y de otras materias primas de diferentes géneros, entre las que se incluyen pórfidos, alabastros, granitos y mármoles preciados, amén del celebrado tesoro particular de Cleopatra, rico en esmeraldas, perlas, oros y piedras preciosas, que la reina antes de morir encerraría en su tumba en forma de torre, sepulcro que pudo ordenar construir dentro del perímetro de su palacio.

El Egipto conquistado encantará –en todos los sentidos de la palabra– a su conquistador. Análogamente a lo que sucediera con Grecia, esta vez será el fenómeno de la "egiptomanía", expresión que abarca tanto la *luxuria,* es decir un estilo de vida acomodado propio del refinado ambiente de la corte alejandrina junto con el mobiliario y los objetos suntuarios realizados con destino a ella, ambicionados cada vez más por la nobleza romana –objeto aquí del ensayo de Gemma Sena Chiesa–, como los modelos y las formas de carácter egipcio o egiptizante que, principalmente en el ámbito arquitectónico, distinguen y decoran nuevos edificios privados y públicos –de los que trata Giandomenico Spinola–, y que arrollaron, ante todo, en la Urbe. Roma había presenciado, atónita, la llegada de Cleopatra y de su exótico séquito en 46 a.C., cuando la reina y su hijo Ptolomeo XV Cesarión residieron allí, en los *Horti* transtiberinos propiedad de Julio César, como sus invitados de honor. De la Roma de Cleopatra –que la reina tuvo que abandonar a toda prisa en el año 44, a raíz del asesinato del dictador–, Paolo Liverani traza un bosquejo delimitado por las evidencias actuales y enriquecido por las fuentes históricas. La reina, honrada por César mediante la erección de una estatua, quizá de bronce dorado, en el templo de Venus Genetrix, fundadora de la *gens* Iulia, y cabe imaginar que con otros homenajes similares influye, con su presencia y su estilo, en los usos y costumbres de la *nobilitas* o nobleza romana, particularmente en los de las matronas. No sorprenderá, por tanto, encontrar, precisamente en la propia casa de Augusto y de Livia en el Palatino, edificada a partir de 36 a.C., frescos de tema egipcio o de inspiración egiptizante; ni ver cómo de repente se sustituye en la retratística femenina el tradicional y severo peinado romano por uno más moderno y elegante, de corte alejandrino, con su característico moño. En la Urbe al

Fig. 1
*Estela con representación
de la tríada tebana*
44-30 a.C.
Colección privada
(lám. 49)

Fig. 2
*Obelisco de Cleopatra VII,
denominado "Cleopatra's Needle"
("La Aguja de Cleopatra")*
Londres

igual que en otros lugares de la ecúmene romana, arquitecturas, pinturas y mosaicos, muebles, obras de orfebrería y de platería, piedras preciosas y marfiles repiten o reinventan modelos y lenguajes propios del arte egipcio tardo ptolemaico, mientras se erigen por doquier –no sin resistencias por parte de los romanos más tradicionalistas– nuevos templos dedicados a los cultos típicamente alejandrinos de Isis y de Serapis. La introducción en suelo itálico de estas nuevas religiones, destinadas a alcanzar gran éxito durante los siglos sucesivos –piénsese tan sólo en que el culto de Isis, divinidad patrona de la navegación y, por consiguiente, de los abastos, está documentado en Roma todavía en el siglo IV tardío, pese a las prohibiciones imperiales vigentes–, es objeto, en el presente catálogo, del análisis de Valeria Sampaolo. Y bueno será recordar a los lectores que de Isis, fecunda en vida, eran encarnación precisamente las reinas ptolemaicas, con inclusión de la última, Cleopatra, quien no por casualidad a partir del año 36 y hasta su muerte decidirá aparecer en público vestida del color azul consagrado a la citada diosa.

Cleopatra queda, en cierto sentido, reivindicada. El propio Octavio se convierte, mal que le pese y a todos los efectos, en heredero suyo, una vez eliminado físicamente el jovencísimo Cesarión, asociado en su día por su madre al trono de Egipto, y potencial adversario político suyo, a fuer de hijo natural de César. Octavio, *divi filius* ("hijo de Dios") según la acepción por él asumida y promocionada mediante la correspondiente acuñación de monedas tras la muerte y la divinización de su padre adoptivo, se sentará en el trono que perteneciera a Isis-Cleopatra. Y, no sin un punto de ironía, lo podemos admirar vestido de faraón, esculpido en un relieve polícromo procedente del templo de Kalabsha, erigido por él en la Baja Nubia conforme a la multimilenaria tradición religiosa egipcia, presentando ofrendas a las divinidades locales: una imagen que el senado y el pueblo romano sin duda habrían aborrecido de haber podido verla. Pero Roma quedaba lejos; los jeroglíficos que representaban su *nomen* ("nombre gentilicio" o "apellido") y su *praenomen* ("nombre de pila") resultaban incomprensibles para la mayoría, y de todas formas en Egipto, dominio directo de César Octavio Augusto, por el momento no se podía entrar.

Angela Donati

Egipto, entre los faraones y Roma

Las dinastías faraónicas que se habían sucedido a lo largo de dos milenios llevaron a cabo con grades esfuerzos la unión política entre dos territorios que, desde el punto de vista geográfico, resultaban muy distintos: el Alto Egipto (correspondiente al valle del Nilo y proyectado, incluso culturalmente, hacia el corazón del continente) y el Bajo Egipto (la región del delta del río, más cercana a las civilizaciones que gravitaban sobre el área mediterránea). La unidad política de tan gran región, disputada durante largo tiempo entre los reyes de Nubia y los asirios, corrió peligro en varias ocasiones, hasta que en 525 a.C. Egipto se convirtió en una provincia (satrapía) del Imperio Persa, encabezado a la sazón por Cambises, que quiso ser considerado como el heredero legítimo de los faraones. La gran lejanía respecto al centro político del Imperio Persa y los métodos de gobierno propios de algunos gobernadores causaron a menudo revueltas y breves periodos de autonomía de la región, pero insertaron de lleno a Egipto en el contexto mediterráneo y, particularmente, en la historia del mundo griego.

En su imponente expedición contra Darío, el Gran Rey del Imperio Persa, Alejandro Magno reservó a Egipto un papel de primera importancia: residió allí mucho tiempo entre 332 y 331 a.C., antes de dirigirse hacia las regiones más orientales, hasta la India. Durante aquel periodo fueron dos, como mínimo, los momentos significativos de la vida de Alejandro y de la historia de Egipto. El primero fue su expedición al oasis de Siwa, en pleno desierto líbico,

con el fin de consultar el oráculo de Amón que allí tenía su sede, y al que el soberano debió de formular preguntas sobre su futuro como dominador del mundo; según el relato de Plutarco (*Vida de Alejandro*, 27, 9), el sacerdote se dirigió a él en griego cometiendo uno de esos errores que suelen encontrarse en las ambiguas respuestas de los oráculos, llamándolo *ho pa s Diós* (el hijo de Zeus –o, mejor dicho, de Amón–) en vez de *ho paidíon* (simplemente "el hijo"), y sancionando así su descendencia divina, privilegio de los faraones. Pero harto más significativa se reveló la decisión –que Alejandro adoptó durante aquel periodo– de fundar una nueva ciudad que de él tomó nombre: una de las numerosas Alejandrías diseminadas a lo largo de su itinerario hacia la India (Alejandría del Cáucaso, Alejandría Nicea, Alejandría Oxiana, Alejandría de Aracosia, etc.), pero la única que creció y se desarrolló hasta el punto de convertirse, andando el tiempo, en uno de los centros de cultura más famosos del Mediterráneo.

Ya en el momento de abandonar Egipto, Alejandro había encomendado su gobierno a uno de sus más fieles colaboradores, Cleómenes de Náucratis, que mantuvo el título persa de sátrapa; pero cuando, en 323 a.C., al morir prematuramente el emperador, se procedió a la repartición de las tierras del Imperio entre sus generales, Egipto recayó en Ptolomeo, hijo de Lago, perteneciente a la nobleza macedonia, quien continuó siendo designado como sátrapa durante unos años, hasta que se proclamó rey en 305 a.C. y fundó el reino independiente de Egipto, uno de los más ri-

Mosaico con barco y Faro de Alejandría
Siglos III-II a.C.
Roma, Musei Capitolini

19

cos e influyentes entre los que surgieron tras la diáspora del imperio de Alejandro, y el último en entrar formalmente en la órbita de Roma.

Muy poco después de la muerte de Alejandro, Ptolomeo había conseguido –no sin dificultades– que se llevara a Egipto el cuerpo del emperador, sepultado en un primer momento en Menfis, la capital tradicional de la época faraónica, pero trasladado poco después a Alejandría, ciudad destinada a ocupar el lugar de aquella en el reino ptolemaico. A Ptolomeo I Soter (el Salvador) se debe precisamente la expansión territorial de Egipto por el Mediterráneo: entran, en efecto, a integrar su reino regiones importantes como Chipre, Cirenaica y parte de Siria –no sin conflictos con los demás soberanos helenísticos, especialmente con Antígono y con Seleuco, aunque no sólo con ellos–.

Al largo reinado de Ptolomeo I Soter y a su política cultural y social cabe adscribir la transformación de Egipto en una potencia proyectada hacia el Mediterráneo; a Alejandro hay que atribuir la elección estratégica del emplazamiento de la que había de ser la capital del reino ptolemaico: en el delta del Nilo, frente a la isla de Faros, que albergaría el famoso monumento, obra de Sóstrato de Cnido, que los antiguos consideraron como una de las maravillas del mundo. Con todo, ha de reconocerse al primero de los soberanos Ptolomeos el mérito de implicar en la creación de Alejandría a los artistas más afamados de la época, encabezados por el arquitecto Dinócrates de Rodas; a otro griego, Demetrio de Falero, se le encomendó la realización de la más importante institución cultural: la celebérrima Biblioteca de Alejandría, a la que poco después se le unió una escuela de alta erudición, el no menos famoso "Museo", en el que enseñaron científicos de gran renombre, como el matemático Euclides, el astrónomo Eratóstenes y el poeta Calímaco, y donde floreció una escuela médica no inferior a las de Pérgamo y Rodas.

Las resoluciones de Ptolomeo I, concretadas en gran parte por su hijo y sucesor Ptolomeo II Filadelfo, y la gran abundancia de medios económicos puestos a disposición de la cultura, hicieron posible que la Biblioteca llegara pronto a contar con unos centenares de miles de obras de todos los géneros, desde las ciencias literarias a las técnicas, adquiridas, aunque también transcritas en copia a partir de originales de los que no podía disponerse de otra manera. Como es sabido, semejante tesoro cultural sufrió en varias ocasiones saqueos e incendios, y quedó definitivamente destruido con ocasión de la conquista árabe de Egipto.

Tan fuerte impulso cultural imprimido por los primeros soberanos ptolemaicos a la sociedad de Egipto había puesto de relieve grandes diferencias entre la población indígena y los recién llegados helenos –militares, mercaderes, clase dirigente–, a los que los soberanos confiaban la administración del territorio y de sus riquezas. No faltaron, sin embargo, momentos de integración gradual, por ejemplo en el ámbito religioso. Ya Ptolomeo I había percibido claramente la urgencia de respetar la tradición faraónica y el culto de las divinidades más propias de aquellas regiones, particularmente las de la Baja Nubia, donde surge el templo de Isis en la isla de Filae, fronteriza con Nubia; de semejante preocupación constituye también un claro testimonio la introducción de un nuevo culto: el de Serapis, auténtico ejemplo de dios grecoegipcio, simbiosis entre Osiris y Dioniso, con atributos propios también de Zeus y de Asclepio. Alejandría contó enseguida con un Serapeo, pero el culto del nuevo dios se difundiría por todo el Mediterráneo y también, con el tiempo, en Roma.

No hay que olvidar que con la instauración de los Ptolomeos se vuelve cada vez más frecuente el empleo en Egipto de la lengua griega, además de que, según parece, estos soberanos nunca se dedicaron a aprender el idioma egipcio con la única excepción de Cleopatra VII, quien lo hablaba con fluidez y dominaba otros tantos, entre los que también figuraba, naturalmente, el latín. El griego se convirtió en la lengua oficial del país, la que figura en la documentación papirácea (tanto en la documental propiamente dicha como en la literaria), aun cuando no se descuidaron las escrituras tradicionales de la civilización egipcia clásica: el jeroglífico y el demótico –que no es, propiamente hablando, una lengua, sino una simplificación gráfica del jeroglífico–. Jeroglífico, demótico y griego están todos ellos presentes en la celebérrima "estela de Rosetta", descubierta durante la aventura egipcia de Napoleón Bonaparte, que permitió a Jean-François Champollion la identificación del jeroglífico precisamente por la copresencia de las otras dos formas gráficas; el texto grabado en la estela se

Fig. 1
Mapa del Egipto ptolemaico

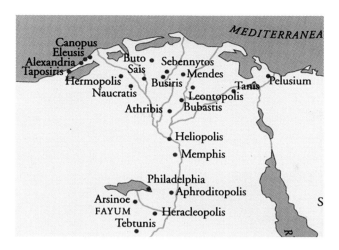

fecha en el año 196 a.C. y conmemora las ceremonias de la coronación de Ptolomeo V Epífanes, celebrada en Menfis, la antigua capital: la presencia del jeroglífico ha de entenderse, pues, como un homenaje a la tradición faraónica.

La historia del siglo III a.C. no registra grandes conmociones en el Mediterráneo oriental, ni, en especial, en el reino de los Ptolomeos, el cual se vio sin embargo implicado en conflictos con los seléucidas por la posesión de la parte de Siria que en su día había sido encomendada a Ptolomeo I; en el Mediterráneo occidental, por el contrario, se agudizó la pugna entre Roma y Cartago, enfrentamiento que acarreó a Egipto problemas económicos debido a las dificultades que un estado de guerra prácticamente permanente causaba a la libre circulación de personas y de mercancías. A tales dificultades de carácter económico se añaden, en las primeras décadas del siglo II, problemas de orden interno y la lucha por la sucesión al trono de Egipto (la primera desde la institución del reino) entre Ptolomeo VI Filométor y su hermano Ptolomeo VIII, que tuvo como consecuencia la ocupación del reino durante un breve periodo por obra de Antíoco IV de Siria. La contienda se solventó con la desmembración del reino: Ptolomeo VI recibió Egipto y Chipre, mientras que a su hermano se le asignó Cirenaica.

La disgregación del reino de Egipto prosiguió durante todo el siglo II a.C., al término del cual los tres territorios que lo integraban quedaron completamente separados: Egipto, regido por Ptolomeo X; Chipre, encomendado a su hermano Ptolomeo IX; Cirenaica, gobernada por un hermano ilegítimo de ambos, Apión, el cual, a su muerte (96 a.C.) dejó su territorio (que también incluía a Creta) en herencia a Roma, según costumbre practicada anteriormente en otros reinos helenísticos, empezando por el de Pérgamo, el cual a la muerte de Átalo III había pasado a los romanos, constituyendo así, en 132 a.C., el primer núcleo de la provincia de Asia.

La expansión de Roma en Oriente era ya un hecho incontrovertible.

La Grecia propiamente dicha hacía tiempo que se había convertido en provincia de Roma; las guerras de Pompeyo contra los piratas hicieron a Cilicia y Chipre dependientes de Roma en 67 a.C., y las emprendidas contra Mitrídates VI causaron en 63 a.C. la constitución de la provincia del Ponto, a la que se le agregó Bitinia; Siria ya no era autónoma desde 64 a.C.; otras tierras fronterizas con éstas o incluso comprendidas en ellas habían perdido su autonomía, convirtiéndose en estados clientes de Roma. Sólo Egipto, si bien demediado en su territorio, permanecía en una situación de autogobierno, aun cuando limitada.

En este contexto se inserta la vicisitud humana de Cleopatra VII, hábil política que intentó reinsertar a Egipto en el escenario de las potencias de la época, copartícipe de los proyectos de César y, posteriormente, de los de Antonio; de los hijos nacidos de sus uniones con César y con Antonio únicamente sobrevivió Cleopatra Selene, que se casó con el rey Juba de Mauritania, en el extremo confín occidental del mundo. Su tierra, Egipto, entró definitivamente en la órbita de Roma, y son absolutamente lapidarias las palabras con las que Augusto la recuerda en la narración autobiográfica de los acontecimientos que transformaron el estado romano de república en imperio (*Res gestae Divi Augusti*, 27): "*Aegyptum imperio populi Romani adieci*" ("Añadí Egipto al dominio del pueblo romano").

José Manuel Galán

Mujeres en el trono de Egipto antes de Cleopatra

Divinidades femeninas como Hathor, Mut, Bastet, Sakhmet, Nut, Seshat o Maat eran figuras imprescindibles del panteón egipcio, a las que se dedicaron templos y capillas; y alguna de ellas desempeñó siempre un papel destacado en las composiciones mitológicas más conocidas. Pero igualmente cierto es que a lo largo de la historia de Egipto los dioses principales, creadores y responsables del cosmos ordenado, fueron siempre masculinos, como Atum o Ra. En las tríadas divinas a la deidad femenina se le asignaba el papel de consorte y madre, aunque para los antiguos egipcios el origen de la vida residía en última instancia en la divinidad masculina y, además, el descendiente era siempre un hijo varón.

A las mujeres, tanto en el plano divino como humano, se les reconocían ciertas capacidades, poder e influencia, que ejercían cuando las circunstancias así lo requerían. En la sociedad egipcia el papel de la mujer, comúnmente apodada "la señora de la casa," era más relevante dentro de la célula familiar, pudiendo poseer y transmitir propiedades. Sin embargo, dentro del conjunto de la sociedad sus posibilidades se veían mermadas al tener tradicionalmente vetado el acceso a las escuelas de escriba y siendo el conocimiento de la escritura uno de los requisitos para formar parte de la administración y, por tanto, de los grupos de poder. La totalidad de los cargos de la administración civil y la mayoría de los cargos de la administración de los templos (salvo músicos y cantantes), con sus respectivos ingresos, estaban en manos de hombres.

La circunstancia que ocasionalmente le brindaba a la mujer egipcia mayores posibilidades de ejercer su influencia y poder, de adquirir una mayor relevancia, era la necesidad de perpetuar la línea familiar, y con ello el estatus y las propiedades de la familia dentro de la sociedad. Su papel de garante de la línea sucesoria, sobre todo en momentos de crisis, permitió a ciertas mujeres adquirir protagonismo y brillar con luz propia, tanto dentro como fuera de la familia real.

En los comienzos de la historia del Alto y Bajo Egipto unificado, cuando gobernaba la primera dinastía de monarcas, en torno al año 3000 a.C., una mujer, llamada Merneit, ya consiguió hacerse un hueco entre los varones que ocuparon el trono. En uno de los lugares de Egipto con mayor aura religiosa, Abidos, donde se hicieron enterrar los primeros reyes y por ello se consideró el lugar de residencia del dios Osiris, se hallaron varias bolas o pegotes de barro que habrían servido de tapón de vasijas conteniendo vino u otras ofrendas de alimentos, y que conservaban grabada la impresión de un sello cilíndrico que reproducía por orden los nombres de los primeros reyes de Egipto: el Horus Narmer, el Horus Aha, el Horus Djed, el Horus Den y la madre del rey Merneit (fig. 2). Esta última muy probablemente ejerció de regente de su hijo el rey Den y llegó a tener su propio complejo funerario dentro del cementerio real. Unos quinientos años más tarde, el compositor de los anales grabados en la denominada "piedra de Palermo" todavía recuerda e incluye a Merneit entre los gobernantes cuyos nombres servían de referencia para registrar el paso del tiempo.

Fig. 2
Dibujo de la impronta del sello cilíndrico hallado en Abidos y que menciona a "la reina madre Merneit" en el extremo derecho, detrás del nombre de los primeros reyes de Egipto (dibujo G. Dreyer, en *Mitteilungen des Deutschen Archaeologisches Instituts im Kairo* 43, 1987, p. 36, fig. 3)

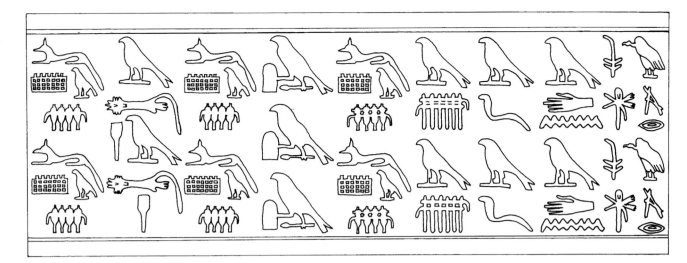

Años después, otras dos mujeres accedieron al trono cuando la dinastía reinante iba a quedarse descabezada, el gobierno central mostraba claros síntomas de debilidad y la sociedad se adentraba en una profunda crisis. El listado que recoge por orden todos los reyes de Egipto desde sus orígenes, escrito en el papiro conocido como el "canon de Turín" bajo el reinado de Ramsés II (hacia 1220 a.C.), registra la existencia de una mujer, Nitokret, como rey del Alto y Bajo Egipto hacia el final de la dinastía VI, cuando el periodo denominado "Reino Antiguo" llegaba a su fin (hacia 1220 a.C.) Y cuando el siguiente periodo de estabilidad y bonanza, el denominado 'Reino Medio', languidecía bajo la dinastía XII (hacia 1760 a.C.), y el rey Amenemhat IV moría sin descendencia poco después de ser coronado, de nuevo una mujer, Neferusobek, aparece en escena para ejercer de rey del Alto y Bajo Egipto en solitario, por unos cuatro años.

Neferusobek era hija del rey Amenemhat III y fue la primera mujer que adoptó la titulatura completa de los monarcas egipcios. Además, se hizo representar con el tocado *nemes* y con faldellín corto propio de los reyes, quedando su torso al descubierto. Para mantener la tradición y evitar confusiones, los escultores suavizaron las formas femeninas de su pecho. El hecho de que unos quinientos años después su nombre fuera recordado como un rey más en el "canon de Turín" y en la "lista de Saqqara" parece reflejar que el hecho de que una mujer fuera rey no era percibido como una aberración, sino simplemente como una excepción a la norma, un recurso para perpetuar la línea dinástica.

Cuando se estaba gestando el tercer periodo de centralización y estabilidad política en Egipto, el denominado "Reino Nuevo", las reinas madres y las esposas reales jugaron un papel esencial en el afianzamiento de la nueva dinastía surgida en la ciudad de Tebas (Luxor) tras un largo periodo de fraccionamiento territorial y político. La reina Ahhotep y la reina Ahmose-Nefertari ejercieron un gran poder a la sombra de los primeros monarcas tebanos de la dinastía XVIII como transmisoras de la sangre dinástica y desde su condición de "esposa del dios (Amón)," que les permitió acumular propiedades con importantes beneficios económicos. Hatshepsut ostentó años después (hacia 1470 a.C.) ese mismo cargo, que debió serle útil en su pretensión de hacerse coronar rey del Alto y Bajo Egipto (fig. 1). Por ello no dudó en llevar más lejos su vínculo con el dios Amón e hizo grabar una serie de escenas en su templo funerario de Deir el-Bahari en las que se describe, paso a paso, en texto e imagen, su gestación, fruto del encuentro carnal entre su madre y el dios Amón, quien adopta la apariencia del rey Tutmosis I para colarse en el dormitorio real.

Hatshepsut era hija del rey Tutmosis I y reina consorte del efímero Tutmosis II. Habiendo dado a luz sólo a una niña, heredó el trono el hijo varón de una segunda esposa, pero Hatshepsut quedó como regente durante su infancia. Siete años después se hizo coronar también ella rey del Alto y Bajo Egipto, adoptando la titulatura regia completa. Durante los quince años de corregencia, en los que hijastro y madrastra compartieron el trono, ella aparece representada en los monumentos siempre delante de él, o en solitario la mayoría de las veces. Las inscripciones pasan de denominar a Hatshepsut "hija del rey (Tutmosis I)," "esposa del rey (Tutmosis II)" y "esposa del dios (Amón)," a referirse a ella como un rey masculino, incluso como "toro victorioso." De forma similar, los escultores van suavizando las formas femeninas de su cuerpo hasta dotarla de una apariencia enteramente masculina, con faldellín corto, el torso descubierto y la cabeza cubierta con el tocado *nemes* o con las coronas del Alto y Bajo Egipto. La figura de Neferusobek parece que sirvió de inspiración para aquellos que se encargaron de transformar la imagen pública Hatshepsut. El objetivo era adaptarse lo más posible a la ideología tradicional, que presentaba al monarca como un hombre. La condición femenina de Hatshepsut, siendo madre de la princesa Neferura, era más que conocida y evidente, imposible de ocultar, por lo que su masculinización no pretendía engañar, sino más bien evitar desentonar dentro del lenguaje convencional de la monarquía, tanto escrito como figurativo.

A pesar de la preeminencia de Hatshepsut en los monumentos, Tutmosis III fue considerado siempre el rey legítimo y oficial. Prueba de ello es que los años del calendario civil se siguieron contando a partir de su entronización, y nunca de la de ella. Aun así todo parece indicar que durante la corregencia era ella quien llevaba las riendas del gobierno. Así de claro lo expresa uno de sus más próximos colaboradores, Ineni, en una inscripción biográfica grabada en su tumba-capilla de la necrópolis de Tebas:

"…(Tutmosis II) ha ascendido al cielo, se ha reunido con los dioses.
Su hijo (Tutmosis III) se alza en su lugar como rey de las Dos Tierras, gobierna sobre el trono de su progenitor.
Su hermana, la esposa del dios, Hatshepsut, ejecuta los asuntos del país, las Dos Tierras están bajo sus designios.
Se trabaja para ella, Egipto inclina la cabeza (ante ella),
la eficiente semilla de dios, quien ha surgido de él,
la guía de proa del Sur, poste de amarre de los sureños,
la segura amarra de popa del Delta,
señora de los decretos, de planes eficaces,
quien satisface a las dos orillas con su discurso…"

Pese a lo insólito de la circunstancia de tener que servir a un monarca mujer, no parece que ello causara estupor o rechazo entre los altos cargos de la administración en Tebas y otros lugares de Egipto. Cada uno de ellos continuó desempeñando su cometido y la actividad económica, social, religiosa y hasta militar siguió desarrollándose con normalidad, incluso llegando a superarse los logros de reinados anteriores. Al año siguiente de coronarse rey, Hatshepsut envió una expedición comercial al país de Punt, en el cuerno de África, para evitar a los comerciantes intermediarios que encarecían las materias primas y productos exóticos procedentes de aquel lejano lugar: oro, incienso, mirra, colmillos de elefante, pieles de pantera, rabos de jirafa, monos… La capital, Tebas, se fue convirtiendo poco a poco casi en una metrópoli, aumentaron de forma significativa los ingresos del exterior y la recaudación de impuestos del interior, lo que posibilitó la construcción de obras públicas civiles y religiosas de envergadura, el desarrollo de las artes plásticas, así como la actividad de los escribas. Sin duda el reinado de Hatshepsut marcó el comienzo de una época dorada para Egipto.

Pero tampoco hay que suponer que todo fuera un camino de rosas. En algunas inscripciones oficiales se puede leer entre líneas la existencia de una cierta oposición, al incidir éstas en la conveniencia de ser súbditos leales. El hecho de que los planes del rey no siempre coincidieran con los de sus cortesanos entraba dentro de lo normal, e incluso se utilizaba con frecuencia como recurso literario para ensalzar la superioridad de criterio del monarca, quien contaba con la ventaja de estar en directa comunicación con la divinidad. Pero precisamente la insistencia en la obediencia al monarca puede entenderse como síntoma de cierta desafección hacia Hatshepsut. Una inscripción grabada en su templo funerario de Deir el-Bahari pone en boca de su padre, Tutmosis I, las siguientes palabras:

"Yo la he colocado en mi lugar para que ella esté en mi trono.
Ella es, ciertamente, quien ha de sentarse sobre la magnífica grada.
Ella decretará para la gente en cada uno de los lugares de palacio.
Ella os guiará y vosotros habréis de obedecer su palabra,

Fig. 3
Akhenaton y Nefertiti asomados
a la ventana oficial de palacio en
Amarna, para premiar al
propietario de la tumba que
inmortaliza el momento, Ay, y
también a su mujer

deberéis permanecer unidos bajo su mandato.

Aquel que la alabe, vivirá.

Aquel que maldiga y calumnie a su majestad, morirá.

En cuanto a todo aquel que pronuncie completo el nombre de su majestad, él entrará inmediatamente a la audiencia real, igual que se hacía en nombre de mi majestad (…)

En cuanto a todo hombre que la ame en su corazón y la alabe a diario, él progresará, prosperará más que nada.

En cuanto a todo hombre que hable (falsamente) en nombre de su majestad, dios sentenciará su muerte al instante…"

Unos veinticinco años después de que Hatshepsut muriera, o al menos desapareciera de la escena pública, su rostro y su nombre fueron golpeados en todos los monumentos a ella dedicados que por entonces permanecían en pie, con el propósito de borrar su recuerdo de la faz de la tierra. Esta acción violenta, de gran alcance, perpetrada casi de forma sistemática desde palacio, dirigida probablemente por el hijo de Tutmosis III, el joven rey Amenhotep II, parece que pretendía zanjar potenciales problemas en la línea de sucesión al trono. Sea como fuere, a diferencia de las otras mujeres antes mencionadas, Hatshepsut no fue nunca incluida en las listas de reyes de Egipto que se compusieron años después. Se la relegó intencionadamente al olvido por la memoria histórica oficial… para ser rescatada y recordada por la arqueología y la filología pasados tres milenios.

Los reyes de Egipto se presentaban a sí mismos como garantes del cosmos ordenado que había sido creado por la divinidad. En el ejercicio de esta responsabilidad, el monarca acababa sintiéndose él también creador del cosmos ordenado. Si bien la creación se concebía como un acto masculino en origen —como se mencionó al comienzo del presente ensayo—, las sucesivas (re)creaciones se explicaban de forma más comprensible aludiendo a la combinación de un componente masculino y otro femenino. Por esta razón, al final de la dinastía XVIII, bajo el reinado de Amenhotep III (hacia 1380 a.C.), las mujeres de la familia real, madres, esposas e hijas, comenzaron a estar cada vez más presentes en los actos oficiales del monarca, tanto religiosos como civiles, y se las comenzó a representar a su lado, sentadas o abrazadas a sus piernas.

Su sucesor, Amenhotep IV, llevó más lejos esta misma idea, sobre todo tras cambiarse el nombre por el de Akhenaton y abandonar la ciudad de Tebas para fundar hacia 1350 a.C. la nueva corte en un lugar deshabitado, hoy conocido como Amarna. Por un lado, Akhenaton se hizo representar aunando en su mismo cuerpo el principio masculino y femenino de la creación. Por otro lado, en las representaciones de prácticamente todos los actos oficiales, civiles y religiosos, aparece acompañado por la reina Nefertiti (fig. 3). El monarca, que con anterioridad se había hecho representar en solitario, elige ahora aparecer junto a Nefertiti incluso en los momentos más delicados, adoptando la misma postura y realizando ambos a la vez la misma acción: detrás de un altar haciendo ofrendas a la divinidad, los dos montados sobre el mismo carro de caballos durante un desfile militar, los dos asomados a la ventana de palacio para otorgar recompensas a los colaboradores más destacados, etcétera. Nefertiti llegó a ser, no sólo en apariencia sino también en la realidad, el cincuenta por ciento del poder de la corona.

Akhenaton y Nefertiti parece ser que sólo engendraron hijas, por lo que a la muerte del rey se abrió un periodo de dudas y tentativas por la sucesión al trono. En este contexto de incertidumbre, una reina de Egipto le escribió una carta al rey hitita Supiluliuma solicitándole que le enviara un príncipe para desposarse con ella y así ocupar el trono de Egipto. Tras superar ciertas reticencias, el príncipe Zananza fue enviado al valle del Nilo, pero fue asesinado en el viaje. El nombre de la reina egipcia transcrito al hitita es Dahamunzu. Esa reina, atrevida, capaz de actuar como lo habían hecho antes los monarcas varones y pedir a un

Fig. 4
Templo dedicado a Nefertari y a
la diosa Hathor en Abu Simbel

homólogo extranjero que le envíe a un hijo para contraer matrimonio, muy probablemente debiera identificarse con Nefertiti, en una acción desesperada por preservar la línea dinástica.

Antes de Nefertiti, se tiene constancia de que la reina madre, Teye, de origen sirio, recibió una carta enviada por el rey de Mitani solicitándole que intercediera por su causa ante el faraón Amenhotep III, con quien había firmado un tratado de defensa mutua. "Tú eres [...] quien conoce mejor que nadie los asuntos que tratamos uno con el otro, nadie los conoce tan bien...," le señala Tushratta a la reina Teye, sabedor de su implicación en la política al más alto nivel, y de la influencia que ella ejercía sobre el monarca egipcio.

Pocos años después, la esposa del rey Ramsés II, Nefertari (hacia 1200 a.C.), mantuvo una correspondencia relativamente fluida e informal con su homóloga, la reina hitita Pudukhepa, después de que se firmara el tratado de paz entre ambos reinos, en el año 21 de Ramsés II. Algunas de sus cartas se han conservado en el archivo del palacio de Boghazköy. Nefertari (fig. 4), conocida por su magnífica tumba en el Valle de las Reinas de la necrópolis de la antigua Tebas y por el templo donde ella aparece sacralizada en Abu Simbel, en Nubia, fue también una mujer de estado, educada y a la altura del imperio que su marido luchaba por mantener en pie.

Finalmente, para terminar el recorrido por las mujeres más influyentes y poderosas de la historia de Egipto antes de la llegada al trono de Cleopatra VII cabe recordar la figura de la reina Tauseret, esposa de Seti II al final de la dinastía XIX (hacia 1192 a.C.), quien a la muerte de su esposo entró en conflicto con el joven Siptah por la sucesión al trono. Parece ser que ella llegó a reinar brevemente en solitario; no adoptó la titulatura regia, pero fue en todo momento denominada "gran esposa real," y siempre se la representó como mujer. Su tumba en el Valle de los Reyes es de enormes dimensiones, aunque luego fue ocupada por el rey fundador de la siguiente dinastía. Una vez más, una mujer, Tauseret, apareció en escena en plena crisis, cuando la continuidad dinástica y la estabilidad política se encontraban en peligro. Una mujer, como sería el caso de Cleopatra mil años después, se esforzó en vano, contra inexorables circunstancias, por salvar lo que quedaba de la casa.

Igual que las demás mujeres eran apodadas "señora de la casa," muchas de las reinas de Egipto fueron verdaderas "señoras de las casas dinásticas" que, como las diosas de las composiciones mitológicas, entraron en acción y adoptaron el papel protagonista en los momentos más críticos. Cleopatra, compleja y enigmática, tiene un poco de todas esas reinas que muchos años antes que ella se enfrentaron con habilidad y coraje a las difíciles circunstancias de llevar las riendas de una dinastía extenuada, de emprender una lucha contra un destino inexorable... Pero las luchas dejan huella y son los luchadores los que perviven en la memoria y avivan los sueños más sugerentes e inspiradores.

Francesca Cenerini

Cleopatra VII

Cleopatra VII, última reina de Egipto, derrotada junto con Marco Antonio por Octavio en la célebre batalla naval de Accio en 31 a.C., es una de esas figuras históricas que han ejercido siempre, para bien y para mal, cierta fascinación a lo largo de los siglos. Tan "desacostumbrada elasticidad de la identidad de Cleopatra refleja, a un tiempo, la importancia de esta reina como figura histórica y la falta relativa de informaciones concretas acerca de ella por parte de las fuentes contemporáneas" (Walker, Ashton, 2006, p. 28, original inglés). Pese a esta dificultad de hallar una documentación históricamente fiable acerca de su personalidad y de su actividad política (o, tal vez, precisamente debido a ella), sobre Cleopatra floreció todo tipo de leyendas que alimentaron a lo largo de los siglos la fantasía de poetas, pintores, compositores y, más recientemente, de directores cinematográficos. No se puede olvidar la célebre pareja que –en el plató y en la vida– formaron Elizabeth Taylor y Richard Burton, protagonistas aclamados de la película *Cleopatra*, de Joseph L. Mankiewicz, estrenada en 1963. Cada artista ha podido ver en el "icono Cleopatra" la representación del lujo exótico, de la fascinación, del erotismo cautivador y de la crueldad que desemboca en la muerte. Lo único seguro es que su historia, indudablemente única e irrepetible, estuvo marcada por la acción de los hombres y condicionada por éstos. Su destino llevó a Cleopatra a relacionarse con los individuos más poderosos de la tierra de aquella época: hombres a los que acaso ella, mujer de encanto, inteligencia y cultura

notables, efectivamente cautivara, pero a cuyos proyectos políticos hubo siempre de adaptarse para intentar sacar de ellos la máxima ventaja para su reino, para sí misma y para sus hijos.

Cleopatra es hija de Ptolomeo XII Auletés "el tañedor de flauta", así apodado porque según refieren las fuentes, gustaba mucho de acompañar los coros con el sonido de dicho instrumento. Como es sabido, los reyes de Egipto descendientes del macedonio Ptolomeo Lágida empleaban epítetos que ponían de relieve determinadas características propias. Los estudiosos no concuerdan acerca de la identidad de la madre de Cleopatra: se ha formulado la hipótesis (Clauss, 2002, pp. 17-18) de que se tratara de una egipcia, perteneciente a la familia de los sumos sacerdotes de Menfis, que, sin embargo, no era esposa legítima de Ptolomeo según el derecho griego. La otra hipótesis es que se tratara de la primera esposa de Ptolomeo XII, su hermana Cleopatra Trifena, que no aparece ya documentada en las fuentes en torno a 68 a.C. Dicha incertidumbre ha abierto el campo a especulaciones, tanto antiguas como modernas, sobre la "identidad étnica" de Cleopatra (Walker, Ashton, 2006, pp. 36-37). Análogamente, se ignora el año de su nacimiento: se cree que hubo de acontecer hacia el año 70 o 69 a.C., y se supone que nació en el palacio real de Alejandría.

Políglota, culta, filósofa y científica, promotora de grandes obras: así aparece Cleopatra leyendo entre las líneas de algunas fuentes (por ejemplo, algunos pasajes de Plutarco), según una tradición que se

Cabeza femenina con diadema (¿Cleopatra VII?)
Hacia mediados del siglo I d.C.
Nápoles, Museo Archeologico Nazionale
(cat. n.° 212)

remonta a su propia corte, pero que resulta tan exagerada como lo es la descripción de su desenfreno sexual. Y es que, como es sabido, en el conflicto político e ideológico que vio enfrentados a Octavio y a Marco Antonio, hubo amplio espacio para la descripción de un Antonio completamente subyugado por la lujuria en su relación con Cleopatra (por ejemplo, Plutarco, *Vida de Antonio*, 10, 5-6). Según algunas fuentes (el propio Plutarco y el *Carmen de bello Actiaco*), la reina egipcia habría llegado al punto de realizar personalmente experimentos en cobayas humanas con placer sádico, pero no resulta difícil entender que también esta acusación ha de ser atribuida a la propaganda hostil a la reina, tendente a valorizar la *humanitas* o humanidad romana contra la crueldad y el despotismo orientales (Marasco, 1995).

La historia del reinado de Ptolomeo Auletés está estrechamente entrelazada con la romana. Este hecho se remonta al 87 a.C., cuando Ptolomeo Alejandro I había testado a favor de Roma, aunque la cuestión había quedado pendiente: en el 59 a.C., Ptolomeo Auletés, gracias a conspicuas donaciones dinerarias, había logrado ser reconocido como aliado de Roma y soberano legítimo de Egipto. Los romanos, sin embargo, a propuesta del tribuno de la plebe Clodio, habían ocupado Chipre, donde reinaba un Ptolomeo, hermano del Auletés. Aquel se había suicidado y éste había sido alejado de Egipto a raíz de una revuelta popular estallada en Alejandría, toda vez que se lo acusaba de ser el responsable principal de las injerencias romanas en la política interior egipcia. Halló amparo, pues, en la villa que poseía Pompeyo en las colinas Albanas, donde quedó a la espera de cómo se desenvolvía tan delicada situación (Fezzi, 2008, pp. 88-89). Se ha formulado la hipótesis (Walker, Ashton, 2006, p. 37) de que Cleopatra, que a la sazón debía de contar unos doce años, acompañara a su padre en dicho exilio romano.

El padre de Cleopatra recurrió nuevamente a la ayuda de los romanos para recuperar el trono de Egipto. En esta dirección presionaban sobre todo quienes le habían prestado relevantes cantidades de dinero y estaban sumamente interesados en que recobrara el poder en Egipto para verse reembolsados. Reinaba allí Berenice, hija del propio Ptolomeo Auletés, junto con su marido Arquelao de Comana, que probablemente estaba intentando reconstruir una alianza oriental antirromana (Traina, 2003, p. 14). El procónsul Gabinio actuó de manera rápida y decisiva: Arquelao fue asesinado, Ptolomeo Auletés repuesto en el trono de Egipto y una guarnición romana se instaló en Alejandría. Marco Antonio, el futuro triunviro, participó en esa campaña egipcia, logrando estrechar importantes vínculos con algunos notables locales, particularmente con el entorno del gran sacerdote Hircano, en la persona de Antípatro, padre de Herodes, el futuro rey de Judea. Narran las fuentes (Apiano, *Guerras civiles*, 5, 8, 33) que Antonio, presente precisamente en el 55 a.C. en el teatro de las operaciones en calidad de *magister equitum* (jefe de la caballería) de Gabinio, se habría enamorado ya en aquella ocasión de la jovencísima Cleopatra: como es de suponer, se trata de una habladuría, alejada de la verdad y elaborada a posteriori (Traina, 2003, p. 14).

Al morir Ptolomeo Auletés (51 a.C.), Cleopatra y su hermano Ptolomeo XIII se casaron según la costumbre dinástica egipcia, adoptada por los Ptolomeos. A ambos les correspondía reinar sobre un país que, aun siendo formalmente autónomo, dependía en realidad de los romanos. Los primeros años de ese reinado se caracterizaron por las disidencias entre ellos y entre las partes a las que representaban, pero el acontecimiento que marcó el destino de Egipto fue el enfrentamiento entre César y Pompeyo. Como es sabido, Ptolomeo XIII mandó matar a Pompeyo cuando éste huía de Egipto (motivo por el que Dante sitúa al soberano egipcio en el infierno junto a Caín y a Judas: *Infierno*, XXXIII, 91-108).

El 1 de octubre de 48 a.C., César desembarcó en Alejandría, depuso a Ptolomeo XIII y decidió que Cleopatra se casase con su hermano menor, Ptolomeo XIV. Estos acontecimientos políticos y militares se conocen con el nombre de Guerra Alejandrina. En ese contexto pudo tener lugar el famoso viaje de César y Cleopatra por el Nilo en el barco real egipcio, crucero en el que el lujo y la lujuria habrían reinado a sus anchas. En el momento de su partida, a principios de abril de 47 a.C., César dejó tres legiones romanas en Egipto bajo el mando de un hombre de su confianza, cierto Rufión, al objeto de hacer respetar sus disposiciones y de controlar a la propia pareja real. No convirtió Egipto en una provincia, toda vez que encomendó el reino a la recién constituida pareja de soberanos formada por Cleopatra VII y Ptolomeo XIV;

cabe, por tanto, atribuirle la voluntad de mantener en el poder a una dinastía legítima y fiel a Roma, en vez de anexionar directamente la provincia (Faoro 2011, p. 13). Suetonio (*Vida del divino Julio César*, 35, 2) dice expresamente que César no quería hacer de Egipto una provincia porque temía que pudiera convertirse en un problema político en manos de un gobernador sin escrúpulos.

En septiembre, Cleopatra da a luz un hijo, Ptolomeo César, apodado por los alejandrinos Cesarito –el pequeño César–, y que pasaría a la historia con el nombre de Cesarión. Hoy en día, los historiadores modernos ponen en duda la paternidad de César, pero para los autores antiguos no cabía ninguna duda al respecto. La propia Cleopatra presentaría a su hijo como fruto de una *hierogamia* (unión divina): el dios Amón había asumido las facciones humanas de Julio César para unirse a Cleopatra, y de dicha relación habría nacido el niño divino César. En una estela de procedencia egipcia, perteneciente a una colección particular

y fechable en los años 44-30 a.C., se representan las divinidades de Tebas Amón y Mut y, en el centro, el dios niño Jonsu. Un cartucho real identifica a éste como "César amado por su padre". Se trata, pues, de la representación de la tríada divina Cleopatra-Mut, Julio César-Amón y el pequeño César, según la ideología promocionada por Cleopatra, que reivindicaba para su hijo un nacimiento divino: Amón había adoptado los rasgos humanos de Julio César al objeto de tener una relación sexual con Cleopatra, y de dicha unión habría nacido el divino pequeño César (Grenier 2008, p. 154, n. 25). Aunque éste era absolutamente ilegítimo según el derecho romano, Cayo Julio César Octavio –el futuro Augusto, hijo adoptivo de Julio César– mandó que lo mataran tras la victoria de Accio sobre Antonio y sobre la propia Cleopatra, en el 31 a.C. De esta manera, el problema de la incómoda descendencia de César quedaba eliminado de raíz.

A finales del año 46 a.C. Cleopatra llegó a Roma y se alojó en la villa de César en el Transtíber, acompañada por su marido-hermano Ptolomeo XIV, por su hijo y por un amplio séquito. Indudablemente, la reina de Egipto contribuyó a difundir entre los aristócratas romanos que frecuentaban habitualmente su salón esa inclinación hacia la estética, el lujo y el refinamiento –típicamente orientales– que ya habían fascinado a los romanos en la época de sus primeros contactos con el mundo y con la cultura griegos y helenísticos. Nadie puede saber qué proyectos abrigaba César para Cleopatra. Sólo cabe decir que en dicho año 46 César había inaugurado un nuevo templo consagrado a *Venus Genetrix*, la divinidad fundadora de su *gens*, y que en dicho templo había colocado también una imagen de Cleopatra, asimilada en todo y por todo a una divinidad homóloga a Venus-Afrodita o bien venerada como *sýnnaos theá* (divinidad cotitular de un mismo templo). A dicho periodo puede remontarse, según una interpretación reciente, la creación del epíteto "Theá Neótera" con el que Cleopatra sería calificada en algunas series de monedas a partir del año 36 a.C. (Muccioli, 2004, p. 109). Con toda seguridad, a raíz del asesinato de César en 44 a.C., Cleopatra se vio obligada a huir de Roma y a regresar a Egipto. Una vez vuelta a su patria, reorganizó la administración de su reino para aumentar su productividad. Puede afirmarse, sin lugar a dudas, que la política de Cleopatra siempre estuvo encaminada hacia la tutela de la identidad y de la independencia ptolemaicas, si bien en el marco del cambio de situación impuesto por el protectorado romano y por los juegos de poder de cada líder político de la Urbe. En un papiro fechable en 33 a.C. figuraría, según reciente interpretación, su escritura autógrafa (cf. Ashton, 2008, p. 76).

La vicisitud política de Cleopatra y de su reino no puede dejar de vérselas con los nuevos amos de Roma: Octavio y Antonio, los herederos de César. Para precaverse contra ese peligro permanente en el frente oriental que constituían los partos, Antonio convocó a Cleopatra en la ciudad de Tarso, en Cilicia. Antonio debía conocerla bien, como mínimo por la estancia romana de la reina en la villa de César en el Transtíber. Cleopatra entendió que había de jugar bien sus cartas. Es sabido, gracias a las fuentes, que Antonio sentía debilidad por las puestas en escena espectaculares, "pero esta vez fue él quien quedó atónito" (Traina, 2003, p. 69). Es justamente célebre el relato de Plutarco (*Vida de Antonio*, 26): en otoño de 41 a.C. Cleopatra apareció ante Antonio en una embarcación de popa dorada, con los remos de plata y las velas de púrpura desplegadas al viento, en apariencia de Afrodita, la diosa de la belleza y del amor, adornada casi exclusivamente de joyas y de perfumes. Era vox pópuli que Afrodita, acompañada por su cortejo, había llegado para unirse a Dioniso por el bien de Asia. Antonio y Cleopatra se convierten en amantes, concibieron a sus gemelos e impulsaron un proyecto político compartido.

Como ya ha puesto de relieve la crítica histórica más reciente (cf., por ejemplo, Cenerini, 2009), Antonio no se convirtió en el "pelele" de Cleopatra, subyugado por una lujuria incontenible; no "perdió su propia identidad de romano para convertirse en un príncipe helenístico" (Traina, 2003, p. 71). Antes bien, según una nueva interpretación (Marasco, 2012), el tema propagandístico antoniano de presumir de su descendencia de Hércules propiciaba que Antonio estuviera orgulloso de tener hijos de diferentes mujeres, especialmente de Cleopatra: los hijos de una reina, denominada ya con el título de "Theá Neótera", daban el mayor lustre posible a su progenie (Plutarco, *Vida de Antonio*, 36, 6-7). Además, Antonio –al igual que César antes que él– había entendido bien los sutiles y complejos mecanismos políticos de Oriente, sus deli-

cados resortes de poder, y actuaba consecuentemente, por el bien de la política exterior romana. Antonio pasó el invierno de 41-40 a.C. en Egipto, pero las cosas no se pusieron bien para sus seguidores en Italia. Fue la mujer romana legítima de Antonio, Fulvia, quien junto con su cuñado Lucio Antonio intentó oponerse a las maniobras de Octavio en relación con la distribución de las tierras entre los veteranos; y, naturalmente, de ella se diría que estaba impulsada por el sentimiento femenino más mezquino: los celos de Cleopatra. Antonio no titubeó: abandonó a la reina y se reunió con Fulvia, pero sobre todo se reconcilió con Octavio y contrajo matrimonio con la hermana de éste, Octavia, tras la muerte de Fulvia y los acuerdos de Bríndisi del otoño de 40 a.C.

Mientras tanto, tras la partida de Antonio, Cleopatra había dado a luz dos gemelos, un varón y una hembra, quienes, identificados con las divinidades astrales, el Sol y la Luna, recibieron los nombres de Alejandro Helio (Sol) y Cleopatra Selene (Luna). Desde el punto de vista del derecho romano, la unión de Antonio con Cleopatra no tenía ningún valor legal, pero constituía una oportunidad política de gran alcance. A los ojos de los súbditos orientales, por el contrario, se trataba de una *hierogamia*, es decir de una unión sagrada: la de Isis y Serapis, o la de Afrodita y Dioniso para el público helenístico. Por medio de esta unión, Antonio pudo reforzar su autoridad militar y Cleopatra su posición como reina de Egipto, a fuer de madre de niños "divinos". Como es sabido, el acuerdo entre Antonio y Octavio no estaba destinado a durar largo tiempo. Antonio jugó sus cartas en la campaña contra los partos (concebida en su día por César) y obtuvo la ayuda de Cleopatra a cambio de un apoyo a la consolidación del liderazgo de la reina mediante el reconocimiento, a favor de Egipto, de posesiones extraterritoriales. El epíteto "Theá Neótera", acuñado por Cleopatra en edad cesariana en relación con la política cultual de César centrada en su descendencia de *Venus Genetrix*, recibió nuevo impulso precisamente durante esos años, cuando la política de Antonio podía contraponer entre sí al hijo de César y de Cleopatra, el pequeño César, y al hijo adoptivo de César, Cayo Julio César Octavio. Lo demás es conocido: el conflicto entre Antonio y Octavio alcanzó un punto de no retorno. El 2 de septiembre de 31 a.C. Octavio y Agripa derrotaron a la flota de Antonio y Cleopatra en Accio, a la entrada del golfo de Ambracia.

La muerte de Cleopatra después de Accio y la toma de Alejandría por parte de Octavio permanecen, como es sabido, envueltos en el misterio. La verdad sobre el fin de la reina nadie la sabe, como ya escribiera Plutarco (*Vida de Antonio*, 86). De entre las varias versiones que circularon en la Antigüedad, la del suicidio mediante la mordedura de una cobra fue la que gozó de mayor popularidad. Se trata, en efecto, de un suicidio ritual: la serpiente *uraeus* era sagrada al dios Sol Amón Ra y era el emblema del poder del faraón, pero hay que descartar la hipótesis de la voluntad reconocida, por parte de la reina, de ser divinizada mediante la mordedura de la serpiente, dado que Cleopatra era ya *Theá* a todos los efectos. La crítica actual tiende a creer que Octavio quería mantener con vida a la reina para que desfilara en su triunfo porque no había ningún motivo válido para impulsarla al suicidio. Pero ni que Cleopatra lograra efectivamente suicidarse ni que Octavio tomara otra decisión por unos motivos de conveniencia política difíciles de entender cambiarían mucho los términos de la cuestión: en el cortejo triunfal de 29 a.C. se mandó que desfilara una *imago* o imagen de la propia Cleopatra, con su correspondiente áspid, "mal que le pesara al presunto respeto al recuerdo de César" (Faoro, 2011, p. 7).

La propaganda augustal se había apresurado a desacreditar a Antonio y a Cleopatra, poniendo de relieve el amor enfermizo existente entre los dos y destinado a la catástrofe. Cleopatra se convirtió así en un destacado ejemplo negativo de "feminidad invertida", con características típicamente masculinas. Virgilio (*Eneida*, 8, 688) la define como *Aegyptia coniunx* (cónyuge egipcia), contraponiéndola a Octavia, la mujer legítima de Antonio según el derecho romano, depositaria, por el contrario, de la *virtus* o virtud matronal propia de la tradición romana. De Cleopatra se construyó, pues, la imagen de *fatale monstrum* (monstruo fatal), capaz en condición funesta de poner en peligro a la propia Roma. Pero precisamente como toda "mujer fatal", ha mantenido su fascinación a lo largo del tiempo.

Elena Calandra

La ciudad y la reina: Alejandría y Cleopatra

Resplandeciente en su monumentalidad, imponente en sus edificios y en sus columnatas, populosa y llena de vida: así evocan Alejandría las fuentes antiguas, que exaltan su impacto global y se fijan mucho menos en sus detalles, dejando en el lector la visión imaginativa y envolvente de una ciudad bulliciosa, a contemplar casi con gran angular. Tal era la capital de Egipto en los años de Cleopatra, y tal había de serlo aún durante varios siglos, dividida entre la recoleta quietud de sus amplísimos palacios –abiertos, en ocasiones, a la muchedumbre– y las perspectivas panorámicas de sus calles espaciosas. La ciudad que, muy a su pesar, Cleopatra entrega a Octavio es la metrópolis y capital más grande y rica de un reino helenístico, y se presenta como escenario ideal en el que la última reina se proyecta a sí misma y proyecta su propio sueño político.

Fundada por el Macedonio en el invierno de 332-331 a.C., Alejandría es conocida gracias a numerosas fuentes literarias, aunque lo es en medida harto inferior bajo el perfil arqueológico, por lo menos en su trazado urbano (Calderini, 1935, s. v. *Alexandreia*, pp. 75-80 para las fuentes antiguas y pp. 97-100 para los palacios; Adriani, 1958, pp. 204-235; Adriani, 1966, pp. 13-28; Fraser, 1972, I, pp. 3-37; actualización bibliográfica en Calandra, 2008, pp. 43-44).

La ciudad adquiere su primera consistencia con Ptolomeo I (323-285 a.C.), pero se desarrolla sobre todo bajo sus sucesores inmediatos: Ptolomeo II (285-246 a.C.) erige el Faro y el *Arsinóeion;* culmina desde el punto de vista organizativo el Museo y la Bi-blioteca, iniciados por su padre; emprende las obras del *Serapeîon,* completado posteriormente por Ptolomeo III (246-222 a.C.); aúna a tales edificios imponentes realizaciones de carácter efímero, descritas siglos después por Ateneo de Náucratis, como la tienda en los palacios reales y la procesión dionisíaca (*Ath.* 5, 196 A – 197 C; *Ath.* 5, 197 C – 203 B), ambas probablemente relacionadas con la celebración de las primeras *Ptolemaîa* (Fiestas Ptolemaicas) en 278 a.C. Desde aquel momento, el componente efímero no abandonará ya la ciudad, reverberando en las representaciones de ésta y de su *chōra* o zona de influencia, como bien lo ejemplifica el imponente mosaico nilótico de Palestrina. Dicho aspecto se convertirá, con el paso del tiempo, en parte integrante de la ciudad, junto con la espectacularidad de sus edificios y de sus calles flanqueadas por columnas; su población, rigurosamente griega, es espectadora habitual de los preparativos que ocasionalmente o durante periodos limitados animan y enriquecen la trabazón urbana: es el caso de los barcos-palacio fondeados cerca de los barrios reales y unidos al nombre de Ptolomeo IV (*Ath.* 5, 203 F – 204 D; *Ath.* 5, 204 D – 206 C; *Ath.* 5, 206 F – 209 E), o el de las suntuosas fiestas con cuya ocasión el palacio real se abre a los habitantes, como evoca con vivacidad Teócrito en sus *Siracusanas* (*Theoc.* XV), constituyendo siempre un lugar insidioso y rico en tentaciones a los ojos de quienes viven lejos, como refiere Herodas (*Herod., La alcahueta*).

Según las fuentes, los *basileía* o barrios reales

El mosaico nilótico
Palestrina, Museo Archeologico Nazionale di Palestrina e Santuario della Fortuna Primigenia

Fig. 1
Lastra "Campana" con escenas nilóticas
Siglo I a.C.
Roma, Museo Nazionale Romano, Palazzo Massimo alle Terme
(lám. 62)

Fig. 2
Alejandría, plano de la ciudad,
según Adriani 1958, p. 205,
con modificaciones

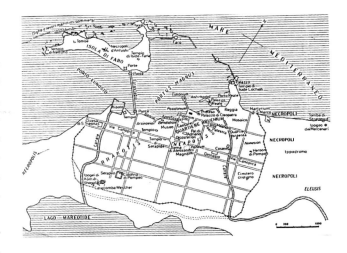

ocupaban un espacio muy amplio de la ciudad, de cuya trama regular constituían un cuarto o un tercio (*Estr.*, XVII, 8-9); cada soberano había contribuido a acrecentar el barrio real con edificios propios. Este conjunto se integraba en la ciudad, donde formaba un barrio constituido por construcciones diseminadas e incluso distantes unas de otras, y entre las que surgían zonas verdes que pueden considerarse derivación tanto de los *parádeisoi* o jardines persas como, antes aún, de los parques que rodeaban los palacios egipcios (bibliografía en Calandra, 2008, p. 44).

Cuanto queda dicho ayuda a comprender mejor la forma en que Cleopatra opta por autorrepresentarse y por intervenir monumentalmente en la ciudad, la cual, según el designio de la soberana, habría debido ser la capital no sólo de Egipto, sino de una potencia mucho más grande, coincidente, en la práctica, con una gran parte oriental del Imperio, bajo el gobierno de la singular dinastía que de ella descendiera, tal como explica Plutarco (*Ant.* 54). En Cleopatra, estrategia política y puesta en escena se superponen siempre: también según Plutarco (*Ant.* 26), la reina, representada como en un cuadro, remonta el río Cidno en un barco con la popa de oro y las velas de púrpura, tendida bajo un baldaquín de tela adornado con oro, tocada a la manera de las Afroditas de las pinturas, rodeada de pequeños esclavos que, a modo de amorcillos, la abanican, y de siervas vestidas de Narcisos y de Gracias, en una conmixtión de teatro y pintura.

De entre las fuentes que tratan de la ciudad en tiempos de Cleopatra, algunas son particularmente relevantes por su cercanía a la reina: ante todo, César en su *Bellum Civile,* cuyo III libro se interrumpe en octubre de 48 a.C., con la conclusión de la Guerra Alejandrina, y, por tanto –no por casualidad– precisamente antes de su fatal encuentro; posterior en un par de decenios es el testimonio de Estrabón, quien visita la ciudad en 25 a.C., poco después de su caída en manos romanas y de la muerte de Cleopatra. Otro testimonio paralelo a los años de Cleopatra –quien subió al trono en el 51 a.C.– es la obra de Diodoro Sículo, que este historiador compone tras visitar Egipto entre 60 y 56 a.C. y publica, en todo caso, antes de la reducción de Egipto a provincia, acaecida en el 30 a.C., a la que no hace referencia alguna (fig. 2).

El relato de César, con la objetividad que impone siempre al laconismo propio de su estilo, transmite una idea dinámica de la ciudad, contemplada por quien se ha visto obligado a vivirla de manera dramática, y no a explicarla como un estudioso, distinguiendo sus puntos focales con la prontitud que imponen las operaciones bélicas, cuya descripción no exime al autor de citar la isla de Faros, conectada con la tierra firme mediante el dique del *Heptastádion*, así como el propio Faro, *"turris magna altitudine mirificis operibus extructa"* ("una torre de gran altura, edificada con maravillosa maestría"); una información adicional la proporciona la referencia a la pequeña parte de los palacios reales en la que inicialmente él se instala, evidentemente destacando en ellos lo equivalente a su propio estatus, amén de un emplazamiento útil desde el punto de vista táctico. Posee cierto relieve su mención del teatro, que con mentalidad estratégica considera como una fortaleza, situado junto a los palacios y con la típica unión entre residencia real y edificios para espectáculos inaugurada por los palacios macedonios y vuelta a proponer una y otra vez en toda construcción palacial sucesiva (Gebhard, 1988, pp. 65-69).

El caudillo romano, para defenderse de la facción de Ptolomeo XIII, ocupa, asediado, una parte de la ciudad (*BCiv* III, CXI-CXII) y logra liberarse del cerco mediante el incendio ruinoso de los barcos anclados en el puerto, de los arsenales y –según una tradición posterior no aceptada de manera unívoca– de la Biblioteca (véase el estado de la cuestión en Canfora, 1986, pp. 74-79, quien cree que se trató más bien de almacenes de libros en forma de rollo, pero no de la célebre Biblioteca).

Más estática y en cierto modo paratáctica, aunque valiosísima, es en cambio la presentación de Estrabón, que se interesa por la descripción topográfica del emplazamiento y de la ciudad (*Estr.* XVII, 6-9), a la que el geógrafo dedica una lectura esmerada que tiene en cuenta su última fase: ensalza, en efecto, la favorable posición de la localidad y, en especial, de sus puertos; menciona sus edificios canónicos (la isla de Faros con su correspondiente torre; los palacios, con el Museo; el *Heptastádion*; *Antírrhodos*, con su palacio real en miniatura; el Gimnasio, el Emporio, los almacenes, los arsenales...), pero recuerda también los daños infligidos por César, y cita el *Timôneion* (Τιμώνειον), última residencia a la que Antonio se había retirado tras la derrota de Accio para meditar en soledad, así como un complejo denominado Καισβρειον, Cesáreo.

Decididamente interesada en la epopeya de su fundador Alejandro está, por el contrario, la obra de Diodoro Sículo, quien con todo exalta la grandeza de la ciudad, que se había desarrollado en tiempos aún recientes, es decir durante los años inmediatamente anteriores a los del advenimiento de Cleopatra (*D. S.*, XVII, 52, 4-5).

A las fuentes contemporáneas se debe, pues, el conocimiento de algunos edificios atribuidos a la época de la reina de los que sólo se recuerda su nombre, como el Cesáreo y el *Timôneion*. A fuentes posteriores, como Filón Alejandrino, Lucano y Plutarco, y a otras de las que aquí no se trata por brevedad, se deben, en cambio, menciones o incluso descripciones que, de alguna manera, acusan el impacto detonante de Cleopatra y se ocupan del palacio real o, por lo menos, de la parte de éste que ella habitó y adornó, del Cesáreo y de la tumba de la reina, al tiempo que relegan el *Timôneion* a episodio constructivo aislado.

El palacio real –al que seguramente la misma soberana impone su propio gusto– es infravalorado por Lucano (X, 112-126), quien lo identifica como lugar de lujo desenfrenado y corrupción notoria, convirtiéndolo en un *tópos* insuperado de *luxuria*: según el poeta, el oro adornaba sus techos, la construcción consistía en gruesas losas de ágata y de pórfido rojo, los suelos eran de un ónice que abundaba en todo el palacio, el ébano adornaba también toda la mansión, el marfil revestía sus atrios, en los batientes estaban embutidos caparazones de tortuga india cuajados de esmeraldas, los lechos estaban decorados con piedras preciosas y cubiertos de tapices de púrpura. Un eco de ello, filtrado a través de los mil ríos de la tradición, se capta todavía en el pasaje, harto más tardío, de una fuente árabe (Murūǧ II, 707-712 Pellat, en Di Branco 2009, pp. 121-124) que, retomando de manera fantasiosa el suicidio de Cleopatra, lo ambienta no en la tumba, sino en un salón del trono adornado de mármoles blancos y preciados.

Junto con el palacio real, un edificio parece asumir un gran valor político, si es que puede atribuirse realmente a la soberana: el Cesáreo. Este complejo –citado, como queda dicho, por Estrabón– lo describe, en tiempos de Calígula, Filón (*Leg. ad Gaium*, 22, 150-151), quien lo define Σεβαστεῖον, ὑπιβατηρὰου Καὰσαρος νεὰς (Augusteo, templo conmemorativo del arribo de César) y lo presenta de forma bastante enumerativa, sin dar razón de su organización espacial, pero sí la idea de un amplio santuario porticado, formado por varias estancias, acompasado por propileos y rodeado de soportales, que contenía bibliotecas y bosquetes sagrados, enriquecido con ofrendas votivas y adornado de cuadros, estatuas y objetos de oro y de plata. Según el relato se trata, pues, de un edificio que en su formulación global (recinto en cuyo interior surgen construcciones ricas en obras de arte y en ofrendas) no se aleja mucho de los santuarios tradicionales, que está ubicado en la ciudad y que tiene un nombre preciso, que se deriva del de César. Semejante denominación, en efecto, ha alimentado un vivo debate crítico sobre la atribución del edificio a éste o, más bien, a la acción de Cleopatra, lo puede aceptarse como hipótesis de trabajo, siguiendo el surco trazado por una tradición de estudios a la que remitimos al lector, tanto por la abundancia de las citas como por la complejidad de la discusión (citaremos tan sólo Adriani 1966, núms. 12-13, pp. 64-66, y s. v. *Cesareo*, pp. 214-216; Fraser 1972, p. 24; McKenzie 2007, pp. 75-78 y 177-178).

En resumidas cuentas, el Cesáreo puede ser atribuido indiciariamente a César más que a Octavio Augusto, toda vez que en las fuentes prevalece la definición de *Kaisáreion* sobre la de *Sebasteîon;* dicho edificio podría haber sido fundado en 48-47 a.C., poco antes del Cesáreo de Antioquía, instituido en el 47 o en el 46 a.C., mientras que al primer *princeps* cabría, en cambio, atribuir la culminación del mismo, junto con la de la tumba de Cleopatra y con el lugar de culto relacionado con la muerte de Antonio. Este complejo, que se levantaba cerca del puerto y que ha sido identificado hipotéticamente sobre el terreno, es interpretado como paralelo a la trama reticular de la ciudad (Grimm 2003, fig. 1), o también como insertado oblicuamente en ella (McKenzie 2007, fig. 304).

Concebido de esta manera, y con las debidas cautelas, el Cesáreo se configuraría, pues, como un acto político de notable perspicacia, al poder relacionarse con la costumbre ptolemaica de celebrar al soberano divinizado en vida (véanse sugerencias en Dutkiewicz 2011, pp. 87-98): en este caso, a César, considerado, a todos los efectos, esposo por parte de Cleopatra y padre de su descendencia. El proyecto dinástico se completará un decenio después, con el anuncio que Cleopatra realizará en el Gimnasio de la ciudad –lugar de grandísima afluencia– en relación con las asignaciones territoriales también a favor de los hijos habidos de Antonio (véase nuevamente Plutarco, *Ant*. 54; resulta difícilmente aceptable la hipótesis de que Cleopatra dedicara el Cesáreo a Antonio, tal como sostiene Brazil 2004, p. 42). En este sentido, el Cesáreo no constituiría una obra dictada por una presunción insolente de inmortalidad, sino más bien un monumento efectivo encaminado a reflejar una construcción política destinada a dejar una huella permanente en la ciudad y en el reino. Si se acepta esta hipótesis, la bondad de dicho proyecto se capta en su apropiación y prosecución por parte del vencedor, quien completa y embellece la construcción, revistiéndola de la función añadida de lugar de culto imperial, tal como denota la definición más extendida empleada como alternativa para el monumento: *Sebasteîon* (Augusteo). Si se admite dicho sistema ideológico habría así que atribuir a Cleopatra, enemiga acérrima de Roma y de Octavio, uno de los edificios arquetípicos del poder imperial romano.

Y, por último, la tumba. La tumba de Cleopatra hubo de ser, en el imaginario público y para la arquitectura de la ciudad, una auténtica obra maestra: la muerte es la última escenografía inventada por la reina, gracias a la cual se vuelve realmente inmortal.

Plutarco (*Ant*. 62-86) traza un cuadro de indudable eficacia dramática, muy significativo desde el punto de vista documental, de los acontecimientos posteriores a Accio. Conscientes de su total derrota,

y a la espera de hechos peores, Antonio y Cleopatra reaccionan de manera distinta: Antonio, retirándose al *Timôneion*; Cleopatra, mandándose construir una tumba imponente de dos alturas, que terminaría Octavio, cerca del templo de Isis (Adriani 1966, pp. 255-257; Pfrommer 1999, pp. 142-144, con axonometría y alzado de la tumba; Pfrommer 2002, figs. 99-100, con propuesta de reconstrucción de la tumba; Grimm 2003, pp. 48-49). La reina acumula en su sepulcro los bienes más preciados del tesoro real (*Ant*. 74), hasta el punto de encender en Octavio la codicia de dicha riqueza, mientras en el exterior prosiguen las refriegas entre Antonio y un Octavio cada vez más triunfante. En su tumba, considerada con el mismo rango del palacio real, Cleopatra acoge a Antonio, quien herido por su propia mano aunque no mortalmente, fallece allí (*Ant*. 76-77); de la tumba saldrá la soberana para rendir homenaje a la urna de su esposo (*Ant*. 84). Allí la reina, tras reunirse una última vez con Octavio en el palacio real, se inflige la muerte dejándose morder por el áspid y, con un golpe de efecto inigualable, hace que el vencedor la encuentre muerta, tendida en un lecho de oro (*Ant*. 85).

De esta manera, la soberana devuelve su cuerpo a la tierra de sus antepasados y rechaza entregarse viva a Octavio, tal como observa Horacio: "*Saevis liburnis scilicet invidens / privata deduci superbo / non humilis mulier triumpho*" ("Quitaba a las naves liburnas la gloria de conducirla como una mujer cualquiera ante el carro del soberbio triunfador", *Carm*. I, 37, 30-32).

Samuele Ranucci

Acuñaciones y monedas

La documentación numismática que puede atribuirse, por diferentes conceptos, a la última reina ptolemaica de Egipto refleja, por su considerable variedad y difusión, la fama y el poder de los que Cleopatra gozó entre sus contemporáneos, así como sus ambiciones políticas y territoriales. Y es que las monedas son el tipo de material que, más que cualquier otro, debido a su producción en serie en decenas de miles de ejemplares, pudo hacer llegar a sus contemporáneos y hasta nosotros la imagen de la soberana. Pero la abundancia de las representaciones que han llegado a la actualidad no se ve acompañada casi nunca por una calidad y una conservación capaces de proporcionarnos un retrato que esté a la altura de las expectativas que este personaje sigue generando hoy. Una limitación objetiva ha sido atribuida al metal utilizado para las acuñaciones: las monedas que retratan a la reina nunca están acuñadas en oro, y las de plata y de bronce están sujetas a un mayor deterioro por su propia naturaleza y por el hecho de que, al ser monedas de uso diario, pasaron de mano en mano, desgastándose. Afortunadamente, no faltan excepciones que permiten observar –como ciertamente hicieron sus contemporáneos– las facciones de la reina, aun teniendo presentes las limitaciones propias de un soporte de pequeñas dimensiones y los estilemas impuestos por la tradición artística –como es el caso del ojo desorbitado, típico de la retratística ptolemaica–, cuando no por una precisa voluntad de mostrar a Cleopatra de una manera en vez de en otra.

Los bustos de la reina en las monedas –reproducidos, como se verá, por una docena, como mínimo, de cecas del Mediterráneo oriental– han sido adscritos a dos prototipos principales: el primero, de tradición ptolemaica alejandrina, y el segundo, de apariencia "sirorromana". Los ejemplares acuñados en Egipto, pertenecientes al primer tipo se remontan a principios de los años cuarenta; las tetradracmas sirias y los denarios romanos emitidos en Oriente al paso de Antonio, del segundo tipo, se introducen a partir del año 37 a.C. Aunque el retrato juvenil, más agraciado, seguirá utilizándose durante largo tiempo, será el segundo tipo de busto, el de las tetradracmas sirias –cuya atribución a la ceca de Antioquía sigue siendo debatida–, el que prevalezca. Este retrato es, desde luego, menos halagador, al mostrar a una mujer más madura, si bien con una gran fuerza de ánimo y con actitud de mando. Este tipo de rostro, de aspecto decididamente más romano, correspondería a una representación deliberada de la reina como aliada de Roma, al lado de su ilustre compañero, que destaca en la otra cara de la moneda y que comparte con ella la que ha sido significativamente definida como una "autoridad masculina", en ruptura con las imágenes más agraciadas propias de la tradición monárquica helenística de los Ptolomeos.

Las series monetarias que representan a Cleopatra antes de su encuentro con Antonio fueron emitidas casi exclusivamente en Egipto, en la ceca de Alejandría, donde la reina acuñó dracmas de plata y monedas de bronce con su retrato, combinado con el

Denario de Marco Antonio
Ceca itinerante, 32 a.C.
Nápoles, Museo Archeologico
Nazionale
(cat. n.º 167)

Fig. 1
Chipre, *Paphus*, moneda
que representa a Cleopatra
y a Cesarión
47 a.C.
(Numismatica Ars Classica NAC
AG, Auction 45, 02/04/2008, lot
24, *The Barry Feirstein Collection
Part IV*. Ex Sternberg sale X, 1981,
lot 221)

águila ptolemaica. En cambio, los numismas de plata más grandes –las tetradracmas– siguieron acuñándose con el tradicional retrato de Ptolomeo. Permanecen oscuras las motivaciones de la acuñación de muy pocas tetradracmas con el retrato de la soberana en la ciudad portuaria de *Ascalon* (Ascalón), ubicada en la costa al norte de Gaza. Esta ciudad rindió homenaje a Cleopatra por lo menos en dos ocasiones –en 50-49, en 39-38 e incluso tal vez en 46 a.C.–, aunque nunca formó parte de su reino, ni siquiera más tarde, cuando Antonio donó a la reina Fenicia y Palestina. Hoy por hoy sólo puede conjeturarse que *Ascalon* trató de congraciarse en un primer momento con César por medio de Cleopatra y posteriormente a causa de la inestabilidad generalizada que reinó en el área siropalestina a principios de los años treinta. Durante esos mismos años, en *Ptolemais*, Antonio será representado en las monedas solo, antes de que el numisma que lo retrata se vea emparejado con el busto de Cleopatra.

La ceca de *Paphus*, en Chipre –la isla del cobre por antonomasia– acuñó en época muy temprana, a partir de 47 a.C., monedas de bronce que representan a Cleopatra con *stephánē* (diadema), cetro y un infante entre los brazos (fig. 1). El recién nacido es, verosímilmente, Cesarión, el pequeño César, que será asociado al reino con el nombre de Ptolomeo XV Filopátor Filométor César y que, como es sabido, será una de las causas del deterioro progresivo de las relaciones entre Antonio y Octavio, quien disputaba al joven soberano egipcio la descendencia del Divo Julio.

Las referencias explícitas a Cleopatra, tanto en la amonedación egipcia oficial como en los territorios bajo el control directo de la corona o deseosos de contar con un aliado influyente, se intensificarán a partir de su encuentro y de su unión con Antonio el año 37 a.C. en Antioquía, y sobre todo tras las llamadas "Donaciones de Alejandría", en el otoño de 34 a.C., cuando el triunfo a raíz de la campaña de Oriente celebrado en dicha ciudad incluirá el nombramiento de Cesarión como Rey de Reyes y de Egipto, junto con su madre, Reina de Reyes y de Reinas de Egipto. Los territorios orientales controlados por Antonio serán donados a sus tres hijos habidos con Cleopatra, a quienes se les asignarán títulos grandilocuentes: Alejandro Helio será rey de Armenia, Media y Partia; su gemela, Cleopatra Selene, reina de

Cirenaica y Libia; y a Ptolomeo Filadelfo, de sólo dos años de edad, se le otorgarán los reinos de Fenicia, Siria y Cilicia.

El panorama general de las acuñaciones locales o regionales (excepción hecha de los denarios emitidos al paso de Antonio) a nombre de Cleopatra –con su compañero o sin él a partir de 37 a.C.– queda sintetizado en la siguiente tabla, que hace referencia a los principales catálogos de monedas romanas provinciales (*RPC*) –que incluyen amonedaciones locales de las ciudades de Oriente– y de monedas romanas republicanas (*RRC*), a los que se remite para la descripción de cada uno de los tipos.

Ascalon	AR, 4dr	50-49 a. C.	*RPC* 1, 4866-4867
Paphus	AE	47 a. C.	*RPC* 1, 3901
Ascalon	AR, 4dr	39-38 a. C.	*RPC* 1, 4868
Damascus	AE	37-36 a. C.	*RPC* 1, 4781
¿Antiochia?	AR, 4dr	36 a. C.	*RPC* 1, 4094-4096
Berytus	AE	36-35 a. C.	*RPC* 1, 4529
Tripolis	AE	36-35 a. C.	*RPC* 1, 4510
Orthosia	AE	36-34 a. C.	*RPC* 1, 4501-4502
Ptolemais (Akko)	AE	35-34 a. C.	*RPC* 1, 4741-4742
Dora	AE	34-33 a. C.	*RPC* 1, 4752
ceca oriental	AR, denario	34-31 a. C.	*RRC* 543
Chalcis	AE	32-31 a. C.	*RPC* 1, 4771-4773
Berytus	AE	32-31 a. C.	*RPC* 1, 4530
Patrae	AE	32-31 a. C.	*RPC* 1, 1245
Cyrenaica	AE	31 a. C.	*RPC* 1, 924-925

Estas acuñaciones abarcaron toda la extensión del Mediterráneo oriental, desde *Patrae* (la actual Patras) hasta Cirenaica. A las series que se han enumerado hay que añadir, naturalmente, las monedas ya citadas y emitidas por Cleopatra en Alejandría bajo su control directo. El territorio más rico con creces en testimonios monetarios es el área siropalestina, fenicia y siria propiamente dicha (fig. 4).

Fig. 2
Dora, bronce con retratos pareados de Cleopatra y Antonio (Heritage Auctions, Inc. 2012 March 8-9, Signature Auction, *The Shoshana Collection of Ancient Judean Coins,* New York 09/03/2012, lot 20607)

Fig. 3
Cirenaica, moneda de bronce con los nombres de Cleopatra y de Antonio
31 a.C.
(VAuctions, Auction 218, 18/12/2008, lot 108. Ex Stack's. Coin Galleries September 2008, 10/09/2008, lot 312. Ex Münzhandlung Basel, March 1939)

Fig. 4
Mapa de las cecas orientales que acuñaron moneda a nombre de Cleopatra (base cartográfica *Roman Provincial Coinage Online project,* Universidad de Oxford)

A las ya citadas *Ascalon* y *Ptolemais* se incorporarán rápidamente Damasco –en este caso, las monedas podrían ser la única prueba de que esta ciudad estaba incluida en los territorios que Antonio donara a Cleopatra, pese a que las fuentes antiguas callen al respecto– y las ciudades de *Berytus, Tripolis* y *Orthosia,* así como, a raíz de las donaciones, *Chalcis* en Celesiria y *Dora,* donde los retratos del tipo "sirorromano" serán pareados, al igual que los de los primeros soberanos Ptolomeos (fig. 2).

Durante esos años se acuñan los denarios con los retratos de Cleopatra y de Antonio, similares a los de las tetradracmas sirias. El excepcional hallazgo de un escondrijo de monedas enterrado en la aldea armenia de Sarnakunk, en los límites de los dominios romanos de Oriente, nos informa sobre la circulación de tales monedas. Quien ocultó esas monedas en una vasija podía disponer de denarios romanos republicanos, de tetradracmas sirias –entre ellas también las de Antonio y Cleopatra–, de cistóforos de Asia, de monedas de plata de Partia y de Capadocia y de otras piezas circulantes helenísticas.

Otro hallazgo monetario –que demuestra, una vez más, la importancia que el conocimiento del lugar y el contexto del descubrimiento tienen para una plena comprensión del dato numismático– ha permitido esclarecer la atribución de la emisión más tardía, la que probablemente se llevó a cabo y circuló en Cirenaica. En este último caso, la moneda prescinde de los retratos y se limita, ante la inminencia del trágico epílogo de la aventura terrenal de Antonio y Cleopatra, a recordar sus nombres y sus títulos: Antonio, cónsul por tercera vez, ANTW/UPA/G; y BASIL/QEA/NE (*Basílissa Kleopátra Theá Neótera,* al igual que en las tetradracmas sirias), que ha de interpretarse, según la opinión más extendida, como "Cleopatra Reina Nueva Diosa" (fig. 3).

Matteo Cadario

El rostro auténtico de Cleopatra

En 46 a.C., Roma se ve alterada: César, de regreso de África, acaba de celebrar su cuádruple triunfo y de inaugurar el nuevo y gran Foro, dominado por el templo de Venus Genetrix, la diosa ancestral de la *gens* Iulia. Según Apiano (*Guerra Civil*, II, 15, 102; cf. tb. Dión Casio, *Historia Romana*, LI, 22, 3, que, sin embargo, parece relacionar la estatua con Octavio), en la serie de dedicaciones excepcionales que siguieron a su inauguración, figuró también una "hermosa imagen" (*kalê eikôn*) de Cleopatra, colocada por el dictador en el santuario del templo, precisamente al lado de la estatua de culto de Venus (sobre este episodio, cf., con diferentes opiniones: Westall 1996; Zecchini 2001, pp. 77-88; Gruen 2003).

El texto de Apiano es explícito, se refiere al periodo en que Cleopatra era la invitada de César en Roma y es coherente con la actitud indulgente del dictador, que se mostró solícito con la reina (Suetonio, *Divo Julio*, 52, 1) y también consintió que ella le pusiera el nombre de Ptolomeo César a su hijo, aunque sin legitimarlo. El templo de la diosa "gentilicia" (y genitora) era un edificio que el dictador empleaba también como espacio personal (por ejemplo, para recibir a las delegaciones del Senado), y adecuado, por tanto, a la dedicación de un valioso obsequio particular como una estatua de oro o dorada; obsequio que podía satisfacer a Cleopatra, ya que, habida cuenta de su asociación a la diosa, le atribuía un estatus especial y constituía también un reconocimiento tácito de su relación con César y de que éste era el padre de Ptolomeo César, aunque, al mismo tiempo y desde ese punto de vista, no comprometía demasiado, ni política ni jurídicamente, al donante. Antes bien, en el contexto triunfal propio del Foro –construido también gracias al botín alejandrino–, la ostentación de su vínculo con la reina egipcia y la comparación implícita de ésta con Venus podían resultarle útiles al dictador, toda vez que confirmaban una vez más al pueblo el favor que la diosa le había dispensado, haciendo incluso más excepcional su figura.

La efigie debía permanecer aún visible en el siglo III de nuestra era, y a su presencia en la Urbe probablemente se deban los dos retratos más seguros de Cleopatra (Museos Vaticanos y Berlín), ambos procedentes del Lacio y que representan a la reina en su juventud (en términos generales, véanse: Walker 2000; Kleiner 2005, pp. 135-156). La colocación de la imagen al lado de la estatua de culto de Venus Genetrix induce a suponer la elección de un tipo estatuario adecuado, tipo que en la actualidad, y pese a las hipótesis planteadas (Walker 2008), no puede reconstruirse con certeza, pero que debía cuando menos sugerir la comparación entre la diosa y la homenajeada (recuérdese el hincapié que hace Apiano en la belleza de la imagen). Por otro lado, poco tiempo después Cleopatra sacaría partido de su asimilación a Afrodita, presentándose a Marco Antonio bajo las apariencias seductoras de esta diosa en su encuentro de Tarso en 41 a.C., y aprovechando una reciente maternidad suya para hacerse retratar en una moneda chipriota llevando en brazos a un recién nacido, una

Cabeza-retrato de Cleopatra VII Segunda mitad del siglo I a.C. Ciudad del Vaticano, Musei Vaticani

imagen de fertilidad que la asimilaba a Isis con Horus y a Afrodita con Eros (fig. 1.1).

Retratos monetarios

Las monedas acuñadas en Alejandría, en Chipre y en muchas ciudades orientales constituyen en la actualidad el testimonio más fiable del rostro de la soberana (Queyrel 2006; Weill Goudchaux 2006b; Roller 2010, pp. 170-183). Ya desde las emisiones más antiguas, fechadas en 50-49 a.C., la reina lucía la diadema real, símbolo de su función, y exhibía un peinado denominado "en forma de melón", constituido por una serie de trenzas onduladas que a partir de la frente y de las sienes se recogían en un moño en la nuca y complicado con una franja de pequeños rizos sueltos, fuera de la *Melonen-Frisur* propiamente dicha. La reina llevaba, además, un *himátion* y joyas, y, pese a su juventud, mostraba ya en el cuello los llamados "anillos de Venus", tal como sucede en los retratos de otras reinas ptolemaicas (fig. 1.2). Durante los años siguientes, al tiempo que su vínculo con Antonio (37-34 a.C.) se consolida y el rostro adquiere rasgos más maduros, la aspiración de la soberana al dominio asiático queda reflejada en retratos con joyas más lujosas y vestidos adornados con una orla de perlas (figs. 1.3-4). Las monedas proporcionan, pues, valiosas informaciones sobre la "construcción" y la difusión de la imagen de Cleopatra: la adopción de un retrato capaz de aunar un peinado complejo y elegante a la expresión de cierta "severidad" en el rostro, obtenida mediante una caracterización más acen-

tuada de sus rasgos, era una corriente de la retratística tardohelenística que servía para conferir a la retratada altas cualidades morales. Con todo, en la imagen de Cleopatra tenía que prevalecer la exigencia de manifestar de esta manera la *auctoritas* y el lujo propios de una soberana. En efecto, su peinado remitía a las grandes reinas de la historia ptolemaica, como Arsínoe II y Berenice II, para poner de manifiesto su aspiración a restablecer el dominio de los Ptolomeos sobre Siria (Strootman 2010). En cuanto a su nariz aguileña, que confería al rostro una apariencia más "viril", se resaltaba con el propósito de proclamar que la reina descendía de Ptolomeo XII, de quien la había heredado.

Retratos de estilo "helenístico"

El cotejo con las imágenes monetarias (fig. 2.1) ha inducido a atribuir con razonable certeza a la reina las dos cabezas conservadas en los Museos Vaticanos (fig. 2.2) y en Berlín (fig. 2.3) y halladas en villas del Lacio (respectivamente, en la Villa de los Quintilios y quizá en Genzano), donde probablemente formaran parte de galerías de retratos de época imperial (*Kaiser Augustus* 1988, núms. 143-144, pp. 306-308 [E. La Rocca]; Vorster 2004, n.º 67, pp. 123-124). Para su identificación ha sido decisiva la presencia de la diadema, atributo exclusivo de reyes y reinas; las dos cabezas presentan a una joven Cleopatra caracterizada por labios pequeños y carnosos, mentón redondo, grandes ojos y peinado en forma de melón, del que escapa una franja de rizos "sueltos" al tiempo que se le añade un "mechón" que sobresale en el centro de dicha franja (acaso rastro de un *nodus/uraeus*) y que no figura, en cambio, en las monedas. Otras dos cabezas que representan probablemente a la misma persona –una, con diadema, hallada en Cherchel, en la Mauritania romana (fig. 2.4), y la otra conservada en el Louvre– pertenecen a una reina peinada como Cleopatra, pero de edad más madura y con el rostro más vigoroso. Teniendo en cuenta que una de estas cabezas procede de Cherchel, más que a Cleopatra podrían representar a la reina de Mauritania Cleopatra Selene, es decir, a la hija que la reina tuvo de Marco Antonio (Ferroukhi 2003; Higgs, Walker 2003; Landwher 2008, n.º 281, pp. 18-25).

Existe, además, un amplio acervo de retratos cotejables con el de la reina y generalmente aunados por

la combinación de fisonomías individuales y peinados refinados, como sugería el gusto de la época (Higgs 2003). En los de procedencia urbana, como la cabeza Castellani (fig. 3.1) o una cabeza procedente de la Villa Doria Pamphilj (fig. 3.2), la influencia de la refinada *coiffure* de Cleopatra es una posibilidad, mientras que en otras obras, como varias cabezas conservadas en Dresde, en Toulouse o en colecciones privadas estadounidenses, la hipótesis se refuerza con su atribución a talleres de Alejandría, desde donde se difundieron las imágenes de la reina y de Antonio por las regiones orientales. Estos retratos tienen en común el peinado inacabado, que luego, conforme a una técnica típica de los artistas ptolemaicos, se completaba con estuco, aprovechando la diversidad de materiales, reforzada a menudo con joyas auténticas. En efecto, en algunos casos no se puede excluir que se trate de retratos de esta reina, toda vez que la diadema –es decir, el atributo principal de una soberana– se había añadido por separado. Entre estas obras destaca la cabeza Nahman (fig. 3.3), que además de un peinado complicado y el probable añadido de una diadema y una corona egipcia, muestra señales de edad bastante evidentes, lo que sugeriría, por tanto, la existencia de un retrato de Cleopatra en edad más madura, tal como el que aparece en las monedas (Weill Goudchaux 2006a). Cabe mencionar, además, la hermosa cabeza Santarelli, en la que el busto semidesnudo (en alusión a Afrodita), el realismo moderado del rostro, el *non finito* del peinado y los pendientes añadidos por separado sugieren a su vez que se trata de un retrato de la reina.

Imágenes de "estilo egipcio"

Amén de en los retratos de estilo grecorromano, Cleopatra VII fue representada a menudo en estilo egipcio, "contaminado" en ocasiones por atributos y fisonomías interpretados "a la manera griega" (Ashton 2008). Tales retratos son expresión del bilingüismo artístico típico del mundo ptolemaico, que reservaba a Egipto la adopción de tipos estatuarios más fieles a los modelos tradicionales "faraónicos", respecto a los cuales las innovaciones eran limitadas (este podría ser el caso del llamado "triple *uraeus*", atributo que, según algunos autores, habría sido exclusivo de Cleopatra). La reina fue representada, pues, en estatuas de bulto redondo, en relieves y en pastas vítreas, siendo

Fig. 3
Retratos "cleopatrizantes"
3.1 *Retrato femenino procedente de la Colección Castellani*
Londres, British Museum
3.2 *Retrato femenino procedente de la Villa Doria Pamphilj*
Roma, Musei Capitolini
3.3 *¿Retrato de Cleopatra VII?*
Antigua Colección Nahman
3.4 *Retrato femenino (¿Cleopatra VII?)*
Roma, Fondazione Dino ed Ernesta Santarelli

Fig. 4
Cleopatra VII y Cesarión
presentando
ofrendas a los dioses
Relieve del Templo de Dendera

asimilada con frecuencia a Isis y retratada a veces con Cesarión (fig. 4). Su gran número de imágenes "egipcias" refleja la profundidad del vínculo de Cleopatra con su país, vínculo del que dan fe sus numerosas actuaciones evergéticas a favor de los templos y que reafirma asimismo su título de *Philópatris* (amante de la patria), título que asumió en 36 a.C. En efecto, en el 30 a.C. Octavio decidió no retirar del país las estatuas de la reina y, además de los 2.000 talentos que con este fin ofreció Arquibio (Plutarco, *Antonio*, 86, 5), probablemente fue el temor de irritar a la población lo que le convenció. El pueblo de Alejandría amaba a Cleopatra, y Octavio prefirió secundar sus deseos, organizando también para ella unas honras fúnebres adecuadas. Tanto es así que el culto a la reina en Egipto sigue estando atestiguado en el año 373 de nuestra era.

Imágenes de una reina enemiga

Tras la derrota de Accio y la muerte de Cleopatra en 30 a.C., su vencedor, Octavio, se apropió de la imagen de la soberana: en 29 a.C. celebró un triple triunfo, que incluía la victoria sobre Egipto. Por este motivo Cleopatra no podía faltar en el desfile, y, efectivamente, si se cruzan los testimonios de Plutarco (*An-*

tonio, óp. cit., 86, 3), de Dión Casio (*Historia*, óp. cit., LI, 21, 8-9) y de Propercio (*Elegías*, III, 11, 53-54), puede reconstruirse que ella desfiló en imagen (*eídlon*) al tercer día, delante del triunfador en su cuadriga y junto a sus hijos supervivientes, como si estuviera realmente presente. Octavio se sirvió de ello probablemente también para presentar al pueblo romano la versión "oficial" acerca de la muerte de la reina: su imagen, pintada o esculpida, representaba, en efecto, el suicidio de Cleopatra, con ella moribunda tendida en el lecho junto al áspid mortífero. No fue ésa, con todo, la única imagen de Cleopatra "manejada" por el vencedor: en algunos platos de *sigillata* fabricados en Arezzo la soberana está representada probablemente en el papel de Ónfale, la reina de Lidia que fue a un tiempo ama y amante de Hércules, el héroe con el que Marco Antonio gustaba compararse. En este caso, sin embargo, la inversión de los géneros pretendía menoscabar a Antonio reiterando el "escándalo" que suponía que un general romano fuera "esclavo" y amante de una reina extranjera.

Paolo Liverani

Cleopatra en Roma

Cleopatra llegó a Roma en agosto de 46 a.C., invitada por César. Se trata del periodo más caluroso del año para la ciudad, pero la reina, acostumbrada al sol de Egipto, difícilmente se lamentaría de ello. Aunque faltan detalles sobre su viaje, cabe pensar que arribaría a Bríndisi y que desde allí recorrería la Vía Apia hasta su meta. Su séquito pudo ser relativamente numeroso: hubo de acompañarla su pequeño hijo Cesarión, de poco más de un año de edad, pero también iba con ella su hermano menor –y además marido– Ptolomeo XIV, que contaría a la sazón tan sólo unos 13 o 14 años (Casio Dión, 43, 27, 3). Dejarlo solo en Egipto podría haber constituido un peligro para la reina, aleccionada ya por la experiencia vivida con su otro hermano, Ptolomeo XIII, que había intentado destronarla, y con su hermana Arsínoe IV, que también había intentado arrebatarle el trono (para todas las cuestiones cronológicas y sobre las fuentes referentes a la presencia de Cleopatra en Roma, resulta fundamental Aly 1992).

Una vez llegada a Roma, Cleopatra se instaló en la villa suburbana de César, los *Horti Caesaris* (Cicerón, *Ad Att.*, 15, 15, 2; Casio Dión, 43, 27, 3; sobre la ubicación de los *Horti Caesaris*, cf. Coarelli 1992, Papi 1996, Coarelli 2004; en Tucci 2004 hay una puesta al día sobre la zona), que debían de encontrarse a poca distancia de la margen derecha del Tíber, a lo largo de la Vía Campana-Portuense, un poco fuera de la actual Porta Portese, frente a los *Navalia* –el puerto fluvial de la ciudad, que se extendía por la otra orilla del río–.

En Roma, Cleopatra fue, pues, espectadora de los dos últimos y densos años de vida de César, aun cuando la permanencia de éste en la capital no fue continua, ya que hubo de ausentarse durante unos nueve meses, entre muy poco antes de diciembre de 46 y septiembre de 45, con motivo de la campaña contra los seguidores de Pompeyo en España. La reina llegó a la ciudad justo a tiempo de admirar el grandioso espectáculo de los cuatro triunfos que César, en ese mismo mes de agosto, celebró a pocos días de distancia uno de otro. Se trataba de las celebraciones por sus victorias en Galia, en Alejandría, en el Ponto y en África (Suetonio, *Iul.*, 37, 1; Casio Dión, 43, 19). El triunfo era el desfile más fastuoso y rico que pudiera admirarse en Roma: el general triunfador, seguido por el ejército, por el botín y por los prisioneros, traspasaba el pomerio –el confín jurídicosacral que marcaba los límites de la Urbe– y atravesaba la ciudad para ir a rendir homenaje a Júpiter Óptimo Máximo en su templo del Capitolio. Era ése el único caso en el que se podía entrar armado en la ciudad –acción absolutamente prohibida en cualquier otra ocasión–, y también el máximo honor que un romano pudiera ambicionar: hasta aquel momento, nadie había celebrado cuatro triunfos y tan poco distanciados uno de otro. Debió ser un espectáculo memorable, que impresionaría profundamente incluso a una Cleopatra acostumbrada a la fastuosidad del ceremonial egipcio. En los desfiles seguramente vio –entre otras cosas–, arrastrados en cadenas, a personajes de la envergadura de Vercingetórix y de Juba –el hijo del rey afri-

El Foro de César con el Templo de Venus Genetrix

51

cano Juba I–, e incluso a su propia hermana Arsínoe IV. Es probable que cuando, en el 30 a.C., Cleopatra decidió quitarse la vida tras la batalla de Accio, tuviera aún presentes en la memoria los triunfos de César y quisiera evitar, de esa manera, participar en el de Octavio. Por aquella vez, Arsínoe fue relativamente afortunada: su presencia en el desfile había logrado enternecer hasta a los romanos, y César, por consideración a sus hermanos, la indultó (Apiano, *Bell. Civ.*, 2, 15, 101-102; Casio Dión, 43, 19, 3) y se limitó a desterrarla al templo de Ártemis en Éfeso (donde la matarían por orden de Antonio en 41 a.C.). Durante los mismos triunfos, los soldados solían burlarse del triunfador incluso de forma chocarrera, como para recordarle, en ese momento de máxima exaltación, su condición humana. Entre las demás chanzas obscenas no dejaron de aludir a sus amores con la reina egipcia (Casio Dión, 43, 20, 2), pero cabe suponer que ello no le molestaría demasiado, máxime cuando la relación estaba a la vista de todos. Antes bien, César mandó inscribir oficialmente a la pareja formada por Cleopatra y Ptolomeo entre los amigos y aliados del pueblo romano (Apiano, *Bell. Civ.*, 2, 15, 102; Casio Dión, 43, 20, 3). A poco de terminadas las celebraciones triunfales, la reina debió asistir también a la inauguración del Foro de César, que duplicaba el antiguo Foro Romano: era el 26 de septiembre de 46 (Apiano, *Bell. Civ.*, 2, 102, 424; Casio Dión, 43, 22, 1-2; Festo, 272 L; *Fasti Ostienses, Inscr. It.*, XIII, 1, 5, 183). En realidad –y según costumbre que todavía persiste en la actualidad–, las exigencias políticas impusieron una inauguración adelantada cuando el Foro no estaba aún realmente terminado. El examen de las estructuras conservadas y las excavaciones recientes confirman la noticia de Plinio el Viejo (*Nat. Hist.*, 35, 155-156; Amici, 1991, pp. 39-58; Delfino, 2008; Liverani, 2008, pp. 45-46; Delfino, 2010): los edificios ubicados entre el lado largo meridional del nuevo Foro y el Capitolio fueron terminados en un segundo momento y, además, también la longitud de la plaza porticada era menor de la que resultaría al final. Y es que César no había obtenido aún la autorización a reconstruir la Curia del Senado, encargo que recibiría sólo a principios del año 44, y, por consiguiente, el lado del fondo oriental –el frontero al templo de Venus Genetrix– terminaba antes de alcanzar la que había de ser la alineación de la Curia Iulia, que sólo

Augusto llevaría a cabo junto con la ampliación del Foro.

No obstante, quienes participaron en la inauguración difícilmente se percatarían de todo esto: en la gran plaza –bastante más larga que ancha–, el templo de Venus Genetrix, la progenitora mítica de la familia Julia, se levantaba dominante y señero sobre su alto podio, monopolizando la atención. En el santuario del templo, César había llegado a colocar una estatua dorada de Cleopatra (Apiano, *Bell. Civ.*, 2, 15, 102; Casio Dión, 51, 22, 3) que aún se podía contemplar a principios del siglo III de nuestra era. Semejante dedicación habría sido algo habitual en un reino helenístico, y particularmente en Egipto, donde el faraón era también dios, pero en Roma constituía sin lugar a dudas un acto absolutamente fuera de tono. Muchos autores han intentado averiguar el aspecto de semejante estatua, si bien con resultados modestos. Cabe descartar, de inmediato, la antigua idea –que recientemente ha gozado de inmerecida fortuna– según la cual la Venus Esquilina de los Musei Capitolini sería un retrato de la reina (Weill Goudchaux, 2006c). No falta, en cambio, quien supone que una idea de lo que pudo ser la estatua cesariana haya llegado hasta nosotros gracias al retrato de Cleopatra conservado en los Museos Vaticanos, procedente de la Villa de los Quintili en la Vía Apia, y que en éste la reina, asimilada a Venus, aparecía llevando al pequeño Cesarión apoyado en el hombro, representado como Eros (Curtius, 1933; Kleiner, 2005, pp. 153-154). Prueba de ello sería un punto del carrillo izquierdo de la reina, en el que un pequeño relieve del mármol podría constituir el rastro de la unión con la mano del niño. Según otros, ese mismo rastro en la mejilla constituiría, en cambio, un punto de medición para la realización de una réplica (*Kaiser Augustus* 1988 [E. La Rocca]). En realidad, no se trata ni de una cosa ni de la otra, ya que un examen a corta distancia hace patente que la irregularidad de la superficie obedece sencillamente a la presencia de un nódulo del mármol más resistente en el centro de un área corroída por la acidez del terreno; nódulo que, por consiguiente, se ha mantenido en relieve, pero al que no cabe atribuir significado alguno (Higgs, Liverani 2000; Vorster 2004, pp. 123-126, nº 67, láms. 86-7; entre otros factores, el hecho de que la cabeza fuera esculpida por separado para ser

Fig. 1
El Foro de César en época
de Trajano, desde el pórtico
meridional.
Reconstrucción gráfica
de InkLink, Florencia

insertada en el cuerpo excluye a priori la hipótesis de una unión con otros elementos). Una posibilidad más interesante –aun cuando igualmente hipotética– es, por último, la de que un eco de la estatua lo conserve un fresco de Pompeya (Walker, 2008) que representa a una Venus Genetrix con vestiduras egiptizantes, ubicado en la casa de Marco Fabio Rufo (cubículo 71).

Igualmente, durante las celebraciones triunfales, Cleopatra pudo probablemente disfrutar de un lugar preferente para asistir a los *ludi gladiatorii* (juegos gladiatorios) que tenían lugar en la antigua plaza del Foro Romano, en la que, para dicha ocasión, se construía una especie de anfiteatro de madera cuyos lados descansaban sobre las basílicas Emilia y Julia, y que llegó a cubrirse con un toldo de seda para proteger a los espectadores de los rayos del sol ardiente (Casio Dión, 43, 22, 3; Plutarco, *Caes.*, 56). Fue aquella una de las últimas veces que se pudo contemplar semejante espectáculo en el antiguo Foro, cuyo aspecto quedaría modificado poco tiempo después por el desplazamiento de los *rostra* desde el sector septentrional, cerca de la Curia, hasta la extremidad occidental, bajo el Capitolio. Además, ya en 7 a.C. los juegos gladiatorios ofrecidos por Augusto con ocasión de los funerales de Agripa se celebrarían en el Campo de Mar-

te: a partir de entonces, tales diversiones desaparecieron de aquella zona.

Otros juegos aún más grandiosos se organizaron en aquellos mismos días en el Circo Máximo, y probablemente con esa ocasión se vieran por primera vez en Roma jirafas, llamadas "camelopardos" porque se parecían, en cierta medida, a los camellos, al tiempo que su pelaje manchado recordaba el de los leopardos (Casio Dión, 43, 23, 1-2). Y es que en el Circo se llegaron a celebrar combates de hasta cuarenta elefantes. Tampoco faltó una batalla naval en la Naumaquia, un estanque que César había mandado excavar en el Campo de Marte, pero que se cegaría en el 43 a.C. (Suetonio, *Iul.*, 39, 3; Casio Dión 43, 23, 4; Apiano, *Bell. Civ.*, 2, 102; Coarelli 1993d; Liberati 1996). Posiblemente se ubicara en la zona deprimida que en épocas anteriores era conocida como *Palus Caprae* (Pantano de la Cabra), y que albergaría sucesivamente el estanque de Agripa; zona que en la Edad Moderna se conoce como "Valle" (topónimo que sobrevive en la actualidad en la iglesia de San Andrés del Valle y en el Teatro Valle). Allí la reina vio enfrentarse navíos de guerra de grandes dimensiones, traídos expresamente desde Tiro y desde su propio Egipto.

Tras este inicio vertiginoso en plenos festejos, la estancia romana de Cleopatra no debió limitarse tan

España, de la que había salido victorioso, pero en la que había arriesgado la vida. Tras las disposiciones patrimoniales, en las que nombraba heredero de las tres cuartas partes de su fortuna a Octavio –el futuro Augusto–, concluía, en efecto, adoptando al mismo Octavio como hijo, pero previendo el nombramiento de tutores para un hijo natural suyo "para el caso en que le naciese alguno" (Suetonio, *Iul.*, 83).

Cabe entender, además, que la residencia transtiberina en la que se hospedaba Cleopatra debió verse animada por una intensa vida social y cultural: y es que la reina era mujer de aguda inteligencia, políglota y de cultura refinada. A visitarla acudió hasta el propio Cicerón –que era, con todo, acérrimo enemigo suyo, hasta el punto de confesar en privado su odio hacia ella (Cicerón, *Ad Att.*, 15, 15, 2: *"Reginam odi"* ["Odio a la reina"])–, a quien Cleopatra le prometió el envío de libros, acaso con textos literarios (ibídem), obsequio que, en aquella época, era tan refinado como costoso. Otro detalle, aun cuando basado en hipótesis, se inserta de manera adecuada en aquel ambiente. En el año 46 tuvo lugar una histórica reforma, seguramente la más lograda de todas las de César: la del calendario que aún acompasa nuestro tiempo. En efecto, el antiguo calendario romano había adolecido siempre de grandes defectos: fruto de una civilización esencialmente agraria, intentaba conciliar lo inconciliable y armonizar las cadencias de los meses lunares con el año solar. Para ello estaba previsto que el Pontífice Máximo –el más alto cargo religioso romano y el mayor especialista en derecho sacral– procediera a insertar periódicamente un mes intercalar de 22 o 23 días a finales de febrero, último mes del año, para cuadrar las cuentas. Pero, por motivos políticos, los pontífices de la república tardía habían abusado de su *licentia intercalandi* (permiso de intercalar) (Suetonio, *Iul.*, 40, 1), aprovechándola, en efecto, para prolongar los cargos de los magistrados aliados suyos o para acortar los de sus adversarios. Ello había acarreado un desfase entre el calendario civil y el solar de casi tres meses, es decir de toda una estación. En el año 46, César afrontó este problema de forma radical añadiendo, amén de un mes intercalar en febrero, también otros dos a finales de noviembre, por un total de 80 días, y estableciendo las nuevas reglas del calendario que bien conocemos: el de doce meses con un día intercalar a finales de febrero en los

sólo a su participación en grandes celebraciones, sino también en un entramado sutil de escaramuzas políticas y diplomáticas que sólo podemos intuir vagamente. Y es que su situación era marcadamente irregular: declaraba haber tenido un hijo de César, pero éste estaba legalmente casado con Calpurnia, al igual que ella misma lo estaba con Ptolomeo XIV. Además, parece que César nunca reconoció oficialmente a Cesarión, y que, antes bien, se fraguó una lucha alrededor de esta descendencia toda vez que –con independencia de la verdad o falsedad de la misma– constituía un peligro y una piedra en el zapato para quien ambicionaba recibir la herencia política del dictador. Un par de alusiones crípticas en las cartas de Cicerón del año 44 han sido explicadas como ecos de habladurías –que se revelaron infundadas– sobre un nuevo embarazo de Cleopatra (Cicerón, *Ad Att.*, 14, 20, 2; 15, 1, 5; Macurdy 1932, pp. 191-192; Aly 1992, pp. 54-55); si éste hubiera llegado a buen fin, habría disipado las dudas sobre la paternidad efectiva del primer hijo de la soberana –Cesarión– y reforzado la posición de ésta. Por otro lado, el hecho de que la situación no estuviera del todo clara ni fuera absolutamente previsible para el propio César puede inferirse por una nota al pie de su testamento, redactado el 13 de septiembre de 45, a su regreso de la campaña en

años bisiestos (Michels, 1967, pp. 147-172). Obviamente, para resolver tan complejo problema el dictador tenía que recurrir a competencias matemáticas y astronómicas muy avanzadas, que no existían en Roma y ni siquiera en Grecia; César las halló en Sosígenes, a quien trajo desde Alejandría y que debía de ser el fruto más avanzado de la única tradición firmemente anclada en el año solar de 365 días: la egipcia. Que semejante bagaje científico no congeniase con los romanos lo pone de relieve el hecho de que, pocos años después, Augusto tuviera que ocuparse nuevamente del calendario para poner remedio a una aplicación errónea de las reglas de Sosígenes, aplicación que amenazaba con reproducir el desfase recién eliminado: y es que, a raíz de la reforma, el día intercalar había sido insertado cada tres años en vez de en cada cuatro. Sea como fuere, cabe pensar que el científico egipcio procedía del entorno ptolemaico de la Biblioteca de Alejandría y que Cleopatra sirvió, de alguna manera, como intermediaria. Puestos ya a dejar correr la fantasía, incluso podemos imaginar que la reforma del calendario halló oídos atentos y se debatió en el "salón" transtiberino de la reina.

Al regreso de César de España, Cleopatra asistió de nuevo a las celebraciones por su reciente victoria, celebraciones que, sin embargo, difícilmente pudieron ejercer en ella –acostumbrada ya a tales ritos– la misma impresión que los primeros festejos. Tal vez le brindaran la ocasión de conocer mejor a Octavio, que había vuelto junto con su tío de tan victoriosa campaña: aquel joven ambicioso en el que César había vislumbrado una chispa de genialidad hasta el punto de adoptarlo en su testamento y de dejarle la mayor parte de su fortuna. Parece que, en cambio, Cleopatra había infravalorado su peligrosidad, de la que había de darse cuenta demasiado tarde.

Al final, la larga estancia en Roma de Cleopatra y el despliegue de todas sus armas para estrechar lazos con César no dieron resultado. Su atractivo, su cultura, el pequeño Cesarión, sus habilidades diplomáticas no lograron inducir a César a repudiar a su mujer legítima. No resulta demasiado productivo preguntarse qué habría sucedido si César no hubiera sido asesinado en los idus de marzo, pero tal vez la respuesta más verosímil sea: "nada". En sus últimos tiempos, César estaba elaborando proyectos que lo único que tenían en común con Egipto era su grandiosidad faraónica: una expedición a Siria hasta el reino de los partos y un formidable plan urbanístico para Roma, que llegaba a incluir el desvío del Tíber con vistas a unir la llanura vaticana al Campo de Marte. En realidad, era César quien se había salido con la suya: manteniendo cerca de sí a la reina, la controlaba, evitando sorpresas en Egipto, sin, por otra parte, quedar comprometido en nada fundamental.

En medio del desconcierto que siguió a la muerte de César, Cleopatra tuvo que darse amargamente cuenta de todo esto, y comprendió también que el ambiente de Roma había dejado de ser saludable para ella y para su hijo. Ni siquiera la residencia en la que se encontraba estaba ya a su disposición: en su testamento, César la había donado al pueblo romano. En el siguiente mes de abril del año 44, la reina sacó las necesarias consecuencias y emprendió el viaje de regreso hacia su Egipto, donde contaba con tener aún buenas cartas que jugar. Su experiencia romana había concluido.

Giovanni Brizzi

La batalla de Accio

Cuando, el 2 de septiembre de 31 a.C., a primera hora de la mañana, la flota de Antonio izó las velas para salir de golfo de Ambracia en el que se había refugiado, dirigiéndose hacia el mar abierto, su consistencia había quedado ya drásticamente reducida. Si, como relata Plutarco (*Vida de Antonio*, 56, 1), el triunviro había reunido en Éfeso una flota de 800 barcos, después había llevado consigo a Grecia unos 500 (Floro, 2, 21, 5; Orosio, 6, 19, 9); pero en aquel momento disponía tan sólo de 230 navíos, menos de 200 de los cuales fueron preparados para entrar en batalla (Floro, 2, 21). Si se acepta nuevamente el dato de Plutarco (*Vida de Antonio*, 56, 2) según el cual las fuerzas por él embarcadas ascendían a 22.000 legionarios y 2.000 arqueros, acaso pueda admitirse, paralelamente, la afirmación de Orosio (6, 19, 9), conforme a la cual "*classis Antonii centum septuaginta navium fuit*" (la flota de Antonio se componía de ciento setenta barcos). A éstos había que añadir, naturalmente, los 60 que constituían la escuadra de apoyo que la reina de Egipto le había aportado. Contra él, Octavio –y Agripa, que, como se verá, ejercía de hecho el mando– alinearon, según Floro (2, 21, 5), una fuerza más que doble: "*quadringentae amplius naves*" (más de cuatrocientos barcos). La flota de Octavio –si bien, según afirmación casi unánime de las fuentes (Plutarco, *Vida de Antonio*, 61, 1; 62, 2; 66, 1-2; Casio Dión, 50, 23, 2-3), se componía de embarcaciones de dimensiones más reducidas– pudo, por tanto, embarcar a 8 legiones y a 5 cohortes pretorianas (Plutarco, *Vida de Antonio*, 56, 2), es decir a unos 40.000 hombres.

Octavio había sentado las premisas para la que había de ser su victoria resolutiva en las guerras civiles cuando –probablemente a finales de 37 a.C.–, en previsión de la lucha contra Sexto Pompeyo, había confiado a su fiel amigo Marco Agripa el mando de una flota que, en realidad, aún estaba por construir; y los barcos que el nuevo responsable había aparejado con aquella ocasión, concebidos para privilegiar la táctica del abordaje, eran "muy macizos y gruesos, para poder embarcar tripulaciones lo más numerosas posible y poder resistir las embestidas de los enemigos" (Casio Dión, 49, 1, 2) y montaban a bordo tanto torres plegables, que levantaban al divisar al enemigo (Servio, *Sobre la Eneida*, 8, 693), como máquinas de guerra (Apiano, *Las guerras civiles*, 5, 118, 491).

Verosímilmente, esos mismos navíos –aun cuando, como queda dicho, presentaran dimensiones más reducidas respecto a los realmente gigantescos, de fabricación fenicia y egipcia, que Antonio había reunido en Oriente (y que tenían de tres a diez órdenes de remos, según Plutarco, *Vida de Antonio*, 64, 1)– seguirían constituyendo, aún en Accio, la punta de diamante de la flota de Octavio, pero parece cierto que Agripa les añadió otro componente adicional. Mientras las escuadras de los dos rivales se enfrentaban en las orillas opuestas del Adriático –Octaviano en Bríndisi y Antonio en la costa occidental griega, desde Epiro hasta Corcira–, en la primavera de 31 a.C. Agripa arremetió, de forma totalmente inesperada, contra el sector más meridional del dispositivo adversario: su plan, absolutamente genial, preveía cortar las líneas de suministro enemigas procedentes de Oriente y de Egipto e ir limitando gradualmente la libertad de movimiento de Antonio.

Para poder llevar a la práctica una estrategia tan sumamente hábil, la escuadra bajo el mando del *praefectus classis* (comandante de la flota) había de ser potente y veloz al mismo tiempo. A este respecto se ha pensado con frecuencia que se tratara de *liburnae* (naves liburnas), término sobre cuya pertinencia se sigue debatiendo en la actualidad; sea como fuere, se trataba de embarcaciones ligeras: probablemente de navíos de dos órdenes de remos, disponibles en gran número porque habían sido capturados durante la campaña de Dalmacia de 35 a.C. o suministrados por las comunidades sometidas de aquella región (Apiano, *Los hechos de Iliria*, 16). Valiéndose de este instrumento, Agripa emprendió la guerra de corso contra los barcos mercantes que llevaban al enemigo el trigo procedente de Egipto y de Siria (Orosio, 6, 19, 6); una guerra que llegó incluso a ser despiadada (y que enseguida se volvió inquietante para Antonio: Casio Dión, 50, 11, 3) cuando arrancó la ciudad de Metone de manos de Bogud, el rey mauro que la defendía, y al que, una vez capturado, mandó matar (Estrabón, 8, 4, 3; Casio Dión, 50, 11, 3; Orosio, 6, 19, 6).

Tras asegurarse el control de la costa occidental del Peloponeso y estrangular así las líneas de suministro enemigas, el almirante puso rumbo hacia el norte, dejando atrás Patras y el golfo de Ambracia, donde se concentraba el grueso de las fuerzas de Antonio, y liberó Corcira de la escuadra y de la guarnición que éste había instalado allí, ocupándola al objeto de permitir el desembarco de las legiones de Octavio en territorio epirota (Orosio, 6, 19, 7). Luego de reunirse con el *Divi filius* (hijo de Dios) en la embocadura del río Aqueronte, Agripa escoltó a su ejército hasta Mikhalitzi, donde éste se atrincheró para enfrentarse a la armada de Antonio. Poco después, al principio del verano, tan incansable soldado volvió a entrar en acción: desde la bahía de Gomaros, donde había atracado provisionalmente, llevó a sus barcos a apoderarse de Léucade, liberándola de la escuadra naval que la presidiaba (Casio Dión 50, 13, 5; Veleyo, 2, 84; Floro, 2, 21, 5) y poniéndose así en condiciones de controlar también el promontorio Ducato y las cercanas islas de Ítaca y Cefalonia. La genial partida

de ajedrez jugada contra el enemigo estaba ya, de hecho, ganada: la mayor parte de la flota de Antonio, debilitada además por su continua acción y a la sazón manifiestamente inferior en número, había quedado encerrada ya en el golfo de Ambracia, sin posibilidad de recibir suministros y refuerzos. Las acciones emprendidas por Agripa se limitaron a completar las líneas de una estrategia que, en la práctica, ya había sentenciado la suerte del conflicto: poco tiempo después, la toma de Patras y la victoria sobre la escuadra de Quinto Nasidio, exalmirante de Sexto Pompeyo que se había pasado al bando de Antonio (Casio Dión, 50, 13, 5; Veleyo, 2, 84, 2), tuvo como consecuencias la deserción de Esparta y la caída de Corinto (Casio Dión, loc. cit.; Veleyo, loc. cit.), llevando de hecho todo el Peloponeso occidental al campo de Octavio. Tras reunirse nuevamente con el *Divi filius* en el norte, Agripa asestó poco tiempo después otro golpe mortal a las esperanzas de Antonio. Avanzando al amparo de las brumas para intentar forzar el bloqueo, el legado Cayo Sosio había podido sorprender a Lucio Tario Rufo, que custodiaba el estrecho de Accio, y se disponía a destruir su escuadra, cuando la intervención de Agripa en persona dio un vuelco a la suerte del combate y obligó al partidario de Antonio a retirarse al golfo con graves pérdidas (Casio Dión, 50, 14, 1-2; Veleyo, loc. cit.; Livio, *Per.* 132). La situación de las fuerzas de Antonio iba haciéndose ya realmente muy difícil. Aun cuando los ejércitos de tierra enfrentados registraban quizás una leve superioridad inicial a favor de Antonio –19 legiones, si bien tal vez incompletas, a las que se añadían contingentes de infantería ligera de unos 25.000 hombres y 12.000 jinetes; a ello Octavio podía contraponer 16 legiones y, a su vez, destacamentos montados de unos 12.000 efectivos–, éste no estaba en condiciones de desalojar a las tropas enemigas de la fuerte posición en la que se habían atrincherado, cerca de Mikhalitzi, por lo que, en semejante coyuntura, la misma dimensión descomunal de su ejército –en poco superior a los 100.000 hombres– se volvía en su contra. Bloqueado por tierra como estaba por parte de un ejército de consistencia análoga que, sin embargo, podía abastecerse también por vía marítima, por lo que no tenía interés alguno en aceptar el combate, y privado de todo suministro por barco, Antonio veía sus fuerzas cada vez más mermadas por escasez de víveres, mala-

Fig. 1
Retrato de Augusto
Siglo I d.C.
Genève (Ginebra), Fondation
Gandur pour l'Art
(cat. n.° 180)

ria y deserciones (Plutarco, *Vida de Antonio*, 63; Caso Dión, 50, 13, 5-8). En estas circunstancias se celebró el último consejo de guerra, en el cual, respecto al parecer de Canidio Craso, que proponía un repliegue por vía terrestre, prevaleció la línea respaldada por Cleopatra, orientada (tal vez no sin un asomo de preocupación egoísta...) a romper el bloqueo marítimo (Plutarco, loc. cit.).

La evolución del combate sucesivo plantea tres preguntas distintas: ¿Fue, la de Accio, una batalla propiamente dicha? ¿Fue traicionado Antonio por su flota? ¿La huida de Cleopatra había sido premeditada desde el principio? Al primer interrogante tal vez sea posible responder, siquiera parcialmente. Pese a la opinión de Plutarco (*Vida de Antonio*, 66, 1-5), la verdadera intención de Antonio no era entablar batalla. Su flota era más débil, sus chusmas eran reducidas en lo numérico y maniobraban mal (Plutarco, *Vida de Antonio*, 64, 1); y, finalmente, por si quedaran dudas, también el hecho de que llevara consigo las velas ("episodio del que no se encuentra otro ejemplo en toda la Antigüedad" Reddé 1986, p. 343, original francés) revela claramente su propósito. Resulta plausible que, aprovechando el terral, esperase llevar a la flota –o, por lo menos, a la mayor parte de ella– a abrirse paso hacia el mar abierto, encomendando al mismo tiempo a Canidio Craso el cometido de desconectarse a su vez del enemigo, al mando de las fuerzas terrestres. Si hubo combate fue porque los asediados se vieron obligados a ello. Antonio se resignó al mismo porque "debía forzar el bloqueo a toda costa", y no podía, desde luego, "esperar poder pasar sin combatir". En el fondo, por tanto, "estas dos intenciones", combatir y huir, "no son contradictorias: Antonio tenía que luchar para romper el cerco" (Reddé 1986, loc. cit.).

En el discurso con que arengó a las tropas, el triunviro intentó alentar a sus hombres quitando importancia a la victoria naval que los adversarios habían logrado en Sicilia en perjuicio –dijo– de esclavos y de piratas, y subrayando las escasas aptitudes militares de Octavio (Casio Dión, 50, 16-23). Desgraciadamente para él, fue una vez más Agripa quien dirigió, en realidad, las operaciones. Informados del plan enemigo gracias a la deserción de Delio, los dos comandantes debatieron sobre si procedía dejar pasar a Antonio, desacreditándolo a los ojos de su propio ejército –como quería Octavio–, o enfrentarse realmente a la flota enemiga para evitar perder las ventajas adquiridas; y esta segunda opción fue la que prevaleció. Como se ha observado de manera admirable (Roddaz 1984, p. 173, original francés), "falto de competencias reales en ese ámbito [el militar], Octavio tuvo siempre el mérito, en el curso de sus operaciones militares y particularmente en Accio, de saber hacerse a un lado ante los talentos comprobados de su mejor hombre de guerra"; animal político único, supo siempre poner a su servicio a los hombres que lo rodeaban –incluso a los de enorme relevancia como Agripa–, utilizando el talento de éstos para la realización de sus designios.

Cuando, el 2 de septiembre de 31 a.C., la flota de Antonio salió al encuentro de las escuadras enemigas, formando en semicírculo a la espera de que se levantara el terral, el triunviro escogió para sí el flanco derecho, junto con Lucio Gelio Publícola, situándose frente a Agripa; en el centro –formado en dos líneas según costumbre, con la escuadra egipcia en posición más retraída– estaban Marco Octavio y Marco Insteyo, mientras que el flanco izquierdo estaba a las órdenes de Cayo Sosio. En el flanco opuesto a éste se habían situado Marco Lurio y, sobre todo, Octavio. Pese a que este triunviro, formando en el flanco derecho, tomara la posición que, en las batallas navales, suele corresponderle al comandante, el hecho de que se embarcara en una liburna –"un navío de escolta, raramente empleado en un enfrentamiento de grandes dimensiones" (Roddaz 1984, p. 167)– induce a concluir que el mando efectivo lo ejercía Agripa.

Al levantarse el terral, el primero en salir al encuentro del enemigo fue Sosio (*Vida de Antonio*, 65, 2), rápidamente seguido por el resto de su flota. Mientras arreciaba el enfrentamiento, llevado adelante, según Plutarco (*Vida de Antonio*, 66, 1-2), con insistentes lanzamientos de armas arrojadizas y de proyectiles incendiarios, las fuerzas cesarianas empezaron a replegarse deliberadamente hacia el mar abierto, al objeto de atraer al enemigo hacia espacios más amplios en los que aprovechar mejor su número y su movilidad superiores; y muy pronto Agripa empezó a extender sus líneas hacia el norte, con el propósito de envolver a los partidarios de Antonio (*Vida de Antonio*, 66, 3; cf. Casio Dión, 50, 31, 5; Orosio, 6, 19, 10).

Publícola, obligado a abrirse para evitar el cerco,

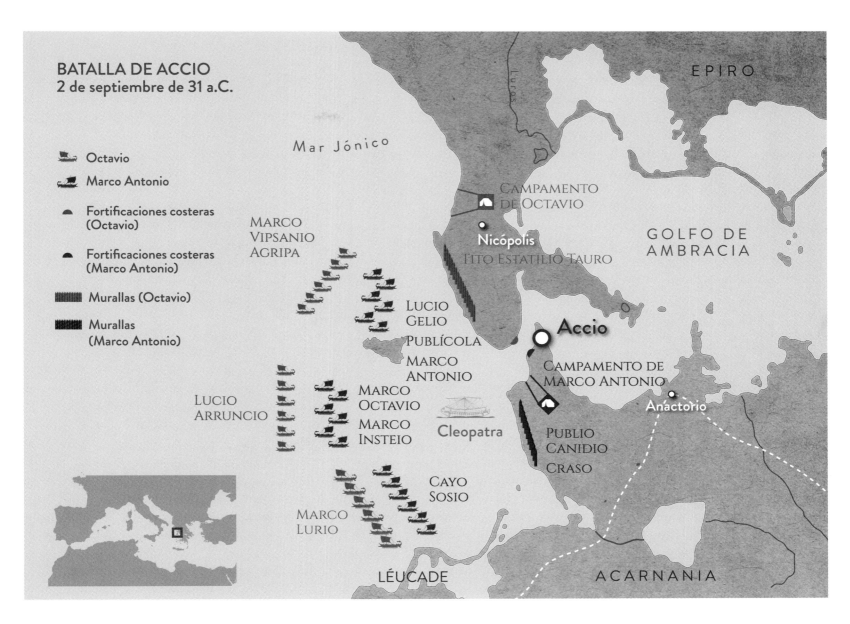

BATALLA DE ACCIO
2 de septiembre de 31 a.C.

Octavio

Marco Antonio

Fortificaciones costeras
(Octavio)

Fortificaciones costeras
(Marco Antonio)

Murallas (Octavio)

Murallas
(Marco Antonio)

EPIRO

Mar Jónico

MARCO
VIPSANIO
AGRIPA

CAMPAMENTO
DE OCTAVIO

Nicópolis

GOLFO DE
AMBRACIA

TITO ESTATILIO TAURO

LUCIO
GELIO
PUBLÍCOLA

Accio

MARCO
ANTONIO

CAMPAMENTO DE
MARCO ANTONIO

MARCO
OCTAVIO

LUCIO
ARRUNCIO

Anactorio

MARCO
INSTEIO

Cleopatra

PUBLIO
CANIDIO
CRASO

CAYO
SOSIO

MARCO
LURIO

LÉUCADE

ACARNANIA

Mapa de la Batalla de Accio,
2 de septiembre de 31 a.C.

se extendió, a su vez, hacia el norte, y su acción surtió el efecto de desarticular el centro de la flota de Octavio, abriendo efectivamente en él una brecha a través de la cual Cleopatra logró salir junto con toda su escuadra, seguida poco después por el propio Antonio. Dicha acción –ya fuera casual, ya fruto de un propósito deliberado con vistas a permitir que por lo menos una parte de la flota forzara el bloqueo– tuvo un resultado tan sólo parcial: independientemente de cuál pudo ser la evolución sucesiva del combate –mientras, según Plutarco (*Vida de Antonio*, 68, 1) la batalla podía darse por terminada hacia la hora décima (las cuatro de la tarde), otros testimonios inducen a pensar en una prolongación de los enfrentamientos hasta avanzada la noche–, no sólo el flanco de Sosio, sino la práctica totalidad de la flota de Antonio se desbarató y acabó siendo apresada o incendiada en el golfo de Ambracia, en el que había hallado nuevamente refugio. Pero fue la rendición del ejército de Antonio unos días después la que marcó, incluso en mayor medida, el destino final de este triunviro y, con él, el de Cleopatra y el de Egipto.

Giandomenico Spinola

La arquitectura egipcia o egiptizante en Roma

iertamente, no es casual que Roma sea la ciudad que cuenta con más obeliscos egipcios, trasposición lítica de los sagrados rayos del Sol. Su vínculo con la gran civilización del Nilo fue siempre muy estrecho, ante todo por sencillas razones demográficas –la presencia de la comunidad egipcia (y oriental en general) en la orilla derecha del Tíber se remonta a tiempos muy antiguos–; en segundo lugar, por la fortuna y la difusión progresivas de los cultos de Oriente; y, además, por las mismas oportunidades económicas que más tarde propiciarían la conquista del reino de Cleopatra VII. Por consiguiente, también las arquitecturas, las estructuras y los elementos –egipcios o egiptizantes– consagrados al culto, a la sepultura y a la vida diaria (reinterpretada según el legendario y mítico lujo nilótico), se repartieron por la Urbe con variedad y fantasía notables, tanto en el ámbito público como en el privado. A veces se importaron directamente de Egipto objetos egipcios; otras veces, el arte de ese pueblo fue imitado o constituyó tan sólo el elemento inspirador de nuevas creaciones egiptizantes.

Aun cuando en la esfera privada se conserven vestigios artísticos egipcios o egiptizantes en decoraciones domésticas o funerarias, es principalmente en la esfera pública y religiosa donde pueden observarse reelaboraciones arquitectónicas monumentales. Precisamente en la vida de ciudadanos particulares romanos se detectan con certeza las huellas más antiguas de la penetración cultural y religiosa egipcia en Italia, especialmente vinculadas a relaciones comerciales con las principales ciudades portuarias de África y Oriente Próximo (Alfano, 2000, p. 211).

Por lo que respecta a las arquitecturas monumentales romanas, las pirámides resultan ser las únicas excepciones documentables en el ámbito privado. En efecto, se guarda memoria de, por lo menos, tres o cuatro grandes tumbas inspiradas en las pirámides del Imperio Antiguo y del Medio –desde la III hasta la XII dinastía–, poco posteriores todas ellas a la victoria de Octavio en Accio de 31 a.C. y a la consiguiente difusión en Roma de la moda egiptizante (Alfano, 2000, pp. 218-220; Sist, 2005, pássim). La única que de ellas se conserva es la pirámide de Cayo Cestio, construida en la Vía Ostiense entre los años 18 y 12 a.C. por voluntad testamentaria de este acaudalado miembro de los *septemviri epulones* [colegio formado por siete sacerdotes encargados de los banquetes sagrados celebrados en honor de Júpiter Capitolino, N. del T.] (Krause, 1993). En la orilla opuesta del Tíber, y hasta su demolición definitiva en 1499, surgía, en cambio, la denominada *Meta Romuli* (Pirámide de Rómulo), en contraposición a la *Meta Remi* (Pirámide de Remo), nombre con el que se definía la pirámide Cestia durante la Edad Media. Se trataba de otra gran pirámide, edificada al principio de la *Via Triumphalis*, que algunos estudiosos consideran un sepulcro de la *gens* Cornelia o el cenotafio del poeta y político romano Cornelio Galo, muerto en el 26 a.C. (Castelli 1992; Verzar-Bass 1995). Una tercera gran pirámide y probablemente también una cuarta, gemela y adyacente a la misma, se levantaban en el mismo emplazamiento de las dos iglesias que dan inicio al "tridente" que forma la Piazza del Pópolo, al principio de la antigua Vía Flaminia. Sin salir de este mismo ámbito privado y funerario, cabe recordar también la tumba Z "de los Egipcios", de la necrópolis vaticana que surgía debajo de San Pedro, ricamente pintada al fresco con motivos egiptizantes –aunque no sólo con éstos– y destinada a una familia de principios del siglo III d.C., estrechamente vinculada a Egipto y a sus cultos (véase: Liverani, Spinola, 2010, pp. 83-89).

La moda egiptizante, sobre todo a raíz de la conquista del reino de Cleopatra VII en el 31 a.C., se expresa mediante criterios diversos y eclécticos también en las ricas villas y *domus* de la época, en las que figuran, por ejemplo, mosaicos y decoraciones de carácter nilótico u objetos relacionados con el mundo religioso, no siempre comprendido en profundidad. La moda que impera en la decoración tiene un carácter principalmente laico, mientras que las grandes arquitecturas poseen una orientación genuinamente religiosa. Por consiguiente, para reconocer las obras arquitectónicas monumentales –con exclusión de los edificios sepulcrales que quedan citados– habremos de desplazarnos al ámbito de lo sagrado, en el que, al igual que en las tumbas, el éxito de la religión egipcia se debe a su carácter soteriológico y, en particular, a la promesa de una vida más allá de la muerte para sus adeptos.

A partir de la época helenística, con el reinado de los Ptolomeos, florece en Egipto un nuevo panteón religioso, encaminado hacia un sincretismo grecoegipcio que tendrá fortuna en todo el Mediterráneo. Nace de esta manera, de la fusión de Osiris y Apis, el culto de Serapis, y se extiende, profundamente renovado y reinterpretado, el de Isis (Ensoli Vittozzi, 1990, pp. 21-24). El mundo alejandrino entra pronto en contacto con el romano, y, consiguientemente, sus cultos se vuelven romanos, hasta el punto de que, siglos después, dos escritores cristianos lo lamentarán: Minucio Félix (*Octavius*, 22, 2) escribirá que "las divinidades antaño egipcias ahora son romanas", a lo que Tertuliano (*Ad nationes*, 2, 8) añadirá que "todo el mundo jura ahora por Serapis" (Alfano, 2000, p. 210).

Como testimonio de la precocidad de los cultos egipcios en Roma habrá que recordar, por lo menos a partir del siglo II a.C., la presencia de un templo de Isis en el Capitolio (Coarelli, 1993a) –del cual, sin embargo, si se prescinde de las noticias sobre los acontecimientos históricos que tuvieron lugar en él, no existen, en lo material, vestigios reconocibles–.

Por el contrario, algo sí se conserva –especialmente en el ámbito documental– de las estructuras del *Iseum Metellinum*, el gran santuario de Isis y Serapis que dio nombre a la *Regio III* de la Urbe. Partiendo de las fuentes y de los análisis prosopográficos, se puede formular la hipótesis de que fuera Quinto Cecilio Metelo Pío quien fundara dicho santuario, entre los años 71 y 63 a.C. (Coarelli, 1982; De Vos, 1993). Por los escasos restos localizados en las excavaciones de Lanciani, y por varios dibujos de Bartoli, de Bellori y de Cassiano del Pozzo, se intuye la existencia de una gran explanación, situada a lo largo de las actuales Via P. Villari y Via R. Bonghi, entre la Via Merulana y la Via Labicana. Sobre esa explanación surgiría el edificio cultual egipcio, precedido por un pórtico de columnas de granito, con una serie de representaciones en estuco de Isis, Harpócrates, Osiris, Deméter y Minerva, en sintonía con el sincretismo propio de la época. Formando eje con el templo, había una piscina, conectada con este mediante escalinatas y relacionada con las prácticas cultuales de Isis y Serapis, divinidades que se consideraban salutíferas. De las estructuras de este santuario proceden numerosos adornos arquitectónicos y algunas partes de estatuas reconducibles a imágenes de culto (cf. también Spinola, 2001). La puerta de acceso a un santuario romano de Isis –definido por la didascálica inscripción *Arcus ad Isis* [Arco cerca del templo de Isis] y perteneciente a un relieve que representa un monumento edificado por la familia de los Haterios, constructores de la época flaviotrajanea– puede identificarse, según algunos autores, con la entrada a la zona sagrada por el lado de la Via Labicana; según otros estudiosos, con el que se denomina Arco de Camigliano del Iseo Campense o con el opuesto perteneciente al mismo complejo sagrado (Coarelli, 1993b; Spinola, 2012).

Posterior en unos dos decenios es precisamente el Iseo Campense, el mayor santuario de Isis y Serapis en Roma, que conocemos tanto por las fuentes como por los restos arqueológicos localizados en el Campo de Marte, entre la iglesia de Santa María *sopra Minerva* y la Piazza del Collegio Romano (Sist, 1997). El santuario original fue construido en 43 a.C. por los triunviros Octavio, Lépido y Antonio; después, quedó prácticamente abandonado cuando Octavio, vencidos

Fig. 1
Relieve de los Haterios con
el Arco de Isis a la izquierda
Finales del siglo I d.C.
Ciudad del Vaticano, Musei
Vaticani

ya Antonio y Cleopatra, se convirtió en el emperador Augusto; seguidamente consta que Tiberio –igualmente contrario a los cultos orientales– lo desmanteló en parte, y nuevamente lo reconstruyó su sucesor, Calígula. Destruido por el incendio del año 80 d.C., fue reedificado de nueva planta por Domiciano y restaurado en varias ocasiones en época severiana (Coarelli, 1993c). A estas dos últimas fases pertenece la mayor parte de los restos conservados, que muestran un santuario dividido en tres grandes zonas: un patio transversal en el centro, con una avenida monumental dentro de una amplia área porticada hacia el norte, y un hemiciclo con columnas con el templo en el lado meridional, en correspondencia de la actual iglesia de San Esteban *del Cacco*.

Una primera estructura religiosa en la zona del futuro santuario del Campo de Marte puede quizás atribuirse a César. Como los templos de Isis y de Serapis fueron trasladados en el 53 a.C. fuera del pomerio por decreto senatorial, cabe la hipótesis de que sus cultos tuvieran como base una estructura triangular, definida *Delta*, conectada con el arroyo denominado *Aqua Sallustiana*. Dicha estructura –presumiblemente un aljibe porticado– reproducía idealmente el ambiente nilótico, proporcionando a los adeptos el agua necesaria para las prácticas cultuales. Más articulada tuvo que ser, seguramente, la edificación de los triunviros, que prosiguieron y completaron la obra cesariana en la zona orientada hacia los *Saepta Iulia*. La fortuna de la que gozó este santuario hubo de ser breve, si se consideran los sucesivos edictos de las épocas augustal y tiberiana, que limitaron drásticamente ese culto. Dejando a un lado las obras de Calígula, sólo con la reconstrucción de Domiciano, sucesiva al incendio de 80 d.C., el santuario adquiere el aspecto que conocemos

mejor, gracias también a los correspondientes fragmentos de la *Forma Urbis*, el famoso mapa de mármol de época severiana.

Puede reconstruirse así un amplio espacio rectangular –de aproximadamente 220 x 70 metros–, dividido en tres sectores principales. Al norte, probablemente se abría la entrada principal al complejo sagrado, en correspondencia de la actual Via del Seminario; esa entrada daba a una plaza que, al igual que el *drómos* o avenida de los santuarios de Egipto, recorrerían las procesiones, entre pequeños obeliscos y esfinges; en el centro se levantaba quizás el templo de Isis. Más al sur había una segunda plaza, a la que se accedía desde los dos lados opuestos mediante sendos arcos: el llamado Arco de Camigliano y, tal vez, el citado *Arcus ad Isis* representado en el relieve de los Haterios. De esta zona central proceden las conocidas estatuas fluviales del Tíber (conservada actualmente en el Louvre) y del Nilo (hoy día en el *Braccio Nuovo* o Ala Nueva de los Museos Vaticanos); en el centro de la plaza, la *Forma Urbis* reproduce dos pequeñas estructuras: una de planta cuadrada –quizá un zócalo o una pila– y otra circular –acaso una fuente, o la famosa piña de bronce de Publio Cincio Salvio, que da nombre al barrio en el que surgía el Iseo y que, tras formar parte de la pila destinada a las abluciones en la basílica medieval de San Pedro, se encuentra expuesta actualmente en la gran hornacina del Vaticano, obra del arquitecto Pirro Ligorio. El lado meridional del santuario se caracteriza por una gran exedra semicircular porticada, en la que se insertan algunas pequeñas piezas (tres absidales y una trapezoidal) destinadas a prácticas cultuales y a los sacerdotes; precedían a la exedra una escalinata y un podio. Este edificio, cuyas estructuras han sido localizadas bajo

Fig. 2
Pequeño santuario isíaco de
San Martín "ai Monti", Roma,
según dibujo de Luigi Ronci, 1885

la iglesia de San Esteban *del Cacco*, es identificable con el templo de Serapis, tal como indica la inscripción *"Serapeum"* de la *Forma Urbis*. Desde el punto de vista planimétrico, se inspira en él el Serapeo de la Villa Adriana en Tívoli, y de él procede la mayoría de los restos arquitectónicos y objetos sagrados (egipcios y egiptizantes) que se conservan en los Musei Capitolini (cf. Ensoli Vittozzi, 1990, pássim; Ensoli Vittozzi, 1991).

Otro gran templo de Serapis, que los *Catálogos Regionales* asocian a la *Salus* (*Templum Salutis et Serapis*, Templo de la Salud y de Serapis), se sitúa en la *Regio VI*, poco más o menos en la zona que incluye parte de la actual Piazza del Quirinale y del jardín del Palacio Colonna. Se trata de un imponente serapeo (de unos 135 x 98 metros, con columnas de 21 metros de altura), construido o restaurado por Caracala, que se ubicaba, mediante explanaciones y una gran escalinata, en la ladera del Quirinale orientada hacia el Campo de Marte. El carácter salutífero del culto que en él se rendía resulta evidente por el pasaje citado de los *Catálogos Regionales*, y la estructura del complejo, aun cuando similar a la de los grandes templos del Egipto ptolemaico, ciertamente presentaría algunos elementos típicos de los santuarios romanos

afines, que contaban con pilas y edículos, así como con plantas sagradas y oficinales.

Cabe recordar también algunos lugares de culto menores y de carácter privado. Vestigios de una especie de larario, ubicado en el atrio de una *domus*, fueron hallados bajo la esquina oriental del cuerpo central de las Termas de Caracala (Calzini Gysens, 1993). Este pequeño santuario presenta, pintada al fresco –en una segunda fase, que puede situarse en la segunda mitad del siglo II d.C.–, una curiosa asociación de divinidades alejandrinas y grecorromanas: Anubis, Harpócrates, tal vez Serapis y la sincretista Isis-Deméter se disponen al lado de las divinidades principales del panteón grecorromano. A la misma época se remonta también un lugar de culto isíaco descubierto bajo la iglesia de Santa Sabina (Andreussi, 1993); la comunidad isíaca del Aventino, bastante modesta, dejó rastros de su culto a través de varios grafiti y de algunos frescos de temas relacionados con Isis, y atestigua la difusión de esta religión oriental también entre las clases sociales menos elevadas.

El carácter sincretista que los cultos egipcios adquieren en la época helenística y posteriormente a ésta, sobre todo en la esfera privada, queda bien atestiguado por el denominado Larario de San Martín *ai*

Fig. 3
Basa de columna con motivos egiptizantes
Siglos I – II d.C.
Ciudad del Vaticano, Musei Vaticani, Galleria dei Candelabri
(cat. n.º 201)

Monti (Ensoli Vittozzi, 1993). En la zona ocupada por una lujosa *domus* de época constantiniana, junto a la entrada de un mitreo, surgía un pequeño santuario –una suerte de larario con forma de edículo, certeramente reproducido en algunas litografías realizadas a raíz de su descubrimiento en 1885 (Visconti 1885, láms. III-V)– que contenía, como estatua de culto principal, una Isis-Fortuna. Al lado de esta imagen, situada en la hornacina del fondo y de tamaño poco inferior al natural, había otras hornacinas menores, divididas por anaqueles en los que descansaban pequeños simulacros de divinidades alejandrinas (Harpócrates, Serapis y la denominada estela mágica de Horus) y de divinidades del mundo clásico (Zeus, Heracles, Apolo, Afrodita, Hécate y una bacante). En esta representación de época tardía, Isis aparece como una divinidad de carácter ctonio y soteriológico, que rige y gobierna los destinos humanos, protegiendo, a fuer de ello, también la casa y a sus habitantes.

Otros topónimos, mencionados en algunas fuentes e inscripciones, guardan relación con cultos egipcios en Roma –*Isis Curiana, Isis Patricia, Isis Athenodora, Isis Deserta, Isis Pelagia* o *Faria*–, pero resultan más imprecisos y acaso en parte puedan vincularse a los santuarios que quedan citados. Análogamente, quedan pocos vestigios de otros templos de Isis, como los que surgían en los *Castra Pretoria*, en los *Horti Sallustiani*, en el Foro Boario, en el Transtíber y en el Vaticano. De todos estos lugares de culto romanos procede la mayoría de las obras egipcias y egiptizantes que determinaron en Italia la moderna fortuna del mito del Antiguo Egipto y que figuran en las principales colecciones de antigüedades de todas las épocas (cf. Palma Venetucci 2010).

Resultan sobradamente conocidos los criterios arquitectónicos aplicados en los templos egipcios, así como las directrices que, en el curso de los siglos, rigieron la realización de tales complejos sagrados, que respondían a exigencias cultuales y monumentales. Su trasposición a Roma, pese al carácter marcadamente tradicionalista de la religión egipcia, abunda, sin embargo, en variantes, y se presenta condicionada por las diversas relecturas que adaptan los antiguos espacios sagrados y sus originales concepciones arquitectónicas a los nuevos aspectos del culto, a las diferentes tecnologías constructivas y al propio urbanismo de la capital del Imperio.

En Roma, al igual que en Egipto, estas arquitecturas sagradas se caracterizan por sus rígidos criterios de simetría, valederos tanto para los templos –con sus inmensas salas hipóstilas, sus escalinatas y la disposición de sus elementos arquitectónicos, decorativos y de culto (como obeliscos, esfinges, carneros)– como para la organización –harto más modesta– de los santuarios menores. En los santuarios mayores, el pilono de acceso quedaba reemplazado por un arco; seguidamente, las exigencias cultuales imponían también la presencia del *drómos* con esfinges –a todos los efectos, una avenida procesional que conducía hasta el patio porticado, reinterpretado como un gran peristilo helenístico–. Desde éste, siguiendo el típico pasaje egipcio "en forma de embudo" encaminado hacia una oscuridad mística y silenciosa, se proseguía hasta la sala hipóstila, el vestíbulo y, por último, el santuario propiamente dicho. Resultaba igualmente necesario el establecimiento de una compleja instalación hidráulica, destinada a suministrar a pilas y fuentes el agua ceremonial que, idealmente, procedía del Nilo. En Roma, la religión del Egipto ptolemaico realiza la fusión de tradición e innovación, recreando los espacios destinados a las necesarias funciones cultuales –según su reinterpretación helenística–, pero experimentando, al mismo tiempo, nuevas soluciones arquitectónicas que generan planimetrías eclécticas y sugestivas.

Valeria Sampaolo

Los nuevos cultos en Roma

"... me llaman por mi verdadero nombre,
que es la reina Isis"
(Apuleyo, *Metamorfosis*, XI, 5)

La estatua de Isis Pelagia, con el manto henchido por el viento a sus espaldas y dando un gran paso hacia adelante para retener el borde inferior de la vela cuyos picos superiores estrecha entre sus manos, es tal vez la que mejor representa la función y el significado que esa divinidad tuvo para sus miles de fieles diseminados en tierras de Occidente: inventora de la vela y vela ella misma por su manto henchido, instrumento indispensable, por tanto, para la comunicación entre las orillas opuestas del Mediterráneo; llevada por barcos cargados del trigo necesario para la vida y portadora de la esperanza en una continuidad de la vida después de la muerte.

Con la conquista de Egipto por Alejandro de Macedonia en 332-331 a.C. y la fundación de Alejandría –que, tras asumir la función de capital del nuevo reino de los Ptolomeos, se había convertido rápidamente en la ciudad más importante y activa de las costas africanas–, los intercambios entre Egipto e Italia se reanudan con una intensidad y una participación muy distintas de las que habían caracterizado, desde el siglo IX hasta el VI a.C. y mediante el transporte de objetos suntuarios, los contactos que esas dos tierras habían mantenido a través de fenicios, sirios y chipriotas que se dirigían a las minas etruscas.

La gran transformación cultural provocada por las hazañas de Alejandro Magno y la nueva organización política produjeron innovaciones significativas en las costumbres, en las tradiciones, en la literatura, en la técnica, en las artes y en la religión, ámbitos éstos que se vieron abocados a compatibilizar entre sí los diferentes componentes étnicos de los nuevos reinos de los diádocos, en los que habían de convivir egipcios, macedonios, griegos y orientales. En Egipto –donde, durante el reinado de los faraones, la religión había desempeñado un papel determinante– se reconoció una nueva divinidad, Serapis, que sumaba a las características de Osiris los aspectos mistéricos de Dioniso. A este dios se le atribuyó como esposa Isis, antigua diosa con funciones múltiples. Hermana y esposa de Osiris, madre de Horus, se identifica también con Imentet (la diosa "Occidente"); con Hathor (cuyo nombre significa "casa de Horus"), que lleva un disco solar en la cabeza entre cuernos bovinos que aluden al cielo, concebido como una vaca que domina el mundo entero; y, asimismo, con la barca solar de la mañana y con la estrella Sirio (cuya aparición el 15 de julio abre la temporada de la crecida anual del Nilo). Viuda y maga, transformada en pájaro para llorar sobre el sarcófago de su esposo, identificada en ocasiones como serpiente o como hipopótamo, tiene como representación el trono, signo jeroglífico de su nombre, y como propios el gesto de proteger a su esposo con los brazos abiertos –provistos a veces de grandes alas que acentúan su función de defensa– y el de madre que amamanta a su hijo Horus. Ciertamente, sus funciones más apreciadas eran la de ayudar a los mortales en sus dificultades diarias y

Busto de Serapis
Siglo I d.C.
Alabastro, altura 35 cm
Florencia, Museo Archeologico
Nazionale
(cat. n.º 257)

Fig. 1
Dibujo reconstructivo
de la estatua
de Isis Pelagia

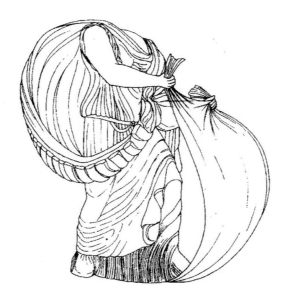

la de estar dispuesta a rescatarlos tras la muerte, tal como había resucitado a Osiris. La versatilidad de su aspecto posibilitó su asimilación a muchas de las diosas del panteón grecorromano; semejante conmixtión se vio favorecida por la actitud –propia de la religión egipcia– de aunar varias divinidades en una sola figura, lo que permitió definirla como: "Naturaleza progenitora de todas las cosas, señora de todos los elementos, principio y generación de los siglos, la más grande entre los Númenes, la reina de los Manes, la primera de los Celestes, forma típica de los dioses y de las diosas...".

Con la nueva configuración del Mediterráneo desde principios del siglo III a.C., Egipto establece relaciones políticas formales no sólo con la más cercana Siracusa –Agatocles de Siracusa casa con Teóxena, hijastra de Ptolomeo I, y su transformación en héroe comienza con su aclamación como *Soter* [Salvador], a la manera ptolemaica–, sino también con Roma, cuando, tras reconocerla como nueva potencia mediterránea a raíz de su victoria sobre Pirro, Ptolomeo II Filadelfo firma con ella en el 273 a.C. un tratado de amistad que no se rescindirá hasta el año 30 a.C., y sólo entonces, con la muerte de Cleopatra, última heredera de los soberanos de Egipto, el reino quedará anexionado al Imperio Romano como posesión directa del emperador.

La facilidad y la frecuencia de los contactos comerciales provocaron la institución de gremios y corporaciones en los puertos de Campania y del Lacio

–en los que marineros y comerciantes egipcios realizaban largas estancias– y favorecieron la introducción de los cultos egipcios, que ya desde el siglo II a.C. se practicaban en santuarios estables como el Serapeo de Pozzuoli –citado en la monumental *Lex parieti faciendo* [pliego de condiciones para la construcción de una pared, N. del T.], de 105 a.C. (que ha llegado hasta nosotros en una redacción probablemente de edad augustal)– o el Iseo de Pompeya, construido en la parte suroriental de la ciudad. Del edificio de Pozzuoli no quedan restos monumentales que permitan situarlo topográficamente, pero se sabe por dicha inscripción que estaba próximo al mar, del que lo separaban una carretera y el espacio libre en el que había de erigirse el edificio objeto del citado pliego de condiciones. Pozzuoli –el puerto más importante de la época republicana, designado por Lucilio *Delus minor* [pequeña Delos] porque, como precisa Festo, "a Delos, que antaño fuera el mayor emporio del mundo, le había sucedido el emporio de Pozzuoli"– contaba, pues, con un templo consagrado al culto de la divinidad suprema del Egipto helenístico, circunstancia ésta que, habitualmente, "implica la presencia en el lugar de una comunidad alejandrina" (Zevi 2006, p. 74). En ninguna otra localidad de Italia está documentada, por aquella fecha, la presencia de templos dedicados a Serapis, mientras que surgían y se difundían los iseos: desde el de Pompeya –cuyas fases pertenecientes al siglo II a.C. han sido localizadas, mediante muestreos estratigráficos, en el interior del patio del santuario– hasta el de Palestrina –donde una inscripción documenta el culto de *Isitique* (Isis asimilada a la Fortuna) y cuya así llamada "sala absidal", de la que procede el célebre mosaico que representa la crecida del Nilo, estaba probablemente dedicada, ya en las últimas décadas del siglo II a.C., al culto de Isis–. Una corporación de mercaderes dedicó a esta divinidad, en el siglo II a.C. y en su propia sede de Ostia, un pequeño santuario del que proviene una estatua de terracota de la diosa, e igualmente de Ostia procede el fragmento de relieve que representa a la diosa al lado de Vulcano, lo que puede interpretarse como indicio de la acogida de dicha divinidad por parte del *pontifex Vulcani* [pontífice de Vulcano], responsable de la religión oficial de esa colonia (Coarelli 2006, p. 60).

Con todo, la entrada de los dioses egipcios en la

Fig. 2
Estatua acéfala de Isis Pelagia
Siglos II-III d.C.
Pozzuoli, Anfiteatro Flavio

Fig. 3
Busto de joven probablemente isíaco
Primera mitad del siglo I d.C.
Roma, Fondazione Dino ed Ernesta Santarelli

península italiana no puede considerarse como una consecuencia espontánea de contactos entre mercaderes: el escenario en el que cabe situar tales cambios de costumbres es el de los dos últimos siglos de la República, harto más complejo y dominado en Roma por influyentes figuras de la clase senatorial, cuya apertura hacia los estímulos culturales procedentes de la parte oriental del Mediterráneo fue explotada por la actividad de *mercatores* [mercaderes] hábiles y desaprensivos, capaces de instigar, en beneficio propio, inútiles guerras de conquista (Zevi 2006, p. 76). Grupos familiares poderosos, como el de los Escipiones o el de los Minucios, no determinaron tan sólo la iniciativa política de la fundación de las colonias del año 194 a.C. –entre las que figuran *Liternum* y la propia *Puteoli* [Pozzuoli]–, sino también la institución del puerto franco de Delos, el acceso de Egipto a aquel mercado y su función en él. El hecho de que parte de la *nobilitas* [nobleza] senatorial permaneciera abierta a la asimilación de la cultura y de las religiones orientales, y de la egipcia en particular, no significa que los cultos de divinidades extranjeras estuvieran oficialmente autorizados en Roma, donde la difusión de la religión isíaca, ampliamente arraigada entre las clases populares e inferiores, se extendió, sin embargo,

a las clases acomodadas en época más temprana de lo que suele pensarse. La afirmación de Apuleyo de que el colegio de los Pastóforos –los portadores de imágenes de las divinidades egipcias– estaba presente en Roma en la época de Sila, es decir a principios del siglo I a.C., es indicio de un fenómeno que contribuye a explicar la decisión, posterior en algunos decenios, de construir un templo dedicado a Serapis y a Isis. Dicha decisión se sitúa en continuidad con los intentos reiterados de mantener vivo el nuevo culto pese a las disposiciones contrarias adoptadas en el año 64 a.C., cuando el Senado disuelve los colegios y otras asociaciones religiosas; en 58 a.C., cuando el cónsul Aulo Gabinio manda quitar del Capitolio las estatuillas de Serapis, Isis, Harpócrates y Anubis; en 52 a.C., cuando son derribados –una vez más por decisión del Senado– los santuarios erigidos por particulares en honor de Isis y de Serapis; y en 50 a.C., cuando Lucio Emilio Paulo emprende personalmente la demolición de un templo consagrado a divinidades egipcias, derribando a hachazos su puerta. Los triunviros de 43 a.C. se limitarían, como se ha observado (Coarelli 2006, p. 62), a dar inicio a un proyecto que César –la figura más adecuada para oficializar los cultos egipcios– no había podido realizar. A ese mismo año se remonta el episodio, narrado por Valerio Máximo y por Apiano, del edil Marco Volusio, quien había sido proscrito por los triunviros pero tras participar en los misterios isíacos, disfrazado de servidor de la diosa, se puso una máscara de Anubis con forma de cabeza de perro y, sin que tan curiosa indumentaria sorprendiera a nadie por el camino, logró huir al campo de los republicanos.

A la resistencia de la clase dominante contra la libre difusión de la religión isíaca se le contrapuso el éxito que ésta cosechó, debido a su carácter salvífico, entre las clases inferiores y populares, las cuales propiciaron su amplia difusión, documentada no tanto y no sólo por restos monumentales –como es el caso de la inscripción funeraria, fechable hacia el 100 a.C., de un sacerdote de Isis Capitolina–, sino también por las referencias –a veces indirectas, como las que figuran en los versos de poetas como Tibulo, Catulo, Propercio; otras, directas, como lo son las de Ovidio– de las que se desprende con claridad que sus mujeres eran buenas conocedoras de los rituales en honor de la diosa. Tampoco la circunstancia de que, sobre todo después de Accio, en la decoración pictórica y en los enseres se difundan motivos egiptizantes y aparezcan figuras de sacerdotisas isíacas –valga por todos el ejemplo de la Casa de Augusto en el Palatino–, es indicio de una oficialización de los cultos egipcios, aun cuando este mismo príncipe tomara bajo su protección personal los santuarios ubicados fuera del pomerio. En dicha actitud suya influiría seguramente el hecho de que Antonio y Cleopatra se hicieran representar en su día como pareja divina –Dioniso y Afrodita para los griegos, Osiris e Isis para los egipcios–. Conforme a la tradición faraónica según la cual el soberano se identificaba con la divinidad, Cleopatra, en sus reuniones con los monarcas de los demás reinos orientales y en las ceremonias oficiales –entre las que destaca, en otoño del año 34 a.C., la grandiosa celebración de las "Donaciones de Alejandría"–, lucía las vestiduras de la diosa, en cuyo templo había mandado construir su mausoleo.

Una época de oposición decidida a estos cultos se vivió durante los años del reinado de Tiberio (14-37 d.C.), en los que estalló en escándalo, narrado por Flavio Josefo, del caballero Decio Mundo y de la matrona Paulina. Ésta, devota de Isis y frecuentadora de su santuario, había rechazado repetidas veces las proposiciones amorosas de Mundo, que estaba dispuesto a pagarle doscientas dracmas con tal de pasar una noche con ella. Con la complicidad de una liberta llamada Ida y de los sacerdotes de la diosa, logró el caballero que Paulina permaneciera en el templo, donde, haciéndose pasar por Anubis, gozó de su compañía, humillándola después vergonzosamente cuando se le reveló diciéndole que le había hecho ahorrar dinero y añadiendo que haría caso omiso de sus injurias, dado que el hecho de sustituir al dios Anubis le había procurado un placer harto mayor. La mujer clamó venganza a su marido, que refirió lo acaecido al emperador; Tiberio, tras una meticulosa investigación, mandó ajusticiar a Ida y a los sacerdotes corruptos y destruir el templo, cuyas estatuas fueron arrojadas al Tíber. Los grandes fragmentos de estatuas de granodiorita que representan a Isis, a Harpócrates y a Horus, así como los de una estatua más antigua de un faraón sedente, que se conservan actualmente en el Staatliches Museum Ägyptischer Kunst de Múnich, y que presentan signos evidentes de golpes de escoplo y de una larga permanencia en las aguas del río, per-tenecen, probablemente, a las estatuas destruidas en 32 d.C. Con los emperadores sucesivos, y sobre todo con Calígula (37-45), no sólo se restaura el Iseo Campense, sino que los *isia* [iseos] se incluyen entre los *sacra publica* [templos públicos] y, por consiguiente, se insertan en el calendario; desde aquel momento resulta totalmente válida la afirmación de Lucano: "Nosotros hemos acogido en nuestros templos de Roma a tu Isis, a tus perros semidioses, a tus sistros que provocan el llanto" que el escritor adelanta al contexto del asesinato de Pompeyo (48 a.C.). La plena legitimidad del culto isíaco hasta la época imperial tardía queda demostrada, amén de por los numerosos testimonios monumentales, por la repetición, cada 5 de marzo, de la solemne ceremonia del *Navigium Isidis* [Barco de Isis], proclamación oficial de la reapertura de la navegación, actividad que seguía puesta bajo la protección de esta diosa y celebrada –pese a que en 395 quedara prohibida junto con todas las demás fiestas paganas– incluso en los siglos V y VI.

Carla Salvetti

Pinturas y mosaicos de tema nilótico

Cuando Cleopatra llega a Roma, huésped, según los relatos, de César en sus *Horti* que dan al Tíber, ésta es ya una gran ciudad, consciente de su papel, en la que una población cosmopolita, si bien aún fuertemente anclada en la tradición republicana y senatorial, acoge con cautela las novedades de las que viene en conocimiento a través de los territorios conquistados con sus campañas militares.

El fabuloso y soñado Egipto, del que la bella reina lágida constituye un testimonio, ya está presente en el imaginario de los romanos: ese mundo de cultura milenaria a orillas del Nilo ya ha abierto brecha en él, mediado por la cultura helenística y difundido durante la extraordinaria época artística e intelectual que se irradia desde Alejandría. Y es que, antes aún de César y de Augusto, las divinidades egipcias –y, con ellas, el patrimonio iconográfico de aquella región– se habían difundido en Occidente por mediación del mundo egeo y a través de cauces comerciales y militares.

De la ciudad que surge en el delta del Nilo hace tiempo que han llegado a Roma objetos de uso común y producciones artísticas, demandados y acogidos por una clientela rica y refinada, que cultiva el ensueño de un mundo fantástico ubicado en la otra orilla del Mediterráneo y acumula con espíritu de coleccionista los objetos ornamentales procedentes de aquella tierra.

Animales y plantas, cultos y ceremonial, tan diferentes del patrimonio iconográfico occidental, se convierten en símbolos de una búsqueda de exotismo y de esnobismo para una sociedad que va evolucionando rápidamente y que asimila las culturas "diferentes" –tal vez sin comprender aún plenamente su significado– para hacerlas objeto de autorrepresentación en la ascensión social y de ostentación del poder económico y civil alcanzado.

El patrimonio de flora y fauna que puebla las orillas del Nilo fascina al mundo occidental, que de él se adueña para representar sus sugestiones en todas las manifestaciones artísticas, pero de manera especial en pinturas y mosaicos que acaban reproduciendo aspectos a veces imaginarios, a veces caricaturescos, quizá sin haber llegado a conocerlos o entenderlos realmente.

La "egiptomanía" de ese momento histórico –diferentemente, como se ha recalcado (Versluys, Meyboom 2000, p. 112), de lo que sucederá siglos después a raíz de la expedición napoleónica– creará en la sociedad romana antigua un mundo ilusorio y soñado en el que la búsqueda de lo nuevo y de lo curioso dará vida a una auténtica corriente artística que, según los mismos autores citados, "evoca una asociación con Egipto por su estilo o por su tema".

Una de las primeras y más espectaculares obras que reproducen el mundo faraónico y nilótico la constituye el mosaico del Nilo del santuario de la Fortuna Primigenia en Palestrina. Tan extraordinaria composición, instalada en una sala absidal, reproduce, hasta en sus más pequeños detalles, no sólo la flora y la fauna propias de las riberas del Nilo, sino también las actividades diarias y las arquitecturas,

Ibis
62-79 d.C.
Nápoles, Museo Archeologico
Nazionale
(lám. 82)

desde las sencillas cabañas de juncos entrelazados hasta el santuario y el palacio; desde las barcas hasta los faluchos y las canoas que surcan su corriente, en medio de un paisaje poblado también de innumerables personajes.

La viveza de este mosaico, pese a las numerosas y a veces incongruas integraciones y manipulaciones que ha sufrido, aporta una documentación extraordinaria que, en cualquier caso, ha dado vida a un amplio debate tanto sobre la interpretación de las escenas como, por consiguiente, acerca de su datación y del taller en el que se creó. El mosaico de Palestrina, que probablemente ilustra, por un lado, un momento histórico concreto, y que, por otro, se remonta a la tradición de cultura enciclopédica que tenía su origen en la Biblioteca de Alejandría –tradición que, en este caso, queda atestiguada por la variedad de plantas, flores y animales que animan y caracterizan las riberas del Nilo a lo largo de todo su curso, a partir de sus fuentes–, constituye un *únicum*.

En las numerosas representaciones de paisajes nilóticos en pintura y en mosaico que una larga tradición llevará adelante, desde el siglo I a.C., como mínimo hasta el siglo IV d. C. –cuando también en la cultura cristiana se utilicen las imágenes del río, de sus inundaciones y de su hábitat como referencia al *parádeisos* [paraíso]–, cabrá distinguir varios temas iconográficos: desde el naturalista hasta el paródico y el realista, que parecen indicar también una distinta datación de las obras.

Aunque aún es objeto de debate el origen alejandrino de este tema, parece razonable formular la hipótesis de una reelaboración de varios motivos tomados de modelos de época helenística –desde las escenas mitológicas al pescador insertado en el paisaje marítimo (como sucede en un fragmento de friso conservado en los almacenes del Museo Nazionale de Nápoles), a la iconografía del banquete en las riberas del Nilo (en el único mosaico "nilótico" hallado en Egipto, procedente de Thmuis y expuesto en el Museo Grecorromano de Alejandría)–; o bien, como ha sido propuesto (Meyboom 1995, pp. 96-107), la de arquetipos procedentes de un centro helenístico y contaminados por un género tradicional egipcio en aquellas vistas en las que predominan el río y la naturaleza que caracteriza su paisaje.

Otros objetos, prácticamente contemporáneos del mosaico de Palestrina, emplean la misma imaginería, reinterpretada como emblema y compendio de un mundo de ficción, que resulta inmediatamente inteligible gracias a la presencia de flores de loto o de nelumbo, al paisaje acuático o también a la presencia de ibis, cocodrilos, hipopótamos o rinocerontes. En esta naturaleza se insertan a veces pigmeos, representados mientras realizan actividades jocosas o eróticas, hasta el punto de constituir un género paródico en el que el elemento humano, a menudo deforme, queda bosquejado de manera caricaturesca, dado que su naturaleza auténtica pasa inadvertida (De Vos 1980, pp. 90-93). Mientras que los ejemplos más antiguos de pinturas de paisaje nilótico con pigmeos se remontan a la fase del segundo estilo –fechada entre los años 50 y 25 a.C.– y sus resultados se perciben en Pompeya –en la Casa del Toro y en la Casa del Escultor– y en Roma –en la Casa de Livia y en el columbario de la Villa Pamphilj, en forma de frisos en la parte inferior de las paredes–, su prototipo puede cifrarse en el umbral de *Privernum*, que no sólo ha sido señalado como el testimonio más fiable de una pintura desaparecida, sino que sobre todo parece poder considerarse la más antigua representación en mosaico de unos pigmeos. Éstos, representados aún con aspecto no deforme, animan un ambiente en el que la crecida del río da vida a numerosas especies florales y animales, rozando con placidez los edificios representados en el fondo.

Si se excluye este género –que registrará evoluciones posteriores en plena época imperial, cuando, principalmente en la técnica musiva y sobre todo en blanco y negro, se crearán iconografías burlescas de pigmeos luchando contra cocodrilos, grullas e ibis (mosaico de las *Cellae Vinariae Novae et Arruntianae* [Bodegas Nuevas y de Arruncio], conservado en el Museo Nazionale Romano), o entretenidos en juegos eróticos que revelan su carácter itifálico, aunque siempre con referencia a la fertilidad–, resulta infrecuente la aparición, en el hábitat nilótico, de figuras humanas; y cuando éstas aparecen, se trata, a lo sumo, de niños pescadores o marineros –lo que constituye una contaminación evidente con la tradición propia de los paisajes portuarios, cuyo origen alejandrino resulta igualmente evidente–, o representados mientras trazan en el nilómetro el nivel de crecida alcanzado por el río (mosaico de Séforis).

Fig. 1
Emblema con ánades
Siglos II-I a.C.
Nápoles, Museo Archeologico
Nazionale
(cat. n.º 206)

Fig. 2
Mosaico con escena nilótica,
procedente de la Casa del Fauno
de Pompeya
Nápoles, Museo Archeologico
Nazionale

Una de las pocas excepciones la constituye el *emblema* realizado dentro de una caja hecha de ladrillos, procedente de Roma, hallado a finales del siglo XIX durante las excavaciones para la construcción del Palacio de Exposiciones en el Quirinal; en dicho cuadro, que ha sido situado cronológicamente cercano al mosaico de Palestrina, se representa una ceremonia sagrada a orillas del Nilo: la que se celebraba cada año en honor del dios Sobek en *Crocodilópolis-Arsïnoe*, donde se criaban los cocodrilos sagrados. En dicho pequeño cuadro se representa a uno de estos animales, coronado con una guirnalda de rosas, mientras se acerca a la orilla, con las fauces abiertas de par en par, para recibir su comida de manos de los sacerdotes; mientras tanto, a lo largo de la ribera avanza una procesión con acompañamiento musical, y aves y plantas pueblan el agua iridiscente, que unifica el conjunto.

En otras representaciones predomina, en cambio, la reproducción exclusiva de elementos naturales –plantas, flores y animales– adornando umbrales y marcos o como cuadros autónomos: extraídos, pues, de su contexto originario y utilizados como detalle de referencia cada vez más sobrio conforme se aproximan los siglos centrales del Imperio.

Un muestrario abundante de animales propios del hábitat africano es el que se despliega en la alfombra de mosaico que marca la entrada de la exedra de la pompeyana Casa del Fauno, en el centro de la cual destaca el gran mosaico de *La batalla de Alejandro*. La escena nilótica representada en el umbral, que incluye tan sólo elementos del paisaje fluvial, sin personas, muestra ánades, ibis, un cocodrilo, un rinoceronte, una cobra en el acto de luchar contra una mangosta, entre nelumbos, lotos en sus diferentes fases de floración y plantas acuáticas.

Si el gran mosaico de Palestrina, realizado entre finales del siglo II a.C. y la primera mitad del siglo I a.C., puede considerarse la representación más compleja del tema nilótico, tampoco los cuadros de la Casa del Fauno, el umbral de *Privernum* y el *emblema* de Roma recién citados se distancian de ese ámbito cronológico, lo que confirma una introducción temprana de modelos o bien la presencia de artistas alejandrinos, y, en cualquier caso, su creación en talleres de gran especialización, debido al preciosismo de su técnica –que utiliza una amplia gama de colores–, al corte esmerado de las teselas y a la compactibilidad de la trama.

Estos mismos temas, cada vez más simplificados en su ordenación iconográfica y representados con una valorización cada vez menor del cromatismo a medida que se procede hacia una producción más corriente, debida a la fuerte demanda de temas "neutros", desembocan en la ejecución –en plena época imperial y hasta la tardoantigua– de cuadros en los que incluso tan sólo elementos vegetales y del mundo animal, diseminados en el campo del mosaico, desempeñan el

mismo papel que un paisaje nilótico más complejo (Roma, mosaico de la Via Maida).

Mientras que en el fresco en forma de friso procedente de Herculano el paisaje nilótico resulta todavía complejo –pues muestra a la izquierda un rinoceronte, a la derecha un cocodrilo y en la zona central construcciones arquitectónicas rozadas por las aguas del río, que están pobladas de ánades y sombreadas por grandes palmeras–, en el fresco de Pompeya sólo quedan un pez, un hipopótamo y hojas de loto al igual que en muchas otras creaciones, principalmente musivas, de las zonas de la Campania y del Lacio, como culminación de un proceso que reducirá los elementos del repertorio nilótico a meros y repetitivos estereotipos decorativos, que valorizarán en mayor o en menor medida la vivacidad del dibujo y de los colores, conforme a la habilidad de cada artesano (es el caso de los *emblemas* de la Isola Sacra, en Ostia, y de Roma).

La iconografía del paisaje egiptizante y nilótico, surgida como corolario de la introducción de los cultos isíacos en Occidente, se desarrolla, como queda apuntado, en época muy temprana en la zona romano-campana, principalmente en ambientes domésticos o, en cualquier caso, no cultuales, y según modalidades diferentes. Pero, tras las hazañas primero de César y después de Antonio y la anexión definitiva de Egipto al Imperio Romano, el gusto egiptizante se extendería por todas las regiones del Imperio y entre capas sociales cada vez más amplias, con una predilección especial por las temáticas naturalistas de origen alejandrino que, como muestran las extraordinarias representaciones nilóticas de Cencreas, puerto de Corinto, realizadas en *opus sectile* en vidrio y fechadas a finales del siglo IV d.C., seguirían formando parte del patrimonio cultural de la Antigüedad Tardía.

Gemma Sena Chiesa

Artes suntuarias y "egiptomanía"

"Y la que huyó asustada con su escuadra
llora también, y de desdicha ejemplo,
con áspides el pecho se taladra."
(Dante Alighieri, *La Divina Comedia,
Paraíso*, VI, vv. 75 ss.)

Para el mundo romano, el Egipto ptolemaico y Alejandría en especial significaban, por antonomasia, el lujo, la opulencia, la calidad de vida más elevada. El palacio de Cleopatra, tal como lo describía Lucano (*Farsalia*, X, 110-126), resplandecía de oro, estaba revestido de placas de ágata y de pórfido, de marfil y de caparazones de tortuga, y cuajado de esmeraldas de inestimable valor. Los lechos estaban decorados con piedras preciosas, y la vajilla era dorada con reflejos de jaspe. En los banquetes reales brillaban los objetos de oro incrustados de piedras preciosas (Ateneo de Náucratis, *Banquete de los eruditos*, V, 196a-197c).

Todo lo que hubiera sido creado en Alejandría era imitado como señal de una vida lujosa; todo lo procedente de la ciudad de los Ptolomeos se exhibía como indicio no sólo de riqueza, sino también de cultura.

En aquel mundo, lleno de esplendor y de exotismo, se inspiraban los grandes personajes de la República tardía para ostentar riqueza y para subrayar la creciente influencia de Roma en Oriente y su propio prestigio personal.

Ya en la primera mitad del siglo I a.C., especialmente a partir del periodo de Sila, los estilos de vida de la sociedad romana de élite se inspiraban en los modelos de las grandes capitales helenísticas. Las suntuosas salas del palacio real alejandrino, rodeadas de columnas majestuosas –como era también el caso de la famosa "tienda de Ptolomeo", que describe Ateneo (ibídem; Calandra 2009)–, se convirtieron en modelo para los tablinos y para las salas de recibimiento. La búsqueda y la utilización de objetos de lujo procedentes del mundo helenístico o elaborados en Roma para los nuevos potentados llegaron a ser particularmente significativas en la sociedad romana hacia el final de la República y durante el principado augustal y julioclaudio. Roma se vio invadida de piedras preciosas grabadas, lujosos objetos de vidrio decorado, vajillas de piedra dura, artículos de plata repujada, lechos de marfil, oro y piedras preciosas.

Las iconografías que celebraban a los príncipes y a la corte, con retratos realistas o mitificados y con escenas mitológicas alusivas a su prestigio y a sus políticas, fueron adaptadas al complejo sistema de poder romano.

Pero fueron de especial manera los ricos botines que afluían a Roma los que trajeron a esta ciudad el gusto por una forma de vida (la *luxuria*) que durante muchos siglos había sido propia del refinado mundo helenístico. En el famosísimo triunfo de Pompeyo sobre Mitrídates, descrito por Plutarco (*Vida de Pompeyo*, 34-39), se expuso el tesoro de este rey del Ponto, tesoro que era fruto, a su vez, de los expolios llevados a cabo por él en todo Oriente. Dicho tesoro contenía, en particular, muchas obras maestras que habían formado parte del de los Ptolomeos.

Cuando Egipto se inmiscuyó con prepotencia en los juegos de poder de Roma, empezando por los avatares de la lucha dinástica entre Ptolomeo XI Alejandro II y Ptolomeo de Chipre –avatares en los que Roma quedó implicada en 58-57 a.C., teniendo como protagonistas al joven Marco Antonio y a Catón, que de ellos obtuvo un rico botín de objetos preciosos, copas, mesas taraceadas, piedras preciosas, tejidos de púrpura (Plutarco, *Vida de Catón*)–, los objetos de lujo de gusto alejandrino vieron incrementada su popularidad.

Semejante popularidad siguió creciendo posteriormente cuando César hubo de interesarse por el reino ptolemaico, y se multiplicó con la aparición en escena de Cleopatra, acompañada por el extraordinario prestigio que le daba su soberanía en clave femenina. El poder de las reinas lágidas era completamente desconocido en Occidente, y cuando Cleopatra mantuvo corte en Roma durante los últimos años de la vida de César, del 46 al 44 a.C. y fue proclamada *"regina amica populi romani"* ["reina amiga del pueblo romano"] (Casio Dión, XLIII, 27, 3), hubo de hacerse patente a la *nobilitas* [nobleza] romana un modo de vida exótico extraordinariamente fascinante, aun cuando no apreciado por todos (Cicerón, *Epístolas a Ático*, XV, 15, 2).

Más tarde, en época augustal, la celebración de la batalla de Accio, la leyenda de Cleopatra, dramáticamente derrotada y la conquista definitiva de Egipto multiplicaron las referencias al fausto y al proverbial tenor de vida oriental. Basta con pensar en los términos en que se describía el tesoro que Cleopatra, unos días antes de su muerte, había mandado juntar en un edificio cercano al templo de Isis y que Octavio temía perder: copas, oro, plata, esmeraldas, perlas, ébano, marfil (Plutarco, *Vida de Antonio*, 74).

Por aquella época se extiende la moda de reproducir motivos iconográficos aislados, símbolo de un Egipto convencional, que algunas veces tenían un significado político preciso. El primer sello utilizado por Octavio, ya empleado por la madre del *princeps*, estaba decorado con una esfinge. Posteriormente, Augusto dejó de usarlo precisamente debido al significado demasiado explícito del motivo figurado (Suetonio, *Vida de Augusto*, 50).

Grifos, esfinges, cocodrilos o pigmeos iban haciéndose cada vez más frecuentes en la decoración de las casas y en los objetos personales. Las esfinges, referencia elocuente al Egipto faraónico, se utilizaban, por ejemplo, en las terracotas de la Colección Campana (Strazzulla 1990) o en obras de toréutica, como es el caso del brasero del Museo Archeologico Nazionale en Nápoles (Spinazzola 1928, p. 257).

Esta moda extendida es la que recibe el nombre de "egiptomanía", término derivado de la auténtica "egiptomanía": la pasión por el mundo egipcio –especialmente por el faraónico– que invadió Europa a finales del siglo XVIII (*Egittomania* 2006, pp. 221-257) como consecuencia de las campañas egipcias de Napoleón y que se prolongaría durante todo el siglo XIX a través de la simbología masónica y hasta, por ejemplo, la *Aída* de Verdi. Se trata, por tanto, de un término que constituye una expresión crítica moderna, pero que también expresa correctamente el fenómeno que se desencadenó en época romana (*Egittomania* 2006; Bragantini 2006).

Con todo, en plena época augustal y durante el siglo I de nuestra era, la "egiptomanía" aparece siempre en segundo plano respecto a los grandes temas figurados propios de su propaganda: el nuevo clasicismo, el mundo apolíneo, la *aurea aetas* [Edad del Oro]. Y es que en el repertorio celebrativo augustal, Cleopatra y Egipto tienen, en el mejor de los casos, una connotación negativa. La identificación de Cleopatra como la monstruosa enemiga de Roma (el *fatale monstrum* o monstruo fatal de Horacio, Odas, I, 37, 21) está presente, por ejemplo, en las terracotas decorativas del Templo de Apolo Capitolino (Strazzulla 1990) mediante la imagen de una pavorosa gorgona; o en la cerámica de Arezzo con la representación, trasladada al mundo del mito, de Antonio subyugado por Cleopatra como Heracles vencido por Ónfale (Andreae 2006a, p. 178).

Alude, en cambio, de manera más explícita a la victoria naval de Accio el complejo camafeo del Kunsthistorisches Museum (presente en la exposición de Madrid), que representa a Octavio triunfador, a quien llevan por el mar cuatro tritones.

Reservadas al uso de la corte estaban las representaciones de los príncipes con aspecto de divinidades o formando composiciones simbólicas elaboradas en la Alejandría ptolemaica y retomadas en época julioclaudia. De esta manera, las conocidísimas cornucopias, "inventadas" como auspicio de abundancia y como símbolo del poder benéfico de las reinas ptole-

Fig. 1
Kántharos *con cigüeñas en un paisaje nilótico*, procedente del Tesoro de Boscoreale (Pompeya) primera mitad del siglo I d.C. París, Musée du Louvre

Fig. 2
Copa de plata con escena de barquero en un paisaje nilótico, procedente del Tesoro de la Casa del Menandro, de Pompeya mediados del siglo I d.C. Nápoles, Museo Archeologico Nazionale

maicas, asimiladas a Tique y a Deméter, transmitieron su significado simbólico a la propaganda imperial romana.

Pero fue sólo el culto de Isis –la más venerada de las divinidades alejandrinas (y, en el fondo, la más cercana a la nueva dimensión de la realeza en femenino que había sido tal vez uno de los legados más generosos del mito de Cleopatra a la sociedad romana)– lo que siguió recordando durante largo tiempo a Alejandría y al Egipto faraónico en Roma y en todo el Imperio. En efecto, la presencia de Isis incluso en el arte suntuario, y no sólo en los lugares consagrados a su culto, sigue siendo extraordinariamente abundante hasta la época tardoantigua, cuando la diosa asume valores sincretistas y mágicos.

Sólo cabe recordar aquí algunos de los muchos aspectos de la influencia del Egipto de Cleopatra en el mundo romano del lujo.

La platería y el paisaje alejandrino
El paisaje nilótico constituye quizás una de las primeras iconografías "egipcias" que se popularizaron durante la época romana, tanto en la tipología del que se denomina paisaje "alejandrino" –con árboles retorcidos y edificios, y animado por figuritas humanas y por escenas de pastoreo– como en la "nilótica", inspirada en la vegetación y en la fauna exuberantes propias del delta del Nilo. Lo mismo sucede también en las representaciones del misterioso mundo exótico del Alto Nilo, poblado de pigmeos y de negros. En Roma, a mediados del siglo I a.C., se creaban lujosos paisajes acuáticos –y hasta modestos jardines– dotados de algún juego de agua, que se denominaban "Nilos" (Cicerón, *Las leyes*, II, 2). Es posible que los grandes jardines que Cleopatra mandara construir alrededor de su villa allende el Tíber (Cicerón, *Epístolas a Ático*, XV, 15, 2) tuvieran precisamente juegos de agua "nilóticos".

Algunas de las representaciones más fascinantes de paisajes que han llegado hasta nosotros fueron repujadas y grabadas en vajillas de plata. Y es que la representación de la vegetación y de la fauna de marjal permitía la realización de composiciones en las que reinaban el virtuosismo y la profundidad de los planos.

Dan ejemplo espectacular de ello los cuatro *kántharoi* del Tesoro de Boscoreale (Baratte 1986; *Argen-*

ti a Pompei 2006, n.º cat. 273) (fig. 1), dos de ellos con grullas y dos con cigüeñas. Alrededor de estos pájaros se despliega una extraordinaria representación de insectos, peces, cangrejos, ratoncitos y conejitos entre tallos acuáticos y árboles desnudos, típicos del gusto paisajístico alejandrino. Esta misma iconografía de grullas, pájaros, serpientes, flores y espigas de trigo decora también un vaso del Tesoro del Menandro (ibídem, n.º cat. 286).

La copa con un barquero del Delta perteneciente al Tesoro del Menandro (ibídem, n.º cat. 278) (fig. 2) está parcialmente vinculada al otro filón del paisaje alejandrino: el bucólico con personajes humanos (Adriani 1959), aun cuando su ambiente acuático no deja de remitir al delta del Nilo (Manolaraki 2013).

El paisaje nilótico, representado de manera tan naturalista en la platería de época protoimperial, se convierte muy pronto en paisaje convencional, trans-

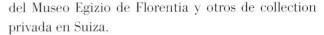

formándose en un repertorio ordinario de elementos individuales de carácter decorativo. Una iconografía "propia del delta" a base de objetos (un pájaro acuático, cangrejos y la típica cesta de mimbre del pescador alejandrino) está presente, por ejemplo, en la composición de animales y objetos de uno de los dos *skyphoi* del Tesoro de Boscoreale denominados "de los *xenia*" (Baratte 1986, p. 61).

Tan amplio conjunto de motivos decorativos paisajistas seguirá vigente hasta la época tardoantigua, manteniendo en la platería de lujo una valiosa connotación "alejandrina".

El Egipto faraónico y el culto de Isis

La referencia al misterioso y antiquísimo Egipto faraónico aparece especialmente empleada en objetos relacionados con el culto isíaco; culto que, como es sabido, se practicó ampliamente también en Roma a partir de la época julioclaudia.

La vajilla de obsidiana negra procedente de la Villa San Marco de Estabia se compone de dos *skyphoi* decorados con figuras egiptizantes y de una copa con sarmientos de vid. Los vasos están trabajados al torno en tan preciada piedra negra, descrita por Plinio como muy valiosa; la decoración está conseguida mediante incrustaciones de oro y de materiales preciosos (coral, malaquita, lapislázuli: Leospo 1978; Gasparri 2003; *Egittomania* 2006, III, 136) (fig. 3) de enorme refinamiento. Estos ejemplares, espléndidamente restaurados en época reciente, constituyen un ejemplo admirable de la técnica egipcia de las incrustaciones no sólo de materiales preciosos, sino también de vidrio coloreado, técnica decorativa practicada desde los tiempos faraónicos (*La Gloire d'Alexandrie* 1998, núms. cat. 87-88), de la que constituyen unos magníficos ejemplos los elementos de incrustación procedentes

del Museo Egizio de Florentia y otros de collection privada en Suiza.

De los grandes iseos del mundo romano proceden objetos de culto (como sistros, candelabros y lámparas de pared), pero también objetos donados a la diosa de particular valor, incluso venal.

Una inscripción hallada en Nemi, en el santuario de Diana Aricina, y dedicada a Isis y a Bubastis (*Iside* 1997), enumera los valiosos dones ofrecidos a la diosa: piedras preciosas, pendientes con piedras preciosas, imágenes de plata, coronas doradas, páteras con piedras preciosas, vestiduras de seda y de púrpura. Podría constituir, asimismo, una ofrenda a la diosa el pequeño busto de Isis realizado en plasma de esmeralda, hallado en Pompeya (Gagetti 2006), al igual que la singular copa de plata con decoración egiptizante procedente de esa misma ciudad (y que puede verse en la exposición).

Testimonia igualmente la popularidad de Isis en el mundo romano la notable cantidad de piedras preciosas con la imagen de esta diosa alejandrina, imagen que se fundiría más tarde, en el mundo romano, con la de la Fortuna, dando origen así a la figura sincretista de Isis-Fortuna.

Sólo de Pompeya ha llegado hasta nosotros una treintena de piedras preciosas con la imagen de esta diosa, pero las piedras preciosas con representaciones de Isis-Fortuna son abundantísimas también durante los siglos II y III d.C., señal de una constante percepción de tan multifacética diosa como divinidad benévola por excelencia.

La representación de Isis *Pharia*, la diosa que navega sobre un timón hacia el Faro de Alejandría (*Iside* 1997) (fig. 4), mantiene hasta el siglo II de nuestra era una referencia específica al célebre puerto, dominado por la poderosa torre del Faro.

Vasos de piedras duras y tallados a camafeo: la celebración alusiva

La gran pasión helenística por los vasos de piedras duras ya había contagiado a Roma durante la primera mitad del siglo I a.C. En el triunfo que ya hemos recordado de Pompeyo sobre Mitrídates, se exhibieron, entre otros tesoros, también las dos mil copas de ónice que este rey poseía (Apiano, *Las guerras de Mitrídates*, XII, 4, 23). Se trataba de objetos que Mitrídates, a su vez, había sustraído en Cos del tesoro de los reyes lágidas. La piedra utilizada para los vasos –la preciada sardónice– provenía de las minas de la península arábiga. Frecuentemente, los vasos de sardónice eran imitados con materiales refinados, pero menos preciosos, como el alabastro (véanse algunos ejemplares en la exposición).

Durante la primera época augustal pudieron estar ya en Roma, procedentes de Egipto y confluyentes en el tesoro imperial, dos obras maestras de la talla a camafeo: la así llamada *Copa de los Ptolomeos*, conservada actualmente en París, y la celebérrima *Taza Farnesio* (Nápoles, Museo Archeologico Nazionale), llegadas ambas hasta nosotros a través de venturosas vicisitudes de colecciones (*Gemme Farnese* 1994).

La pequeña, pero preciosísima, *Copa de los Ptolomeos* (París, Bibliothèque Nationale de France, Departamento de Monedas, Medallas y Antigüedades) (fig. 5) está decorada con objetos de culto, máscaras, objetos de plata colocados en mesas, tirsos dionisíacos, árboles entre los que figuran colgados cortinajes. Se trata de motivos típicamente ptolemaicos que aparecen en la descripción de la procesión de Ptolomeo Filadelfo, de principios del siglo III a.C. (Calandra 2009), pero destinados a gozar de larguísima vigencia en el arte decorativo romano hasta la época tardoantigua.

La *Taza Farnesio* (La Rocca 1984) está adornada en su interior por una compleja escena mitológica augural en cuyo centro figuran Isis y Triptólemo –en realidad, una pareja de soberanos (los últimos Ptolomeos o Cleopatra VII y Antonio), representados bajo tales ropajes como divinidades benéficas. Estos personajes regios se muestran con vestiduras y símbolos divinos en una composición alusiva cuya descodificación no resulta fácil. La datación de tan preciosísimo objeto centra aún el debate entre los estudiosos, pero es probable su adscripción a la primera mitad del

siglo I a.C., durante el reinado de Cleopatra VII, una de las pocas soberanas ptolemaicas representada con la *diadema*, símbolo del poder real. Efectivamente, la reina es retratada con los atributos de Isis, tal como a veces se presentaba en público, pero también con la *diadema* de los Ptolomeos ciñéndole la cabeza (fig. 6).

Esta modalidad de celebración del poder dinástico puesto en relación con el divino, modalidad que presenta múltiples niveles de interpretación, será heredada en su totalidad por el repertorio iconográfico celebrativo de Augusto y de los príncipes julioclaudios.

Las figuraciones contenidas en las obras maestras procedentes del mundo ptolemaico llevaron a la corte julioclaudia el gusto por las escenas simbólicas, algunas de las cuales nos resultan hoy de difícil interpretación, aun cuando seguramente se refieran a acon-

Fig. 7
Copa con decoración de palmetas
¿Siglo I d.C.?
Nápoles, Museo Archeologico
Nazionale
(cat. n.º 247)

Fig. 8
*Pátera de plata con busto
de Cleopatra Selene,
representada como África,*
procedente del Tesoro de
Boscoreale, Pompeya
Finales del siglo I a.C.
París, Musée du Louvre

tecimientos familiares o políticos especiales, representados de manera enigmática, trasladando la historia al mundo del mito. Sólo un círculo restringido de personas estaba en condiciones de apreciar tan preciosos objetos y de comprender las escenas grabadas en ellos, no pocas de las cuales nos resultan hoy comprensibles en su significado mítico, pero no en el histórico al que hacen alusión.

Son muchos los vasos de época augustal realizados en sardónice y tallados a camafeo a la manera alejandrina que responden a tan refinada tipología. Entre ellos figuran el vaso con Deméter y Triptólemo, conservado hoy en día en Braunschweig; el vaso de sardónice de St-Maurice d'Agaune (Ghedini 1987), y la copa de obsidiana en relieve con escenas de la infancia de Dioniso, procedente de Velia (Gasparri 2203).

Escenas ambiguas, probablemente reconducibles a algún acontecimiento específico de la familia de Augusto, son también las que adornan el célebre *Vaso Portland* (actualmente en el British Museum), realizado en vidrio camafeo –imitación, en cristal blanco y azul, del ónix de dos capas– (*Roman Cameos* 2010).

También son de carácter conmemorativo dos famosísimos objetos de plata. La *Pátera de Aquileya* (conservada ahora en Viena) contiene escenas del mito de Deméter y Triptólemo, probablemente alusivas a la representación de Antonio bajo los rasgos del dios.

El plato de ceremonia realizado en plata y perteneciente al Tesoro de Boscoreale (hoy en día expuesto en el Louvre) contiene en el centro un retrato fe-

menino de bulto redondo con aspecto de África, que luce un tocado de despojos de elefante (fig. 8). El busto, rodeado de símbolos referibles a los Ptolomeos –la cornucopia, la serpiente, el sistro de Isis– representa a Cleopatra Selene, hija de Cleopatra y de Antonio, que casó en las últimas décadas del siglo I a.C. con el rey de Mauritania Juba II. El hallazgo de este plato en Pompeya, entre las piezas de platería del Tesoro de Boscoreale, atestigua que una obra tan estrechamente vinculada a la memoria de Cleopatra y al simbolismo alejandrino se conservaba, todavía en la segunda mitad del siglo I de nuestra era, entre los tesoros de una acaudalada familia romana.

La glíptica y el arte del retrato

El retrato, tanto personal como de un antepasado, se había convertido entre los siglos III y I a.C. en uno de los géneros más utilizados para la propaganda política en el mundo ptolemaico y sucesivamente en Roma. Los rostros de los poderosos no aparecían tan sólo en las monedas, sino también grabados en piedras preciosas que servían de sello.

Una de las iconografías "políticas" glípticas utilizadas por la dinastía de los Ptolomeos es la de las cabezas combinadas de parejas regias en forma de *capita iugata* [cabezas enyugadas o uncidas, es decir representadas en fila y de frente, N. del T.]. El famoso *Camafeo de los Ptolomeos*, actualmente conservado en Viena (Zwierlein-Diehl 2008, pp. 56-73) representa a una pareja que ha sido identificada con la formada por Ptolomeo II y por su esposa Arsínoe II. El soberano, to-

cado con yelmo, es asimilado a Zeus, y la reina a Isis (fig. 9).

El *Camafeo Gonzaga* (hoy en día en el Museo del Ermitage de San Petersburgo: Megow 1987, lám. 29) ha sido reconocido de diferentes maneras como representación de una pareja de soberanos ptolemaicos o como reelaboración romana de un original helenístico adaptado a los nuevos príncipes de Roma, acaso Augusto y Livia.

Tuvo gran difusión en el ámbito romano otro tipo de retrato doble con Serapis e Isis, representados en un camafeo ptolemaico de sardónice del siglo II a.C., conservado actualmente en Viena (Zwierlein-Diehl 2008, pp. 182-185), así como en varias réplicas de época romana (*Iside* 1997).

Pero es durante la época de Calígula y de Claudio cuando el gusto por la representación en clave mitológica y la referencia a los faustos ptolemaicos vuelve a hacerse presente con mayor énfasis en el elaborado camafeo que ahora se conserva en Viena. Calígula se manda representar a sí mismo como Júpiter sentado en un trono cuyos brazos tienen forma de esfinge y sosteniendo con la mano la doble cornucopia de los Ptolomeos junto a su hermana Drusila, representada como Roma (Zwierlein-Diehl 2008, pp. 142-147). En una sardónice que se encuentra actualmente en el citado Departamento de Monedas, Medallas y Antigüedades, Claudio y Agripina adoptan el aspecto de las divinidades benéficas de Alejandría, Triptólemo y Deméter, en un carro tirado por una pareja de serpientes (Vollenweider, Avisseau-Broustet 2003), reapropiándo-

se tal vez de un camafeo tallado para Agripa, uno de los vencedores de Accio, y para su mujer Julia, hija de Augusto.

En la famosa *Gema Claudia*, actualmente conservada en Viena (Zwierlein-Diehl 2008, pp. 158-165), se enfrentan los bustos de Claudio y de Agripina la Menor como Ceres con los de los padres de esta, Germánico y Agripina la Mayor. Los cuatro bustos surgen de sendas cornucopias que rebosan frutos y espigas, signo una vez más de la *felicitas temporum* [felicidad de los tiempos]: un motivo propagandístico que, como hemos visto, nació en época ptolemaica.

Los ornamenta: *las joyas en forma de serpiente*
Muchas de las valiosas y elegantísimas joyas que han llegado hasta nosotros, especialmente de la época julioclaudia, presentan algún carácter egiptizante. Muchas de ellas recuperan el tipo en forma de serpiente, nacido en época helenística quizá con significado apotropaico. Una veintena de ejemplares de las mismas fueron hallados en la zona del Vesubio (*I monili dell'area vesuviana* 1997; Roberts 2013, p. 288), procedentes de Pompeya y Boscoreale. Ese mismo modelo se utilizaba también para los anillos: se exhibe un ejemplar que documenta esta forma de adorno, muy popular hasta la segunda mitad del siglo I d. C.

Es posible que tan valiosas joyas estuvieran relacionadas, en el imaginario helenísticorromano, con la devoción a Isis.

Con todo, resulta probable que un tipo de joya surgido en el mundo helenístico mucho antes del nacimiento de Cleopatra VII y que atestiguaba, de todas formas, la fascinación y la elegancia exótica propias del mundo alejandrino, se hiciera popular debido también al reclamo mediático de la fabulosa figura de Cleopatra y a la leyenda de su muerte por la picadura de un áspid en el brazo, traduciéndose en una auténtica moda egiptizante. Que en Roma el áspid estuviera vinculado a la figura de Cleopatra lo muestra, asimismo, la serpiente que rodea el vaso de abluciones de la estatua de Afrodita-Cleopatra en el Esquilino. Ciertamente, la serpiente hace referencia también al *uraeus*, símbolo de los faraones, por lo que en cierto sentido evoca dos veces el mito de la última reina de Egipto.

Pilar León

El influjo alejandrino y ptolemaico en la Hispania romana

Al preguntarnos por el influjo que ejerció el mundo alejandrino y ptolemaico en el extremo opuesto del Mediterráneo –la Hispania romana– , divisamos cuatro planos interesantes: la religiosidad y los cultos, la imagen del poder, el gusto y la moda y el ornato y la decoración. El primero de ellos es el mejor conocido a causa de los testimonios numerosos y claros tanto arqueológicos como epigráficos. Predominan entre ellos los alusivos a la pareja formada por Isis y Serapis, cuya iconografía peculiar se revistió de apariencia helenizante para facilitar su aceptación. *Iseum* y *Serapeion* son los respectivos santuarios, documentados en Hispania desde fecha temprana. El más antiguo y mejor conocido es el Serapeion de Ampurias, en el que se han localizado las estatuas de culto de las divinidades tutelares y de otras que los acompañaban (Alvar, 2012, 95-101 n.° 125-138). La estatua de Serapis es una de las representaciones más bellas y nobles del dios (fig. 1), mientras que de la de Isis sólo se han conservado las partes delanteras de los pies, obras de finales del siglo II-comienzos del siglo I a.C. Los hallazgos epigráficos demuestran que tanto en Ampurias como en otros lugares, Carthago Nova por ejemplo, las actividades desarrolladas en el santuario eran promovidas por orientales asentados en Hispania (Alvar, 2012, 122 n.° 160).

El más antiguo de los santuarios dedicados a Isis es el Iseum de Baelo Claudia, fechado en época de Nerón, aunque podría ser anterior (Alvar, 2012, 79-84 n.° 100-105). Su emplazamiento privilegiado junto al Capitolio, la posición dominante sobre la ciudad y el puerto y el dominio de un maravilloso paisaje costero están en consonancia con una de las múltiples advocaciones de la diosa, *Pelagia*, señora del mar. La tipología arquitectónica es la habitual, similar por tanto a la del Iseum de Pompeya o a los de Sabratha y Roma. Similar aunque posterior es también el Iseum de Itálica (Alvar, 2012, 60-73 n.° 69-90. Jiménez, Rodríguez, Izquierdo 2013, 286-291), en el que se han localizado hallazgos de tipo *planta pedum* dedicados a Isis. Como en Baelo Claudia, el recinto de culto de Itálica está formado por un templo, al que se asocian varias estancias rituales, y una plaza abierta en la que se localizan una cripta, un altar y un estanque. Es obra de tiempos de Adriano y se mantuvo activo hasta el siglo VI d.C.

De las actividades promovidas por los adoradores de Isis y Serapis nos informa la epigrafía, en especial sobre las dedicaciones que se les hacían, muy ricas por lo general. Entre ellas sobresale el pie serapeo colosal, procedente de Écija, del Museo de Málaga; es una ofrenda votiva de carácter epifánico que Pedro Rodríguez Oliva supone acertadamente rematado por un busto de Serapis, como es frecuente en esta clase de exvotos (Alvar, 2012, 77 n.° 95. Rodríguez Oliva 2009, 47-49 fig. 30), muestras representativas de la importancia de las dedicaciones por parte de fieles y devotos.

No sabemos si hubo santuarios o templos, pero es presumible que así fuera en lugares en los que han aparecido cabezas de Serapis, como la del MNAR de

Fig. 1
Serapis de Ampurias
(según Alvar)

Mérida y la del Museo Episcopal de Vich (Alvar, 2012, 46 n.° 19. 156, FC 013), estatuas de Isis, como las de Regina, Clunia y Valladolid (Alvar, 2012, 58 n.° 66. 155, FC 012. 156, FC 014) y la cabeza colosal de Ilipa Magna del Museo Arqueológico de Sevilla. Es esta última prototipo de divinidad mistérica, impresionante y magnífica, adornada con diadema cuyo remate componen los símbolos característicos: el disco flanqueado por parejas de espigas y serpientes (Rodríguez Oliva, 2009, 104-105 fig. 106). La predilección por Isis en Hispania fue grande y está claramente atestiguada por dedicaciones epigráficas, en las que se mencionan donaciones espléndidas a la diosa, en las que hay bustos de oro, toda clase de joyas, piedras preciosas, perlas. Son pruebas inequívocas de una religiosidad y de unas formas de culto muy vívidas, así como también de un elevado estatus social y económico de las dedicantes, sacerdotisas algunas de ellas. La receptividad hacia una religiosidad y hacia unas formas de culto exóticas y mistéricas se vio favorecida por la faceta amable y atractiva que en parte ofrecía su contenido, fácil de asumir para los nuevos adeptos. Inscripciones y hallazgos arqueológicos esbozan un panorama en el que cánticos, himnos e instrumentos musicales –el *sistrum* como símbolo– alegraban la severidad de los cultos mistéricos (Alvar, 2012, 31-36).

Impregnada de sutileza se presenta la recepción del influjo alejandrino y ptolemaico sobre la imagen del poder en Hispania, para cuya comprensión nos valdremos de dos obras singulares, la cabeza colosal de Augusto del Museo Arqueológico de Sevilla, procedente de Itálica, y la Livia del MAN, procedente de Baena. La cabeza de Augusto es obra de época claudia (León 2001, 248-251 n.° 74. León 2009, 205-206, fig. 269-271) y presenta en el peinado y en algunos rasgos faciales anomalías comparables a las de las cabezas colosales de Augusto procedentes de Egipto, como la del Museo Grecorromano de Alejandría y la del Württembergisches Landesmuseum de Stuttgart, reelaborada a partir del retrato de un monarca ptolemaico (Walker 2001, 270-271 n.° 318-319.). Las dificultades técnicas implícitas en la elaboración por piezas y en el formato colosal eran dominadas por los escultores egipcios o alejandrinos, expertos y curtidos en la complejidad de esos trabajos. Si a las cuestiones de orden técnico se añaden características iconográficas típicas de Egipto como son los ojos grandes muy abiertos, la idealización abstracta de las facciones y el despotismo enfático de la expresión, se comprende que la cabeza de Sevilla haya sido trabajada por un escultor formado en aquellos círculos artísticos, conocedor de aquellas técnicas y de aquella caracterización lejana y distante del monarca. Se trata por tanto de una imagen del divo Augusto que lo muestra como autócrata, pensada para glorificarlo en apoteosis y para consolidar el concepto de poder dinástico. El punto de referencia y los modelos para representaciones de esta clase se encuentran en el Egipto ptolemaico, si bien estas influencias pudieron llegar por contactos con talleres alejandrinos o filtradas desde Roma, pues también allí ejercieron un fuerte influjo. En este sentido y respecto a la formación de la imagen imperial conviene recordar que los primeros emperadores romanos pudieron sacar de fuentes ptolemaicas algo tan representativo como los motivos típicos y distintivos de los flequillos de sus peinados (Walker 2001, 146. 272 n.° 323). Nada tiene de extraño, si se piensa que Augusto llegó a ser proclamado faraón en Egipto y que guardó siempre larvadas sus pretensiones monárquicas.

Igualmente significativa es la estatua sedente de Livia procedente de Baena (León, 2001, 328-331 n.° 101), obra de época tiberiana o Claudia (fig. 2). La imagen que en ella vemos está inspirada en las representaciones de la reina Arsínoe II y de la misma Cleopatra, a las que Livia imitaba (Walker, 2001, 146-147) y de las que toma el símbolo regio y religioso por excelencia de las reinas, la cornucopia doble o *dikeras*. Asociado a la feracidad mítica del valle del Nilo, Arsínoe II lo explotó como símbolo personal, tras ser proclamada en vida diosa dispensadora de toda clase de bienes, además de garante de la legitimidad y de la continuidad dinástica (Meadows, Ashton 2001, 83 n.° 69). En este sentido propagandístico se utiliza la doble cornucopia para Livia, pues la estatua de Baena es una alegoría, que identifica a la Emperatriz con *Abundantia*. La alegoría se expresa con el lenguaje artístico de la representación solemne, hierática, velada, divinizada e idealizada en una belleza atemporal, evocadora del esquema iconográfico difundido por los retratos de Arsínoe II. Y naturalmente se completa, además, con el mensaje simbólico de la abundancia y fecundidad del valle del Baetis –de Ro-

Fig. 2
Estatua sedente de Livia
procedente de Baena

ma por extensión– equiparado a la tierra fértil de Egipto, como la Emperatriz se equipara a la reina Arsínoe. Tanto la carga ideológica de la imagen como el juego de formas muestran la influencia egipcia y alejandrina, cuyo contenido de homenaje al poder imperial se enfatiza en el ámbito provincial hispano.

En lo referente a gustos y modas el influjo alejandrino o egiptizante se deja sentir en Hispania desde comienzos de época imperial, en coincidencia con el momento en que la capital del Imperio, Roma, se deja ganar por él. Perdidos desgraciadamente otros testimonios, entre los cuales vestidos y tejidos, los peinados son el indicio que mejor podemos rastrear, los femeninos sobre todo. La dependencia de la moda difundida desde Roma es inexorable en los ambientes provinciales hispanos y al verse teñida allí por matices provenientes de la corte ptolemaica, experimenta aquí una repercusión inmediata. Formas de peinados con las trenzas típicas de la "Melonenfrisur", tirabuzones colgantes, tirabuzones cortos, orlas de ricitos están atestiguadas en los retratos femeninos hispanorromanos a lo largo de época julio-claudia, para los que se ha de buscar el punto de referencia en los peinados de Isis y de las reinas ptolemaicas. El auge de estas modas se concentra con especial intensidad en tiempos de los emperadores Claudio y Nerón y son las emperatrices y princesas de la casa imperial las primeras en seguirlas y en contribuir a su difusión.

La implantación de modas y peinados al gusto egipcio y alejandrino queda patente en el retrato hispanorromano del siglo I d.C. tanto desde el punto de vista estilístico como iconográfico. Es difícil saber si los encargos se hacían a talleres de fuera o a escultores y talleres inmigrados, establecidos en Hispania. Sea como fuere, la mano de obra conocía la manera de trabajar en ambientes artísticos tan selectos y afamados como los alejandrinos, pues la clientela así lo exigía. La serie de retratos femeninos de Carmona reúne ejemplos claros tanto para la elaboración de los retratos como para las formas exóticas de los peinados (León, 2001, 172- 177, n.° 46-47. 182-185, n.° 49. 194-195, n.° 53. 212-213, n.° 59. León, 2009, 173-174, fig. 207-208). A veces no se sabe bien si lo que el escultor reproduce son motivos del peinado o adornos en el pelo; pero en uno y otro caso clara queda la nota de coquetería y refinamiento inherente a estas modas. Aunque en toda Hispania se puede apreciar el eco de este fenómeno, en la Bética adquiere especial repercusión, debida a relaciones y contactos más directos y próximos con Alejandría y Egipto. Dos cabezas femeninas de mármol del Museo Arqueológico de Sevilla, procedente de Itálica una y de procedencia desconocida (probablemente local) otra (fig. 3), ponen claramente de manifiesto la impronta de este matiz (León 2001, 196-199 n.° 54. 202-205 n.° 56. León 2009, 178-179, fig. 216-219).

Aunque más infrecuentes, no faltan sin embargo muestras entre los retratos masculinos y entre ellos puede servir de ejemplo uno de la Casa de la Cultura de Alcalá de Guadaira, que representa a un desconocido de época de Marco Aurelio y Lucio Vero con peinado de masa de rizos acaracolados, similar al que ostentan sacerdotes jóvenes de Serapis. Estilo y técnica del retrato apuntan en la misma dirección (León, 2001, 124-127, n.° 31). Resulta así que las modas y peinados "afro", tan originales entonces como ahora, suponen una inflexión exótica en la uniformidad de imagen que ofrece la sociedad provincial hispanorromana, a la que el factor alejandrino presta una nota de originalidad tan atractiva como duradera.

En estrecha conexión con el mundo de los gustos y las modas se encuentra el de los adornos personales, objetos decorativos, manufacturas de toda clase y elementos ornamentales domésticos o funerarios integrados en el ambiente de la vida cotidiana (Luzón, 2010, 276-365). Estas series de objetos, expresión del lujo, del buen gusto y del refinamiento de los ni-

veles privilegiados de la sociedad hispanorromana, son importaciones de talleres especializados de Alejandría y de Egipto, de los que llega el reflejo a niveles inferiores en productos elaborados en materiales más modestos, como la arcilla.

El Museo Arqueológico de Cádiz posee lotes excepcionales de piezas importadas de Alejandría y de talleres egipcios, entre las que no faltan amuletos y escarabeos de fayenza y oro, un anillo con chatón en cristal de roca con el tema grabado de la captura de Pegaso por Belerofonte, anillos giratorios con chatón de cornalina o pasta vítrea, un nudo hercúleo en oro. Son pruebas irrefutables de las relaciones comerciales de Cádiz con el Mediterráneo oriental, norte de África y Egipto, en especial con Alejandría. El lote de piezas talladas en cristal de roca, que reproducen figuritas de moluscos, insectos, anforitas, es excepcional y pertenece al ajuar funerario riquísimo de una niña (fig. 4). Hay en él toda clase de objetos preciosos elaborados en materiales raros y selectos como el alabastro, el ámbar, el ágata o la cornalina, productos importados de talleres de Alejandría en el siglo I d.C. El ajuar se completaba con un espejo de tocador y una redecilla de oro para el pelo.

De idéntica riqueza y exclusividad hacen gala objetos como el vasito o botellita para perfume de Estepa, perteneciente a la clase vidrio camafeo, al igual que el famoso Vaso Portland (Luzón, 2010, 296-301).

Vajillas de lujo e importaciones exóticas, como las de Cartagena, prueban asimismo las relaciones fluidas con centros célebres de aprovisionamiento como Alejandría, Rodas o Delos (Noguera, 2007, 55-58). El auge de estas piezas coincide con la época augustea y su proveniencia son los talleres ptolemaicos y alejandrinos, al igual que la joyería, el vidrio, las gemas y cuantos objetos deslumbraban en los ambientes más selectos.

Para el ornato de peristilos y jardines de casas y villas ricas se elegían esculturas de género, estatuas fuentes, figuras de ríos en piedras o mármoles oscuros y cuantos elementos decorativos pudieran evocar el Nilo y ambientes afines (Alvar, 2012, 72 n.° 88. 89 n.° 117). Es una moda de influencia egipcia y alejandrina que llevó a desarrollar una industria artística de gran éxito, sin que necesariamente se trate de producciones importadas desde Alejandría o Egipto. Valga como muestra la figurita de un hipopótamo de mármol blanco, que funcionaba como estatua-fuente en la Villa de la Estación de Antequera (Peña, 2009, 344-345, fig. 467. 350-351, fig. 477). Industria similar y de similar éxito generaron los mosaicos a causa de las preferencias y pretensiones de los potentados en su afán de evocar el lujo, el exotismo y la originalidad. El hecho de que los mosaicos ostenten escenas mitológicas, portuarias o nilóticas no implica la proveniencia de talleres alejandrinos o egipcios, pues esos temas se encontraban generalizados en los de Oriente y Occidente. Sólo cuando la técnica y el estilo entroncan con la afamada tradición del *vermiculatum*, se puede pensar en piezas importadas de talleres especializados. Los espléndidos conjuntos pavimentales de Ampurias de los siglos II-I a.C. sugieren influencias grecoitálicas; en los de otras áreas peninsulares se detectan sólo temas y motivos nilóticos, como en los de Mérida, Itálica y Fuente Álamo en Puente Genil (Alvar, 2012, 51 n.° 23. 73 n.° 89-90. 90 n.° 118).

Fig. 4
*Objetos de cristal de roca
de Cádiz* (Colección de la Junta
de Andalucía. Museo de Cádiz)

Giovanni C. F. Villa

Cleopatra: reminiscencia de un mito

"...y [es] Cleopatra lasciva ésa que llora"
(Dante Alighieri, *La Divina Comedia, Infierno*, V, 63)

Hacia 1744, el conde Brühl, valido y consejero de Augusto III, recibe, por mediación de Francesco Algarotti, un *Banquete de Cleopatra* inmediatamente destinado a la nueva Galería Real de Dresde. Según el conde –muy satisfecho de la adquisición–, en él Giambattista Tiépolo "hace gala de una erudición digna de Rafael y de Poussin". En tan magistral lienzo, el maestro veneciano afronta por vez primera un tema que retomará ampliamente en lo sucesivo. Mientras que *El encuentro de Antonio y Cleopatra* y *El banquete de Cleopatra* serán adquiridos por el príncipe ruso Yusúpov para su mansión de Arkhangelskoye, en los alrededores de Moscú, Tiépolo ejecuta para los salones venecianos del palacio Labia, ubicado en el Campo San Geremia –lugar donde se celebraba una corrida de toros muy popular–, durante los veranos de 1746 y de 1747, unos frescos de una magnificencia inigualada hasta la fecha en Venecia. *El encuentro de Antonio y Cleopatra* (treinta y tres días de trabajo) y *El banquete de Antonio y Cleopatra* (dieciocho días) figuran insertados en el prodigioso marco escenográfico concebido por Gerolamo Mengozzi-Colonna, que multiplica el espacio creando la ilusión de un lugar abierto, con soportales que se pierden en la distancia, perspectivas arquitectónicas y jardines, lesenas, parástades, pináculos, arquitrabes, volutas, capiteles y rocallas que diríanse directamente salidos de una fábula arcádica. Última gran maqui-

Cleopatra, de Luca Ferrari, también llamado Luca da Reggio (1650)
Colección privada

naria barroca, estas escenas –no faltas de humor–, cuya suntuosa gama cromática se ha visto muy alterada por el paso del tiempo, constituyen una brillante transposición al mundo de la pintura de la instrumentación propia del melodrama de Antonio Vivaldi. En vez de estar concebidas como *exemplum virtutis* [ejemplo de virtud], tienen más bien el objetivo de celebrar el lujo aristocrático que sus clientes –a los que cabría calificar de "nuevos ricos"– se habían dado por norma. En el marco de una suntuosidad inédita y singular, el fresco del banquete hace visible el punto culminante de la narración de Plinio el Viejo (*Historia natural*, IX, cap. LVIII): al servirse el segundo plato, los criados de Cleopatra presentan a esta una vasija llena de vinagre, y la reina, tras quitarse una de las perlas que llevaba colgadas de las orejas, la arroja en el vinagre para que se funda en él y lo bebe. Según Plinio, esas perlas, cuyo valor ascendía a 10 millones de sestercios, eran "las más grandes que jamás se vieran [...], obra maestra singular de la naturaleza y sin parangón alguno". Mediante semejante estratagema Cleopatra deslumbra a Marco Antonio no sólo con la inmensidad de su riqueza, sino por la indiferencia con que dispone de sus bienes.

Mientras que la anécdota hace hincapié en la astucia y en la inteligencia de la reina, que había asegurado que ofrecería a Antonio un banquete del valor de 10 millones de sestercios, Tiépolo compone su relato visual siglos después de la época de Cleopatra, durante los cuales la reina fue descrita de muy distintas maneras y distorsionada por mil ochocientos

Fig. 1
La muerte de Cleopatra,
de Jean-Baptiste Regnault
(1796-1797)
Düsseldorf, Stiftung Museum
Kunstpalast
(lám. 97)

años de retórica. Mujer inteligente y muy culta –última de los Ptolomeos, su educación se labró entre los libros de la Biblioteca de Alejandría y hablaba nueve idiomas–; perspicaz y carismática, si bien despiadada en ocasiones; capaz de moverse con habilidad tanto en los campos de batalla como en las mesas negociadoras, así como de reformar la política monetaria de su país, Cleopatra logró, durante los veinte años de su reinado, conquistar gran parte de la costa oriental del Mediterráneo, obligando a las facciones romanas a hacer de ella su aliada o su rival. Sin embargo, la historiografía se resiste a reconocer en una mujer cualidades dignas de los mayores estrategas, máxime si se tiene en cuenta que sólo nos quedan de ella una palabra escrita en un papiro y su efigie grabada en monedas. Cleopatra debió de tener frente alta, nariz aguileña, ojos grandes y penetrantes, labios carnosos, barbilla prominente y una personalidad seguramente superior a su belleza. Su fascinación ha ido creciendo al compás de los siglos, al igual que su mito, cual la serpiente que, en contra del sentido común, sigue enroscada alrededor de su historia.

La campaña de descrédito lanzada por los romanos se inicia incluso antes de la derrota de Marco Antonio ante Octavio en Accio –2 de septiembre de 31 a.C.– y de la muerte de la 39ª reina de Alejandría –12 de agosto de 30 a.C.–. Cerca del lecho de oro en

el que ésta yace sin vida, su peinadora Eira y su dama de compañía Carmión agonizan a su lado. Este acontecimiento pone fin a la vida de Cleopatra, al periodo helenístico, a la independencia de Egipto... y a la verdad histórica, ya que la historiografía de la reina dependerá de ahora en adelante de sus enemigos, en su mayoría personajes encumbrados del Imperio Romano. Con el paso del tiempo, varias Cleopatras irán viendo la luz, señal de la seducción excepcional que su figura ejerce. Ahora bien: toda interpretación es un producto cultural, fruto de la ideología de una sociedad. Víctima de un mito rápidamente fraguado a partir de prejuicios y de anécdotas; considerada como la antítesis de los valores con los que sus intérpretes se identificaban; mujer demasiado poderosa frente a unos hombres ambiciosos; voluptuosa frente a los virtuosos, extraña para los occidentales, Cleopatra encarna a la perfección la dialéctica de los contrarios.

Era, pues, inevitable que toda la historia de la reina de Egipto estuviera dominada por su muerte y por los dos últimos años de su existencia. Quienes la han cantado y pintado han confundido con frecuencia exotismo con erotismo y amalgamado falocracia y xenofobia. "Regina meretrix" [Reina meretriz] para Plinio, mujer "lasciva" según Dante, "prostituta de los reyes de Oriente" en opinión de Boccaccio: precisamente en obra de poetas culmina la funesta propaganda de Octavio contra su víctima, a la que siempre se la considera desde el punto de vista de los vencedores. Antonio, por su parte, es blanco de rumores y de maledicencias encaminados a hacerlo pasar por un borracho, por un irresponsable y por un disoluto, enteramente falto de inteligencia y de voluntad; en resumidas cuentas, por un títere entre las manos de una reina extranjera denigrada y descrita como mujer libidinosa y perversa. Se trata de una campaña de desprestigio planificada, confirmada incluso por la arenga que Octavio pronunció ante sus tropas antes de la batalla de Accio y que Dión Casio refiere en su *Historia romana* (L, 25-30): "¿Quién no habría de entonar lamentos al oír que caballeros y senadores romanos la adulan como eunucos? ¿Quién no habría de llorar viendo [...] que Antonio [...] ahora ha abandonado la forma de vida de nuestros padres y se dedica a imitar todas aquellas costumbres extrañas y barbáricas? [...] Se prosterna ante aquella mortal como ante una Isis o Selene y ha puesto a los hijos de aquella los nombres de Helio y Selene, y, por último, ha adoptado para sí los sobrenombres de Osiris y Dioniso [...]. ¡Que nadie lo considere ya romano, sino egipcio! ¡Que nadie lo llame ya Antonio, sino Serapión! [...] Pues es imposible que quien vive rodeado de un lujo propio de reyes y se ha ablandado como una mujer, pueda pensar y actuar como un hombre [...]. ¿Qué deberíamos temer de él? ¿Su vigor físico? Pero él ya pasó la flor de la edad y se ha ablandado. ¿La fuerza de su alma? ¡Pero si es un afeminado y un disoluto!".

He aquí reunidos en su mayoría los tópicos sobre los que se cimentará el mito de Cleopatra: la reina lasciva y despótica, la mujer fatal que despoja al hombre de toda virtud. Plutarco, en su *Vida de Antonio* (27, 3-5), nos legó de ella un retrato harto evocador: "Según dicen, su belleza no era tal que deslumbrase o que dejase parados a los que la veían; pero su trato tenía un atractivo inevitable, y su figura, ayudada de su labia y de una gracia inherente a su conversación, parecía que dejaba clavado un aguijón en el ánimo. Cuando hablaba, el sonido mismo de su voz tenía cierta dulzura, y con la mayor facilidad acomodaba su lengua, como un órgano de muchas cuerdas, al idioma que se quisiese: usando muy pocas veces de intérprete con los bárbaros que a ella acudían, sino que a los más les respondía por sí misma, como a los etíopes, trogloditas, hebreos, árabes, sirios, medos y partos. Dícese que había aprendido otras muchas len-

Cleopatra, de Girolamo Masini
(1882)
Roma, Galleria Comunale d'Arte
Moderna
(cat. n.º 296)

guas, cuando los que la habían precedido en el reino ni siquiera se habían dedicado a aprender la egipcia, y algunos aun a la macedonia habían dado de mano". Pero entre los poetas y escritores que completaron e ilustraron semejante cuadro con la "palabra hermoseada" citada por Dante, algunos, como Virgilio (*Eneida*, VIII, 678-688), Horacio (*Odas*, I, 37, 5-13) –quien, aun definiendo a Cleopatra como "monstruo funesto", le reconoce dignidad por el valor de que dio prueba al poner fin a sus días –y Propercio formaban parte del círculo más inmediato de Octavio Augusto. Fueron ellos quienes amplificaron en mayor medida el tema de la reina seductora, devoradora de hombres, meretriz, encarnación perfecta del vicio y de la megalomanía, insaciable de lujo y de riquezas. Muchos otros autores de la época no se quedaron atrás: Cicerón (*Cartas a Ático*, XV, 15), Floro (*Obras*, II, 21), Séneca (*Cartas a Lucilio*, LXXXIII, 25), Lucano (*Farsalia*, X, 58-72), pero también Tito Livio, Flavio Josefo, Apiano, Juvenal, Suetonio, Macrobio, Tertuliano y Orosio. Después de Dante, que sintetiza a Cleopatra entera con el único epíteto de "lasciva", Petrarca la describe como modelo de arrogancia en su *Triunfo de la Fama* (II, 106) y Boccaccio –que la menciona en su *Epístola consolatoria al señor Pino de'Rossi*, en la *Elegía de Madonna Fiammetta* y en "De Cleopatra, reina de Egipto" (en *De las mujeres ilustres*, cap. LXXXVIII)– confirma todos los estereotipos antiguos, ni más ni menos que el muy misógino *Martillo de brujas*, que la cita como la peor de las mujeres. Con éste nos hallamos ya en un siglo XV humanista, caracterizado no sólo por las recuperaciones de la Antigüedad clásica, sino también por un renovado interés en la cultura egipcia y el simbolismo de los jeroglíficos, interés que desemboca en las traducciones de Diodoro Sículo y, sobre todo, en la edición de los *Hieroglyphica* de Horapolo.

Cleopatra ocupa, por tanto, un lugar indisputable en los innumerables ciclos profanos dedicados a las mujeres célebres y a los deberes femeninos. Ya se la represente de cuerpo entero, sentada o medio tendida, sostiene siempre una serpiente, sucedáneo lascivo del cetro real, en imágenes en las que muestra un rostro bastante sereno que subraya la dignidad y la compostura inherentes a su función, en un ambiente recogido, desprovisto, en ocasiones, de toda intensidad dramática. Su indiferencia y la hondura de su actitud meditativa ponen de relieve el orgullo con que se enfrenta a la muerte, tema predilecto del manierismo florentino, que atribuye al suicidio de la reina una auténtica grandeza estoica. En el siglo XVII, el género del medio busto llegará para pervertir, con una galería de Cleopatras más o menos lascivas, el tema de la muerte voluntaria, representada ya como un gesto de expiación. Interpretada desde el punto de vista iconográfico de la Magdalena penitente, la reina de Egipto sirve de pretexto para un voyerismo a veces muy explícito, especialmente cuando el pintor se introduce en el gineceo, donde aparecen unas damas de compañía siempre más desesperadas que su resignada soberana. La *Cleopatra* de Guido Reni (1638-1639, Palazzo Pitti), envuelta en elegantes tonos anaranjados, va a lo esencial: su rostro extático y sus ojos elevados al cielo –inspirados en la *Santa Cecilia* boloñesa de Rafael– componen una imagen digna de su muerte; el aislamiento de la figura y la falta de detalles permiten que la atención se centre totalmente en tan trágico acontecimiento y suscitan una meditación ética sobre el relato, conforme al gusto hedonista y sensual propio de la época. Guido Cagnacci, por el contrario, da una interpretación del episodio obscena y moral a un tiempo, haciendo gala de una sensibilidad cromática y luminista para representar a una joven provocadora, cuyo erotismo acusado y cuyo *pathos* inquieto contribuyen a despertar un imaginario turbio. Por su parte, Sebastiano Mazzoni pinta en Venecia una *Muerte de Cleopatra* desgarradora –que el ritmo de la composición convierte en antinaturalista– en un claroscuro ensombrecido, acentuado por la agresividad de una pincelada heredada de Tintoretto.

Durante los siglos XVI y XVII, los artistas insisten sistemáticamente en los aspectos sensuales de Cleopatra –a la que en muchos casos representan negativamente, como en el fresco titulado *Octavio rechaza a Cleopatra*, pintado en el Palazzo Pitti de Florencia entre 1641 y 1642 por Pietro da Cortona–, o subrayan, como hará Tiépolo, los esplendores y los faustos de la corte egipcia, coreografiando el célebre banquete cuya suntuosidad menciona Ariosto (*Orlando furioso*, VII, 20): es el caso de los frescos de Luca Cambiaso en el Palazzo Imperiale de Génova (hacia 1560) o, en la siguiente década, el de la espléndida bandeja de marquetería diseñada para el *Studiolo* de Francisco I

en el Palazzo Vecchio de Florencia. El banquete caracterizará, además, parte de la tradición dieciochesca, de la que constituyen una buena síntesis los cuadros de Francesco Trevisani (hacia 1705-1710, Roma, Galleria Spada) y los de Giambattista Pittoni (hacia 1730, en su día en Nueva York, C. Moss), en una época que asistirá a la maduración definitiva de un género artístico que había de gozar de un éxito excepcional, sobre todo en la corte francesa. Y es que por aquel entonces se extiende la moda de los retratos "bajo los rasgos de" entre un público amplio y variado, cuyos encargos de figuras mitológicas son más numerosos que en cualquier otra época. Inevitablemente, la reina de Egipto sirve de modelo en cuadros como *La señorita de Nantes, princesa de Conti, como Cleopatra* (Château de Versailles), obra de François de Troy, heredero de una tradición transmitida por intérpretes de la talla de un Reni, de un Maratta o de un Crespi, a quienes tantas aristócratas habían pedido que las retrataran bajo los rasgos de Cleopatra.

Es, asimismo, en el siglo XVIII cuando la pintura historicista de un Mengs o de un Louis Gauffier postula una nueva vía: tales artistas abandonan el subterfugio de la implicación emocional para sugerir una reflexión moralizante inédita sobre los encuentros entre Augusto y Cleopatra. Además, reorientan la atención hacia el problema que había atormentado a los trágicos a partir del siglo XVI: la impotencia de la reina para conquistar a Octavio, pese a sus seductoras y cautivadoras puestas en escena. Mientras que para los demás pintores los faustos de la corte egipcia hallaban expresión en los cuerpos desnudos de las figuras femeninas, Mengs se dedica a la descripción minuciosa y arqueológica de las salas y de los muebles regios. Pero será Pompeo Batoni quien capte la melancolía de la amante en su visita a la tumba de Antonio, en un cuadro que marca el fin de un siglo austero y la entrada en un siglo XIX cautivado por el sentimiento de culpa desencadenado por la lascivia. Los artistas románticos, atraídos por las lejanas tierras orientales, proyectan en ellas su imaginario y desarrollan una ideología que sigue la misma línea de las concepciones políticas de la época: por un lado, un imperialismo europeo que desconfía ante "el Otro" y que afirma la superioridad social, cultural y moral de la raza blanca; por otro lado, un Occidente que experimenta la fascinación de Oriente. Los cuadros pertenecientes a este periodo, firmados por Alma-Tadema, por Gérôme o por Rixens, pintan un Oriente imaginario abarrotado de obeliscos, columnas, perlas, objetos de marfil, divinidades monstruosas, oro, pieles de leopardo y plumas de avestruz. El lienzo de Mosè Bianchi, conservado actualmente en la Galleria d'Arte Moderna de Milán, resulta ejemplar a este respecto, con el gesto de la reina que refleja la figura de la esclava que aparece en lo alto de la escalera, portadora de la fatídica cesta. Durante ese periodo Cleopatra se representa en su gineceo, tocada con la diadema adornada con el *uraeus* de los faraones, envuelta en velos sensuales: encarnación, a un tiempo, del erotismo y de la crueldad. Majestuosa, regia y soberbia, nunca deja de resultar, con todo, profundamente enigmática y distante, a fuer de extraña y, por tanto, distinta del occidental que la observa. Cleopatra encarna el despotismo, la intriga y la seducción, elementos tan atractivos como condenados sobre la base de prejuicios raciales. Así, para Gustave Moreau, la reina se convierte en una Circe inaccesible, en una belleza fatal que se funde con la suntuosidad solemne de un Egipto tan teatral como tenebroso. Por el contrario, el mármol de Girolamo Masini (1882, conservado hoy en la Galleria d'Arte Moderna de Roma) presenta la imagen de una mujer sensual hasta en su postura, envuelta en una vestimenta que deja al descubierto su pecho generoso, ataviada con joyas suntuosas y pensativamente apoyada en un león acurrucado; a los pies de ambos reposa un cesto de frutas manifiestamente caravaggesco. Con el arte vehemente y vulgar de Hans Makart –uno de los pintores más en boga del Imperio habsbúrgico–, la imagen de la cautivadora Cleopatra, ebria de placeres, tendida en medio de un lujo oriental repleto de palmeras y de leopardos de piel maculada, conquista a un público que se alimenta de reproducciones en tricromía, de revistas ilustradas, de espectáculos y de calendarios: otros tantos nuevos soportes para la efigie de la reina de Egipto, después de las porcelanas, los tapices, las tabaqueras y los abanicos dieciochescos. Cleopatra se convierte en la reina de la cultura de masas, hija de esa pintura *pompière* que influirá de manera considerable en el cine a través de la iconografía deliciosamente *kitsch* de finales del siglo XIX, al combinarse con los elementos característicos del periodo de filmación de las películas. Así, las producciones de cine mudo de principios del siglo XX desarrollan todas ellas el personaje de la mujer fatal de la que Theda Bara, en su egipcia desnudez, sería la encarnación absoluta en 1917. Cuarenta y seis años después, Elizabeth Taylor la reemplazaría para convertirse en la personificación contemporánea de la reina de Egipto, parcialmente inspirada en la línea satírica y antirromántica de *César y Cleopatra*, de George Bernard Shaw (1898), reinventando así a una soberana que pierde parte de su carga seductora para caer en el infantilismo y el capricho, como la más moderna de las mujeres. Sólo la intervención del mismísimo Astérix el Galo logrará exorcizar la turbadora presencia del icono de Andy Warhol.

Aquella a la que la tradición endosó toda infamia posible e imaginable no podía conocer mejor apoteosis que una de las obras maestras de René Goscinny y Albert Uderzo: "La mayor aventura jamás dibujada: 14 litros de tinta china, 30 pinceles, 62 lápices de mina gruesa, 1 lápiz de mina dura, 27 gomas de borrar, 38 kilos de papel, 16 cintas de máquina de escribir, 2 máquinas de escribir y 67 litros de cerveza han sido necesarios para su realización", proclama en su epígrafe *Astérix y Cleopatra*, sexta aventura del héroe galo, publicada en 1965 (pero que ya había aparecido por entregas en la revista *Pilote*, desde el número 215, del 5 de diciembre de 1963, hasta el 257, correspondiente al 24 de septiembre de 1964). En esta parodia de la superproducción hollywoodiense de Mankiewicz –que se había estrenado poco tiempo antes (en 1963)–, la reina es representada conforme al modelo romántico, como una Liz Taylor de papel, voluble y nadando en un lujo tal que su bebida preferida consiste en... perlas disueltas en vinagre. El álbum exagera los rasgos físicos y psicológicos de Cleopatra, que, más que hablar, grita; que se muestra tan arrogante, nerviosa y caprichosa como el personaje creado por George Bernard Shaw; y que alardea abiertamente de sus críticas al mundo romano y de su convicción de la superioridad egipcia.

Pero el mito de la infame se ha desmoronado, devaluado por las ocurrencias de los galos, que hacen blanco habitual de las mismas el apéndice nasal de la reina; un tema inaugurado en 1670 en los *Pensamientos* de Pascal: "La nariz de Cleopatra: si hubiera sido más corta, habría cambiado la faz de la Tierra".

Massimiliano Capella

Cleopatra, viuda de Antonio y viuda de César

El mito de Cleopatra constituye algo único en el panorama teatral desde el siglo XVII hasta nuestros días, y sólo puede compararse al de otra reina legendaria: Dido. El teatro, el *ballet* y la ópera necesitan figuras fascinantes, misteriosas y profundamente dramáticas, capaces de sobrevivir a la miríada de personajes que pueblan la producción escénica desde hace más de cuatrocientos años. Mientras que la reina de Cartago ostenta el récord del número de obras que le fueron dedicadas entre los siglos XVII y XVIII, la última soberana de Egipto triunfa, por su parte, en la duración: ha sido puesta en escena y en música sin solución de continuidad, desde los orígenes del teatro musical hasta la época contemporánea, siendo heroína absoluta de más de ochenta entre *ballets* y óperas, pero también de canciones pop, como es el caso de *Blinded by Love*, de los Rolling Stones; de *Some Girls are Bigger than Others*, de los Smith; de *Sedan Delivery*, de Neil Young, o el de *Dark Horse*, de Katy Perry (convertida, para la ocasión, en KatyPatra).

Después de la tragedia de William Shakespeare (1603-1607) y antes de la de John Dryden (*All for Love or, the World Well Lost* [*Todo por amor*], 1677), Cleopatra es la protagonista epónima de las óperas de Antonio Canazzi (Milán, 1653) y de Daniele da Castrovillari (Venecia, 1662), maestros ambos del teatro musical barroco. En 1676, igualmente en Venecia, Antonio Sartorio presenta a la reina egipcia en *Giulio Cesare in Egitto* [*Julio César en Egipto*], a partir de un libreto de Giacomo Francesco Bussani, cuyo texto re-

toma y adapta Nicola Francesco Haym para Georg Friedrich Händel, que pone en escena en Londres, en 1724, una nueva versión de esa obra, escribiendo para el papel de Cleopatra algunas de las páginas más grandiosas de la historia del *bel canto*. Aunque la reina de Egipto no es la heroína principal del *Giulio Cesare in Egitto* de Händel, no es de extrañar en modo alguno que las principales *prime donne* hayan querido interpretar un papel tan fascinante, misterioso y decidido, cuya evolución dramática es prácticamente única. La Cleopatra de Händel ha permitido a célebres cantantes como Renata Tebaldi, Virginia Zeani, Leontyne Price, Tatiana Troyanos, Montserrat Caballé, Joan Sutherland, Lucia Popp, Natalie Dessay o Cecilia Bartoli consolidar su estatus mediante una prestación vocal que aúna el patetismo al mayor de los virtuosismos. Precisamente por obra y gracia de tan amplia gama de posibilidades expresivas, Beverly Sills –quien interpretó ese papel en 1966, en una nueva producción en la New York City Opera– dio a conocer todas sus capacidades técnicas y emprendió una de las más sensacionales carreras internacionales. Entre las versiones más interesantes de esta ópera de Händel en la época moderna, merece muy especial mención la de 1985, con puesta en escena de Alberto Fassini y decorados de los escultores franceses Anne y Patrick Poirier. Dicha producción marca el inicio de una colaboración entre el Teatro dell'Opera de Roma y la Ópera de París, y reemplaza el primer *Giulio Cesare* estrenado en la Ópera de Roma en 1955 (y reestrenado en La Scala de Milán en 1957) con decorados y vestuario de Pietro Zuffi, y caracterizado por una decidida valorización arquitectónica, con decorados monumentales y con un vestuario amplio y plástico, convertido, asimismo, en elemento escénico de estilo antiguo pero lleno de alusiones culturales al siglo XVIII, con un gusto por la mezcla de referencias que reaparecerá más tarde en algunas versiones de Pier Luigi Pizzi y de Luca Ronconi.

Además de la obra maestra de Händel, el siglo XVIII asiste a la creación de innumerables óperas que asignan a Cleopatra su principal papel y que son puestas en música por los más grandes compositores de la época, como Alessandro Scarlatti (*Antonio e Cleopatra* [*Antonio y Cleopatra*], Nápoles 1701), Johann Mattheson (*Cleopatra*, Hamburgo 1704), Anfossi (*Cleopatra*, Milán 1779), Jommelli (*Giulio Cesare in Egitto* [*Julio César en Egipto*], Milán 1769), Hasse (*Antonio e Cleopatra*, Nápoles 1725), Graun (*Cesare e Cleopatra* [*César y Cleopatra*], Berlín 1742, para la inauguración de la Berliner Staatsoper) y Johann Kaffka (*Antonius und Cleopatra* [*Antonio y Cleopatra*], Berlín 1779). También Domenico Cimarosa se enfrenta al personaje de la reina de Egipto, gracias al cual obtiene su único éxito digno de tal nombre en la corte de Catalina II de Rusia. El estreno de *La Cleopatra* [*La Cleopatra*], encargada a Cimarosa por la emperatriz en 1788, tuvo lugar el 27 de septiembre de 1789 en el Teatro del Hermitage de San Petersburgo. Se trata de una obra particularmente apreciada por la belleza de algunas de sus páginas musicales, como el dúo del final del primer acto, la música del *ballet* o el cuarteto final.

Será, sin embargo, en la música del siglo XIX donde el carácter apasionado del personaje de Cleopatra encuentre su tierra de promisión, hasta el punto de contabilizarse, entre 1800 y 1895, más de quince composiciones, entre las que figuran las de Gaetano Marianelli (*La morte di Cleopatra* [*La muerte de Cleopatra*], Venecia 1800), Joseph Weigl (*Cleopatra*, Milán 1807), Giovanni Pacini (*Cesare in Egitto* [*César en Egipto*], Roma 1821), Eugène Prévost (*La Mort de Cléopâtre* [*La muerte de Cleopatra*], Roma 1829), Charles Gounod (*Variation de Cléopâtre* [*Variación de Cleopatra*], en *Faust*, París 1859), Jules Beer (*La Fille d'Égypte* [*La hija de Egipto*], París 1862), Lauro Rossi (*Cleopatra*, Turín 1876), Ferdinando Bonamici (*Cleopatra*, Venecia 1879), Giuseppe Bensa (*Cleopatra*, Mi-

lán 1889) y August Enna (*Cleopatra*, Copenhague 1894). Pero la única *Cleopatra* del siglo XIX que sigue siendo representada con regularidad es la que puso en música Hector Berlioz en 1829, sobre un argumento fijado para el Gran Premio de la Academia de Bellas Artes del Instituto de Francia en Roma. Pese al fracaso de su primera ejecución, dicha cantata sigue siendo la mejor transposición musical de la figura de Cleopatra, soberana y amante apasionada. En ella Berlioz expresa una originalidad y una fuerza dramática tan grandes desde el punto de vista armónico, rítmico y de los matices, que los miembros del jurado quedaron absolutamente desconcertados por su total indiferencia respecto al gusto y a las reglas académicas tradicionales. Las tres partes en que se divide la composición de Berlioz, a partir de un texto de Pierre-Ange Vieillard de Boismartin, están integradas por arias entrecortadas por recitativos y partes declamadas. El apogeo dramático se alcanza en el misterioso largo de la *Meditación*, en el que una Cleopatra vencida y desesperada invoca las sombras de los faraones y comprende que sólo la muerte podrá devolverle su dignidad y su honor. Esta cantata de Berlioz constituye, sin lugar a dudas, una de las cumbres del canto lírico de la primera mitad del siglo XIX, y no resulta casual que algunas de las *prime donne* y de las actrices trágicas más apasionadas hayan dado de ella interpretaciones muy personales: es el caso de Régine Crespin, Gwyenet Jones, Janet Baker, Jessye Norman, Ghena Dimitrova y Anna Caterina Antonacci.

Prosiguiendo su marcha triunfal, Cleopatra ve crecer aún su fascinación durante el siglo XX, cuando inspira no sólo óperas y piezas de música de cámara, sino también numerosos *ballets*, como *Nuit d'Égypte* [*Noche de Egipto*], creado por Michel Fokine en 1908 con música de Anton Stepánovich Arenski y reestrenado al año siguiente en el Châtelet de París con el título *Cléopâtre* [*Cleopatra*] por Serguéi Diáguilev y sus *Ballets Rusos*. En esa producción, Ida Rubinstein, intérprete de excepción, se vio enaltecida por el vestuario sensual, por los suntuosos colores y por los decorados orientales de Léon Bakst, que ejercieron gran influencia en la moda parisiense, por ejemplo en las creaciones de Paul Poiret.

En 1914, Jules Massenet presenta su *Cléopâtre* [*Cleopatra*] en Montecarlo, mientras que en Italia Gian Francesco Malipiero delinea este personaje en

Fig. 2
Vestimenta de Cleopatra, usada
por Montserrat Caballé en
Julio César en Egipto, de Händel
(1724), dirigida por Alberto
Fassini en el Teatro de la Ópera
de Roma (1985)
Fondazione Teatro dell'Opera
di Roma
(cat. n.º 315-317)

Fig. 3
Vestuario teatral de *Cleopatra*
Léon Bakst
Papel interpretado por Ida
Rubinstein en Cleopatra, de
Anton Arenskij
Coreografía de Michel Fokine en
el Teatro de Châtelet, junio 1909
Reproducción del original por
Anna Biagiotti en 2009
Fondazione Teatro dell'Opera
di Roma
(cat. n.º 301)

dos óperas: *Giulio Cesare* [*Julio César*], representada en Génova en 1936, y *Marcantonio e Cleopatra* [*Marco Antonio y Cleopatra*], puesta en escena en Florencia en 1938. En el ínterin, Cleopatra se había convertido en la vedet de la opereta vienesa *Die Perlen der Cleopatra* [*Las perlas de Cleopatra*], de Oscar Straus, de 1923; de la ópera *Cleopatra Night* [*La noche de Cleopatra*], de Henry Kimball Hadley (Nueva York, 1920), así como del poema sinfónico *Cleopatra* (New England Conservatory, 1904), de George Chadwick, inspirado en la experiencia musical que para este compositor supuso la gira que Richard Strauss realizó por Norteamérica en ese mismo año. Pero la carrera escénica de Cleopatra en el siglo XX culmina la noche del 16 de septiembre de 1966, con ocasión de la inauguración de la Metropolitan Opera en el Lincoln Center de Nueva York, con *Antony and Cleopatra* [*Antonio y Cleopatra*], de Samuel Barber, ópera en tres actos inspirada en la tragedia de Shakespeare, adaptada en dieciséis cuadros por Franco Zeffirelli, quien firma, asimismo, la puesta en escena y el vestuario, bajo la batuta de Thomas Schippers. Se trata de una producción colosal, con veintidós solistas, coro y cuerpo de baile, conforme a la más pura tradición de la gran ópera. La reina de Egipto estuvo interpretada por una fascinante Leontyne Price. Para ella compuso Barber las mejores escenas, dotándolas de una fuerza dramática cortada a la medida de las capacidades vocales de esta diva estadounidense, tal como revelan las dos arias *Give me some music* [*Hacedme música*] y *Give me my robe, put on my crown* [*Dame el vestido, colócame la corona*]. Pese a ello, esta ópera cosechó un fracaso desolador, que tuvo como resultado la cancelación de las siguientes representaciones y su arrinconamiento hasta 1975, cuando volvió a ponerse en escena con un nuevo libreto de Gian Carlo Menotti. Lo cierto es que en ninguna ocasión se ha presentado Cleopatra de forma tan grandilocuente y grotesca, con vestuario, sombreros y peinados que constituyen una pura síntesis de la concepción zeffirelliana de la ópera: "Un pastiche de teatro isabelino, romano, egipcio y moderno, de una exuberancia barroca".

La Cleopatra más glamurosa hizo su aparición en 1989, en Ruderi di Gibellina (Sicilia), con la puesta en escena del texto *La passione di Cleopatra* [*La pasión de Cleopatra*], de Ahmed Shawqi (1929), bajo la dirección de Cherif, con decorados del escultor Arnaldo Pomodoro y vestuario diseñado por Gianni Versace. Este célebre estilista envuelve a Cleopatra en un vestido-túnica de seda roja con tablas estrechas: una auténtica arquitectura hecha tejido que guarda correspondencia con los elementos escénicos de Pomodoro y que simboliza la antigua tierra de los faraones.

En el siglo XXI, Cleopatra sigue siendo la estrella de creaciones musicales y teatrales, aunque también de proyectos discográficos enteros, como el álbum *Cleopatra*, de Natalie Dessay, o el programa elaborado con mimo por Cecilia Bartoli para el Festival de Salzburgo de 2012. Esta cantante italiana, paralelamente a las célebres composiciones de Händel, Berlioz, Hasse y Graun, vuelve a los orígenes del mito de Cleopatra, haciendo que resuene por primerísima vez en época moderna la endecha *A Dio regni, a Dio scettri* [*Adiós, reinos; adiós, cetros*], de Daniele da Castrovillari: el canto desesperado de una reina impulsada por las dos ardientes pasiones del amor y del poder.

Cleopatra.

Luis Alberto de Cuenca

Cleopatra en la literatura: algunos ejemplos

Ray Bradbury escribió, en la introducción a sus *Cuentos de Dinosaurios* (Bradbury 1988, p. 11) que los dinosaurios y el Antiguo Egipto eran sus dos temas favoritos. Y Bradbury (1920-2012) es uno de los nombres propios que han marcado tendencia en los siglo XX y XXI y seguirán marcándola en las centurias por venir. Podríamos añadir un tercer tema, el planeta Marte, entre los preferidos por el maestro norteamericano, pues este año de 2015 se conmemora el sexagésimo aniversario de la traducción al español de su prodigioso libro *Crónicas marcianas*, prologado por Borges y publicado por vez primera en español en 1955 (Buenos Aires, Minotauro). Pero no nos alejemos del segundo de esos temas, el inolvidable Egipto de las momias y de los faraones. Un tema que incluye, por supuesto, el Egipto ptolemaico y romano, fiel continuador de las huellas del anterior hasta que el cristianismo derribó el sistema tradicional de creencias que imperaba en el país del Nilo e instauró, a partir del siglo IV d.C., un nuevo código religioso que, si me permiten la nota heterodoxa, tenía sus raíces en el egipcio. Tres siglos después, el Islam borraría definitivamente las huellas de aquella misteriosa sabiduría primigenia que aún nos hace soñar a los que, como Bradbury, amamos la fantasía en todas sus manifestaciones.

La literatura universal ha soñado frecuentemente con un epígono de ese fabuloso y atávico Egipto –y me estoy refiriendo ya a la reina grecoegipcia Cleopatra– de mil maneras diferentes, pero sin dejar de atenerse al patrón fijado por Plutarco (siglos I-II d.C.)

en sus *Vidas paralelas*, y concretamente en su biografía de Marco Antonio, compuesta en paralelo a la de Demetrio (Plutarco 1964, pp. 937-1007). Sabemos que nuestra Cleopatra –o sea, Cleopatra VII Filopátor, nacida en 69 a.C. y fallecida en 30 a.C.– buscó en el año 48 protección en la persona de Julio César frente a su hermano y esposo Ptolemeo XIII (debe escribirse así, *Ptolemeo*, transcripción correcta del griego *Ptolemaios*, no *Ptolomeo* ni *Tolomeo*, como suele, erróneamente, hacerse), quien acabó siendo derrotado y murió; que tuvo con César un hijo, llamado Cesarión; que se casó con otro hermano suyo, Ptolemeo XIV, y que lo envenenó; que consiguió seducir con su belleza y su arrolladora personalidad al lugarteniente de César, el triunviro Marco Antonio, casado con Octavia, la hermana del futuro Augusto, que era quien actuaba de juez en el proceso incoado a Cleopatra por el asesinato de su hermano. El insensato amor que condujo al desastre a Antonio y Cleopatra ha inspirado no pocas obras en el contexto de las letras occidentales. Aquí voy a fijarme en cuatro de ellas: la comedia *Los áspides de Cleopatra*, de Francisco de Rojas Zorrilla (1607-1648), muy representada a lo largo del siglo XVIII y poco conocida en nuestros días (Rojas Zorrilla 1952, pp. 421-440); la novela corta *Una noche de Cleopatra* (1845), de Théophile Gautier (1811-1872), una de las delicias narrativas que dedicó su autor al Egipto faraónico, junto con *El pie de momia*, de 1840, y *La novela de la momia*, de 1859 (Gautier s.a.); la novela *Cleopatra*, publicada por vez primera en Londres por Longmans, Green, and Co. en 1889 (Haggard 1987),

Frontispicio de Maurice Greiffenhagen para *Cleopatra* de H. Rider Haggard en la edición de Longmans, Green and Co. (Londres, 1889)

obra de mi idolatrado Sir Henry Rider Haggard, autor, entre otras maravillas, de *Ella* y de *Las minas del rey Salomón*, y, *last but not least*, la pieza teatral *César y Cleopatra*, estrenada en 1899 (Shaw 1987, pp. 11-145), de George Bernard Shaw, una comedia que se contaba entre las lecturas favoritas de Borges y que contiene dosis abundantes del *wit* insuperable que caracteriza la obra del dramaturgo irlandés.

En Plutarco, Cleopatra aparece ya con los rasgos que la inmortalizarían y que, fuesen reales o inventados, presentaban una imagen negativa de la reina de Egipto, proclive, según el autor de *Vidas paralelas*, a servirse de los hombres con sus dotes seductoras, ávida de poder, amoral e hipócrita. Boccaccio, en su célebre tratado *De claris mulieribus* (1356-1364) mostraba una Cleopatra inspirada en lo de que ella se decía en las fuentes antiguas, adornada con muchos más defectos que virtudes, pues a la postre Antonio y ella resultaron perdedores en la guerra que los enfrentó a otro de los triunviros, Octavio, que más tarde pasaría a la historia como primer emperador de Roma, y la historia la escriben siempre los vencedores. El Renacimiento y el Barroco europeos fueron pródigos en tragedias sobre Cleopatra, merced a dramaturgos franceses como Étienne Jodelle, Nicolas de Montreux y Robert Garnier, italianos como Cesare de' Cesari y Giambattista Giraldi Cinthio o ingleses como William Shakespeare, quien en su *Antonio y Cleopatra* de 1607, basado en la traducción de Plutarco al inglés por Sir Thomas North, nos ofrece una de las visiones más justamente memorables que ha dado la literatura de la mítica pareja. En la tragedia shakespeariana, el atractivo diabólico que une a los amantes se va depurando de elementos negativos conforme va desmoronándose el castillo de naipes que han ido construyendo juntos, y al final ambos se convierten en arquetipos *for all seasons*.

La pieza de Rojas Zorrilla, escrita en un lenguaje relamido y gongorizante, introduce una serie de personajes que están ausentes del tópico sustrato argumental de la historia. El tercero de los triunviros, Lépido, aparece aquí enamorado de una tal Irene que, a su vez, ama a Antonio y detesta a Cleopatra, por quien Antonio bebe los vientos. Hay un gracioso que frisa en el delirio y se llama Caimán, haciendo juego reptilesco con los áspides que van a acabar, al final de la obra, con la vida de Cleopatra, letalmente enrollados en ca-

da uno de sus brazos. La pieza gustó mucho antaño por su tremendismo y su pintura de pasiones desmelenadas, y hoy se lee todavía con agrado, por la brillante sobredosis de artificiosidad que conlleva y el ingenio incomparable de Caimán, quien juega a dos bandas y traiciona a quien haya que traicionar, sin el menor escrúpulo al respecto. Los diálogos entre Antonio y Cleopatra, sobre todo el inicial, al final de la jornada I, no tienen desperdicio. Dice Cleopatra, por ejemplo: "Vete, apártate, joven, porque al verte / estoy viendo la imagen de mi muerte", y responde, galantemente, Antonio: "No te apartes, dulcísima homicida, / que en ti miro la imagen de mi vida". Unos versos después, la reina egipcia se debate entre la insistencia en su petición original ("Antonio, vete, tarde me resisto. / Yo me voy a morir de haberte visto") y el vacío que representa para ella la ausencia del triunviro ("No te vayas, Antonio, aguarda, espera"), intentando sofocar la pasión que experimenta a golpe de paradoja y de contradicción amorosa, que es lo preceptivo en este tipo de situaciones, aunque no se llamen Cleopatra ni Marco Antonio los protagonistas. Últimamente, Guillermo Heras ha llevado a escena la pieza cleopatriana de Rojas Zorrilla, demostrando que hay vida para ella más allá del siglo XVIII, centuria en que ya he dicho que gozó de gran favor por parte del público.

Una noche de Cleopatra es una fantasía arqueológica de Gautier, repleta de descripciones que parecen extraídas de una guía turística, a juzgar por el lujo de detalles con que se nos reseña el ambiente que rodea a la reina, primero surcando el Nilo en su nave real, luego instalada en un palacio milyunanochesco, más tarde dando en ese palacio la fiesta más delirante que puede imaginar el cerebro más calenturiento. Cleopatra se aburre, y está harta de que le rindan pleitesía y la agasajen sin inspirar auténtico cariño. Un jovencito pobre y bien parecido tiene la ocurrencia de disparar una flecha a la pared del camarote de su barco regio con un mensaje anexo que dice dos palabras solamente: "Te amo". Tan impetuosa y atrevida declaración desemboca en una aventura amorosa entre ambos de una sola noche que tendrá como fin, al amanecer, la muerte del muchacho, que apurará voluntariamente la consabida copa de veneno (Cleopatra era muy aficionada a probar sus venenos con sus esclavos). No se cuenta mucho más en la novelita de Gautier, que fue objeto de sendas traslaciones operísticas por Wilhelm Freudenberg en 1881 y por Jules Barbier y Victor Massé en 1885, y sirvió de inspiración para un poema de Algernon Charles Swinburne, "Her Mouth is Fragrant as a Wine", y, sesgadamente, para otro de nuestro Manuel Machado, titulado "Oriente" y perteneciente a su libro *Alma*. Una narración, pues, con el atractivo suficiente como para generar una rutilante descendencia literaria. Veamos, a guisa de ejemplo, un fragmento de una de esas fastuosas descripciones pseudoarqueológicas, en esta ocasión de la estancia del palacio donde tiene lugar el festín nocturno que ofrece Cleopatra a su enamorado, que morirá al despuntar el alba: "La estancia del festín tenía enormes y babilónicas proporciones; su inconmensurable profundidad era inasequible para el ojo humano; monstruosas columnas, chatas, rechonchas, capaces de soportar el mundo, aplastaban pesadamente su ensanchado fuste sobre un plinto cubierto de abigarrados jeroglíficos, y sostenían en sus ventrudos capiteles gigantescas y graníticas arcadas". Es evidente que Gautier había buceado en las láminas que menudeaban en los libros de viajes por Oriente que poblaban los anaqueles de las librerías parisienses en época de Luis Felipe de Orleáns, que es cuando se publicó la *nouvelle*.

A finales del siglo XIX se hace evidente la necesidad de buscar nuevos argumentos que, sin salirse del todo del tópico plutarquiano, enriquezcan con personajes de refresco la galería habitual. Es el caso de una formidable novela de Rider Haggard, cuya primera edición tengo a la vista en estos momentos, fruto de una visita reciente a Dublín que resultó muy provechosa para mi biblioteca, siempre ávida de tesoros. Se trata de un volumen encuadernado en tela sajona de color azul oscuro y publicado en Londres en 1889, con preciosas ilustraciones en blanco y negro de Maurice Greiffenhagen y Richard Caton Woodville, Jr. Va dedicado por Haggard a su madre en dedicatoria fechada a 21 de enero de ese año, festividad, por cierto de Santa Inés, para que nada falte en la fiesta de las complicidades (mi hija se llama Inés y John Keats compuso un espléndido poema narrativo, titulado *La víspera de Santa Inés*, que traduje hace poco al castellano). Por lo que dice el autor, su madre era muy devota del tema abordado en la novela, ya que *Cleopatra* es, según Haggard, "a picture, however imperfect, of the old and mysterious Egypt, in whose lost glories you [la madre del novelista] are so deeply interested".

El personaje nuevo que el escritor inglés aporta al "cleopatrismo" literario no es otro que el inefable Harmachis, hijo del sumo sacerdote Amenemhat, y destinado a convertirse en faraón de Egipto y en restaurador de los mitos y ritos ancestrales, olvidados y echados a perder por los Ptolemeos, una dinastía extranjera de origen macedónico que poco o nada tenían que ver con los misterios insondables del Egipto eterno. Harmachis busca la compañía de Cleopatra valiéndose de diferentes ardides, con el único objeto de dar muerte a la reina y de ocupar en su lugar el solio regio. Cuando está a punto de triunfar la conjura, los encantos de Cleopatra salen a relucir y Harmachis es incapaz de llevar a cabo su crimen. A partir de ahí, la reina lo convertirá en su amante y le hará vagas promesas de matrimonio, aunque lo que pretende de verdad es que Harmachis le proporcione el acceso al tesoro que desde tiempos inmemoriales yacía en el subsuelo de la pirámide de Micerino, no lejos de la Esfinge. Obtenido el tesoro (la obtención trae consigo una de esas terribles maldiciones egipcias, como no podía ser de otra manera), Cleopatra pasa página y busca sensaciones nuevas con Marco Antonio, el invasor romano. A partir de ahí el novelista nos sumergirá en el libro III de su novela, que lleva el significativo título de "La venganza de Harmachis" y que enlaza ya con el desenlace trágico de los amores entre Antonio y Cleopatra tras la batalla naval de Accio (31 a.C.). Difícilmente puede encontrarse una novela sobre Cleopatra tan divertida y bien contada, tan amena y tan trepidante. Tengan Vds. cuidado con la traducción española de Obelisco que cito en la bibliografía: es muy pedestre, pero, que yo sepa, es la única que existe en castellano de la *Cleopatra* del maestro Haggard.

De 1899, el año en que nació Borges (reconozco que mi obsesión con el escritor argentino bordea lo enfermizo), data el estreno de la comedia *César y Cleopatra*, de George Bernard Shaw, mi última escala en este viaje. No recibió los honores de la imprenta hasta 1901, formando parte del libro *Three Plays for Puritans* Shaw nos muestra en *César y Cleopatra* a una Cleopatra adolescente, aún inmadura, pero ya sumamente astuta y tan "felina" como de costumbre. Cleopatra ha oído contar muchas historias acerca de los romanos. Se los imagina como monstruos, y a César, su caudillo, como una especie de ogro. De modo que se refugia en la Esfinge y allí se echa a dor-

Fig. 1
La Puerta de Déndera
en un grabado de *Description
de l'Égypte* (1810-1818)
(lám. 109)

mir. Llega entonces César a la Esfinge, deseoso de arrancarle su secreto milenario. La joven se despierta y charla con aquel "señor anciano", que se prenda de su belleza y cuya identidad no conoce hasta después de su primer diálogo con él, cuando las tropas romanas lo saludan como su jefe. En el segundo acto nos encontramos en Alejandría, en el palacio de Ptolemeo XIII. Asistimos al planteamiento del conflicto que va a estallar entre Ptolemeo y su esposa y hermana Cleopatra, apoyada por Julio César. En los actos posteriores –son cinco en total– asistimos al desarrollo de dicho conflicto, que se salda con la derrota de Ptolemeo y la muerte de su mentor Potino, la entronización de Cleopatra como reina de Egipto y la despedida de César, quien promete a Cleopatra enviar desde Roma en su lugar a su segundo, Marco Antonio, a quien la reina conoció en Egipto y por quien siente gran admiración. En la pieza de Shaw, Cleopatra se rinde ante la superioridad apabullante de César, pero ya se anuncian en ella unas características psicológicas y morales capaces de corromper con el tiempo a cualquier hombre digno de ser llamado tal y, desde luego, a Antonio. Los diálogos están llenos de ingenio y de paradojas, como todo el teatro del autor irlandés, y la acción aparece envuelta en una digna reconstrucción arqueológica, mucho menos empalagosa y detallista, eso sí, que la ofrecida por Gautier en *Una noche de Cleopatra*.

Javier Negrete

La fascinación por Cleopatra en las artes visuales

¿Es Cleopatra la mujer más célebre de la historia? Es arriesgado asegurarlo sin hacer una encuesta. Lo que sí se puede afirmar es que entre lo que creemos saber y lo que en realidad conocemos sobre ella se abre un abismo. Son muchas las incertidumbres sobre su vida, aunque es de esperar que con el tiempo la arqueología ilumine algunas zonas oscuras que nos han dejado los documentos que hablan de su vida y sus hechos. Documentos que, hay que añadir, fueron escritos en su mayoría por autores muy hostiles hacia ella.

De lo que no cabe duda es de la fascinación que Cleopatra ha despertado y despierta entre historiadores, literatos y artistas desde la Antigüedad. ¿Cuáles son las raíces de esta fascinación? Revisémoslas.

Fue una mujer muy poderosa en un mundo gobernado por hombres, toda una rareza en su tiempo. Además era egipcia, lo cual le añadía un plus de exotismo, y más desde que la "egiptomanía" que ya afectaba a griegos y romanos se avivó a partir de la estancia de Napoleón en el país del Nilo en 1799. Tenía su palacio en la más poblada, rica y culta de las ciudades de su época: Alejandría. Conoció y sedujo al romano más famoso de la historia y más poderoso de su tiempo: Julio César. Supuestamente lo hizo gracias a su belleza, su irresistible atractivo sexual y su astucia. Después repitió la jugada con uno de los herederos políticos de César, Marco Antonio, con quien vivió un largo y tórrido romance. Ambos se enfrentaron contra el otro heredero de César, Octavio, y tras ser derrotados se quitaron la vida: Antonio se clavó su espada y Cleopatra dejó que un áspid, una cobra de Egipto, le mordiera el

pecho que tantas pasiones había despertado. Así, incluso en su muerte esta mujer única dejó huella.

Ahora, vamos a precisar, o tal vez a difuminar, algunos detalles sobre todo lo anterior.

Es un hecho que Cleopatra gobernó en Egipto. Su nombre aparece como reina al lado de su padre Ptolomeo Auletés desde el año 51 a.C., más adelante junto a sus hermanos, y por último con su hijo, conocido como "Cesarión" por ser presuntamente hijo de César. La historia de su familia arranca desde que Ptolomeo I Soter (Salvador), uno de los principales generales y sucesores de Alejandro Magno, se apoderó de Egipto en 323 a.C. Durante casi tres siglos los Ptolomeos gobernaron, guerrearon, exhibieron sus riquezas y, sobre todo, se pelearon entre ellos y también contra unas madres, esposas y hermanas (estos dos últimos papeles a menudo coincidían) que sistemáticamente se llamaban Arsínoe, Berenice o Cleopatra. Las intrigas y asesinatos de la dinastía darían material para cien relatos, y se reproducen en la vida de nuestra Cleopatra, que combatió contra su hermano Ptolomeo XIII y su hermana Arsínoe y acabó con las vidas de ambos. Las intrigas dentro de las intrigas y los planes dentro de los planes –que diría Frank Herbert en *Dune*– explican parte de la oscura fascinación de Cleopatra y también el aura de astucia que la rodea.

Cleopatra reinó en Egipto, eso está claro. Pero ¿era realmente egipcia? Las Cleopatras que hemos visto en el cine y la televisión (ya sean Claudette Colbert, Vivien Leigh, Elizabeth Taylor o la menos conocida Lyndsey Marshal de la serie *Roma*) y los personajes que las rodean aparecen siempre ataviados y maquillados de forma muy similar a películas ambientadas en épocas más antiguas, como *Sinuhé el egipcio* o *Tierra de faraones*. Sin embargo, Cleopatra descendía de un linaje de macedonios. En el siglo I a.C., las diferencias entre macedonios y griegos se habían diluido, así que podemos afirmar que Cleopatra era una mujer griega: griegas eran su lengua y su cultura, sus costumbres y su ropaje.

¿Es posible, no obstante, que tras tantos años se hubiera producido mestizaje y que Cleopatra tuviera algo de sangre egipcia? La actitud de los griegos hacia los egipcios era excluyente: a los egipcios de la capital no se les concedía la ciudadanía alejandrina a no ser que adquirieran costumbres y nombres griegos. El nombre de la capital del reino revela esta separación: *Alexandría parà Aigýptou*, "Alejandría *junto a* Egipto", no *en* Egipto. Aun así, autores como la egiptóloga Joyce Tyldesley creen que la madre de Cleopatra, cuya identidad es desconocida, pudo ser egipcia y pertenecer a la familia de Pasheremptah II, sumo sacerdote del dios Ptah en Menfis. Eso explicaría su conocimiento del idioma egipcio, que los reyes anteriores habían despreciado. Se trata de una posibilidad pequeña y de momento indemostrable, pero yo la utilicé en mi libro *La hija del Nilo*. A la hora de escribir una novela un autor no puede dejar huecos en su relato, ni ofrecer tres versiones distintas de los mismos hechos, como sí se puede y debe hacer en textos de historia académica. Por otra parte, a los novelistas nos encanta utilizar la imaginación para rellenar esos huecos.

El encanto de Cleopatra tiene también mucho que ver con las evocaciones que despierta el nombre de Alejandría, su ciudad, y de sus principales maravillas: el Faro de más de cien metros de altura, el Museo, la gran Biblioteca… Todavía hay mucha gente que cree que ésta fue destruida durante la guerra que Cleopatra y César libraron contra Ptolomeo XIV. En realidad sólo ardieron algunas dependencias del puerto donde se almacenaban libros para su exportación, ya que la Biblioteca en sí se encontraba en el recinto del palacio real y, de hecho, a pesar del incendio, siguió funcionando durante varios siglos. En cualquier caso, acabó desapareciendo con el tiempo, como le ocurrió asimismo al Faro, destruido por varios terremotos en el siglo XIV, y a la mayoría de los monumentos y palacios de la ciudad. Ese halo de ciudad perdida contribuye en buena medida al aura que rodea a la última reina de Alejandría.

Lo que más se recuerda de Cleopatra es su capacidad de seducción. Con ese don embrujó a Julio César cuando, con poco más de veinte años, se presentó ante él dentro de una alfombra cargada por un sirviente. ¿Quién no recuerda la escena? La verdad es que la fuente de la anécdota, Plutarco, habla de un *stromatódesmon*, una bolsa de piel para guardar ropa de cama; pero hay que reconocer que la alfombra desenrollándose tiene mucho más *glamour* que una mujer saliendo de un saco.

Que Cleopatra se acostó con César parece incontestable. Pudo existir entre ambos atracción, fuera instantánea o no; pero también hay que tener en cuenta que el matrimonio y, por tanto, el sexo y los hijos se utilizaban como forma de estrechar vínculos políticos. No obstante, debido a que César, por ayudar a Cleopatra, dejó temporalmente a un lado la guerra contra sus enemigos pompeyanos y a que años después Antonio se alió con ella en contra de Octavio, surgió la idea de que Cleopatra era una especie de Circe manipuladora, una devoradora de hombres, una *femme fatale* de la Antigüedad.

La *femme fatale* es un arquetipo muy antiguo en la literatura y el arte: la mujer que hechiza a los varones con sus encantos y los utiliza para sus propios fines o, simplemente, por el placer de manipularlos. Ya en la mitología clásica aparecen las sirenas que llaman con sus cantos a los marineros para que se estrellen en las rocas, o las ninfas que atraen al joven Hilas, amante de Heracles, para ahogarlo en las aguas de su lago. Las Lorelei germanas o la misteriosa mujer de *Los ojos verdes* de Bécquer no son más que otra versión de esta historia. Este arquetipo junguiano (Carl Jung lo relacionó con la forma maléfica y destructiva del ánima, la personificación de las tendencias femeninas en la psique de cada varón) encaja perfectamente con la visión que los autores romanos querían propalar de Cleopatra. Sobre todo al describir su relación con Marco Antonio.

Así lo encontramos, por ejemplo, en la *Historia romana* de Dión Casio (42.34): "Fue entonces, en Cilicia, cuando al ver a Cleopatra [Antonio] se enamoró de ella, y ya no le importó su reputación, sino que era esclavo de la egipcia y dedicaba todo su tiempo a su amor por ella". La reputación de un hombre: lo primero que pierde cuando cae en manos de una *femme fatale*.

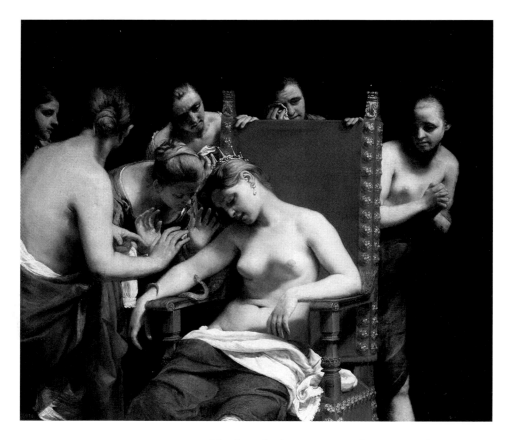

Fig. 2
Muerte de Cleopatra, de Guido Cagnacci (1658)
Viena, Kunsthistorisches Museum
Una visión muy distinta de la iconografía posterior. Esta Cleopatra casi rubia podría parecerse a la original o no. Lo que resulta seguro es que es demasiado joven, ya que la reina murió con casi cuarenta años. Contemplando otras obras del autor, da la impresión de que la diminuta serpiente que rodea el brazo de Cleopatra es una excusa para decir que se trata de ella, esa impúdica seductora, y poder representarla desnuda

El relato de Apiano en sus *Guerras civiles* incide en la perdición del varón: "[…] Antonio fue a Asia, donde se reunió con él Cleopatra, reina de Egipto. En cuanto la vio, quedó subyugado por ella. Este amor los llevó a ambos a la ruina, y a Egipto con ellos" (5.1). Como vemos, se trataba de un auténtico *amour fou*. Más adelante, Apiano insiste: "Antonio, asombrado de su inteligencia aparte de su belleza, quedó cautivado por ella con pasión propia de un adolescente, aunque ya tenía cuarenta años" (5.8).

Otros autores, como el poeta Lucano, compararon a Cleopatra con Helena, que causó la destrucción de Troya. Este papel de seductora explica en buena parte la fama de la reina. La *femme fatale* inspira miedo en los hombres, pero también la oscura atracción de los abismos. La morbosa curiosidad por Cleopatra como depredadora sexual ha creado leyendas sobre ella que no son más que caricaturas. En la red se pueden encontrar decenas de páginas y artículos con proezas sexuales de Cleopatra que dejarían en mal lugar a la propia Mesalina. Según estos textos, era una felatriz tan portentosa que en una sola noche satisfizo a cien generales romanos, amén de que para convertirse en sacerdotisa de la diosa Aset se acostó con nada menos que diez mil hombres. Tales hazañas le habrían ganado el apodo de *merichaune* o *merichane*, "la que se abre para diez mil". Rastreando la procedencia de esta leyenda, uno llega a un tratado titulado *The Cradle of Erotica: A Study of Afro-asian Sexual Expression, etc.*, de Allen Edwardes y R.E.L. Masters. Pese a lo aparatoso del título, este supuesto estudio no aporta ninguna cita sobre Cleopatra. Es de sospechar que si estos rumores hubieran existido ya en la Antigüedad, autores tan chismosos como Suetonio los habrían propalado gustosos.

Dejando de lado estas historias, ¿qué tenía Cleopatra para atraer a hombres tan poderosos? Quien se extiende más sobre el tema es Plutarco: "Se dice que su belleza no era en sí misma tan incomparable como para asombrar a primera vista. Pero su trato poseía un encanto irresistible y su aspecto, combinado con la persuasión de su discurso […] era estimulante como un aguijón. Proporcionaba placer sólo con el sonido de su voz, y su lengua, como un instrumento multicorde, podía afinarse en cualquier idioma en el que quisiera hablar" (*Antonio*, 27.2-3).

¿Era guapa Cleopatra? No estamos seguros de cómo era su rostro. Las representaciones de soberanos al estilo egipcio estaban tan estandarizadas que sólo se reconoce a los personajes retratados cuando aparece su nombre junto a ellos. Es cierto que se han encontrado monedas con la efigie de Cleopatra, como las que acuñó en Ascalón mientras preparaba la guerra contra su hermano. En ellas se la suele ver con ojos saltones y una nariz casi de loro. Pero si se la compara con otras monedas de los demás Ptolomeos, el parecido hace pensar que quizá Cleopatra eligió que la representaran con rasgos casi varoniles para exhibir autoridad y demostrar que era una Ptolomeo tan legítima como su hermano.

Su nariz debió de ser algo prominente, aunque no parece que tanto como para afearle el rostro. En cuanto a su piel, Lucano habla de su "blanco busto resplandeciendo bajo el tejido de Sión" (*Farsalia*, 10.140). También se trata de un tópico: incluso en el arte egipcio se representaba a hombres morenos y mujeres de piel más clara. Pudo ser rubia, castaña o morena. Lo que se puede descartar es que fuese negra, por mucho que se empeñen los defensores de lo políticamente correcto y los seguidores de Bernal Martin y su libro *Atenea Negra: las raíces afroasiáticas de la civilización clásica*.

Personalmente, me resulta convincente la versión de Plutarco: Cleopatra era una mujer guapa, sin ser lla-

Fig. 3
Tetradracma de Cleopatra, acuñado con motivo de su boda con Marco Antonio en 37 a.C. La nariz aquilina y la barbilla prominente le confieren rasgos masculinos muy apropiados para alejar la desconfianza de los súbditos, lo que da que pensar, pese a lo poco agraciado de los rasgos, que se trata de un retrato idealizado

mativa, cuyo mayor encanto residía en su inteligencia. Como muestra de ésta, el biógrafo menciona los idiomas que dominaba la reina: podía dirigirse en sus propias lenguas a los etíopes, trogloditas (habitantes de la región entre el Nilo y el Mar Rojo), hebreos, árabes, sirios, medos o partos. Dominaba el griego y es posible que el latín, y al contrario que sus predecesores en el trono se molestó en aprender la lengua egipcia. No sabemos con certeza qué formación intelectual recibió, pero perteneciendo a la familia real y teniendo el Museo de Alejandría en el mismo recinto palaciego, seguro que estudió con los mejores maestros. Conocemos al menos el nombre de un tal Filóstrato, distinguido orador que la instruyó en retórica y filosofía. Se sabe que ella misma escribió, al menos, un tratado titulado *Cosmética*. Aparte de maquillajes y tintes, parece que la obra hablaba de fármacos y venenos, lo que la relaciona con otro gran enemigo de Roma varias décadas anterior a ella, Mitrídates del Ponto.

El veneno nos lleva al último punto: la dramática muerte de Cleopatra. ¿Realmente fue mordida por una cobra? El historiador Dión Casio dice que nadie sabe cómo falleció realmente; las únicas marcas que presentaba eran unas punciones en el brazo. O bien eran del mordisco de una cobra, o bien ella misma se había pinchado con un alfiler del pelo untado en veneno (*Historia romana*, 51). Algo parecido narra Plutarco (*Antonio*, 86), añadiendo que con ella murieron sus sirvientas Iras y Carmión.

Parece improbable que Cleopatra eligiera una cobra para suicidarse. Tenía que conseguir que el áspid la mordiera a ella, que le inoculara suficiente veneno, y que después repitiera la misma acción con las criadas: demasiados elementos imprevisibles. Además, el veneno de una cobra le habría provocado convulsiones y deformado su gesto, una muerte impropia del decoro de una reina. Mejor otro tipo de tóxico de efecto más letárgico, como el que mató a Sócrates (fuera éste únicamente cicuta o una mezcla con algún narcótico).

En cualquier caso, la versión que se popularizó fue la de la cobra. Al fin y al cabo, las serpientes siempre se han relacionado con la perversidad femenina: pensemos no sólo en Eva, sino también en Olimpia, la madre de Alejandro, mujer retratada como manipuladora al igual que Cleopatra, que tenía serpientes como mascotas e incluso dormía con ellas. Por eso, cuando Octavio Augusto celebró su triunfo sobre Antonio y Cleopatra, en el tercer día de desfiles presentó una efigie de Cleopatra que la representaba con un áspid enroscado en el brazo. Octavio debió pensar: *Se non è vero, è ben trovato*, y el poeta Propercio recuerda: "Vi sus brazos mordidos por sagradas serpientes / y cómo sus miembros tomaron el oculto camino del sueño" (*Elegías* 3.11.53 y ss).

Y así, casi en el mismo momento de su muerte, la fascinante Cleopatra empezó a abandonar la historia para adentrarse en los senderos de la leyenda.

Carlo Modesti Pauer

Los cien rostros de Cleopatra:
origen, evolución y reproducción de un icono del cine

Si uno teclea "Cleopatra" en Google Images, el primer rostro que aparece en pantalla es el de Elizabeth Taylor, que en 1963 interpretó el papel de la última reina de Egipto en la superproducción de la 20th Century Fox. En una foto de rodaje, la actriz muestra su fuente de inspiración, con la que guarda, además, cierto parecido: el célebre busto –conservado actualmente en el Neues Museum de Berlín– de Nefertiti, la bella esposa del faraón Amenofis IV (el futuro Ajenatón), que vivió mil trescientos años antes que Cleopatra. En 2009, dicha escultura fue objeto de una crítica vehemente por parte del periodista e historiador de arte suizo Henri Stierlin, quien sostenía la tesis de que se tratara una falsificación (casi) perfecta[1]. En su opinión, no sería una obra de Tutmosis, el escultor más importante de la XVIII Dinastía, sino, más bien, de una estatua realizada en 1912 por el artista Gerhard Marks por iniciativa del arqueólogo alemán Ludwig Borchardt, responsable de las excavaciones de Amarna. Si Stierlin estuviera en lo cierto –lo que se apresuraron a desmentir el director del museo berlinés y varios egiptólogos–, la productora de la película, al pensar en Nefertiti para Cleopatra, habría escogido como referencia histórica para el rostro de Elizabeth Taylor un modelo *Art Déco*, una "falsificación" egipcia, contemporánea, en realidad, de las primeras apariciones cinematográficas de Cleopatra, las cuales –como se verá más adelante– dimanan, a su vez, de una corriente pictórica decimonónica. En resumidas cuentas, tan curioso cortocircuito histórico confirma las teorías de Guy Debord so-

bre la sociedad del espectáculo, según las cuales la distinción entre lo *verdadero* y lo *falso* ha perdido toda importancia en la producción estética de la industria cultural[2]. De esta manera, cincuenta años después de la película de Mankiewicz, la campaña promocional del British Museum para 2012 no duda en exhibir con ironía el icono indistintamente verdadero o falso, grabado en el imaginario colectivo como una referencia testimonial familiar, ni en utilizar tan atractivo semblante para comunicar la reordenación de la sección dedicada a la arqueología egipcia. La Cleopatra del cine es, pues, esencialmente *otra* respecto a la Cleopatra histórica que hoy describen los arqueólogos y los historiadores del mundo antiguo[3], y se sitúa *más allá* de ella: y es que el mito cinematográfico tiene su origen en una estratificación de fuentes heterogéneas, cuya distorsión primordial ha contribuido a la creación de un personaje tan legendario como popular, definido a partir de la historiografía antigua[4] mediante una reencarnación progresiva, una nueva vida icónica fomentada por la imaginación de los autores de los siglos sucesivos que, paulatinamente, fueron escenificándola.

Firmemente decidida a no acabar como Vercingetórix –ésta es, por lo menos, la hipótesis que formula Horacio en su oda XXXVII[5]–, Cleopatra se suicida a los 39 años, el 12 de agosto del año 30 a. C., en un lugar impreciso de la ciudad que Alejandro Magno fundara trescientos años antes. Plutarco, el "biógrafo" más célebre de la reina, nacido 76 años después de la muerte de ésta, escribe acerca de ella a finales del siglo I de nuestra era. En sus *Vidas paralelas*, este autor grecorromano compara a Demetrio I Poliorcetes –poderoso monarca macedonio del siglo III a. C., experto en operaciones de asedio– con el *triunviro* Marco Antonio, conforme al programa de su obra, que aspiraba a alcanzar unos objetivos morales a través de un método comparativo. Según él, la irrupción de Cleopatra en la vida de Marco Antonio desempeña un papel tan nefasto como determinante, al interpretarse su relación como la colisión entre un Occidente virtuoso y un Oriente degenerado y decadente: Augusto (en unión con Mecenas y otros personajes) y el eficaz dispositivo de propaganda que puso directamente por obra, explotando todos los medios de comunicación a su disposición (imágenes, literatura, inscripciones y monedas), supieron mostrarse convincentes, y precisamente a partir de ese "éxito mediático" se escribió la historia[6].

Lucano, poco mayor que Plutarco, describe, en 64-65 d. C., en su *Farsalia* (libro X), el encuentro y la relación entre Cleopatra –que contaba a la sazón 22 años de edad– y Julio César, seducido por el lujo egipcio, el cual, para los romanos de la época, es sinónimo de corrupción moral y política, al basarse en la veneración de un monarca absoluto de naturaleza divina, aun cuando incestuoso. De esta manera va desplegándose una auténtica "egiptofobia", que se reflejará durante mucho tiempo en la representación de una mujer astuta y calculadora, de una enemiga de Roma tan ambiciosa como peligrosa, capaz de utilizar misteriosas pócimas: Plutarco añade que Antonio, "emponzoñado con yerbas, ni siquiera era dueño de sí mismo"[7]. También Dión Casio, historiador y senador que floreció entre los siglos II y III d. C., confirma que Antonio "había perdido el juicio por culpa de ella [Cleopatra] y de sus brujerías"[8]. En sus *Elegías*, Propercio, poeta romano que tenía 16 años de edad en tiempos de la batalla de Accio (31 a. C.), formula el más severo de los juicios al definir a Cleopatra como *"incesti meretrix regina Canopi"* ("la reina prostituta del incestuoso Canopo"[9]), servida por cortesanos dispuestos a satisfacer sus caprichos sexuales, mientras que Antonio es su *"coniunx obscenus"* ("esposo impúdico"). Desde esta misma perspectiva, el historiador Marco Veleyo Patérculo señala que el atractivo caudillo romano "se había hecho llamar anteriormente nuevo padre Líber" y que era "traidor por

naturaleza, cuando había sido el más humilde servidor de la reina"[10]. No es de extrañar que Julio César –la fuente más directa y la primera "víctima" de Cleopatra– no mencione en modo alguno su relación amorosa en *De bello civili*. Es el meticuloso Plutarco, autor, asimismo, de una *Vida de César*, quien refiere el ardid maquinado por la reina para conocer al dictador: ésta se escondió, en efecto, en una "farda de ropa de cama"[11] (στρωματόδεσμον, en griego antiguo), lo que podría corresponderse con un *mafrash* (o *mafraj* o *mafresh*), una suerte de gran cofre con los lados tapizados en tela con adornos y con el fondo de kílim, provisto de correas para su cierre; este tipo de baúl siguen utilizándolo todavía los shahsavan, un pueblo nómada del noroeste de Irán. Bajo la pluma de Shakespeare, dicho objeto se transforma en un colchón, según la alusión de Enobarbo –*"A certain queen to Cæsar in a mattress"* ("[Apolodoro llevó] a cierta reina a César en un colchón")[12]–, antes de convertirse en alfombra[13] en una nueva traducción de Plutarco fechada en 1770[14]. Esta última transformación es la que aparecerá en las transposiciones cinematográficas hollywoodienses, aunque también, un poco antes, en el cuadro de Jean-Léon Gérôme *Cleopatra ante César*, de hacia 1865, así como en la comedia de G. B. Shaw *César y Cleopatra*, de 1898. Fascinante, fatal, inteligente, políglota, hostil a la cultura latina, pérfida y voluptuosa, Cleopatra atraviesa el fin del mundo romano y la Alta Edad Media como el Guadiana, para aflorar de nuevo en la Europa cristiana en un único verso de Dante: "Y [es] Cleopatra lasciva esa que llora..."[15]. El pecado de lascivia es castigado en el segundo cerco del Infierno, en el que los condenados se ven azotados por un viento impetuoso, análogamente a como se habían dejado llevar, durante su vida mortal, por la depravación y la concupiscencia. Este tema de la sed de poder lascivamente unida a la perversión sexual lo retoma unos decenios después Boccaccio en su obra latina *De mulieribus claris* (*De las mujeres ilustres*, 1362), en la que Cleopatra se entrega a Antonio para hacerse con el poder de Roma.

Entre los siglos XVI y XVII –y de manera particularmente evidente en Francia y en Inglaterra–, la reina egipcia es la sensual protagonista de numerosos cuadros de artistas célebres y de unas cuantas decenas de obras teatrales, entre las que se impone la

tragedia de William Shakespeare *Antonio y Cleopatra* (1606). Inspirada en la traducción de las *Vidas paralelas* de Plutarco que publicara Thomas North en 1579, este drama del bardo inglés pone de relieve la ambigüedad de los personajes y el triángulo amoroso formado por la lúcida estratega y los dos romanos rivales –Octavio, el vencedor, y Antonio, el vencido–. Shakespeare analiza la deformación que las pasiones humanas provocan en las tortuosas dinámicas del poder, y en esta obra suya afloran las fuentes que hemos recordado brevemente, y que constituyen el núcleo de la personalidad del personaje de Cleopatra: una lujuriosa "jaca de Egipto", una hechicera cuyas artes mágicas han hecho de Antonio una "noble ruina"[16], e incluso, en el acto III, *"a whore"*: "una puta"[17]. Con todo, la aportación moderna al argumento dramático trazado por Shakespeare, que se amalgama con el relato antiguo en que su texto se basa, acaba perfilando un personaje controvertido, en el que conviven el bien y el mal, vicios y virtudes. De esta manera toma cuerpo uno de los papeles femeninos más enérgicos y más apreciados de Shakespeare: un punto de referencia destinado a influir también en la representación pictórica de Cleopatra, hasta que la arqueología, con sus primeras excavaciones metódicas a partir de principios del siglo XVIII, modifique de manera decisiva el imaginario occidental.

Durante los siglos anteriores, los viajes –dejando a un lado las expediciones militares y las peregrinaciones– perseguían, principalmente, objetivos comerciales y diplomáticos; pero, a partir de mediados del siglo XVI, muchos intelectuales, impulsados por la relectura de los grandes viajeros de la Antigüedad –desde Heródoto hasta Pausanias– hacen gala de su interés por la cultura antigua. Un veneciano anónimo, culto y políglota, viajó a Egipto, hasta Tebas, y redactó un manuscrito titulado *Il Viagio che ò fato l'ano 1589 del Caiero in Ebrin, navigando su per el Nillo* [*El viaje que hice en el año 1589 desde El Cairo hasta Kasr Ibrim, remontando el Nilo*][18]; la misteriosa fascinación que ejercen las pirámides fomenta las multifacéticas pasiones de John Greaves, astrónomo, matemático y arqueólogo, que en 1638 mide las tumbas de los faraones con una precisión científica que permanece inigualada; en 1664, el naturalista y botánico francés Jean de Thévenot compone una célebre *Relation d'un voyage fait au Levant*[19] [*Relación de un viaje hecho a Oriente*]. Pero, pese a la fundación de muchos círculos culturales dedicados a Egipto, a la redacción de léxicos y de repertorios y a la inauguración de grandes museos asociados al floreciente comercio de objetos procedentes de yacimientos arqueológicos –es el caso del British Museum, que abre sus puertas en 1753–, nadie es capaz de penetrar el secreto de las inscripciones pintadas o grabadas en esos vestigios del pasado. Aquella civilización lejana, cuyos restos tanto interesan a los aristócratas y a los nuevos ricos de la Europa de las Luces, permanece muda.

El cambio de signo se produce con la exploración intensiva de los vestigios de la Antigüedad emprendida por Napoleón durante la ocupación del valle del Nilo (1798-1801). El descubrimiento en Rosetta, el 15 de julio de 1799, de una inscripción bilingüe (en egipcio y en griego), se revelará determinante: en 1822, tras una serie de tentativas infructuosas, Jean-François Champollion, a la sazón de 30 años de edad, logra descifrar los jeroglíficos y se convierte al mismo tiempo en el fundador de la egiptología. Aquellos antiguos receptáculos de una civilización milenaria, que de repente empiezan a hablar de su "pasado", se entremezclan con las corrientes literarias y pictóricas, que desde hacía algún tiempo privilegiaban los temas orientales. Théophile Gautier, padre legítimo del estetismo exótico, dedica a la reina de Egipto una novela corta, titulada *Una noche de Cleopatra* (1845), en la que aparece por vez primera la figura moderna de la "mujer fatal", de la que el pintor de origen neerlandés Lawrence Alma-Tadema ofrece una convincente versión pictórica en su provocadora *Cleopatra*, de 1875. Mientras tanto, Egipto se ha convertido en el tema principal de muchas obras, y no son pocos los artistas que emprenden el largo viaje hasta allí. La tierra de los faraones acoge en 1838 al escocés David Roberts, que enseguida se dará a conocer por sus litografías, así como al londinense John Frederick Lewis, autor de acuarelas y de óleos, que allí se instalará desde 1841 hasta 1850. En 1867, Edward Poynter, de 30 años de edad, se da a conocer por un impresionante cuadro de inspiración bíblica, *Israel en Egipto*, que no desentonaría entre las páginas del guion gráfico de una superproducción protagonizada por Charlton Heston. Captada en el momento de su encuentro con Antonio, en 1883 Cleopatra efectúa su regreso en un lienzo de Alma-Tadema –el mejor especialista en arqueología entre los artistas apasionados de tan evocador género– y, sucesivamente, en 1887 de la mano del francés Alexandre Cabanel, que firma el célebre cuadro titulado *Cleopatra probando venenos en los condenados a muerte*.

La "divina" Sarah Bernhardt, fotografiada al igual que en los cuadros de la época, se enfunda las vestiduras de Cleopatra en el homónimo drama histórico que Victorien Sardou ha escrito para ella. Nueve años después, la popularísima actriz interpreta de nuevo a la reina de Egipto en la clásica obra de Shakespeare. En el ínterin, ha nacido el cine. *Cleopatra* (1899), de Georges Méliès –película dada por perdida a partir de los años treinta del siglo XX y nuevamente hallada de manera casual en 2005–, constituye la primera cinta cinematográfica (de unos cuantos minutos de duración) dedicada a la soberana egipcia, a quien Jeanne d'Alcy, futura esposa del realizador, presta sus rasgos. Fiel al estilo del ilusionista homenajeado por Martin Scorsese, este cortometraje escenifica el descubrimiento de una momia que vuelve a la vida por arte de magia y que resulta ser Cleopatra. En los Estados Unidos, la actriz Helen Gardner, primera mujer en fundar una productora de cine, lleva a cabo una versión cinematográfica del drama de Victorien Sardou, realizada por su marido, Charles L. Gaskill. Helen Gardner encarna el papel protagonista, aunque también se ocupa del vestuario y del montaje. *Cleopatra* (1912), rodada en estudio con varios exteriores filmados en las inmediaciones de Nueva York, es uno de los primeros largometrajes (87 minutos) del cine estadounidense. Su interpretación de una Cleopatra infiel y depravada hace de esta actriz la primera mujer fatal del cine mudo. Con su suntuosa puesta en escena, de inspiración pictórica, la *Cleopatra* de Helen Gardner se

convierte en una de las referencias del género, junto con la producción italiana *Marco Antonio y Cleopatra* (1913), protagonizada por la exuberante Gianna Terribili-Gonzales. La puesta en escena de esta versión transalpina es obra de Enrico Guazzoni, que había estudiado pintura en el Instituto de Bellas Artes y que acababa de crear *Quo vadis?* (1912), gran realización de dos horas de duración, poblada de miles de figurantes y rodada en unos decorados grandiosos, que rápidamente se labra la reputación de primera superproducción de la historia del cine.

Mientras que, gracias al DVD, Helen Gardner y Gianna Terribili-Gonzales conocen hoy una segunda vida en nuestras pantallas, sólo se conservan unos cuantos segundos de los 125 minutos que duraba la *Cleopatra* más célebre del cine mudo: la de Theda Bara. William Fox retoca los datos registrales de Theodosie Burr Goodman, hija de un sastre judío polaco, y la convierte en Theda Bara, fruto de los apasionados amores de una princesa árabe y un artista francés. Para ella acuña la prensa la palabra "vampiresa". Realizada por J. Gordon Edwards (bisabuelo de Blake Edwards), *Cleopatra* (1917) constituye el primer papel hollywoodiense de esta actriz, que hasta entonces había trabajado en Nueva Jersey. Su inimitable mirada y su belleza sensual –bastante ligera de ropa para la época– triunfan en taquilla, y la joven de Ohio se convierte, a sus 32 años, en una leyenda del cine. Según parece, el último espectador de *Cleopatra* –película actualmente perdida, como la mayoría de las de Theda Bara– fue Cecil B. DeMille en 1934, mientras preparaba una nueva versión de la misma. Y es que, tras el rotundo fracaso de *Four Frightened People*, el presidente de la Paramount, Adolph Zukor, pidió a DeMille que volviera a la superproducción histórica, esperando así revalidar el éxito cosechado por *The Sign of the Cross (El signo de la cruz)*, cinta que mezclaba Biblia y erotismo, y cuya escena en la que Claudette Colbert, en el papel de una perversa Popea, se sumerge en un baño de leche de burra provocó escándalo y aplausos a partes iguales. DeMille, poco escrupuloso con la verdad histórica y convencido de la necesidad de popularizar a Shakespeare y a Shaw, desarrolla, a partir de un guion de Bartlett Cormack, su muy personal visión de la antigüedad romanoegipcia, con vestuario y decorados suntuosos, inspirados en un *Art Déco* impregnado del estilo de Alma-Tadema y de sus co-

Fig. 2
Cartel de la película *Cleopatra*
(1963), de Joseph L. Mankiewicz

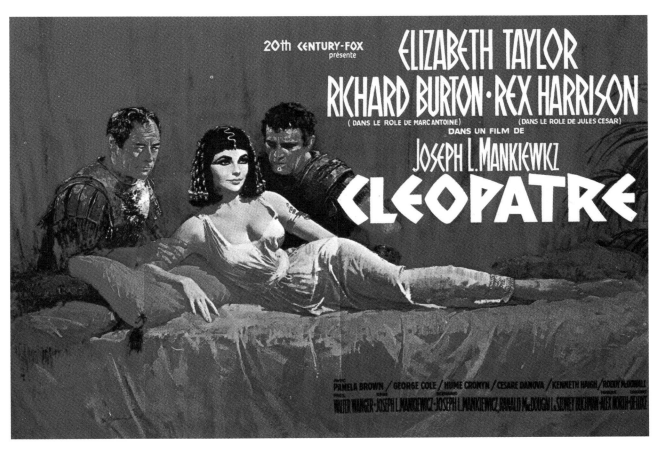

legas. Claudette Colbert se encuentra en el apogeo de su gloria tras *Sucedió una noche*, de Frank Capra, estrenada poco antes. Provista por la productora de un guardarropa memorable, la actriz se regala el papel de una reina ambiciosa y astuta, que prefigura la estética de las *dark ladies* del cine negro.

En 1945, el Reino Unido descubre *César y Cleopatra*, película producida y realizada por Gabriel Pascal, prestigiado por el triunfo de *Pigmalión* (1938) y especializado en adaptaciones de obras teatrales de G. B. Shaw. El dramaturgo irlandés, que cuenta a la sazón 89 años de edad, se encarga personalmente de la transposición de la obra a la pantalla. El rodaje se lleva a cabo en una capital británica devastada por los bombardeos nazis; al rodar la célebre escena en la que Cleopatra, envuelta en una alfombra, es depositada por una grúa en el patio del Faro de Alejandría, el plató se ve atravesado por el silbido de un misil V2 que acaba sembrando el caos doscientos metros más allá. Cuando la película –que había costado más de 5 millones de dólares– se estrena en los cines, la crítica acoge favorablemente la Cleopatra irónica encarnada por Vivien Leigh, pero el público se muestra indiferente, por lo que la mayor producción inglesa

rodada hasta aquel entonces sufre un estrepitoso fracaso. Asimismo, Vivien Leigh, que ha sufrido un aborto a raíz de un accidente sobrevenido durante el rodaje, pone en entredicho al productor y realizador, que se va a vivir a Hollywood, donde termina su carrera. Pero, en los años cincuenta, los estudios hollywoodienses atraen las ambiciones de todas las jóvenes que sueñan con hacer cine: este es el caso de cierta Sofia Scicolone, que cuenta por aquel entonces 20 años de edad, y que, en sus inicios, ha tenido, sin embargo, que conformarse con Cinecittà. En la Hollywood del Tíber –tal como se denomina a la sazón la catedral italiana del cine–, la futura Sophia Loren interpreta, junto con Alberto Sordi como galán, una provocadora reina de Egipto en la comedia *Las noches de Cleopatra* (Mario Mattoli, 1954), en la que encarna a dos personajes: la morena Cleopatra y la rubia Nisca. El doble papel de Linda Cristal en *Las legiones de Cleopatra* (Vittorio Cottafavi, 1959) resulta más freudiano, ya que la actriz argentina interpreta a la reina y a su doble, la misteriosa bailarina Berenice. El guion, firmado al alimón por el realizador y por Ennio De Concini, explosiona visualmente el dualismo extremo concebido por Shakespeare y sitúa a

Cleopatra en el corazón de un asunto político: el enfrentamiento entre Octavio y Antonio, que sugiere –en esos tiempos de Guerra Fría y de amenaza nuclear– una metáfora de la situación de la época.

Desde junio de 1961 a agosto de 1962, se realiza, entre Anzio e Ischia, al sur de Roma, el rodaje de los exteriores de la superproducción *Cleopatra*, nueva versión de la cinta de DeMille. Debido a condicionamientos meteorológicos y a conflictos personales, las filmaciones se han trasladado de los londinenses Pinewood Studios a Cinecittà, y la realización ha pasado de las manos de Mamoulian a las de Mankiewicz. La Fox, que ha desembolsado más de 40 millones de dólares, no quiere correr ningún riesgo: una vez comprados los derechos de la coproducción francoitaliana *Una reina para el César* (Piero Pierotti y Victor Tourjansky, 1962) –con la actriz francesa Pascale Petit en el papel de Cleopatra, desenrollada de la alfombra a los pies de un César interpretado por el musculoso Gordon Scott–, la retira del mercado. En cambio, dicha *major* no recela en modo alguno de la divertida farsa *Totò y Cleopatra* (F. Cerchio, 1963), con Magali Noël compartiendo protagonismo con el cómico napolitano Totò, que encarna al mismo tiempo a Marco Antonio y a su doble Totonno.

Sin lograr unificar una primera parte inspirada en la comedia de Shaw y una segunda absolutamente shakespeariana –a las que se añade la recuperación explícita de Plutarco, de Suetonio y de Apiano–, por fin se estrena en las salas de cine la mayor superproducción de todos los tiempos. Durante la espectacular secuencia de su entrada en Roma, Elizabeth Taylor pasa bajo un arco de Constantino construido más de tres siglos después de la muerte de Cleopatra, y lanza miradas a Rex Harrison, fundiéndose completamente con su personaje. De esta manera, el icono de la última reina de Egipto y la última diosa de un cine que no sobrevivirá a los años sesenta se confunden en el triunfo de un espectáculo de masas, cuya revelación uno y otra celebran al mismo tiempo. Todo es verdadero/falso. La *Cleopatra* de Mankiewicz ha alcanzado las fronteras de lo visible en el cine, representando una despiadada ecuación coste/beneficio que sólo el advenimiento de la tecnología digital sabrá resolver. De esta manera, una despampanante angloamericana, abandonando sus papeles de ama de casa neurótica, hace su aparición, cubierta de oro, en un carro tirado por dos mil esclavos negros y asciende al primer lugar de la búsqueda en Google: "Después de nosotros, el diluvio".

Cleopatra, analizada y reconstruida en cientos de documentales, revisitada en obras teatrales –desde las más clásicas hasta las más experimentales–, protagonista de series televisivas, de cómics y de videojuegos... éste es el auténtico "diluvio": una semiosis infinita para uso y disfrute de la industria cultural. A raíz de la *Cleopatra* de Mankiewicz, la reina de Egipto queda engullida por la sima de la publicidad, desde las alitas de pollo de Kentucky Fried Chicken en 1967 hasta los muebles de la multinacional sueca Ikea. A mayor abundamiento, precisamente tras asistir a una proyección de la película, en septiembre de 1963, René Goscinny y Albert Uderzo dan con el tema de la sexta aventura de su célebre héroe galo: su álbum titulado *Astérix y Cleopatra*[20] constituye una divertida parodia de la superproducción de Mankiewicz, repleta de referencias históricas precisas y de graciosos juegos de palabras; Cleopatra es una reina caprichosa que toma prestado su perfil del de Elizabeth Taylor y que posee un guardarropa tan bien abastecido como el de la actriz en la película.

En febrero de 2012, en la final de la Super Bowl –la retransmisión televisiva más seguida en los Estados Unidos–, la cantante Madonna sale a escena reproduciendo la secuencia de culto de Mankiewicz[21]. Al día siguiente, *Vanity Fair* se pregunta: "¿El *look* egipcio firmado por Givenchy, y que Madonna ha hecho célebre con ocasión de su espectáculo en Indianápolis, logrará hacerse un hueco en nuestros vestidores?".

[1] Henri Stierlin, *Le Buste de Néfertiti: une imposture de l'égyptologie?*, Infolio, Gallion, 2009.

[2] Véase Guy Debord, *La Société du spectacle*, Buchet-Chastel, 1967 [existe versión española a cargo de José Luis Pardo: *La sociedad del espectáculo*, Pre-textos, Valencia 1999, N. del Tr.]; *Commentaires sur la société du spectacle*, Éd. Gérard Lebovici, 1988 [existe versión española a cargo de Carme López y J. R. Capella: *Comentarios sobre la sociedad del espectáculo*, Anagrama, Barcelona 1990, N. del Tr.].

[3] Entre las obras más recientes, señalamos: Susan Walker y Peter Higgs, *Cleopatra and Egypt: from History to Myth*, Londres, British Museum Press, 2001; Diana E. E. Kleiner, Cleopatra and Rome, Cambridge, The Belknap Press of Harvard University Press, 2005; Heinz Heinen, *Kleopatra-Studien: gesammelte Schriften zur ausgehenden Ptolemäerzeit*, Universitatsverlag Konstanz, 2009.

[4] Ilse Becher propone una exploración analítica muy convincente sobre el lugar que ocupa Cleopatra en la literatura de la Antigüedad: *Das Bild der Kleopatra in der griechischen und lateinischen Literatur*, Berlín 1966.

[5] "*[...] deliberata morte ferocior: / saevis Liburnis scilicet invidens / privata deduci superbo / non humilis mulier triumpho*" ["Orgullosa de su voluntaria muerte, quitaba a las naves liburnas la gloria de conducirla como una mujer cualquiera ante el carro del soberbio triunfador"].

[6] Empezando por el propio Augusto en sus *Res gestae* (véanse dos ediciones comentadas recientes: F. Guizzi, *Augusto e la politica della memoria*, Salerno Editrice, 1999; J. Scheid, *Res gestae divi Augusti. Haut faits du divin Auguste*, París, Les Belles Lettres, 2007). Entre los estudios modernos, merecen consideración A. Wallace-Hadrill, *Augustan Rome*, Bristol Classical Press, 1999 (especialmente el capítulo titulado "The Myth of Actium") y P. Zanker, *Augusto e il potere delle immagini*, Bollati Boringhieri, Turín 2006 [existe versión española a cargo de Pablo Diener Ojeda: *Augusto y el poder de las imágenes*, Alianza Editorial, Madrid 1992, N. del Tr.].

[7] "καὶ προσεπεῖπε Καῖσαρ ὡς Ἀντώνιος μὲν ὑπὸ φαρμάκων οὐδὲ αὐτοῦ κρατοίη" (Plutarco, *Vida de Antonio*, 60, 1; versión española de Antonio Ranz Romanillos).

[8] Dión Casio, *Historia romana*, L, 5, 3, versión española de Juan Manuel Cortés Copete.

[9] Propercio, *Elegías*, III, 11, 39, versión española de Antonio Ramírez de Verger.

[10] "*[...] cum ante novum se Liberum Patrem appellari iussisset [...] sed morbo proditor, cum fuisset humillimus adsentator reginae [...]*" (*Historia romana*, II, 82-83; versión española de M.ª Asunción Sánchez Manzano).

[11] Plutarco, *Vida de César*, 49, 1 [traducción española propia del término original griego, N. del Tr.].

[12] William Shakespeare, *Antonio y Cleopatra*, II, VI, 70, versión española de Luis Astrana Marín.

[13] Véase, a este respecto, *Plutarch Caesar: Translated with Introduction and Commentary*, Clarendon Ancient History Series, Oxford-Nueva York, Oxford University Press, 2011, p. 385.

[14] *Plutarch's Lives, translated from the original Greek; with Notes critical and historical, and a new Life of Plutarch, by* John Langhorne, D. D. and William Langhorne, A. M., Londres 1770.

[15] Dante Alighieri, *La Divina Comedia*, *Infierno*, V, 63.

[16] William Shakespeare, *Antonio y Cleopatra*, III, X, 18 (versión española de Luis Astrana Marín).

[17] Ídem, III, VI, 67.

[18] Véase S. Siliotti (dir.), *Viaggiatori veneti alla scoperta dell'Egitto*, Arsenale Editrice, Venecia 1985.

[19] Su título completo es el siguiente: *Relation d'un voyage fait au Levant dans laquelle il est curieusement traité des estats sujets au Grand Seigneur et des singularitez particulières de l'Archipel, Constantinople, Terre-Sainte, Égypte, pyramides, mumies [sic], déserts d'Arabie, la Meque, et de plusieurs autres lieux de l'Asie et de l'Affrique outre les choses mémorables arrivées au dernier siège de Bagdat, les cérfaites aux , by es lieux de l'ngularitez particulind historical, and a new Life of Plutarch, by émonies faites aux réceptions des ambassadeurs du Mogol et l'entretien de l'auteur avec celuy du Pretejan, où il est parlé des sources du Nil* [*Relación de un viaje realizado a Oriente, en la que se trata detalladamente de los Estados sometidos al Gran Señor y de las particularidades del Archipiélago, de Constantinopla, de Tierra Santa, de Egipto, de las pirámides, de las momias, de los desiertos de Arabia, de La Meca y de varios otros lugares de Asia y de África, amén de las cosas memorables ocurridas durante el último asedio de Bagdad, las ceremonias celebradas en las recepciones de los embajadores del Mogol y la entrevista del autor con el del Preste Juan, en la que se habla de las fuentes del Nilo*] (1664); reedición: Hachette, París 1976.

[20] En su adaptación cinematográfica *Astérix y Obélix: Misión Cleopatra* (Alain Chabat, 2002), Cleopatra tiene los rasgos de Monica Bellucci.

[21] Este espectáculo lo siguieron 114 millones de espectadores; la actuación de Madonna fue comentada a un ritmo de 10245 *tweets* por segundo, y su nombre fue el más buscado en Google durante dicho evento.

*Martín Almagro-Gorbea
y Andrea Rodríguez Valls*

España y el Antiguo Egipto: Egiptología y "egiptomanía"

"**E**gipto es un don del Nilo", como observó Heródoto, el gran historiador griego del siglo V a.C., y su atractivo era evidente en la Antigüedad, pues Homero manifestó su fascinación por Egipto, cuyos habitantes eran considerados el pueblo más culto y religioso de la tierra, en el que se inspiraban todas las gentes del Mediterráneo oriental, como sirios, fenicios, chipriotas e incluso la Grecia arcaica.

También Roma sintió la fascinación de Egipto como tierra exótica, llena de atractivos y riquezas, a la vez que mostraba recelo y rechazo por una cultura que percibía como muy diferente a las tradiciones romanas. Pero tanto en la esfera religiosa como en la artística, como muestran los obeliscos egipcios que decoraban Roma y Constantinopla, el mundo egipcio suscitaba una atracción muy especial. Este interés por Egipto decrece en la Edad Media para resurgir en el Renacimiento y adquiere especial fuerza a partir del siglo XVIII, cuando viajeros y exploradores europeos describen sus impresionantes ruinas y monumentos contribuyendo de manera fundamental a la expansión de su fama por Europa.

Uno de los elementos determinantes del redescubrimiento del Egipto faraónico fue la expedición militar de Napoleón a Egipto (1798-1801). El francés, emulando a Alejandro Magno, llevó junto a su ejército una comisión de 167 científicos y dibujantes, cuyos trabajos se publicarían entre 1809 y 1822 en los 24 volúmenes de la famosa *Description de l'Égypte*, que documenta numerosos monumentos. En esta ex-

pedición se descubrió la llamada "Piedra de Rosetta", inscrita con un decreto del rey Ptolomeo V (196 a.C.) en jeroglífico, demótico y griego, que permitió al brillante filólogo Jean-François Champollion descifrar la escritura jeroglífica en 1822. Sin duda, su trabajo y el de otros estudiosos de la época permitieron un mayor conocimiento del Antiguo Egipto, abriendo las puertas a la Egiptología como ciencia especializada en el estudio de esta cultura.

A lo largo de los siglos XIX y XX los principales museos del mundo –como el Musée du Louvre en París, el British Museum en Londres, el Ägyptische Museum en Berlín, el Museo Egizio en Turín o el Metropolitan Museum of Art de Nueva York– rivalizaron por atesorar en sus colecciones las mejores antigüedades egipcias. De forma paralela, desde la expedición de Napoleón se pusieron de moda en Europa pinturas, muebles y decoraciones inspirados en el arte egipcio, y esfinges, pirámides y obeliscos pasaron a ser motivos habituales en las artes decorativas, como había ocurrido 2000 años antes en la Roma clásica. Esta fascinación que desde entonces ha ejercido el Antiguo Egipto se conoce como *egiptomanía*, una pasión por lo egipcio que se refleja en un arte ecléctico, que pretende imitar el estilo y el llamativo colorido con el que los egipcios decoraban sus monumentos y objetos. Esta moda se extendió a lo largo del siglo XIX y alcanzó a todas las artes, destacando novelas, obras de teatro y óperas de tema egipcio, entre las que se encuentra la famosa *Aída* de Giuseppe Verdi, estrenada con gran éxito en 1871.

Fig. 1
Recuperación de fragmento de ataúd de madera en el pozo de Hery (TT12) durante la campaña de 2012 del Proyecto Djehuty

España quedó un tanto al margen del desarrollo de la Egiptología y la egiptomanía. En nuestro país, tras los descubrimientos y estudios del Renacimiento, durante la Ilustración, en especial bajo el reinado del Carlos III, el Rey Arqueólogo, la Arqueología pasó de centrarse en el mundo clásico a ampliarse a otras culturas, como la arqueología americana o la arqueología árabe, lo que significaba su transformación en una ciencia universal. Pero estas tradiciones de nuestra arqueología, sumadas a la crisis política y económica de la sociedad española en el siglo XIX, no eran favorables para el avance de los estudios egiptológicos en España, que se vieron postergados.

Sin embargo, desde la Antigüedad, objetos egipcios y egiptizantes habían llegado a la antigua Hispania. Entre los más sorprendentes pueden considerarse algún hacha votiva y algún cuchillo de cobre aparecidos en la Cultura de Los Millares (III milenio a.C.), comparables a objetos egipcios del Imperio Antiguo. Más tarde, a lo largo del I milenio a.C., la colonización fenicia introdujo numerosos objetos egipcios o de inspiración egipcia (Gamer-Wallert, 1978; Padró, 1980-1995). Entre estas piezas destacan cientos de escarabeos, alguno tan valioso como el hallado en Aliseda (Cáceres), labrado por los fenicios en una amatista de las minas egipcias de Wadi el-Hudi, 35 kilómetros al sureste de Asuán. También han aparecido numerosos amuletos de fayenza y figuras de bronce de divinidades, como la estatuilla del dios Ptah con máscara de oro hallada en Cádiz, o la del dios Imhotep hallada en el poblado talayótico de Torre d'en Gaumés (Mallorca). Más suntuosos son los colgantes de metales preciosos, como el medallón áureo de Trayamar (Torre del Mar, Málaga), con una escena cosmológica de inspiración egipcia con un disco solar alado y dos *uraei*, o el estuche fenicio de oro con cabeza de Sekhmet procedente de Moraleda de Zafayona (Granada), de la Colección Juan Puertas Arroyo, depositada en la Real Academia de la Historia. Piezas egipcias muy destacadas son los recipientes con nombres de faraones, como el vaso de mármol de Aauserre Apepi I (dinastía XV, siglo XVI a.C.) o los recipientes de alabastro de época de Osorkón II, Takelot II y Sheshonq III (dinastía XXII, siglo IX a.C.) hallados en la necrópolis fenicia de Almuñécar (Granada).

La atracción que el Antiguo Egipto ejerció en el Imperio Romano se refleja en objetos egipcios o de inspiración egipcia hallados en Hispania. Destaca la expansión de cultos sincréticos originarios de Egipto, probablemente difundidos a través de Alejandría, uno de los grandes puertos del Mediterráneo y centro religioso de la dinastía ptolemaica. Atestiguan cultos isíacos inscripciones y bellas esculturas de la diosa Isis, como las de Clunia o Mérida, y también se atestigua el culto a Serapis (Alvar, 2011). Estos cultos llegarían a través de comerciantes y navegantes, a los que la Isis *Pelagia*, "la Salvadora", protegía en las peligrosas travesías del Mediterráneo. Así lo indica la inscripción en latín y griego hallada en Ampurias de un alejandrino llamado Numas, que pagó un templo con estatuas de Isis y Serapis. Estos cultos egipcios no se limitaban a las regiones costeras, sino que llegaron hasta el interior, como atestigua la escultura romana de Aión, dios del tiempo identificado con el Cronos griego y relacionado con Serapis, hallado en la ciudad romana de *Ercavica* (Cuenca).

En la Edad Media el interés por el Antiguo Egipto se redujo a la información que ofrecen las narraciones bíblicas, aunque prosiguieron los contactos comerciales con Alejandría. De estos contactos de inicios del Renacimiento podría proceder la estatua de basalto de Harsomtus-em-hat, que ya estaba en Barcelona en 1666 cuando fue publicada por el sabio Athanasius Kircher, y cuyos jeroglíficos serían reestudiados por el Marqués de Valdeflores en el siglo XVIII.

Las inquietudes de los anticuarios ilustrados llevaron al descubrimiento y excavación de las ciudades de Herculano y Pompeya y a la creación por Carlos III del Real Gabinete de Historia Natural, abierto al público en 1776, para el que Juan de Villanueva construyó el edificio del actual Museo del Prado. Para enriquecer el Real Gabinete, dicho rey adquirió la colección que había formado en París Franco Dávila (1711-1786), quien fue nombrado director de la institución. Esta colección integraba, como era habitual en la época, minerales y fósiles, animales disecados y objetos etnológicos y arqueológicos, entre los que destacan los primeros objetos egipcios documentados en colecciones españolas, como estatuillas de divinidades y *ushebtis* que había adquirido al conde de Caylus, a las que se sumó la escultura de Harsomtusem-hat. Esta colección constituyó el núcleo inicial de antigüedades egipcias al organizarse el Museo Arqueológico Nacional, abierto al público a partir de

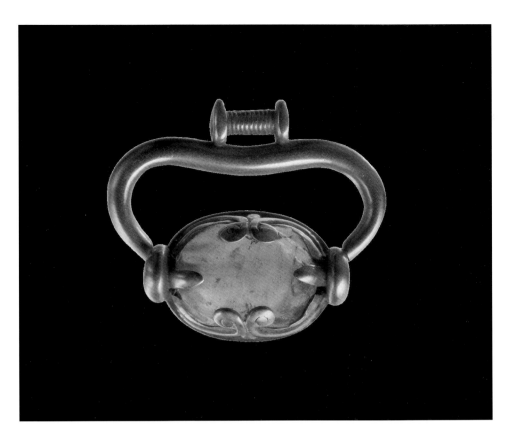

Fig. 2
Colgante con escarabeo de
amatista de la Aliseda (Cáceres),
siglos VII-VI a.C., posiblemente
parte del ajuar funerario
de un personaje aristocrático

rió un sarcófago y otros objetos funerarios conseguidos en Egipto por el artista, viajero y militar Francisco Lameyer. Pocos años después, en 1876, se compró a Tomás Asensi, director de Comercio del Ministerio de Estado y vicecónsul en Niza, una colección de más de mil objetos adquiridos en sus viajes por África y Asia, que incluía momias humanas y animales, figurillas en bronce, amuletos, escarabeos y otros objetos. También Víctor Abarges formó una pequeña colección de objetos del Alto Egipto, seguramente en su expedición al Mar Rojo y Etiopía por encargo de la Sociedad Española para la Exploración de África, colección adquirida por el Museo Arqueológico Nacional entre 1879 y 1881.

Entre todas las colecciones españolas de objetos egipcios reunidas en el siglo XIX destaca la formada por Eduardo Toda y Güell (1855-1941). Este notable personaje nació en Reus y, tras estudiar Derecho en Madrid, se dedicó a la diplomacia y fue cónsul en Hong-Kong, El Cairo, Helsinki y París, lo que le permitió reunir libros y antigüedades. Como cónsul de España en Egipto entre 1884 y 1886, se apasionó por la Egiptología y en 1886 participó en el viaje de inspección anual del Servicio de Antigüedades con el gran egiptólogo francés Gaston Maspero (1846-1916), director del Museo de El Cairo. Esta circunstancia le llevó a excavar la tumba de Sennedjem en Deir el-Medina, la primera hallada intacta en Egipto, que publicó en su obra *Son Notem en Tebas. Inventario y texto de un sepulcro egipcio de la XX dinastía* (Madrid, 1889). A ello se añade el que durante su estancia en Egipto reunió una colección de piezas entre las que sobresalen estelas, cajas de *ushebtis*, esculturas y conos funerarios, que vendió en 1888 al Museo Arqueológico Nacional. Sus obras *La muerte en el Antiguo Egipto* (Madrid, 1886) y *A través de Egipto* (Barcelona, 1889), junto a artículos periodísticos y conferencias sobre sus experiencias en este país, contribuyeron a difundir en España la cultura egipcia, por lo que puede considerarse el primer egiptólogo español.

En esos años finales del siglo XIX la colección del Museo Arqueológico Nacional se vería también ampliada por una donación de antigüedades que el Gobierno de Egipto hizo a España en 1893. Desde 1875, la familia Abd el-Rasul, saqueadores de tumbas, había descubierto numerosas momias y sarcófagos en dos ocultamientos o *cachettes* que contenían nume-

1868 (Marcos Pous, ed., 1993). Sin embargo, tras su inauguración, la colección egipcia creció lentamente, pues España no podía organizar una expedición arqueológica a Egipto ni a ningún país de Oriente. El intento más destacado fue la expedición de la fragata *Arapiles* en 1871, que llegó a Alejandría pero carecía de medios para viajar al interior de Egipto y conseguir antigüedades importantes, por lo que sólo pudo adquirir un fragmento de la Columna de Pompeyo y una cabeza femenina de basalto.

El coleccionismo privado, que había comenzado en el siglo XVIII, se vio impulsado por los descubrimientos y excavaciones del siglo XIX en Egipto y Oriente. Esta moda de coleccionar antigüedades, originaria del mundo clásico y que proseguía la tradición de los anticuarios del Renacimiento y de la Ilustración, se extendió entre la alta sociedad burguesa europea como símbolo de cultura y de emulación de las élites aristocráticas. Entre la alta burguesía española esta moda se desarrolló tardíamente, a partir de la segunda mitad del siglo XIX, cuando se formaron pequeñas colecciones de objetos egipcios, ninguna de especial relevancia, muchas de las cuales fueron vendidas al Museo Arqueológico Nacional.

En 1873, el Museo Arqueológico Nacional adqui-

rosos sarcófagos y objetos de ajuares funerarios escondidos en la Antigüedad, tras haber sido saqueadas sus tumbas. Las autoridades egipcias hicieron varias donaciones a museos europeos de este gran conjunto de sarcófagos, vasos canopos, *ushebtis* y otros objetos de sacerdotes tebanos de Amón de las dinastías XXI y XXII hallados en la *Deuxième cachette* de Deir el-Bahari para evitar su pérdida. Gracias a ello, las colecciones del Museo Arqueológico Nacional se enriquecieron con cinco sarcófagos, varios *ushebtis* y dos cajas funerarias.

Otra pequeña colección de objetos egipcios es la que poseía Pascual de Gayangos, donada por sus hijos a la Real Academia de la Historia tras la muerte del orientalista en 1897. Este notable coleccionista de manuscritos árabes también reunió una colección de antigüedades que incluía una treintena de *ushebtis*, estatuillas de bronce, amuletos y pequeños objetos egipcios, aunque no se sabe si la adquirió en Egipto o durante sus numerosos viajes por Europa, en especial en París y Londres, donde pasó buena parte de su vida. La Colección Gayangos incluía algunas piezas falsas, entre las que destaca un escarabeo de corazón y una mesa de ofrendas con jeroglíficos inventados, piezas de indudable interés historiográfico. Pero la presencia de falsificaciones no era extraña, pues era algo que sucedía en todas las colecciones públicas o privadas de la época. Una de las falsificaciones más sorprendentes y extravagantes de la época son los relieves "egipcios" procedentes de una supuesta tumba egipcia hallada en 1851 en Tarragona, que Bonaventura Hernández Sanahuja, inspector de Antigüedades de Cataluña y Valencia, regaló a la Real Academia de la Historia, institución que preparaba su publicación cuando el Barón J. de Minutoli y Emil Hübner revelaron la superchería. Este episodio muestra el escaso conocimiento sobre la arqueología egipcia que había en España, pues nuestro país seguía al margen de los avances egiptológicos, con pequeñas excepciones como Eduardo Toda o José Ramón Mélida, director del Museo Arqueológico Nacional. Este último, atraído por la Egiptología, incluso llegaría a escribir una novela histórica de tema egipcio, *El sortilegio de Karnak* (Madrid, 1880).

Durante la primera mitad del siglo XX, España siguió sin enviar ninguna expedición a Egipto. El cambio definitivo se produjo ya en la segunda mitad del siglo con la Campaña de Nubia, organizada por la UNESCO para el salvamento de los monumentos que iban a ser sumergidos al construirse la gran presa de Asuán. La participación de España fue un notable éxito, coronado por la donación del Templo de Debod, y supuso un impulso definitivo para el inicio de nuestra Egiptología.

La llegada al poder de Abdel Nasser en 1952 y su revolución asociada al "neutralismo" encontró el apoyo de la URSS, que se materializó en la construcción de la presa de Asuán para retener las aguas del Nilo y crear un gran lago artificial de varios cientos de kilómetros que elevaba hasta 183 m de altura el nivel normal del río, por lo que inundaba un amplio sector del valle que incluía toda la Nubia egipcia y parte del Sudán. Esa estratégica zona, que constituía el corredor de contacto entre el Mediterráneo y corazón de África, contenía yacimientos de todas las culturas: paleolíticos, neolíticos, faraónicos y meroíticos, además de restos romanos, coptos, bizantinos, árabes y mamelucos, en su mayoría sin excavar.

En 1960 se inició a la construcción de la presa, que finalizó en 1968. La UNESCO dirigió un plan para salvar los innumerables yacimientos que iban a ser inundados para siempre de forma irremisible y en 1959 el Gobierno de Egipto hizo una llamada general de colaboración a todos los países para salvar los monumentos de Nubia. La llamada Campaña de Nubia consistió, por una parte, en trasladar los monumentos que iban a ser inundados, entre los que destacaban los colosales templos hipogeos construidos por Ramsés II en Abu Simbel, pero también otros menores, como el Templo de Debod, además de la isla de Filae. Al mismo tiempo, equipos internacionales debían excavar los numerosos yacimientos situados a ambas orillas del Nilo, antes de que todo el valle fuera inundado para siempre.

El año 1961 el Gobierno de Egipto solicitó oficialmente la participación de España, que aceptó la invitación. Se organizó un Comité Español para el Salvamento de los Tesoros de Nubia y se nombró director de la expedición a Martín Almagro Basch, director del Museo Arqueológico Nacional y de reconocido prestigio internacional. De 1961 a 1964 se desarrollaron sucesivas campañas de excavación en yacimientos de Egipto y Sudán hoy desaparecidos bajo las aguas como Argín, Masmás, Sheik Daud, Abka-

Fig. 4
Medallón de Trayamar,
633-601 a.C. Colgante con escena
egiptizante hallado en el hipogeo
n° 4 de la necrópolis fenicia del
mismo nombre localizada en la
desembocadura del río Algarrobo,
en Málaga
(lám. 104)

narti y Kasriko, con importantes descubrimientos desde la Edad del Bronce a la cultura cristiana copta. Cuando en 1965 y 1966 las aguas ya habían inundado el valle del Nilo, los trabajos prosiguieron con prospecciones y estudios de arte rupestre en las rocas que bordeaban el valle, en las que se descubrieron unos importantes jeroglíficos de la VI Dinastía que narraban una expedición a Nubia de más de 20.000 hombres.

Las excavaciones fueron dirigidas por profesores universitarios como Francisco Presedo, Manuel Pellicer, Eduardo Ripoll, Miguel Ángel García Guinea y Javier Teixidor junto a egiptólogos como Jesús López y Rafael Blanco Caro. En los equipos participaron cerca de un centenar de jóvenes arqueólogos que se formaron en la materia, conocieron Egipto y otros países de la zona y contactaron con colegas de otras misiones, por lo que la Campaña de Nubia fue determinante para el desarrollo de la Egiptología española.

La misión española en Nubia, tras cada campaña anual de excavación, realizaba el estudio y publicación de todos los hallazgos con una prontitud que sorprendió a todos y que ponía en evidencia su eficacia, como indican los 11 volúmenes publicados. Su calidad científica, a pesar de su novedad, pronto alcanzó el reconocimiento internacional, tanto de las autoridades egipcias como de las misiones con amplia experiencia en Egipto. Fruto de estos trabajos y como contrapartida a la destacada participación de nuestro

país en la Campaña de Nubia, se entregó a España gran parte de los hallazgos realizados, además de concederse la excavación del yacimiento de Heracleópolis Magna para potenciar la Egiptología española. Como prueba de especial amistad, en 1968 el Gobierno de Egipto donó a España el Templo de Debod, que, en cierto sentido, era el más interesante por sus relieves de los cuatro seleccionados para premiar a las naciones colaboradoras. Tras su traslado desde Asuán, fue reconstruido en un precioso parque que constituye el balcón de Madrid sobre la Casa de Campo y el Palacio Real.

La excavación de Heracleópolis Magna, la actual Ehnasya el-Medina, cercana al lago Fayum, fue otra de las generosas recompensas que Egipto concedió a España. Heracleópolis era una importante ciudad que llegó a ser la capital de Egipto en las dinastías IX y X del Primer Periodo Intermedio (2150-2040 a.C.), época en que se conforma la literatura clásica egipcia. La primera campaña de excavaciones fue dirigida por Jesús López y Rafael Blanco Caro el año 1966 en el templo del dios solar local, Herishef, prosiguiendo antiguas excavaciones de fines del siglo XIX. Campañas posteriores, dirigidas por Carmen Pérez Die y Josep Padró, localizaron una importante necrópolis del Primer Periodo Intermedio, que permitieron hallar epígrafes de gran importancia para el estudio de los textos funerarios egipcios (Pérez Die y Vernus, 1992). De este modo, las excavaciones y estudios de Heracleópolis Magna, que continúan en la actualidad (Pérez Die, 2010), supusieron la definitiva incorporación de nuestro país a la Egiptología internacional.

A partir de los años 1990, diversos equipos españoles han desarrollado excavaciones y proyectos de investigación en Egipto, así como colaboraciones con equipos internacionales (VV.AA., 2009). Un buen ejemplo es el "Proyecto Djehuty" (Galán, 2006), una misión hispano-egipcia para excavar, restaurar y publicar la tumba de Djehuty, tesorero del faraón Tutmosis III (hacia 1500 a.C.), descubierta por Champollion y Rosellini en 1829 en una necrópolis situada cerca de Deir-el-Bahari, frente a Luxor. El profesor José Manuel Galán, del Consejo Superior de Investigaciones Científicas, ha encontrado en perfecto estado la fachada de adobe de la tumba que imitaba un palacio –con sus adobes sellados con el nombre del difunto–, ha restaurado la tumba y ha excavado otras próximas con importantes hallazgos del mayor interés, que confirman la madurez alcanzada por la Egiptología en España.

Egiptología y egiptomanía constituyen una brillante tradición cultural europea a la que España definitivamente se ha incorporado. Los objetos egipcios traídos por los fenicios en el I milenio a.C., los egipcioromanos de época imperial y las colecciones de objetos faraónicos de los siglos XVIII y XIX avivan la fascinación siempre sentida en España por el Antiguo Egipto, semejante a la surgida en otras naciones de Europa desde el nacimiento de la egiptomanía. Este atractivo, popularizado por las campañas de Nubia y la generosa donación del Templo de Debod, ha cristalizado en un notable incremento del interés por la Egiptología en nuestro país, como evidencian las numerosas excavaciones que actualmente protagonizan equipos españoles en un país tan fabuloso como es Egipto.

M. Carmen Pérez Die

Las últimas dinastías egipcias en el Museo Arqueológico Nacional

La exposición que presenta el Centro de Exposiciones Arte Canal sobre la reina Cleopatra VII tiene un interés excepcional, por lo que muchos de los objetos que existen en colecciones españolas relacionados con la soberana, con sus predecesores y sucesores, deberían estar incorporados a la muestra.

Sin embargo, ello no siempre ha sido posible por motivos ajenos a los organizadores: es el caso del Museo Arqueológico Nacional (MAN) en Madrid, cuya colección, la más importante de antigüedades egipcias y nubias conservada en España, guarda un buen número de objetos fechados entre la dinastía XXX y la época romana que pueden aportar luz sobre esta época. La cuestión de por qué no están todas las piezas en la exposición sobre Cleopatra VII es bien sencilla: el MAN reabrió sus puertas en abril de 2014, y después de un largo periodo de cierre por las obras de remodelación, los responsables de la institución han decidido no mover las piezas de sus vitrinas ni privar al visitante de su contemplación hasta transcurridos dos años desde la reapertura. Con todo, el museo ha colaborado con la exposición sobre Cleopatra VII con el préstamo de obras de primera calidad que habitualmente se guardan en los almacenes.

En estas líneas presentaremos algunos de los objetos del Museo Arqueológico Nacional que creemos más representativos del tema que nos ocupa y que, por lo explicado más arriba, no pueden verse en la muestra. Invitamos a quienes acudan a esta exposición dedicada a Cleopatra y su tiempo a visitar también el Museo Arqueológico Nacional, donde podrán contemplar las piezas aquí descritas que están expuestas en las salas de Egipto.

El ciclo de los faraones egipcios autóctonos se cierra con la dinastía XXX (378-341 a.C.). Algunos años antes, en 525 a.C., el rey persa Cambises había conquistado Egipto, iniciándose la primera dominación persa (dinastía XXVII). Sin embargo, tras una serie de rebeliones internas hubo un periodo de independencia protagonizado por las tres últimas dinastías autóctonas: XXVIII-XXX (404-343 a.C.). Estas tres dinastías tuvieron que enfrentarse no sólo al Imperio Persa, sino a conflictos internos. Aun así, Egipto logró mantener su independencia durante algunos años. La última tentativa contra los invasores fue llevada a cabo por Nectanebo II, pero los persas conquistaron de nuevo Egipto en 341 a.C. (dinastía XXXI).

De la dinastía XXX el museo conserva la estatua de su primer faraón, Nectanebo I, quien reinó entre 378 a 361 a.C. Este soberano depuso a Neferites II, e inauguró la última dinastía de reyes egipcios. La estatua de Nectanebo I, que se muestra arrodillado presentando una mesa de ofrendas, llegó a España en el siglo XVIII como parte de la colección de Felipe V adquirida en Roma, y pasó al Museo del Prado hasta 1979, año en que fue trasladada al Museo Arqueológico Nacional. En la actualidad aparece restaurada con diferentes materiales y la cabeza no corresponde a la pieza original. Las dos columnas de inscripción del pilar dorsal nos informan de los títulos reales y posiblemente del lugar donde estuvo de-

Fig. 1
Cuaternión de oro que conmemora la conquista de Egipto por Augusto en 27 a.C. Anverso: Cabeza de Augusto. Reverso: Aegypto Capta, hipopótamo a la derecha. Acuñado en Pérgamo (cat. n.º 190)

positada originalmente en Egipto. En una de las columnas se lee la titulatura completa del faraón, compuesta por cinco nombres: *Nombre de Horus*: "Horus el de fuerte brazo", *el Rey del Alto y del Bajo Egipto* (sic), *el Nombre de las dos damas*: "Aquel que embellece el doble país", *el Nombre de Horus de Oro*: "El que hace lo que desean los dioses", *el Prenomen* (habitualmente detrás del título Rey del Alto y Bajo Egipto, escrito más arriba) "Kheper-ka-re", *el Nomen*, El hijo de Re, *Señor de las apariciones, Nectanebo, que viva eternamente*. La inscripción continúa en la otra columna: "*amado de Osiris Merity, rey de los dioses, gran dios, señor del cielo, que está en Bah* (Hermópolis Baqlieh), *dotado de vida, toda estabilidad y dominio, toda la salud y toda alegría, como Re eternamente*". Seguramente la escultura fue depositada inicialmente en un templo dedicado a Osiris Merity, en Hermópolis Baqlieh, de donde salió hacia Italia en fecha desconocida. (Tormo, 1944, pp. 66-86. Zivie 1979, pp. 129-131. Pérez Die 2002a, p. 44).

El escarabeo de Nectanebo II inscrito con el nombre "Nekht-hor-heb", recuerda al último de los soberanos indígenas que gobernó Egipto durante la dinastía XXX. (Pérez Die 2007, p. 80). Durante su reinado continuó luchando contra los persas hasta que, en 351 a.C., Atajerjes incorporó de nuevo Egipto a su imperio; Nectanebo II huyó al Alto Egipto y posteriormente a la Baja Nubia, perdiéndose su paradero. La derrota y huida de Nectanebo II marcaron el final de la independencia de Egipto, permaneciendo el país como satrapía del Imperio Persa hasta la llegada de Alejandro Magno.

En 332 a.C., un ejército de macedonios y griegos capitaneado por Alejandro Magno invadió Egipto. Fue bien recibido por los egipcios, quienes lo apoyaron en la lucha contra los persas. Como salvador y libertador se concedió a Alejandro la Doble Corona, siendo nombrado faraón de Egipto en noviembre de 332 a.C., en la ciudad de Menfis. Poco después, en 331 a.C., Alejandro fundó, al oeste del delta del Nilo, la ciudad de Alejandría.

En las salas de Egipto del Museo Arqueológico Nacional se exhibe una escultura de Alejandro Magno. Esta figura masculina, en desnudez heroica, representa a Alejandro como un joven atleta. La figura apoya el peso del cuerpo en la pierna derecha, flexiona la izquierda, dobla la rodilla y retrasa el pie, apoyado sólo en la punta de los dedos. El torso es musculoso y de proporciones esbeltas. Una clámide reposa sobre el hombro izquierdo. La figura es una versión de la pequeña plástica helenística en bronce del Alejandro con la lanza del escultor Lisipo, elegido por el monarca como su único retratista. Este bronce responde también al tipo de los retratos póstumos heroicos (Cabrera 2002, pp.34-35).

A la muerte de Alejandro y tras la corta etapa de la dinastía macedónica (332-305 a.C.), se inició en Egipto el denominado Periodo Ptolemaico. Ptolomeo es el nombre que llevaron los monarcas griegos de Egipto en una sucesión de hasta 15, desde 305 hasta 30 a.C., cuando Augusto conquistó Egipto durante el reinado de Cleopatra VII. Fueron considerados como los legítimos monarcas del país del Nilo (Bevan 1968, pp. 1-409).

En el MAN hay dos esculturas reales que pertenecen a este periodo. La cabeza de granito negro de un soberano ptolemaico fracturada a la altura del cuello –lo que nos impide saber si formó parte de una estatua o de una esfinge–, es una de ellas; su estilo pertenece a la corriente de la estatuaria ptolemaica que sigue fiel a las reglas del arte faraónico, pero que se ve influida por el arte griego (Pérez Die 2007, p. 120). Al no tener inscripción desconocemos a cuál de los soberanos de la dinastía puede representar, aunque López se inclina por Ptolomeo II Filadelfo (284 a.C.), impulsor de las ciencias y las artes, que trasladó la capital de Menfis a Alejandría convirtiéndola en un importante centro comercial y en el principal núcleo intelectual del mundo helenístico; o bien por Ptolomeo III Evérgetes (246 a.C.), quien aumentó el número de volúmenes de la Biblioteca de Alejandría e inició la construcción del Templo de Edfu (López 1963, p.212). Bothmer (1960, pp.147-148) opina que puede tratarse de Ptolomeo VI (150 a.C.) por su semejanza con la cabeza de Santa Bárbara. La pieza fue adquirida en Alejandría por los integrantes de la comisión que viajó en la fragata *Arapiles* y que se disponía a comprar piezas para el Museo Arqueológico Nacional.

La otra estatua real ingresó en el museo en 1919, siendo un regalo de Josep Marini. Se trata de figura en pie con la pierna izquierda adelantada. La cabeza se cubre con el *nemes* y sobre la frente se yergue la *uraeus* real con tres ondulaciones en la cola. Los

Fig. 2
Momia de Nespamedu, Sacerdote
de Imhotep el Grande, Hijo de
Ptah.
Época ptolemaica. Procede
de Saqqara

ojos son grandes y almendrados, la nariz recta y un tanto respingona. Viste *chenti* y entre las piernas del faraón cuelga la cola de animal. Empuña un pañuelo plegado y el signo de la vida. Es difícil adscribir esta escultura a una fecha precisa, incluso algunos autores han dudado de su autenticidad, aunque su atribución al periodo ptolemaico parece casi segura, ya que posee ese aire juvenil y heroico común a las representaciones de estos reyes, incluso algo infantil, lo que no debería sorprendernos pues muchos ptolomeos subieron al trono siendo niños. (López, 1963, pp. 213- 216. Pérez Die 1999, pp. 152-153. Pérez Die 2007, p. 119).

Durante la monarquía ptolemaica, e incluso desde bastantes años antes, un personaje alcanzó fama y gloria, convirtiéndose en un ser "semidivino". Se trata de Imhotep, el visir que, según la tradición, construyó la primera pirámide escalonada de piedra en Saqqara. Las fuentes lo denominan hijo de Ptah y de una dama llamada Kheredeankh. Fue uno de los grandes sabios del Egipto antiguo, protector de la medicina, patrón de los escribas, astrónomo, mago y físico (Hurry 1978, p. 38).

Una estatuilla de bronce muestra a Imhotep sentado, cubierto con una túnica larga, el cráneo rasurado y sujetando en sus manos un papiro desenrollado en el que aparece escrito su nombre (Pérez Die 2007, p. 106). Imhotep actuó como Gran Sacerdote de Re, también fue escultor y médico, y su santuario principal, el Asklepion de los griegos, se erigió en la necrópolis menfita; allí recibió culto realizado por numerosos oficiantes, con fiestas, peregrinaciones, procesiones y banquetes celebrados en su honor (Hurry 1978, p. 58).

Vinculada a Imhotep e identificada, con ciertas dudas ante la falta de inscripción, con su madre, Kheredeankh, hay una estatuilla femenina que se cuenta entre las piezas excepcionales del museo, de sumo interés por su rareza y singularidad al estar elaborada en plata. Su identificación se ha hecho por paralelos con piezas de otros museos que tienen una iconografía similar a la de Madrid, como su peinado, su atuendo, etcétera. Kheredeankh no fue mencionada antes del Periodo Tardío; aparece en relieves de templos ptolemaicos acompañando a su hijo, sin demasiada información sobre ella misma. Sabemos que pudo tener relación con la ciudad de Mendes en el delta y que fue cantora del Templo de Ptah en Menfis. Fue deificada, pero su culto estuvo siempre relacionado con el de su hijo Imhotep.

La momia de Nespamedu pertenece a un hombre de unos 55 años de edad al morir. En la boca, en-

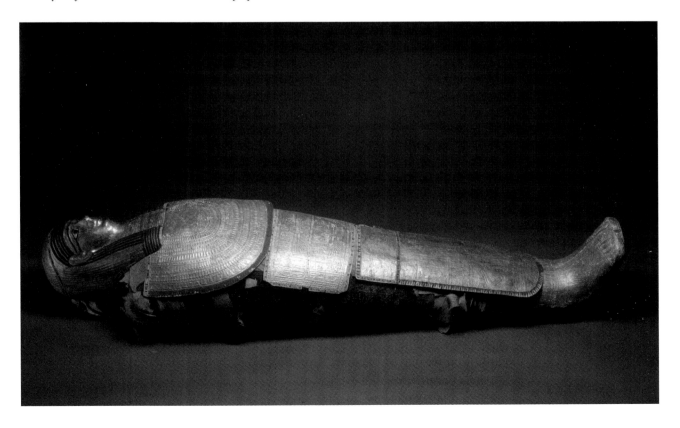

Fig. 3
Cabeza de Faraón. Ptolomeo II
o III. Procede de Alejandría

tre ambos maxilares, aparece un tejido de cuero, faltándole las muelas. Los brazos se cruzan sobre el pecho, la columna vertebral está desviada y el tórax y el abdomen rellenos de paquetes. La momia se halla envuelta en un sudario de lino muy fino sobre los vendajes, y está cubierta con cinco cartonajes dorados con inscripciones y escenas religiosas. Ha sido radiografiada (Llagostera 1977, pp. 56-76) y más tarde analizada en el Instituto del Patrimonio Cultural de España (IPCE) por un equipo de expertos. Entre otros, se han realizado estudios de cromatografía, microscopia electrónica de barrido, espectrometría de gases y análisis de los componentes (Isabel Herráez 2012, pp. 7-30.)

Saqqara, cerca de Menfis, es la necrópolis de donde procede la momia (Pérez Die 2002a, p. 46). Las inscripciones que cubren sus cartonajes nos indican que Nespamedu fue un sacerdote de Imhotep el Grande, hijo de Ptah, (Wildung 1977, pp. 127, 137, 138). Este sacerdote debió participar en el culto a Imhotep que se realizaba en el Asklepion de Menfis.

El proceso narrado por Heródoto nos cuenta paso a paso lo que se hacía para momificar al difunto. Los vendajes con los que estaban envueltos los cuerpos se inscribían en ocasiones con capítulos del "Libro de la salida al día". Una de las vendas más interesantes del museo es un fragmento de lino pintado de negro con tres figuras con cabeza de animal y cuerpo humano en actitud de marcha. Los textos evocan los capítulos 144 y 147 del "Libro de la salida al día", en los que se narra una introducción a la geografía del más allá, apareciendo el término *aryt* para una de las puertas por las que se accede al mun-

do inferior. Delante de cada puerta tres seres híbridos designados como el guardián, el portero y el heraldo nos informan de sus nombres, que el difunto debía conocer para poder entrar en la *Duat*. (Pérez Die 2002, p. 23. Pérez Die 2004, p. 108. Pérez Die 2007, p. 62).

También los cuerpos se cubrían con cartonajes. Utilizados desde muy antiguo, la costumbre se generalizó en época ptolemaica. Como ejemplo de los que conserva el MAN se ha seleccionado el que presenta a dos chacales, animales simbólicos del dios Anubis, afrontados y sentados sobre dos naos con cornisa y cerrojo, ¿con un nudo de Isis o una llave? (la llave de la puerta de los infiernos) alrededor del cuello (Dunand 1991, p. 311). Entre ellos aparece la inscripción: "Anubis, señor del país sagrado", que se refiere a la necrópolis. La elección de este animal como manifestación del dios estuvo vinculada a su tarea, ya que estos cánidos rondaban asiduamente las montañas del desierto occidental y nadie mejor que ellos para encomendarles la guardia de los cementerios. Los chacales aparecen pintados de negro, color muy apropiado pues simbolizaba el misterio de la noche y el aspecto ctónico de la divinidad. (Pérez Die 1999, pp. 352-353. Pérez Die 2004, p. 96. Pérez Die 2007, p. 101)."

En época ptolemaica y romana los humanos no fueron los únicos beneficiarios de los ritos funerarios. Anteriormente, los animales sagrados eran momificados y recibían un culto (Dunand 1991, p. 322), pero esta práctica se multiplicó durante la monarquía de los ptolomeos y fue entonces cuando se hicieron la mayoría de las grandes necrópolis de animales, en particular las de cocodrilos, ibis, halcones, monos y gatos. Han aparecido millares de animales cuyas momias eran entregadas a los peregrinos que las compraban y las dedicaban al dios que representaban.

En el museo, el sarcófago de halcón con forma del ave contuvo la momia de un halcón momificado (Pérez Die 2007, pp. 109-110). También se conserva una momia de cocodrilo, animal simbólico de Sobek. Su cuerpo está vendado con tiras formando rombos, siguiendo la tradicional momificación llevada a cabo por los romanos (Pérez Die, 2004, p. 105. Pérez Die 2007, p. 108). Momias de ibis y gatos se exhiben también en una de las vitrinas del MAN.

Con el reinado de Cleopatra VII y la presencia en Egipto de personalidades como Julio César y Marco Antonio, el Egipto ptolemaico llega a su fin tras la batalla de Accio; el emperador Augusto toma Alejandría y conquista Egipto, que pasa a ser provincia romana (30 a.C.). Este acontecimiento se conmemora en una moneda de oro equivalente a cuatro áureos, que es sin duda una de las grandes piezas de la colección del Museo Arqueológico Nacional, pues se trata de un ejemplar único. Estas raras monedas de tan gran tamaño y valor se acuñaban para obsequiar a personas cercanas al emperador, funcionarios y oficiales de alto rango, o como presentes diplomáticos. El cuidado estilo del retrato en el anverso de Augusto, que entonces tenía 36 años, hace pensar que fue acuñada en el taller griego de Pérgamo, en la actual Turquía, el año 27 a.C. El reverso, con la leyenda alusiva a Egipto AEGYPTO CAPTA y el hipopótamo como animal característico del Nilo, conmemora la conquista del país tres años antes. Actualmente sólo se conoce la existencia de otras dos monedas con valor de cuatro áureos emitidas en este reinado (Alfaro 1993, p. 167. Tesoros 2003, p. 76).

Cuando Roma conquista Egipto se inicia una nueva etapa en la historia de este país.

Miguel Ángel
Molinero Polo

Debod, un templo egipcio en Madrid.
Fases de construcción y programa decorativo

A finales del I milenio a.C., el norte de Nubia estaba integrado en el Egipto gobernado por los Ptolomeos. Éstos residían en el extremo norte del país, en Alejandría, y llamaban Dodescasqueno (*doce esquenoi*, una medida de longitud) a aquella región, aludiendo a las dimensiones de las tierras donadas por Ptolomeo II al santuario de Isis en Filae (Török, 2009, pp. 387-388). El personal de este templo era responsable tanto de la producción económica y la administración de la zona como de los cultos en los diversos santuarios a la diosa que se fueron erigiendo en ella. Los edificios estaban ligados por la procesión anual en que la estatua de la divinidad visitaba sus propiedades. El reino nubio de Meroe debía de extenderse, entonces, hasta las proximidades del Dodecasqueno o incluso estar en contacto directo con él.

Debod era una pequeña localidad situada a unos 14 kilómetros al sur de la isla de Isis. Tenemos noticia por documentos textuales de la existencia de, al menos, un santuario, anterior al actual, dedicado al Amón tebano. Habría sido erigido en el marco de un amplio programa constructivo en Nubia y Kush desarrollado por los monarcas de las dinastías XIX y XX con fines políticos (Hein, 1991, pp. 5-6).

El núcleo inicial: la capilla de Adikhalamani
En 206 a.e., una revuelta en la Tebaida provocó la secesión del sur de Egipto frente a Alejandría (Hölbl, 2001, pp. 153-159). Los reyes meroítas aprovecharon ese conflicto interno egipcio para extender su dominio sobre toda la Baja Nubia. En ese momento, bajo el rey Adikhalamani (que gobernó, aproximadamente, entre el 200 y el 185 a.C.), se erige en Debod la capilla que lleva su nombre y que constituye el núcleo central del templo actual.

El nuevo edificio era de modestas dimensiones, unos 5,15 x 7,0 metros en el exterior y estaba quizá precedido por una puerta monumental, el tercero, que sobrevivió hasta fines del siglo XIX. Un relieve representa su dedicación a Amón de Debod, la versión local del dios, probablemente creada para la ocasión como un acto de afirmación política por Adikhalamani (Török, 2009, p. 395). Desde el primer momento, Isis de Filae ocupa un lugar de idéntica importancia en la decoración, por lo que su mención en la dedicatoria de una inscripción algo posterior, bajo Ptolomeo VI, puede ser más una ratificación que un cambio en la titularidad (véase Martín Flores, 2003, pp. 108-109). Se trata de un pequeño edificio de volumen aproximadamente cúbico, con paredes exteriores en talud, rematadas por una gola, y una sola cámara en el interior. Es la más pequeña de las intervenciones arquitectónicas conocidas durante ese breve momento de dominio meroíta, junto a la capilla para Thot de Pnubs en Dakka y el templo de Arensnufis en Filae (dedicadas a dioses nubios e iniciadas por Ptolomeo IV) y otra capilla en Kalabsha que fue hallada desmontada en sus cimientos en la década de 1960.

Para los relieves de Debod se recurrió a la labor de artistas egipcios, muy probablemente ligados al santuario de Isis, del que dependía en términos reli-

Fig. 1
Grabado del viajero alemán F.Ch. Gau, publicado en *Antiquités de la Nubie* en 1822, en que se ven los dos *naoi* en la capilla central

giosos. De la decoración exterior sólo tenemos testimonios de que se concluyera la de la puerta. El interior, en cambio, quedó completamente esculpido con relieves y sus textos complementarios. Las paredes presentan dos registros superpuestos con escenas de ofrendas a los dioses titulares de la capilla y a las divinidades relacionadas con ellos en sus respectivos ciclos míticos, con un reparto muy bien delimitado. Como es preceptivo en templos tardíos, los dioses se representan sentados en el registro superior y de pie en el inferior. El donante en todas las escenas es el rey mismo, sin intervención de sacerdotes, como único intermediario válido entre el mundo divino y los seres humanos.

La pared de entrada, la del este, presenta dos imágenes idénticas y simétricas. Thot al norte y Horus al sur, ambos seguidos por Imhotep, levantan sendas jarras de las que brotarían hilos de agua. No se ofrecen ante otra divinidad, pues ninguna se representa frente a ellos, sino que caen por el lateral del vano de la puerta: están purificando al que entra en el espacio sagrado, al monarca mismo, por eso son dioses quienes ofician, recordando que sólo quien estuviera limpio podía acceder al interior y realizar las ceremonias rituales.

En la pared norte y la mitad contigua de la pared oeste, el ritual se celebra ante Amón de Debod y los dioses relacionados con él. Amón de Napata y Amón de Abatón se representan junto a Mut, su esposa en términos míticos; en otras escenas aparecen los dioses ligados a Elefantina y la primera catarata, Khnum (y su versión solarizada, Khnum-Re), Anuket, Satet y Faraón de Biga; también Horpakhered (Harpócrates), es decir, Horus el Niño. La presencia de Tefnut emparejada a un dios nubio, Arensnufis, recordaba el mito de la Lejana, la diosa leona que se va al sur por un enfado con su padre, el dios Re, pero termina regresando y trayendo consigo las aguas de la inundación que devuelven el frescor y la fecundidad a Egipto y que están también ligadas míticamente a la catarata.

Entre las ofrendas, la primera es la de la donación de la propia capilla a Amón, en el registro inferior. Esta imagen simboliza el ciclo completo de la construcción del templo, limitado a su momento final, como resumen de todas las actuaciones reales y rituales para erigir la nueva residencia del dios. En otras escenas los dioses reciben agua, vino, leche, pan o una bandeja de hortalizas, de las que se nutren. Una imagen muestra la donación de Maat, el alimento por antonomasia de las divinidades, el Orden del Universo personificado en una diosa. Por último, se muestra al rey en adoración, con las manos alzadas, en el gesto que concluye el ritual diario en los templos.

En la pared sur y la mitad adyacente de la pared oeste, el ritual se celebra para Isis de Filae y las divinidades de su ciclo mítico. Junto a ella se representa a Osiris, su esposo. También está presente su hijo, Horus, así como varias manifestaciones de éste, Horpakhered y Horakhty; cada uno está emparejado a diosas como Neftis (su tía y hermana de Isis) o Hathor, literalmente "recinto de Horus". El mito de la Lejana está también presente en esta pared a través de Upset, una de las manifestaciones de la diosa que regresa apaciguada de Nubia, y que pudo tener un santuario en Biga, frente al templo de Filae.

Si bien alguna de las escenas presenta la ofrenda de alimentos, vino, pan y una bandeja de hortalizas, en la pared dedicada al ciclo isíaco las ofrendas son de un carácter diferente. Está presente la del incienso, quemado en un brazo con cazoleta, para purificar con su perfume el espacio en que se van a desarrollar el resto de los ritos. Con la ofrenda de un collar-usekh, ancho, la diosa es presentada como el oro de la divinidad y se la relaciona con la luminosidad del día a través de su color dorado; un simbolismo semejante proporciona el rito del collar largo, en este caso hecho normalmente de hileras de flores, que se ofrece siempre a divinidades solares. Dos escenas se centran en la ofrenda del ojo *udjat*, la imagen de la integralidad por excelencia, pues recuerda el ojo herido de Horus, sanado y recuperado por intervención de Isis; con frecuencia Ojo de Horus es el nombre de la propia ofrenda en su conjunto, con un sentido cósmico como la ofrenda de Maat, también presente en este segundo ciclo. Por último, los dos sistros evocaban el sonido del frotamiento de las plantas de papiros y se hacían sonar para hacer salir a la diosa –no se ofrece a dioses– de la marisma; en Debod se ubican al final del ciclo y parecen aludir a una epifanía de Isis.

Ambos conjuntos decorativos se muestran interconectados tanto por la presencia de divinidades de uno en otro –Horpakhered está en ambas paredes–

Fig. 2
Templo de Debod en
su emplazamiento actual,
en Madrid

como por deidades ligadas a ambos. Un ejemplo es Arensnufis, un dios meroíta presente en la de Amón como paredro de Tefnut y también documentado en un pequeño santuario de Filae como esposo de Isis.

Resulta significativa la relación entre la ubicación de los dioses en los relieves de la capilla y el lugar geográfico del que eran originarios o donde se emplazaban sus santuarios principales. Las escenas de Amón de Debod ocupan la pared norte, pues se le relaciona principalmente con divinidades de Tebas y del norte de la primera catarata; mientras que Isis ocupa la pared meridional, recordando que su santuario de Filae está al sur de esa catarata. Horpakhered es emparejado con Uadjet, la diosa titular del Delta, en la pared norte, y con Nekhbet, la diosa titular del Alto Egipto, en la pared sur.

Desconocemos el mobiliario interior de esa primera construcción, salvo que tuvo que tener dos *naoi*, uno para cada una de las divinidades titulares en que se guardaban sus estatuillas. Serían probablemente de madera policromada, pues unas generaciones después fueron sustituidos por otros de piedra.

Ampliación ptolemaica e intervenciones romanas
Tras la victoria de Ptolomeo V sobre la revuelta tebana, hacia 180 a.C., Alejandría recuperó el control no sólo del Alto Egipto sino también del Dodecasqueno. Se inició entonces una política constructiva que per-

mitiera a la dinastía restablecer la fidelidad de los habitantes de la región. En la intervención ptolemaica, la devoción religiosa se unía al interés político. La zona se había convertido en una vía excepcional de tráfico de mercancías. Alejandría se proveía de productos exóticos africanos a través de la Baja Nubia; ésta permitía también el acceso a las minas de oro del wadi Allaqui, reabiertas por la dinastía.

En el caso de Debod, la referida actitud significó la ampliación del edificio, seguramente con el trazado que conserva en la actualidad. Se conocen al menos cuatro fases de intervenciones diferentes, documentadas fundamentalmente a través de los nombres de los reyes.

Ptolomeo VI y su esposa Cleopatra II, calificados como dioses, se mencionan en una inscripción griega en el dintel de la segunda puerta exterior. Esto implica que durante su reinado ya estaban levantadas los portales segundo y tercero (no hay seguridad de que se concluyeran como pilonos completos, con las dos torres laterales) y posiblemente el conjunto del templo. Sin embargo, salvo la gola mencionada, no hay testimonio de que se llegara a iniciar el resto de la decoración.

Los nombres de Ptolomeo VIII y Cleopatra III se documentan en el *naos* de Isis, y los de Ptolomeo XII y Cleopatra VI en el *naos* de Amón de Debod, que fueron instalados, ambos, en la capilla central. Esto permite tener la seguridad de que la estructura del templo estaba ya concluida en el reinado del primero –si no lo estaba desde antes–, puesto que en las décadas finales de la dinastía ptolemaica se estaba procediendo a completar el amueblamiento con este tipo de elementos.

El primero de los *naoi* está perdido en la actualidad. Era más alto que el segundo, pero de un modelo idéntico y ocupaba el centro del santuario central. Se tiene la seguridad de que se conservaba allí hasta mediados de la década de 1820; la copia de sus inscripciones por el dibujante que acompañó a W. J. Bankes (Usick, 2002, pp. 103-104, pl. 22) ha permitido confirmar la atribución al reinado de Ptolomeo VIII que ya habían apuntado los viajeros que lo vieron antes de su desaparición.

El segundo se partió a comienzos del siglo XIX, y eso tal vez aseguró que no fuera retirado del edificio. Ocupaba entonces la esquina noroeste de la cámara. El tipo de *naos,* diferente al habitual, ha sido calificado de "nubio", pues parece estar documentado sólo en templos de la primera catarata o al sur de ella. Está formado por un pedestal, la capilla para la estatua y un baldaquino, todo ello esculpido en un solo bloque; el que aún se conserva es de granito de Asuán. El vano se cerraba en dos partes; la inferior con una plancha de madera que reposaba sobre la piedra y quedaba fijada mediante dos tacos en la base y dos cerrojos en los lados; la parte superior se cerraba mediante dos hojas que se abrían hacia el interior (Molinero Polo, Martín Flores, 2007).

La penúltima intervención está documentada en el vestíbulo. En sus relieves se copiaron los nombres de los emperadores Augusto y Tiberio, lo que fecha esta fase en ambos reinados. La actuación se limitó posiblemente a la decoración de la sala y de los intercolumnios de la fachada, pero no la construcción de la cámara misma. En la actualidad sólo se conservan cuatro escenas, además de un único sillar de una quinta, un dintel y una jamba. Sin embargo, los dibujos realizados por viajeros del siglo XIX permiten hacerse una idea del programa decorativo. Si juzgamos por lo conservado, la distribución norte-sur de ciclos míticos en la capilla de Adikhalamani se mantuvo también en el vestíbulo. Isis es la receptora de las ofrendas de alimentos en la mitad meridional, así como de un signo "campo" que alude a las tierras que poseía la diosa a ambos lados del Nilo en el Dodecasqueno. Amón de Debod, con cabeza de león (y no de humano como en la capilla) junto a los dioses nubios Mahesa y Thot de Pnubs, no representados previamente en el santuario, figuran en el lado norte. En el resto de las paredes, si se acepta el reparto que mencionan los viajeros decimonónicos, hay sólo un caso excepcional en que los dioses del ciclo isíaco están en el norte y no en el sur.

La última ampliación conocida consistió en la anexión de la capilla que sobresale en el lado sur del vestíbulo. Su fecha puede deducirse por una circunstancia excepcional: las escenas que cubrían esa pared están cortadas por la puerta de acceso, por lo que ésta hubo de abrirse cuando ya estaban hechos y, por tanto, en algún momento posterior al reinado de Tiberio, en los siglos I o II de nuestra era. No hay noticias seguras de cuándo se pudo construir la primera puerta monumental, ni de la fecha en que se elabo-

raron los relieves del muro posterior del santuario, con representaciones de Amón criocéfalo y Mahesa, que deben de ser de época romana. La decoración exterior, sin embargo, no se concluyó. Al menos dos de los capiteles de la fachada y la imagen de Behedety – el sol alado– de su gola quedaron sin esculpir y en la pared posterior sólo se terminaron los dos dioses.

Con la conquista romana de Egipto la frontera sur quedó consolidada en Maharraqa, varias decenas de kilómetros al sur de Debod. El templo se mantuvo, durante varios siglos, dentro del territorio del Imperio, en un espacio de actividad económica próspera y de respeto a los ritos de la religión egipcia tradicional.

El fin de los cultos antiguos en Debod
A mediados del siglo III de nuestra era se produjo el paulatino establecimiento de tribus nómadas o seminómadas en la Baja Nubia y en los desiertos circundantes. Habían adquirido capacidad de movilidad tras la adopción de los dromedarios como animales de monta y transporte; esta nueva arma había favorecido también su reestructuración social. Los Blemmíes, procedentes del desierto oriental, se instalaron en la Baja Nubia, desde donde se atrevieron a atacar el extremo meridional del Imperio Romano. Los Nóbadas, originarios del desierto occidental, se establecieron entre los Blemmíes y la primera catarata, actuando como protectores de los intereses de Roma.

Sin embargo, a pesar de los desembolsos imperiales para mantenerlos apaciguados, los nómadas hicieron causa común en varias ocasiones. El ataque a Filae del año 450 es de especial importancia histórica, pues tras la respuesta de Constantinopla se firmó un tratado. De acuerdo a sus términos, los nómadas, fieles todavía a los dioses antiguos, recibieron el permiso para participar en las fiestas de Isis en su templo, que se mantenían aún activas, y para llevar la estatua de la diosa a su país en momentos señalados del año, conservando la tradición de la procesión isíaca por el Dodecasqueno. Este tratado es el que aseguró que Filae se mantuviera como centro de culto pagano a pesar de los decretos de imposición del cristianismo y de prohibición de los dioses tradicionales que pusieron fin a la religión egipcia antigua en el resto de Egipto y del Imperio. Suponemos que la pervivencia del culto pagano en Filae puede extrapolarse tam-

Fig. 3
Reconstrucción hipotética
de la capilla de Adikhalamani

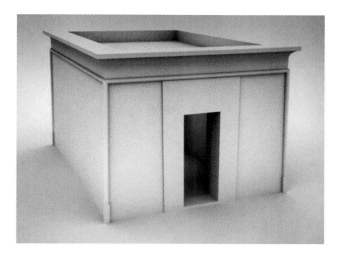

bién a Debod, aunque las fuentes escritas guardan silencio sobre este aspecto. Varias escenas de grabados con dromedarios y otros animales del desierto pueden corresponder a este momento (Molinero Polo, 2012). Son obra de una población que no entra en el interior del santuario, ya fuera porque estaba todavía vetado a los fieles pues aún se mantenía el culto tradicional, ya fuera por respeto a las antiguas prácticas que se habían desarrollado en él en un pasado muy reciente y de las que los nómadas se consideraban herederos.

Sólo los decretos de Justiniano de 535-537 conseguirían hacer cerrar los santuarios de la isla de Isis. Para entonces, el proceso de cristianización de la Baja Nubia ya se había iniciado, restando fuerzas a una hipotética contestación. El culto en Debod a los dioses paganos quedaba así definitivamente clausurado.

Los *graffiti* se han convertido en la única fuente de que disponemos para documentar los siguientes mil quinientos años (Molinero Polo *et alii*, 2013). Desde mediados del siglo XVIII, expediciones científicas, viajeros y aventureros empezaron a documentar el estado del edificio, proporcionando informaciones hoy muy valiosas, pues a fines del siglo XIX la fachada principal colapsó, así como el más cercano de los portales, y ambos han desaparecido.

La construcción de la primera presa de Asuán (1898-1902) obligó a intervenir al Servicio de Conservación de la Antigüedades egipcio. Se reforzaron los cimientos para permitir que los monumentos resistieran la presión de las aguas (Molinero Polo, 1998). En el caso de Debod esta labor fue encargada a Alexandre Barsanti, quien la realizó en 1907. Cuando un recrecido en altura de la presa amplió la zona conde-

nada a permanecer inundada, se procedió a un registro epigráfico de los santuarios de la Baja Nubia. El templo de Debod correspondió al alemán Gunther Roeder. Resulta doloroso comparar los relieves y textos en su estado actual con los de su publicación, pues se constata el daño irreparable que supuso para el edificio la permanencia bajo las aguas durante nueve meses al año durante décadas.

La construcción de la Gran Presa de Asuán, iniciada en la década de 1950 suponía la inundación definitiva de la región. Al llamamiento internacional propiciado por la UNESCO, España respondió con la creación de la Misión Arqueológica Española en Nubia. El templo de Debod se convirtió en el regalo que las autoridades egipcias hicieron al pueblo español en agradecimiento y reconocimiento internacional a la actividad desarrollada por sus arqueólogos. En 1972 se inauguraba la reconstrucción en un parque de Madrid. Hoy es uno de los monumentos más visitados de la ciudad. Desde entonces, junto a las otras concesiones de Egipto y Sudán, como la colección de antigüedades nubias conservada en el Museo Arqueológico Nacional y el permiso de excavación en yacimientos en ambos países, Debod ha promovido vocaciones y provocado estudios que están en el inicio de la actividad investigadora de una buena parte de los profesionales de la Egiptología española.

Selección de piezas
Láminas

1
Cabeza retrato de Cleopatra VII
Segunda mitad del siglo I a.C.
Mármol blanco de grano
medio-grueso (¿de Paros?)
Altura total 39 cm; altura hasta el
mentón 16 cm; anchura 20 cm
Musei Vaticani, Museo Gregoriano
Profano, Ciudad del Vaticano

2
Umbral con friso nilótico
Mediados del siglo I a.C.
Mosaico: teselas de caliza
polícroma, fayenza y pasta vítrea
de colores, 432 x 54,5 cm
Museo Archeologico, Priverno

3-4
Pareja de esfinges
Época ptolemaica, siglos III-I a.C.
Granito rosa de Asuán
a. 73 × 135 × 39;
b. 78 × 147 × 50 cm
Museo Archeologico Nazionale, Cagliari

5
Estatua de soberano
Época ptolemaica
Diorita
Altura 130 cm
Museo Nazionale Romano,
Palazzo Altemps, Roma

6
*Estatuilla de Alejandro Magno
a caballo*
Siglos III – II a.C.
Bronce, 51 x 36 x 21,6 cm
Fondation Gandur pour l'Art,
Genève (Ginebra)

154

7
*Retrato de Alejandro Magno
llamado "Alexandre Guimet"*
300 o hacia 170-160 a.C.
Mármol
Altura 33 cm
Musée du Louvre, París

8
*Retrato de reina ptolemaica
(¿Cleopatra VII?)*
Hacia mediados del siglo I a.C.
Mármol blanco de grano fino
Altura 42 cm, anchura 18,5 cm
Fondazione Dino ed Ernesta
Santarelli, Roma

9
*Busto de joven soberano
ptolemaico, quizá Ptolomeo VIII*
Época ptolemaica
Granodiorita
Altura 92 cm; anchura 86 cm;
profundidad 43 cm
Kunsthistorisches Museum,
Antikensammlung, Viena

10
Tetradracma de Ptolomeo II y Arsinoe
Alejandría, entre 285-246 a.C.
Oro, 20 mm; 13,82 g
Museo Arqueológico Nacional, Madrid

11
Anillo de sello con soberano ptolemaico
Finales del siglo II – principios
del siglo I a.C.
Oro, chatón 3,4 x 2,5 cm
Musée du Louvre, París

12
*Piedra con Isis Faria y el faro
de Alejandría*
Principios del siglo II d.C.
Entalle en vidrio azul
2,56 x 2,15 x 0,37 cm
Kunsthistorisches Museum,
Antikensammlung, Viena

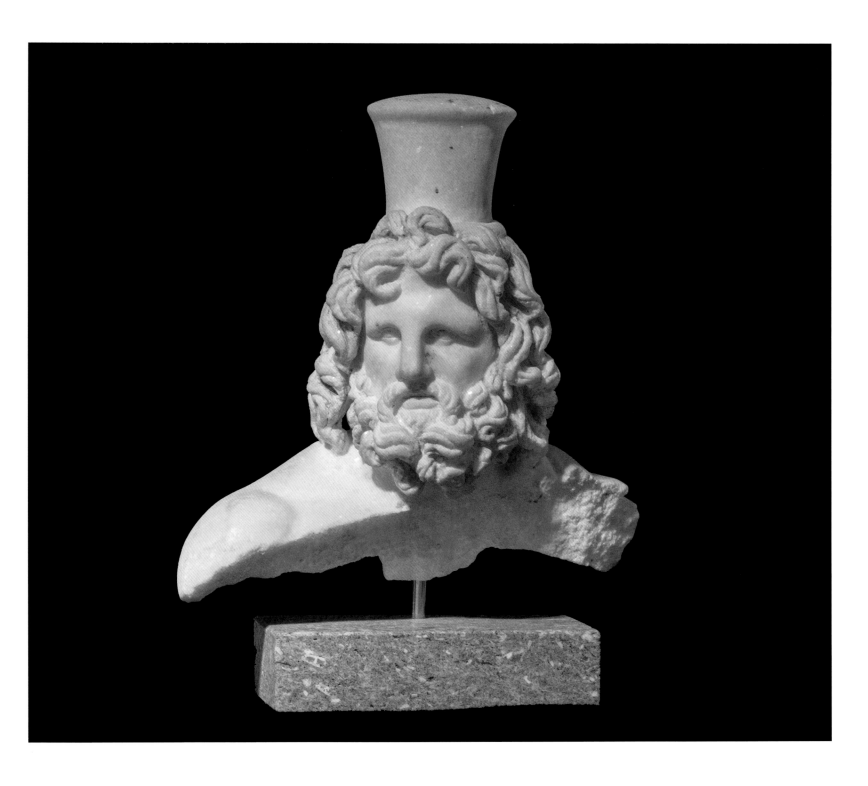

13
Busto de Serapis
Siglos II-I a.C.
Mármol blanco de grano fino
Altura 17,5 cm
Colección privada, Suiza

16
Estatua del dios halcón Horus
¿Dinastía XXX, 380-343 a.C.?
Basalto, ojos de ónice, el derecho
restaurado
Altura 62 cm; anchura
del pedestal 45 cm
Musei Vaticani, Ciudad
del Vaticano

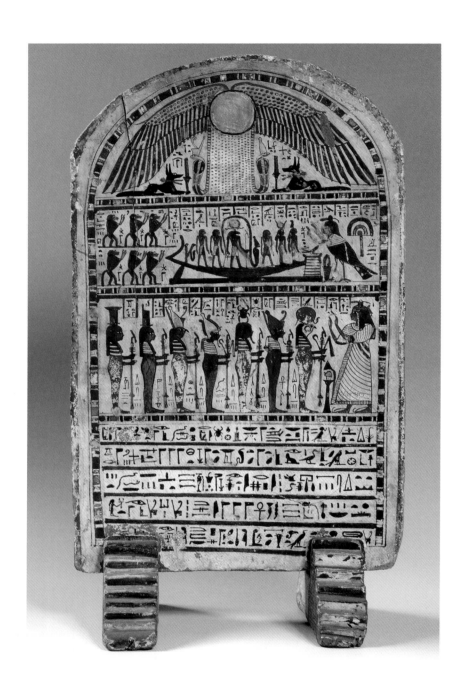

17
Urna para momia de gato
Dinastía XXII, 945-712 a.C.
Bronce
Altura 45,2 cm; anchura 18,2 cm
Musei Vaticani, Ciudad del Vaticano

18
Estela funeraria de Tasherienbastet
Época ptolemaica, siglo III a.C.
Madera estucada y pintada,
58,5 x 33,5 x 4 cm
Fondazione Museo delle
Antichità Egizie, Turín

19
Sarcófago antropomorfo
Época ptolemaica, principios
del siglo IV a.C.
Madera de sicomoro tallada,
trazas de policromía
Longitud 180 cm, anchura 60 cm
Museo di Antropologia
dell'Università degli Studi, Padua

20
Máscara funeraria
Época romana, siglo II d.C.
Yeso pintado con incrustaciones
de pasta vítrea
Altura 21 cm, anchura 11,5 cm
Museo Egizio, Florencia

21
Retrato de hombre
Siglo II d.C.
Pintura al encausto sobre madera,
38 x 20 cm
Galerie Cybèle, París

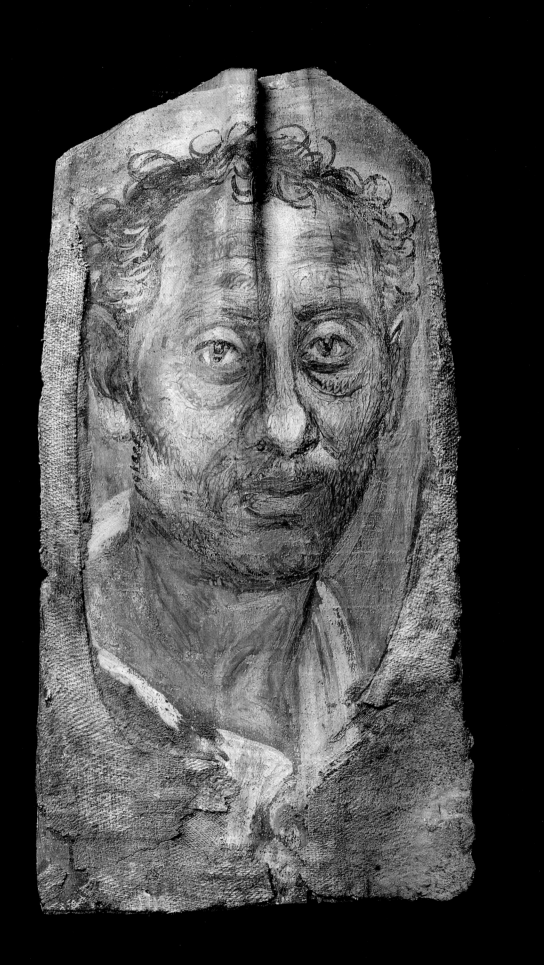

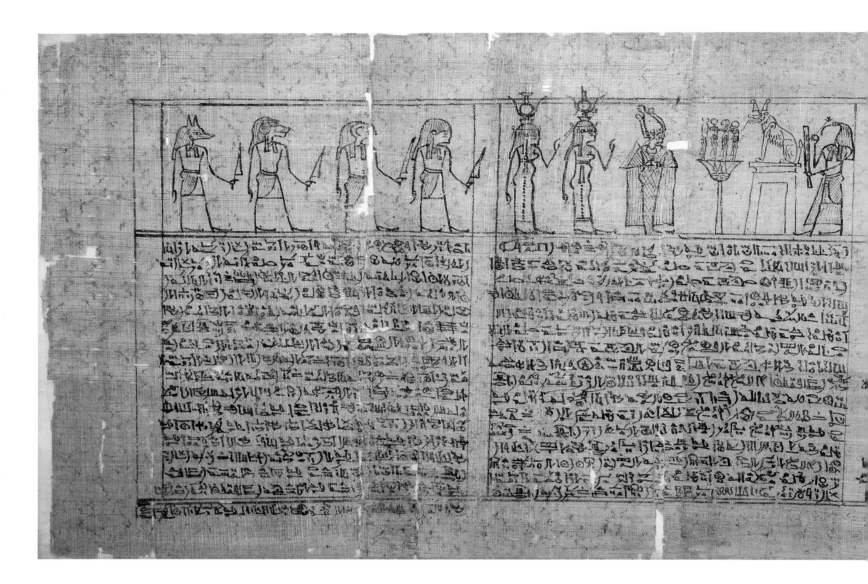

22
Papiro funerario
Época ptolemaica, 304-30 a.C.
Papiro y tinta negra
Altura 23 cm, longitud 71 cm
Museo Egizio, Florencia

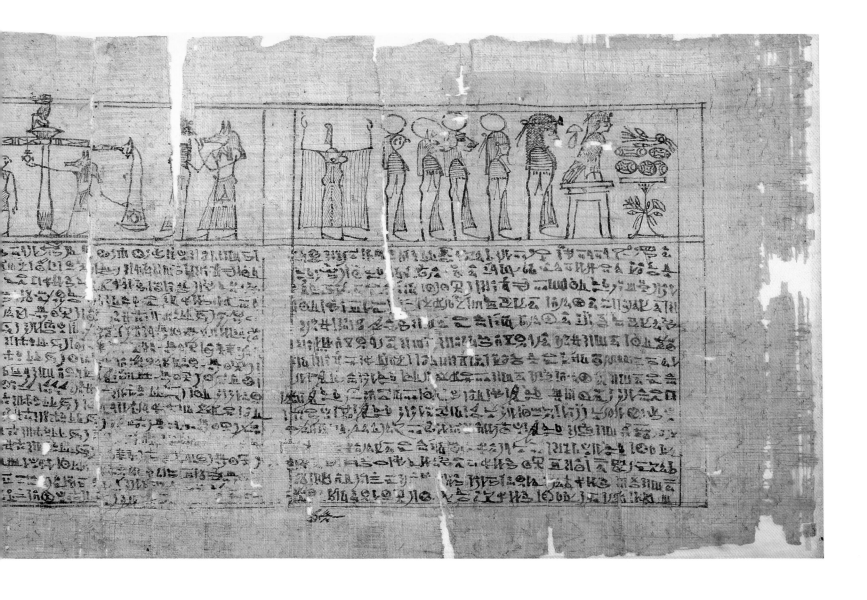

167

23
Anforilla
Taller alejandrino, siglos I a.C. – I d.C.
Ágata, 6,3 × 4,6 × 4,6 cm
Fondation Gandur pour l'Art,
Genève (Ginebra)

24
Vaso con dos asas
Finales del siglo I a.C. – principios
del siglo I d.C.
Fayenza con vidriado azul
Altura 19 cm, boca 13 cm
Museo Archeologico Nazionale, Altino

25
Alabastrón
Taller de ámbito alejandrino
Época ptolemaica, siglo III a.C.
Cerámica estampada
con esmalte blanco y azul
Altura 25 cm
Musée du Louvre, París

26
*Placa con busto de reina ptolemaica
asimilada a Isis*
Taller helenístico, siglos II-I a.C.
Plata con trazas de dorado
Diámetro 7,4 cm
Collection François Antonovich, París

27
Medallón con busto de Isis
Segunda mitad del siglo I a.C.
Lámina de oro repujada,
3,8 × 3 × 1 cm
Antikenmuseum, Basilea

28
*Estatuilla tanagrina de mujer
con manto*
Siglo III a.C.
Terracota polícroma (rosa, azul,
malva, blanco)
Altura 31 cm
Collection François Antonovich, París

29
Estatuilla de Isis-Afrodita
Época ptolemaica, 309-30 a.C.
Terracota pintada, 42,5 x 6 x 12 cm
Fondazione Museo delle
Antichità Egizie, Turín

30
Cabeza de reina o diosa
Periodo helenístico, taller
alejandrino, siglo III a.C.
Mármol, 22,8 cm
Fondation Gandur pour l'Art,
Genève (Ginebra)

31
Retrato de pequeño príncipe
ptolemaico como Eros
Segunda mitad del siglo I a.C.
Alabastro, 15,2 cm
Colección particular

32
Modelo de escultura con busto
de soberano
Inicios época ptolemaica,
siglo IV a.C.
Caliza, 17 x 13,3 x 9,5 cm
Fondazione Museo delle
Antichità Egizie, Turín

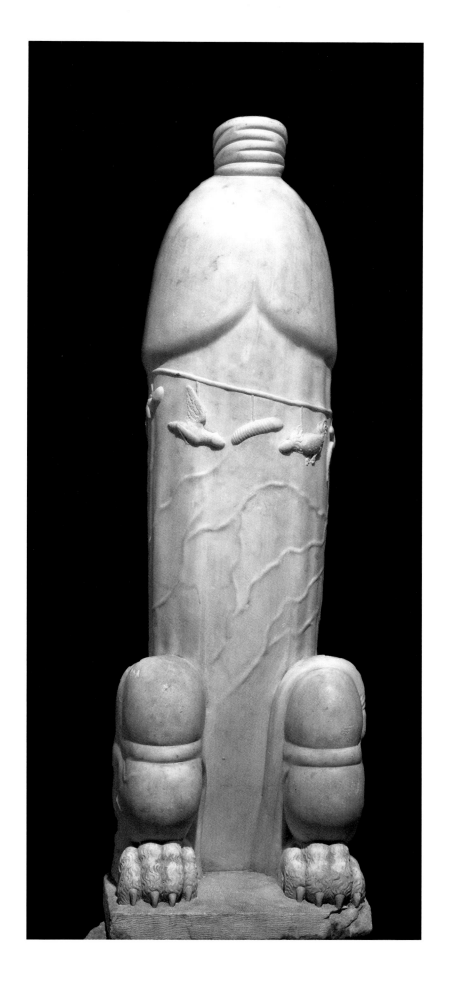

33
Falo
Época helenística
Mármol de Paros
Altura 131 cm, anchura 41 cm,
profundidad 30 cm
Collezione Roberto Della Valle

34
Panel con Dioniso y Ariadna dormida
Época augustea
Vidrio de camafeo azul y blanco
Altura 25,2 cm, longitud 39,4 cm
Museo Archeologico Nazionale, Nápoles

35
Camafeo con Atenea y Poseidón
disputándose el dominio del Ática
Hacia 40-30 a.C.
Ónice, sardónice, 5,2 x 4,3 cm
Museo Archeologico Nazionale, Nápoles

36
Tesela con el toro Apis
Época ptolemaica, 305-30 a.C.
Pasta de vidrio polícroma,
1,05 x 1,29 cm
Museo Archeologico Nazionale, Nápoles

37
Anforilla
Primera época imperial
Vidrio de camafeo azul y blanco
Altura 18 cm
Museo Archeologico Nazionale,
Florencia

38
*Estatuilla de reina, probablemente
Cleopatra VII, asimilada a una diosa*
Época ptolemaica, siglo I a.C.
Esteatita
Altura 14 cm
Collection François Antonovich, París

39
Retrato de Cleopatra VII
50-30 a.C.
Mármol
Altura 15,6 cm
Fondation Gandur pour l'Art,
Genève (Ginebra)

40
Cabeza retrato de Cleopatra VII
Época ptolemaica tardía,
50-30 a.C.
Piedra caliza, 13,5 x 11 x 12 cm
The Brooklyn Museum of Art,
Nueva York

176

41
*Cabeza retrato de mujer joven
(¿Cleopatra VII?)*
Arte helenístico-romano,
mediados del siglo I a.C.
Mármol pentélico
Altura 21,4; anchura 14,5;
profundidad 17,1 cm
Museo di Antichità - Polo Reale
di Torino, Turín

42
*Retrato de Cleopatra VII con
el tradicional tocado de buitre*
Época ptolemaica, 51-30 a.C.
Arenisca púrpura silicificada
Altura 23 cm
Collection François Antonovich, París

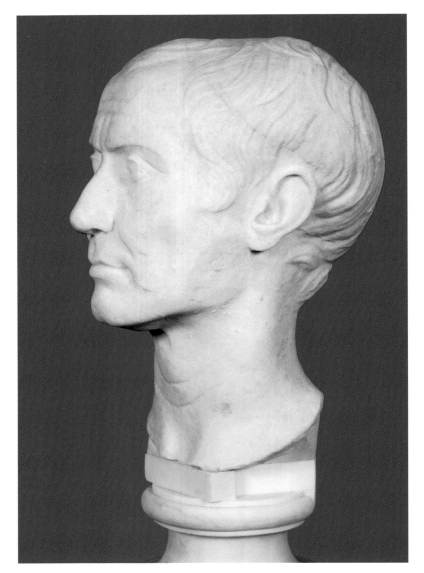

43
Retrato de Julio César
44 a.C.
Mármol de Carrara
Altura total 33 cm; altura
cabeza 21,5 cm
Museo di Antichità - Polo Reale
di Torino, Turín

44
Retrato masculino
(¿Marco Antonio?)
Primera mitad del siglo I d.C.
Mármol, 55 × 30 × 30 cm
Museo Civico Archeologico, Bolonia

45
Busto de Augusto del tipo "Accio" (?)
Principios siglo I d.C. (cabeza),
segunda mitad siglo II d.C. (busto)
Mármol, 68 × 56 cm
Museo Archeologico Nazionale, Formia

46
Bronce de Cleopatra VII
Alejandría, entre 52-29 a.C.
Bronce, 21 mm; 11,30 g
Museo Arqueológico Nacional, Madrid

47
Áureo
Ceca itinerante de Marco Antonio,
41 a.C.
Oro, diámetro 21 mm; 7,95 g
Museo Archeologico Nazionale
(Medagliere), Nápoles

48
Ordenanza de Cleopatra VII a favor de
Publius Canidius (Crassus),
general de Marco Antonio
33 a.C.
Facsímil (papiro), 23,3 × 20,2 cm
Altes Museum – Staatliche
Museen zu Berlín, Berlín

49
Estela con representación
de la triada tebana
44-30 a.C.
Caliza, 20 × 16 cm
Colección privada

50
Cabeza de hombre, presunto
retrato de "Cesarión"
Época ptolemaica, segunda mitad
del siglo I a.C.
Microdiorita, 13,5 × 8,5 × 10,5 cm
Museo Civico Archeologico, Bolonia

51

*Estatua fragmentada de joven
soberano ptolemaico
(¿Ptolomeo XV "Cesarión"?)*
Finales del siglo I a.C.
Mármol, 52,3 × 18 × 14,5 cm
Museo Civico di Palazzo Te,
Museo Egizio, Mantua

52
Estatuilla de joven
príncipe ptolemaico
(¿Ptolomeo XV "Cesarión"?)
Época ptolemaica tardía,
50-30 a.C.
Cuarcita, 31,8 × 13,5 × 8,5 cm
The Brooklyn Museum of Art,
Nueva York

53
Soporte para lucerna con figura
de Alejandro Helio, hijo de
Marco Antonio y Cleopatra VII
Época helenística, finales
del siglo I a.C.
Bronce
Altura 80 cm
Fondation Gandur pour l'Art,
Genève (Ginebra)

54
Pátera con alegoría de la fertilidad
Segunda mitad del siglo I a.C.
Plata parcialmente dorada
Diámetro 29,5 cm
Kunsthistorisches Museum,
Antikensammlung, Viena

55
Estatuilla de Isis dolorosa
Época imperial romana,
siglo I d.C.
Bronce
Altura 12,4 cm
Fondation Gandur pour l'Art,
Genève (Ginebra)

56
Camafeo "de Accio"
Posterior a 27 a.C.
Sardónice en tres capas: blanco,
gris azulado y marrón; con marco
moderno (principios del siglo XVII)
en oro, esmaltes y perlas,
6 × 6,6 cm
Kunsthistorisches Museum,
Antikensammlung, Viena

57
Camafeo con "gorgoneion"
Siglos I a.C. – I d.C.
Sardónice en tres estratos
Diámetro 1,6 cm,
grosor máx 0,4 cm
Fondazione Dino ed Ernesta
Santarelli, Roma

58
Retrato femenino, quizá Cleopatra VII
Siglo I a.C.
Mármol de Paros
Altura 35 cm
Musei Capitolini, Centrale
Montemartini, Roma

59
Augusto como faraón ofrenda
a Mandulis y Thot
Siglo I a.C.
Arenisca polícroma,
74 × 51,5 × 7,2 cm
Musée Champollion, Figeac,
en depósito del Musée Fenaille
de Rodez

60
Escena nilótica con hipopótamo y pez
Siglo I d.C.
Pintura al fresco, 87 × 65 cm
Museo Archeologico Nazionale, Nápoles

61
Cocodrilo
Época adrianea, 117-138 d.C.
Mármol de Paros
Longitud 126 cm (con la cabeza
162 cm)
Musei Vaticani, Ciudad
del Vaticano

62
Lastra "Campana" con escenas niláticas
Siglo I a.C.
Terracota moldeada,
48 x 50,5 x 5 cm
Museo Nazionale Romano,
Palazzo Massimo alle Terme, Roma

63
Cabeza de joven nubio
Época adrianea, siglo II d.C.
Mármol *bigio morato* y caliza
Altura 27 cm
Museo Nazionale Romano, Terme
di Diocleziano, Roma

64
*Escena de jardín con pareja
de esfinges*
Hacia mediados del siglo I d.C.
Pintura al fresco, 151 × 172 cm
Depositi Soprintendenza Speciale
per i Beni Archeologici di Pompei,
Ercolano e Stabia, Pompeya

65
Relieve de Venus Genetrix
Segunda mitad del siglo I a.C. –
principios del siglo I d.C.
Mármol frigio, 76 × 65 × 9 cm
Museo Archeologico Nazionale, Sperlonga

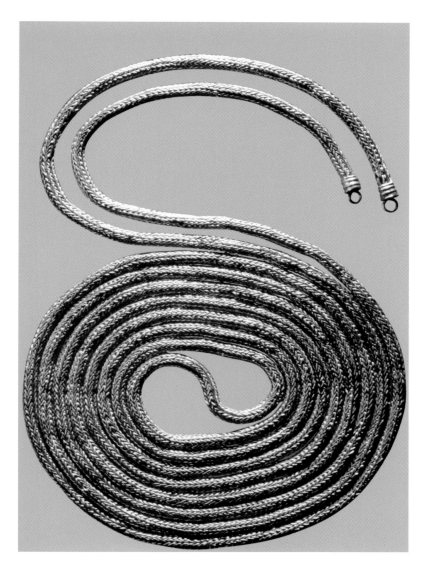

66
Cadena
Siglos I a.C. – I d.C.
Oro
Longitud 242 cm; peso 312,7 g
Soprintendenza Speciale
per i Beni Archeologici di Pompei,
Ercolano e Stabia, Pompeya

67-68
Par de brazaletes con forma de serpiente
Siglo I a.C. – I d.C.
Oro, plasma de esmeralda
Diámetros 9 y 9,2 cm
Museo Archeologico Nazionale, Nápoles

69
¿Brazalete? en forma de serpiente
Siglos I a.C. – I d.C.
Plata con incrustaciones de oro
Diámetro 11,1 cm, cabeza
3,5 × 2,2 cm
Soprintendenza Speciale
per i Beni Archeologici di Pompei,
Ercolano e Stabia, Pompeya

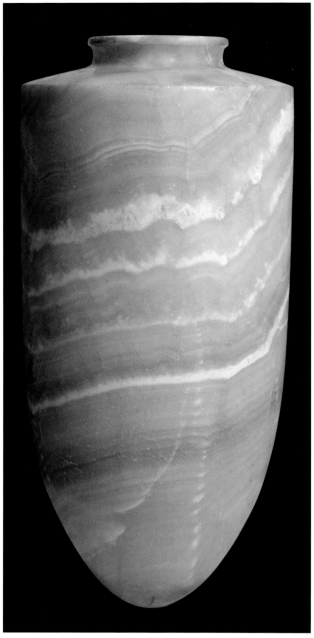

70
Urna cineraria
Siglo I a.C. – siglo I d.C.
Ónice oriental de El Qawatir,
Egipto, 52 × 36 cm
Colección Dario Del Bufalo, Roma

71
Ánfora
Época romana,
siglo I a.C. – siglo I d.C.
Alabastro egipcio
Altura 98 cm
Fondazione Dino ed Ernesta
Santarelli, Roma

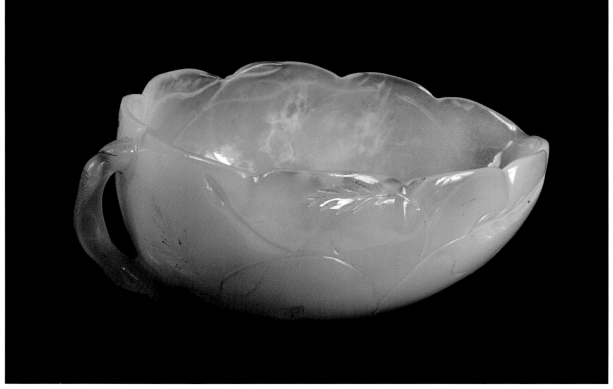

72
Crátera con dos asas
Época augustea
Alabastro egipcio
Altura 37 cm, boca 31 cm
Museo Archeologico Nazionale,
Nápoles

73
Copa
Finales del siglo I a.C. - principios
del siglo I d.C.
Calcedonia gris rosada
Longitud máx 12 cm
Museo Archeologico Nazionale, Cagliari

74
Copa con dos asas
Primera mitad del siglo I d.C.
Obsidiana con incrustaciones polícromas
y pan de oro y plata
Diámetro 20,6 cm, altura 5,5 cm
Museo Archeologico Nazionale, Nápoles

75
Plato de vidrio millefiori
Siglo I a.C.
Vidrio rojo fundido sobre molde, con
segmentos de caña monocromos en
mosaico y en espiral
Diámetro 13,2 cm, altura 2,5 cm
Museo di Antichità - Polo Reale
di Torino, Turín

76
Lucerna con representación de Serapis
Finales del siglo II – principios
del siglo III d.C.
Arcilla con engobe rojo
Altura 21 cm, longitud 23,5 cm,
anchura 17 cm
Museo Nazionale Romano,
Palazzo Massimo alle Terme, Roma

79
Estatua de Anubis
Siglo I a.C. – siglo I d.C.
Mármol, 137 × 41,5 cm
Museo Archeologico dei Campi
Flegrei, Baia - Bacoli

80
Estatua de Isis
Primeras décadas del siglo II d.C.
Mármol ¿de Tasos?
Altura 148 cm
Museo Ostiense, Ostia

81
*Figura femenina (¿sacerdotisa?) con
la cabeza cubierta*
Época imperial romana
Mármol blanco y piedra negra
Altura 108 cm, anchura base 70 cm
Museo di Antichità - Polo Reale
di Torino, Turín

82
Ibis
62-79 d.C.
Pintura al fresco, 82,3 × 56,6 cm
Museo Archeologico Nazionale, Nápoles

83
Ceremonia isíaca
Hacia mediados del siglo I d.C.
Pintura al fresco, 74 × 52 cm
Museo Archeologico Nazionale, Nápoles

84
Estela de Harpócrates
Siglo I d.C.
Esteatita
Altura 24 cm
Colección Dario Del Bufalo, Roma

85
Sistro con Bes
Siglo I d.C.
Bronce
Altura 22,5 cm
Museo Archeologico Nazionale, Nápoles

86-87
Estatuas de los ríos Tíber y Nilo
Época adrianea
Mármol blanco, 95 x 177 x 64 cm
y 78 x 165 x 66 cm,
respectivamente
Villa Adriana, Antiquarium
del Canopo, Tívoli

88
La muerte de Cleopatra
Giovanni Pietro Rizzoli,
il Giampetrino (Milán, 1495-1549)
Hacia 1525
Óleo sobre tabla, 94,29 × 70,16 cm
Samek Art Museum, Bucknell
University, Lewisburg

89
Cleopatra
Lavinia Fontana (Bolonia,
1552 – Roma, 1614)
Hacia 1585
Óleo sobre tabla, 87,3 × 71 cm
Galleria Nazionale di Palazzo
Spada, Roma

90
Muerte de Cleopatra
Denis Calvaert (Amberes, hacia 1540 –
Bolonia, 1619)
Hacia 1590
Óleo sobre lienzo, 186 × 194 cm
Museo della Città di Bologna –
Fondazione Cassa di Risparmio, Bolonia

91
Muerte de Cleopatra
Guido Cagnacci (Santarcangelo di
Romagna, 1601 – Viena, 1663)
1640
Óleo sobre lienzo, 120 × 93 cm
Collezione Comunale d'Arte di
Palazzo d'Accursio, Bolonia

92
Cleopatra
Anónimo, escuela de Guido Reni
Hacia 1650
Óleo sobre lienzo, 96,60 × 78,80 cm
Museo de Huesca

93
Cleopatra
Claude Bertin
(muerte en Versalles, 1705)
Anterior a 1697
Mármol, 56 × 49,5 × 30,5 cm
Musée du Louvre, París

94
La muerte de Cleopatra
Sebastiano Mazzoni (Florencia,
hacia 1611 – Venecia, 1678)
Hacia 1660
Óleo sobre lienzo, 75 × 110,5 cm
Pinacoteca dell'Accademia dei
Concordi a Palazzo Roverella, Rovigo

95
La muerte de Cleopatra
Antoine Rivalz
(Toulouse, 1667-1735)
1715
Óleo sobre lienzo, 122 × 101 cm
Musée des Augustins, Toulouse

96
Cleopatra disuelve la perla
Carlo Maratti
(Camerano, 1625 – Roma, 1713)
1693-1695
Óleo sobre lienzo, 162 × 113 cm
Museo Nazionale del Palazzo
di Venezia, Roma

97
La muerte de Cleopatra
Jean-Baptiste Regnault
(París, 1754-1829)
1796-1797
Óleo sobre lienzo, 64,5 × 80 cm
Stiftung Museum Kunstpalast, Düsseldorf

98
Cleopatra
Mosè Bianchi (Monza, 1840-1904)
1872
Óleo sobre lienzo, 55 × 45 cm
Galleria d'Arte Moderna, Milán

99
Cleopatra
John William Waterhouse
(Roma, 1849 – Londres, 1917)
Hacia 1887
Óleo sobre lienzo, 65,4 × 56,8 cm
Colección privada, cortesía
Martin Besely Fine Arts

100
Con Verhaeren. Un ángel
Fernand Khnopff (Grembergen-
Lez-Termonde, Bélgica, 1858 –
Bruselas, 1921)
1889
Técnica mixta sobre papel,
139 × 79 cm
Collezione Roberto Della Valle

101

*Armadura, túnica y manto de
Marco Antonio*
Papel interpretado por Richard Burton
en *Cleopatra* (1963), de Joseph
L. Mankiewicz
Cuero moldeado y pintado,
ornamentos en bronce moldeado
y dorado, lino y terciopelo de seda
Colección Costumi d'Arte-Peruzzi, Roma

102

Manto real de Cleopatra
Papel interpretado por Elizabeth
Taylor en *Cleopatra* (1963), de Joseph
L. Mankiewicz
Lamé de seda y oro
Diseñado por Irene Sharoff
Colección Costumi d'Arte-Peruzzi, Roma

Egiptología y coleccionismo egiptológico en España

103
Alabastrón con inscripción egipcia
874-850 a.C. Osorkón II,
dinastía XXII, hacia 710-620 a.C.
Alabastro pulido
Altura 45 cm, diámetro 38 cm
Museo Arqueológico de Granada

104
Copia del Medallón de Trayamar
633-601 a.C. (original)
Oro, diámetro 25 mm; 6,70 g
Museo de Málaga

105
Estatuilla de esfinge alada
Bronce Final orientalizante,
700-650 a.C.
Bronce, 11,1 × 5 cm
Museo Arqueológico de Linares,
Monográfico de Cástulo

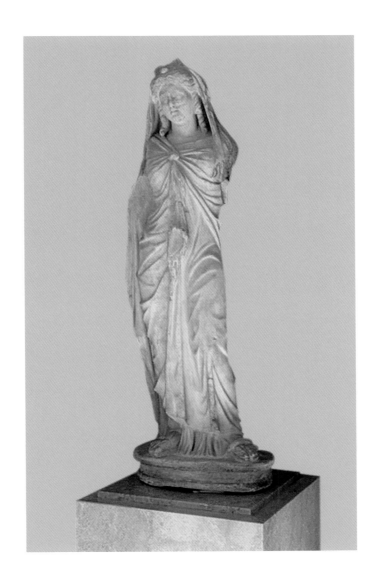

106
Isis de Clunia
Siglo II d.C.
Mármol, 103 × 44 × 28 cm
Museo de Burgos

107
El jardín del Buen Retiro hacia las
tapias del Caballo de Bronce
José del Castillo
(Madrid, 1733-1797)
1779
Óleo sobre lienzo, 265 × 367 × 5 cm
Museo del Prado; depósito en el
Museo Municipal, Madrid

108
Batalla de Actium
Bruselas, 1650-1700
Seda y lana, 343 × 250 cm
Museo Nacional de Artes
Decorativas, Madrid

109
Description de l'Égypte
Impreso, 1095 × 1430 mm
Vol. I, Planches: Antiquités
("Mammutfolio"), tomo 21
París, 1810-1818
(edición imperial)
Instituto Egipcio de Estudios
Islámicos, Madrid

110
Estatuilla del dios Ptah-Sokaris-Osiris
Baja Época, 664-342 a.C.
Madera tallada y pintada,
60 × 11 × 30 cm
Museo Arqueológico Nacional, Madrid

Fichas catalográficas de piezas seleccionadas

1

Cabeza retrato de Cleopatra VII
Segunda mitad del siglo I a.C.
Mármol blanco de grano medio-grueso (¿de Paros?), altura total
39 cm; altura hasta el mentón
16 cm; anchura 20 cm
Procedencia: encontrada en 1784
en Roma junto a la Villa de los
Quintilios
Musei Vaticani, Museo
Gregoriano Profano, Ciudad
del Vaticano, inv. 38511
Bibliografía: Ch. Vorster, *Museo
Gregoriano Profano. Römische
Skulpturen des späten
Hellenismus und der Kaiserzeit*, II,
2, Wiesbaden 2004, pp. 123-126,
n. 67; G. Spinola, *Giulio Cesare.
L'uomo, le imprese, il mito*,
catálogo de la exposición, en G.
Gentili (ed.), Cinisello Balsamo,
2008, p. 152, ficha n. 23.

Esta escultura vaticana es la
primera identificación fiable de
un retrato de Cleopatra VII.
El reconocimiento fue efectuado
por L. Curtius y dado a conocer en
una publicación de 1933. Desde
entonces, el corpus científico de
los retratos de la reina se ha
ampliado con otros ejemplares
que sustancialmente basan su
autenticidad en el perfil
reproducido en las monedas con
su nombre. En estas piezas
numismáticas el elemento
fisionómico más característico es
la nariz, siempre con la punta
caída. Es un retrato de estilo
griego y, en concreto,
correspondiente a un tipo
llamado "alejandrino" porque es
comparable con la imagen de la
reina que aparece en monedas
acuñadas sobre todo en la ciudad
de Alejandría.
La cabeza de Cleopatra está
ceñida con una diadema real
de banda, que sujeta el cabello
y aparenta la consistencia de una
lámina de oro; el peinado, no
peluca, consta de finos bucles de
escaso volumen divididos en
franjas y recogidos en un moño.
Sobre la frente, entre el cabello
y la diadema, que aquí es más
ancha, el mármol, hoy
deteriorado, podría incluir un
atributo, como una flor de loto
o un *uraeus*.
En esta imagen se han
reconocido influencias
estilísticas distintas: la boca, con
el labio inferior carnoso que
sobresale apenas del fino labio
superior, parece inspirada en el
verismo de los retratos de la
época republicana tardía; los ojos

grandes, muy abiertos, y la boca
proporcionalmente pequeña,
recuerdan los retratos de los
primeros Ptolomeos.
Es bastante probable que este
retrato se encargara en Roma
cuando la reina estuvo allí,
invitada por César, en los años
46-44 a.C.
Eleonora Ferrazza

2

Umbral con friso nilótico
Mediados del siglo I a.C.
Mosaico: teselas de caliza
polícroma, fayenza y pasta vítrea
de colores, 432 x 54,5 cm
Procedencia: *Privernum*, tablino
de la Domus della Soglia Nilotica
Museo Archeologico, Priverno,
inv. 84442
Bibliografía: M.L. Morricone,
"*Privernum*, la soglia con fregio
nilotico", en *Musiva & Sectilia*,
2-3, 2005-2006 (2008), pp. 17-42
(con bibliografía completa y
actualizada en la p. 41);
M. Cancellieri, "Case e mosaici a
Privernum. Parte II: la *domus*
della Soglia nilotica", en *Musiva
& Sectilia*, 4, 2007 (2010),
pp. 63-141.

Este largo umbral adornaba la
entrada principal del *tablinum* en
una lujosa *domus* de *Privernum*,
colonia romana fundada entre
finales del siglo II y principios
del I a.C. en el valle del Amaseno,
cerca del actual Priverno.
Es una obra muy estimable,
realizada *in situ* por un artista
capaz de representar con gran
habilidad la vida agitada y
multiforme del Nilo. En primer
plano, y a todo lo largo del friso,
fluye el río, surcado por
embarcaciones, con animales
nadadores y plantas palustres,
como cañas y lotos, éstos con sus
capullos, flores y frutos. En el río
abundan los peces de distintas
especies, mientras los patos
salvajes avanzan chapoteando en
el agua o alzan el vuelo. Aquí y
allá aparecen aves, posadas en
las anchas hojas de loto.
En segundo plano una serie de
edificios —murallas, torres,
puertas, pórticos monumentales
y templetes, adornados con
palmeras y árboles sobre los que
se posan las cigüeñas— son el
telón de fondo de escenas
animadas por pigmeos en
distintas actividades: una
carrera, con entrega del premio al
ganador, una escena de
navegación y otra de lucha entre
los pigmeos y los animales

feroces que pueblan el Nilo.
Es excepcional la representación
de los rostros de los pigmeos,
realizados con minúsculas
teselas de distintos cortes y
ensambladas con gran esmero
cromático para reflejar, de forma
realista, sentimientos de estupor,
alegría o terror.
El friso de *Privernum* es un ejemplo
excepcional de la producción de
mosaicos con teselas diminutas,
típica de la península Itálica que,
sin descartar la intervención
directa de maestros griegos o
alejandrinos, era obra de
artesanos locales especializados
en la realización de mosaicos
in situ, continuadores e intérpretes
del ejemplar taller de Palestrina,
cuna del gran mosaico nilótico.
Margherita Cancellieri

3-4

Pareja de esfinges
Época ptolemaica, siglos III-I a.C.
Granito rosa de Asuán
a. 73 × 135 × 39;
b. 78 × 147 × 50 cm
Procedencia: Cagliari, entorno de
la catedral de S. Maria di Castello
Museo Archeologico Nazionale,
Cagliari, inv. 6112 y 6111
Bibliografía: G. Pesce, *Il libro delle
sfingi. Il culto dei massimi déi
dell'Egitto in Sardegna*, Cagliari,
1978, pp. 75-77;
D. Mureddu, "I culti a *Karales*
in epoca romana", en P.G. Spanu
(ed.), Insulae Christi.
*Il cristianesimo primitivo in
Sardegna, Corsica e Baleari*,
Oristano, 2002, pp. 57-62.

Las esfinges se representan en
posición estática y vigilante,
característica de estas figuras.
Las cabezas, masculinas, están
tocadas con *nemes*, decorado en
la frente con una serpiente
uraeus en forma de ocho
horizontal, típica de la época
clásica y ptolemaica. Los rostros
son ovalados, con mejillas
abultadas y mentón pronunciado;
los ojos tienen forma
amigdaloide. La nariz está
mutilada en ambos casos y las
bocas presentan unos labios
carnosos hundidos en los
extremos entre las mejillas, con
lo que confieren a las caras una
expresión casi sonriente.
El cuerpo es macizo en la parte
anterior y más esbelto en la
posterior. Las patas anteriores,
extendidas en posición de reposo,
poseen cuatro dedos sin garras;
las posteriores, en cambio, tienen
tres dedos, según la iconografía

típica de la época saítica y
ptolemaica. La forma de las
cabezas se parece a la de un
ejemplar encontrado en el Iseo
Campense de Roma, mientras
que la del cuerpo guarda relación
con cuatro esfinges acéfalas
descubiertas en Benevento
(Campania); los cotejos remiten a
la primera época ptolemaica, y
sugieren una cronología similar
para nuestros ejemplares. El
material, granito rosa procedente
de las canteras de Asuán, indica
un origen egipcio de las esfinges,
trasladadas con posterioridad a
Cagliari, probablemente como
elementos decorativos de un Iseo
que debía ubicarse en el barrio de
Castello, en las inmediaciones de
la catedral.
Enrico Trudu

5

Estatua de soberano
Época ptolemaica
Diorita, altura 130 cm
Procedencia: Roma, Janículo,
1908
Museo Nazionale Romano,
Palazzo Altemps, Roma,
inv. 60921
Bibliografía: L. Sist Russo,
en VV. AA., *Palazzo Altemps.
Le collezioni*, Milano, 2011,
p. 345, con bibliografía anterior.

Representa a un faraón
avanzando, tocado con el típico
nemes que ostenta el *uraeus*
sagrado en la frente. La estatua,
que al principio se consideró una
imitación romana, presenta
marcadas características
icónicas propias de la estatuaria
ptolemaica del siglo III a.C.
Transportada a Roma en una
época indeterminada,
probablemente para adornar
un edificio de carácter egipcio o
egiptizante, fue reutilizada en un
santuario de cultos sincréticos
greco-egiptizantes edificado en
el siglo IV d.C. en una ladera del
Janículo, lugar donde se ha
encontrado.
Giovanni Gentili

6

*Estatuilla de Alejandro Magno
a caballo*
Siglos III – II a.C.
Bronce, 51 x 36 x 21,6 cm
Procedencia: mercado anticuario
Fondation Gandur pour l'Art,
Genève (Ginebra),
inv. ARCH-GR 0049

La estatuilla, monumental pese
a su pequeño tamaño, representa

a Alejandro Magno. Se identifica fácilmente por la cabellera, semejante a la melena de un león –de esta forma se resaltaba la índole "leonina" de Alejandro–, con un mechón de cabello levantado en el centro de la frente, como el que se ve también en el mosaico pompeyano que representa *La batalla de Issos*, procedente de la Casa del Fauno, hoy en el Museo Archeologico de Nápoles. Este parecido también nos permite fechar la estatuilla en la época helenística, datación avalada por las proporciones de la figura, propias del arte de Lisipo, escultor de corte de Alejandro. El macedonio viste un corto quitón y sobre él una coraza modelada con torso musculoso; calza botas altas abiertas por delante y atadas con lazos, un calzado propio de los macedonios, que cabalgaban sin estribos. Las piernas están separadas, sugiriendo que la estatua montaba sobre un caballo, hoy perdido. El brazo izquierdo está bajado, mientras que el izquierdo, levantado, debía de blandir la sarisa, la larga pica macedonia. Nuestra estatua es similar a la estatuilla ecuestre en bronce procedente de Herculano y hoy en el Museo de Nápoles, datada en el siglo I a.C. (inv. 4996), que conserva el caballo. Los dos grupos son un eco de la composición monumental creada por Lisipo para celebrar la victoria de Alejandro contra los persas en 334 a.C. En ella aparecía Alejandro montado en su caballo Bucéfalo y acompañado de otros 24 jinetes macedonios, muertos en la batalla. Sabemos que Quinto Cecilio Metelo se llevó el grupo a Roma en 146 a.C. cuando los romanos conquistaron Macedonia (cf. Plinio, *Naturalis Historia*, 7, 125).
Robert Steven Bianchi

7
Retrato de Alejandro Magno llamado "Alexandre Guimet"
300 o hacia 170-160 a.C.
Mármol, altura 33 cm
Procedencia: Bajo Egipto
Musée du Louvre, département des Antiquités grecques, étrusques et romaines, París, Ma 3499. Depósito del Musée Guimet (MG 21.423), 1948 (MND 2075). Adquirido en El Cairo por E. Guimet.
Bibliografía: M. Hamiaux, *Musée du Louvre, catalogue de la*

sculpture grecque, I, 1998, n.º 70, p. 66-67; A. Pasquier, J.-L. Martinez, *Cent chefs-d'œuvre de la sculpture grecque*, p. 197, catálogo de la exposición de Frankfurt, "Agypten Griechenland. Romische Abwehr und Berührung", 2005, p. 556, n. 123.

Alejandro Magno es reconocible por el aspecto general de sus facciones y sobre todo por sus largos rizos desordenados, terminados en un remolino, que coronan su frente, el *anastolé*. En la base del cuello, el orificio de encaje indica que la cabeza se insertaba en una estatua, drapeada o provista de coraza. Las mejillas redondas y la boca pequeña y carnosa confieren al retrato un aspecto más juvenil que el de la mayoría de las representaciones del soberano, en especial las del tipo del Alejandro Azara (Louvre, Ma 436). Además está muy idealizado: el óvalo del rostro es perfectamente regular, la frente alta y lisa, los ojos grandes y poco hundidos. Pausanias nos informa de que Leocares fue el autor de un grupo de estatuas criselefantinas que representan a Filipo II de Macedonia y su familia, en Olimpia (Pausanias, *Periégesis*, V, 17, 4 y V, 20, 9-10). El encargo se hizo a raíz de la batalla de Queronea (338 a.C.) y Alejandro estaba representado en sus años juveniles. Una cabeza de Alejandro del Museo de la Acrópolis de Atenas, esculpida por Leocares en el mismo periodo, debía de ser muy próxima a nuestro retrato (inv. 1331; se trata de un original de los años 338-337 a.C. o, con más probabilidad, de una hermosa réplica imperial). El retrato del Louvre procede de este tipo de representaciones de Alejandro joven, pero su aspecto fuertemente idealizado indica que probablemente era un retrato póstumo.
La obra se descubrió en Egipto. El corte neto de las superficies, oblicuo sobre el cráneo y vertical por detrás de la cabeza y del cuello, destinados a recibir añadidos de mármol o estuco, son típicos de las producciones de esta área del mundo helenístico, donde escasea el mármol. En Alejandría el conquistador era venerado como fundador de la ciudad y como un dios. En el reino lágida las

imágenes de Alejandro eran, por tanto, muy numerosas y no tardaron en tener gran difusión. El aspecto muy clasicizante del retrato y el esculpido somero de la cabellera ha sugerido una datación en torno a 170-160 a.C. No obstante, el refinamiento del rostro, cuya idealización no es óbice para la sensibilidad del modelado, induce a situarlo a principios del siglo III a.C. Junto con el ejemplar de Yannitsa, conservado en el Museo de Pella (inv. ΓΛ 15), ésta sería entonces una de las imágenes póstumas de Alejandro más antiguas de las que proliferaron a partir de la época helenística.
Ludovic Laugier

8
Retrato de reina ptolemaica (¿Cleopatra VII?)
Hacia mediados del siglo I a.C.
Mármol blanco de grano fino, altura 42 cm, anchura 18,5 cm
Procedencia: desconocida; adquisición Christie's Nueva York, 2002
Fondazione Dino ed Ernesta Santarelli, Roma, inv. 125
Bibliografía: M. Cadario, *Sculture dalle collezioni Santarelli e Zeri*, catálogo de la exposición, A.G. De Marchi (ed.), 2002, p. 147, III 21; M. Cadario, en *Augusto*, catálogo de la exposición, E. La Rocca, C. Parisi Presicce, A. Lo Monaco, C. Giroire, D. Roger (eds.), Milano, 2013, II.3, p. 149.

El retrato procede de un taller alejandrino, como se desprende claramente de la cabellera, que se dejó a propósito sin acabar porque debía completarse –seguramente con forma "de melón"– añadiendo estuco o yeso, una práctica habitual en la escultura alejandrina, dada la escasez de mármol blanco en la región. También corresponde a la tradición alejandrina el uso de varios materiales: se supone que el retrato tuvo un par de pendientes, probablemente de oro, ya que los lóbulos de las orejas están perforados. Esta hermosa cabeza, esculpida en un bloque de mármol de gran calidad (G.W. Goudchaux, comunicación oral, 2013), se impone por su excelente factura y por el parecido evidente con varios retratos atribuidos con seguridad a Cleopatra VII, en especial el retrato vaticano (inv. 38511) y la cabeza "Naham", en colección privada. La falta de

diadema –elemento que pudo haberse realizado aparte en otro material, probablemente metálico, superpuesto a la cabellera– no nos impide identificar el retrato como el de un personaje de alto rango real, basándonos en las facciones, realistas pero también idealizadas. A favor de esta identificación habla también el busto, que se ha dejado desnudo.
Giovanni Gentili

9
Busto de joven soberano ptolemaico, quizá Ptolomeo VIII
Época ptolemaica
Granodiorita
Altura 92 cm; anchura 86 cm; profundidad 43 cm
Procedencia: probablemente Alejandría
Kunsthistorisches Museum, Antikensammlung, Viena, inv. AE 5780
Bibliografía: C. Derriks, "Une tête d'enfant isiaque. Hypothèse ou certitude", en W. Clarysse, A. Schoors, H. Willems (eds.), *Egyptian Religion: The Last Thousand Years. Studies Dedicated to the Memory of Jan Quaegebeur*, Orientalia Lovaniensia Analecta 84, Leiden, 1998, p. 100; E. Rogge, *Statuen der 30. Dynastie und der ptolemäisch-römischen Epoche*, Corpus Antiquitatum Aegyptiacarum, Kunsthistorisches Museum, Wien, Ägyptische-Orientalische Sammlung 11, Mainz am Rhein, 1999, pp. 76-77, 90, 94-99, 125; P.E. Stanwick, *Portraits of the Ptolemies. Greek Kings as Egyptian Pharaohs*, Austin, 2002, pp. 45, 58, 112, fig. 81-82.

El fragmento formaba parte de una estatua de gran tamaño que representaba al faraón de pie, a la manera egipcia, con el típico tocado real *nemes* y un *uraeus* en la frente. Los bucles que sobresalen del *nemes* están esculpidos al estilo griego, y por el lado derecho de la cabeza le cae una trenza, típico atributo del dios Horus. Un orificio en lo alto de la cabeza indica que la estatua poseía otro atributo, probablemente una corona.
Por motivos estilísticos e iconográficos la estatua se ha atribuido a Ptolomeo VIII, aunque la falta de texto en el pilar dorsal no permite confirmarlo. El retrato de este rey, apodado *Physcon* (Barrigón) por los alejandrinos, se

conoce sobre todo gracias a sus imágenes reproducidas en monedas. El rey aparece como un hombre grueso con bucles sobre la frente, cejas prominentes, ojos grandes, nariz ancha, labios carnosos, barbilla redonda y un cuello abundante y carnoso. Ese tipo está bien representado en una famosa cabeza atribuida al rey y conservada en Bruselas (Musées Royaux d'Art et d'Histoire, inv. E1839). El fragmento vienés, en cambio, difiere de este modo de representar al soberano, pues aparece como una imagen de Horus, con facciones menos exageradas, ojos pequeños y cejas planas.
La presencia de la trenza de Horus en una estatua colosal de tipo real es única en el panorama de las estatuas reales ptolemaicas y está poco documentada en las dinastías anteriores (estatua de Ramsés II, Museo Egipcio, El Cairo, inv. JE64735). Es justamente este atributo lo que sugiere la identificación del rey representado en el fragmento vienés con Ptolomeo VIII, en cuya titulación se alude a Horus con la frase: "hijo de Osiris, nacido de Isis".
La estatua quizá se erigiera con motivo de la subida al trono del rey en 145 a.C., tras la muerte de Ptolomeo VI, y formaba parte de un riguroso programa ideológico. En efecto, la elección de Horus, además de asociar a Ptolomeo VIII con el dios, imagen de la realeza, resalta el dominio del rey como protector del país, identificándole con Horus, quien tras vencer a todas las fuerzas del caos reconquistó el trono de su padre Osiris.
Mario Cappozzo

10
Tetradracma de Ptolomeo II y Arsínoe
Alejandría, entre 285-246 a.C.
Oro, 20 mm; 13,82 g
Museo Arqueológico Nacional, Madrid, inv. 1991/112/2
Anverso: ΑΔΕΛΦΩΝ. Bustos drapeados de Ptolomeo II delante y de Arsínoe II detrás, ambos con diadema, mirando hacia la derecha. Gráfila de puntos.
Reverso: ΘΕΩΝ ΘΕΩΝ. Bustos drapeados de Ptolomeo I delante y Berenice I detrás, ambos con diadema, mirando hacia la derecha. Gráfila de puntos.
Bibliografía: British Museum

Catalog of Greek Coins, Vol. 6,
The Ptolemies, Kings of Egypt, by
R. S. Poole, 1883, p. 40, n° 3;
J.N. Svoronos, *Τα Νομισματα του
Κρατους των Πτολεμαιων (The Coins
of the Ptolemaic Kings)*, Athens,
1904,
p. 86, n. 604.

La serie de monedas, conocida
como *Theoi Adelphoi* por la
leyenda del anverso y el reverso,
consta de octodracmas,
tetradracmas, didracmas y
dracmas. Estas monedas forman
parte de la política dinástica de la
exaltación que promovió
Ptolomeo II Filadelfo (285-246
a.C.) durante su reinado.
En el anverso de la moneda se
representa, superpuesta y de
perfil, la pareja reinante
Ptolomeo II y Arsínoe, mientras
que el reverso presenta a sus
respectivos padres, Ptolomeo I y
Berenice.
Mauro Leoni

11
*Anillo de sello con soberano
ptolemaico*
Finales del siglo II – principios
del siglo I a.C.
Oro, chatón 3,4 x 2,5 cm
Procedencia: Egipto, adquirido
en 1863
Musée du Louvre, département
des Antiquités grecques,
étrusques et romaines, París,
inv. Bj 1092
Bibliografía: C. Metzger, en
La gloire d'Alexandrie, catálogo de
la exposición, Paris, 1998,
p. 203, n. 148.

En el chatón rectangular de
un grueso anillo de oro se
representa un busto varonil, con
perfil a la izquierda. El rostro está
enmarcado por una poblada
franja de cabello rizado y una
barba corta; los ojos son grandes,
con cejas largas y rectas, la nariz
muy pronunciada, la boca
pequeña y entreabierta, y el
mentón afilado. Es sin duda el
retrato de un soberano
ptolemaico (Ptolomeo VI, según
algunos autores), de rasgos
indiscutiblemente griegos,
provisto de las insignias reales
faraónicas: la corona doble
del Alto y el Bajo Egipto, y una
diadema helenística anudada
como una cinta en la parte
inferior de la propia corona.
El soberano también luce un
precioso collar ricamente
decorado.
Giovanni Gentili

12
*Piedra con Isis Faria y el faro
de Alejandría*
Principios del siglo II d.C.
Entalle en vidrio azul,
2,56 x 2,15 x 0,37 cm
Procedencia: Legado Theodor
Graf
Kunsthistorisches Museum,
Antikensammlung, Viena,
inv. XI 991
Bibliografía: E.A. Arslan (ed.),
Iside. Il mito, il mistero, la magia,
Milano, 1997, p. 238, IV.239.

A la derecha se representa a Isis,
vestida con el quitón y el himacio,
este último con un grueso nudo
"isíaco" a la altura del pecho de la
diosa. Lleva una alta corona de
plumas y con la mano izquierda
sujeta un largo cetro. Con el
brazo derecho, caído, sostiene un
timón, atributo de la diosa como
patrona de la navegación. A la
izquierda se representa el
famoso faro de Alejandría,
rematado con una estatua de
Poseidón.
Giovanni Gentili

13
Busto de Serapis
Siglos II-I a.C.
Mármol blanco de grano fino,
altura 17,5 cm
Procedencia: Egipto ptolemaico,
probablemente Alejandría
Colección privada, Suiza
Bibliografía: F. Tchacos, en
*Cleopatra. L'incantesimo
dell'Egitto*, catálogo de la
exposición, G. Gentili (ed.),
Milano, 2013, p. 254, 24.

Excelente estado de
conservación de la superficie,
salvo en la base a la derecha,
que está deteriorada. Restos
de policromía visibles alrededor
de los ojos, la boca y los cabellos.
El modelado es muy detallado:
los rizos rebeldes enmarcan un
rostro seráfico de ojos
profundamente marcados; la
boca, ligeramente entreabierta,
muestra unos dientes
delicadamente coloreados.
El dios lleva sobre la cabeza
un modio *(kalathos)*, su atributo,
cuya forma se supone derivada
de un recipiente para medir el
grano. Serapis es una variante
menfita de Osiris y Apis. Su culto
se instituyó en Alejandría durante
el reinado de Ptolomeo I para
brindar a los griegos y los
egipcios una deidad común, dada
la aversión griega por los dioses
zoomorfos. A Serapis le

atribuyeron las facciones de
Zeus, con barba y una poblada
cabellera rizada, y también sus
poderes, sumados a los de
Asclepio, dios sanador, y de
Hades, dios de la ultratumba.
Se originó así una nueva tríada
divina formada por el propio
Serapis, su hermana Isis, esposa
de Osiris, y Harpócrates, el dios
niño, hijo de ambos. El culto a
Serapis gozó de un enorme favor y
no tardó en propagarse allende los
confines de Alejandría: en todas
las costas del Mediterráneo se
alzaron santuarios en su honor y
en el transcurso del siglo I d.C. el
culto al dios fue introducido en el
panteón romano.
Frieda Tchacos

14
*Estatua de Ptah-Sokar-Osiris
para Djedhor*
Época ptolemaica
Madera estucada, pintada
y dorada, altura 78,7 cm
Procedencia: Colección Nizzoli,
1824
Museo Egizio, Florencia, inv. 106
Bibliografía: inédito

La estatua presenta la imagen
acostumbrada de Ptah-Sokar-
Osiris, con cuerpo momiforme y
peluca tripartita, coronada por
dos plumas de avestruz, el disco
solar y la cornamenta de carnero.
El rostro de la deidad está tallado
con esmero, aunque sólo quedan
restos del dorado original, y en el
pecho lleva un collar *usej* dorado,
decorado con motivos florales
geométricos y con una hilera
de ojos *udjat*. Todo el cuerpo
de la estatua está cubierto de
una malla pintada, formada
por tubitos y cuentas en ligero
relieve, que imita las mallas
fúnebres colocadas sobre la
momia del difunto, dentro del
sarcófago. Debajo del collar hay
una inscripción vertical dorada,
una invocación al dios Atum por
el difunto Djedhor (no está clara
la primera parte del nombre); en
el pilar dorsal de la estatua debía
de haber otra inscripción pintada,
pero es ilegible. La estatua se
apoya en un pedestal moderno.
Las estatuas de Ptah-Sokar-
Osiris, que identifican al difunto
con esta divinidad sincrética,
asocian a Ptah, el dios creador,
con Sokar, el protector de las
necrópolis, y con Osiris, soberano
del reino de los muertos. Dentro
de las peanas de estas estatuas,
que no aparecen hasta la Baja
Época, se solía conservar un

papiro con un extracto del *Libro
de los muertos*, o también granos
de trigo, que simbolizan la
resurrección, o incluso el falo
momificado del difunto.
Maria Cristina Guidotti

15
Estatuilla de Isis con Horus
Baja Época
Bronce, altura 36,9 cm
Procedencia: Gallerie Granducali,
Florencia
Museo Egizio, Florencia,
inv. n. 319
Bibliografía: E. Schiaparelli,
*Museo Archeologico di Firenze –
Antichità egizie*, Roma, 1887,
p. 60 n. 454; M.C. Guidotti (ed.),
*Reise in die Unsterblichkeit.
Ägyptische Mumien und das ewige
Leben*, Frankfurt, 2011,
p. 43, n. 4.

La diosa Isis está en posición
sedente, tocada con el disco solar
flanqueado por unos cuernos
bovinos, una peluca tripartita y
un *uraeus* en relieve sobre la
frente. La diosa se lleva el brazo
derecho a un pecho mientras con
el izquierdo sostiene al pequeño
Horus, sentado en su regazo.
Horus, en cambio, tiene los
brazos pegados a los flancos.
Su cabeza presenta la trenza
de la niñez, que le cae por la
derecha. Este pequeño bronce
pertenece a la categoría de los
exvotos destinados a los templos,
y forma parte de una iconografía
muy común.
Maria Cristina Guidotti

16
Estatua del dios halcón Horus
¿Dinastía XXX, 380-343 a.C.?
Basalto, ojos de ónice, el derecho
restaurado, altura 62 cm;
anchura del pedestal 45 cm
Procedencia: ¿Roma? Colección
Rolandi Magnini-Iacobilli
Musei Vaticani, Ciudad
del Vaticano, inv. 22703
Bibliografía: A. Roullet,
*The Egyptian and Egyptianing
Monuments of Imperial Rome*,
Leiden, 1972, p. 129, n. 265;
M.P. Toti, en O. Lollio Barbieri,
G. Parola, M.P. Toti, *Le antichità
egiziane di Roma Imperiale*,
Roma, 1995, p. 154, n. 15.

El dios está representado con
la corona doble, emblema de la
realeza del Alto y el Bajo Egipto.
La estatua, realizada para ser
erigida dentro de un templo de
Horus en Egipto, llegó a Roma en
época imperial para adornar uno

de los santuarios egipcios de
la ciudad.
Mario Cappozzo

17
Urna para momia de gato
Dinastía XXII, 945-712 a.C.
Bronce, altura 45,2 cm;
anchura 18,2 cm
Procedencia: desconocida;
adquirida en 1847
Musei Vaticani, Ciudad
del Vaticano, inv. 18311
Bibliografía: L. Nigro, "I simulacri
domestici di Bastet. Note
in margine al restauro di due urne
di gatto egizio di bronzo",
en *BollMonMusPont* 19 (1999),
pp. 58-71; J.-C. Grenier, *Les
Bronzes du Museo Gregoriano
Egizio*, Città del Vaticano, 2002
(Aegyptiaca Gregoriana, V),
p. 139, n. 276.

La estatuilla representa un gato
de tamaño algo mayor que los
reales, sentado sobre las patas
posteriores. El cuerpo es esbelto,
con las orejas levantadas y el
hocico ligeramente alargado.
Los alvéolos oculares están
ahuecados para contener las
incrustaciones de pasta vítrea o
piedras semipreciosas que
formaban la pupila y que no se
conservan. Llevaba un escarabeo
sobre la cabeza, y las orejas
presentan sendos orificios para
los pendientes, que también se
han perdido.
La decoración, grabada, consta
de un collar de conchas que se
alternan con cuentas esféricas, del
que cuelga un ojo-*udjat*, símbolo
de regeneración, y un pectoral
hemisférico sobre el que aparece
una cabeza de león, quizá en
referencia a la diosa Bastet como
leona, o a la diosa Sejmet.
En la superficie de la estatua
quedan restos de vendas de lino,
sobre todo en la parte izquierda
de la cabeza del felino. Las
vendas envolvían la urna
destinada a contener una momia
de gato. Estas urnas tenían una
doble función de culto: primero se
guardaban en las casas para que
protegieran a la familia como
simulacros domésticos de la diosa
Bastet, y luego se sepultaban en
unas necrópolis especiales, para
seguir protegiendo a sus amos en
el Más Allá.
Mario Cappozzo

18
*Estela funeraria de
Tasherienbastet*
Época ptolemaica, siglo III a.C.

Madera estucada y pintada, 58,5 x 33,5 x 4 cm
Procedencia: desconocida; Fondo Antiguo (adquisición anterior a 1888) Fondazione Museo delle Antichità Egizie, Turín, inv. 1637 – RGC 5790
Bibliografía: M.M. Grewenig (ed.), *Ägypten - Götter. Menschen. Pharaonen. Meisterwerke aus dem Museum Egizio,* Edition Völklinger Hütte, 2014, pp. 254-255.

La estela pertenece a una difunta llamada Tasherienbastet, que ostenta el título sacerdotal de "tañedora del sistro de Amón-Ra". De madera estucada, está pintada tanto en el anverso como en el reverso y arqueada, apoyándose en dos bases con forma de pequeñas escalas, también de madera, elementos que aparecen con frecuencia en las estelas de la época ptolemaica y simbolizan el acceso al Más Allá. En la luneta superior de la parte frontal se ve un gran sol alado flanqueado por *uraei* coronados y chacales. En el registro inferior se ve un ave con cabeza humana dotada de brazos –personificación del alma de la difunta– que adora a la barca solar, y seis babuinos. En el registro central la propia difunta adora a los dioses Ra-Harajti, Atum, Jepri, Osiris, Horus, Isis y Neftis; cada deidad entrega a la muerta poderes y bienes para que sobreviva en la eternidad. En la franja inferior hay cinco líneas de texto jeroglífico que contienen la fórmula de la ofrenda funeraria con la que el difunto debía recibir comida, bebida, vestidos, incienso y todas las demás provisiones necesarias para la vida de ultratumba. En el reverso de la estela hay una representación cósmica formada por un sol radiante en la parte alta y dos emblemas de Oriente y Occidente a ambos lados.
Alessia Fassone

19

Sarcófago antropomorfo
Época ptolemaica, principios del siglo IV a.C.
Madera de sicomoro tallada, trazas de policromía, longitud 180 cm, anchura 60 cm
Procedencia: probablemente Tebas; donación de Giuseppe Acerbi, 1835
Museo di Antropologia dell'Università degli Studi, Padua, inv. 60

Bibliografía: F. Crevatin, "Un sarcofago tolemaico da Padova", en VV.AA., *Il libro dei morti di Ptahmose ed altri documenti egiziani antichi,* Pisa, 2008.

El sarcófago guardaba la momia de un sacerdote de Heliópolis, "sacerdote puro de Ra, administrador de Min", como se deduce del texto jeroglífico, incompleto, grabado en la tapa. La tapa presenta la efigie idealizada del difunto, con la cabeza cubierta por una peluca tripartita y barba postiza.
Giovanni Gentili

20

Máscara funeraria
Época romana, siglo II d.C.
Yeso pintado con incrustaciones de pasta vítrea, altura 21 cm, anchura 11,5 cm
Procedencia: Colección De Grüneisen, 1930
Museo Egizio, Florencia, inv. 12270
Bibliografía: M.C. Guidotti, en *Le mythe Cléopâtre*, catálogo de la exposición, Paris, 2013, p. 116, n. 60.

La máscara, de bulto redondo, representa un rostro masculino. Los ojos son de pasta de vidrio blanca y negra. Los cabellos están formados por bucles pintados de negro que enmarcan la cara; en los ojos, las cejas y los labios se aprecian restos de pintura. La falta de barba indica que la máscara debía de pertenecer a un hombre joven.
Maria Cristina Guidotti

21

Retrato de hombre
Siglo II d.C.
Pintura al encausto sobre madera, 38 x 20 cm
Procedencia: El Fayum, Egipto Galerie Cybèle, París, inv. 1000
Bibliografía: *Augenblicke: Mumienporträts und ägyptische Grabkunst aus römischer Zeit*, catálogo de exposición, K. Parlasca, Klinkhardt & Biermann (eds.), Frankfurt, 1999, p. 224, n. 134.

La plancha de madera con las esquinas superiores achaflanadas sobre la que se pintó este retrato de El Fayum está alabeada por arriba. Los lados y la parte inferior todavía están cubiertos por la tela que envolvía la momia y en la que se

había insertado el retrato a la altura de la cara. La pintura, realizada con la técnica de la encáustica, conserva colores vivos. Predominan los tonos gris, marrón y rojo.
Sobre un fondo gris azulado extendido con pinceladas rápidas destaca el retrato de un hombre de edad avanzada. Lejos de las representaciones estereotipadas que encontramos a veces en la producción de los retratos de El Fayum, esta obra es de un realismo impresionante.
El hombre se presenta de medio lado, pero la cabeza, vuelta hacia la derecha, está casi de frente. Viste una túnica blanca adornada en el hombro izquierdo con bandas púrpuras, los *clavi*. El óvalo de la cara está subrayado por una barba corta ligeramente entrecana. En su fisonomía destacan la nariz ancha y la boca entreabierta de labios rojos. Su aspecto es de cansancio, como reflejan los ojos de carnero enmarcados por párpados gruesos y grandes ojeras. El entrecejo fruncido acentúa las profundas arrugas que surcan su frente. El cabello negro, rizado y ralo, también canea en las sienes. Las marcas de la edad se reproducen con gran verosimilitud.
Se desconocen las circunstancias exactas del descubrimiento de este retrato, lo que dificulta su datación. En general, estos retratos de momia, conocidos comúnmente como retratos de El Fayum, pintados en Egipto en época romana, son difíciles de datar con precisión. Los más antiguos se remontan al reinado de Tiberio (14-37 d.C.), y su producción decae en los siglos II y III d.C. antes de desaparecer en el IV. Se cree que el presente retrato data del siglo II d.C. debido, sobre todo, a su gran realismo. La fisonomía del modelo, con el cabello rizado y la barba corta, recuerda a los retratos de principios de la época antonina y a los del emperador Adriano (117-138 d.C.), que inauguró esta moda. Una comparación entre este retrato de El Fayum y los retratos de Adriano del tipo "Imperatori 32", uno de cuyos ejemplos conserva el Museo del Louvre (K. de Kersauson, *Catalogue des portraits romains*, tomo II, *De l'année de la guerre civile (68-69 ap. J.-C.) à la fin de l'Empire*, RMN, París, 1996, pp. 122-123,

n. 50), pone en evidencia otros rasgos comunes: las arrugas de la frente, las cejas rectas ligeramente fruncidas y los ojos pequeños con grandes párpados inferiores. Este retrato pintado, que acusa la influencia de la efigie imperial, seguramente se realizó durante el reinado de Adriano o poco después, hacia el segundo cuarto del siglo II d.C.
Christelle Faure

22

Papiro funerario
Época ptolemaica, 304-30 a.C.
Papiro y tinta negra, altura 23 cm, longitud 71 cm
Procedencia: Colección Nizzoli 1824
Museo Egizio, Florencia, inv. 3662
Bibliografía: G. Botti, *Le casse di mummie e i sarcofagi da El-Hibeh nel Museo Egizio di Firenze*, Firenze, 1958; M.C. Guidotti (ed.), *Reise in die Unsterblichkeit. Ägyptische Mumien und das ewige Leben*, Frankfurt, 2011; M.C. Guidotti (ed.), *La vita oltre la morte. Il corredo funerario nell'antico Egitto*, Pisa, 2013, p. 10, n. 1; E. Schiaparelli, *Museo Archeologico di Firenze – Antichità egizie*, Roma, 1887.

El papiro pertenecía a una difunta y contiene una versión abreviada del llamado *Libro de los Muertos*, escrito en hierático, colección de plegarias y fórmulas útiles para el difunto en el Más Allá. En él se representa, de izquierda a derecha, a los cuatro hijos de Horus; después aparecen algunos dioses, entre ellos Neftis, Isis, Osiris, Tot y el monstruo Ammit sobre un pedestal, listo para devorar el alma de la difunta si el pesaje de su corazón revela que es indigna de entrar en el reino de ultratumba. En la tercera escena se asiste al rito del pesaje del corazón en presencia del dios Anubis. En la última escena, a la derecha, la difunta está representada con las dos formas de su alma, el *ka* como momia y el *ba* como un ave de cabeza humana.
Maria Cristina Guidotti

23

Anforilla
Taller alejandrino, siglos I a.C. – I d.C.
Ágata, 6,3 x 4,6 x 4,6 cm
Procedencia: mercado anticuario Fondation Gandur pour l'Art, Genève (Ginebra), inv. ARCH-GR 0103

La vasija está tallada en un bloque de ágata estriada. Tiene cuerpo hexagonal, base relativamente plana, cuello cilíndrico y labio exvasado. Del cuello salen dos pequeñas asas curvas. Las pequeñas vasijas de este tipo son joyas que reproducen la forma de otros recipientes de ágata más grandes (vasijas, copas, cuernos potorios, etcétera) fabricados para la corte alejandrina en época ptolemaica. También fueron objetos muy preciados en la época posterior, y a menudo llevaban una guarnición de metales preciosos.
Robert Steven Bianchi

24

Vaso con dos asas
Finales del siglo I a.C. – principios del siglo I d.C.
Fayenza con vidriado azul, altura 19 cm, boca 13 cm
Procedencia: Altino, localidad Belgiardino, necrópolis de la Via Annia (1971)
Museo Archeologico Nazionale, Altino, inv. 10054

La pequeña ánfora, en excelente estado de conservación, tiene el borde plano, el cuello cilíndrico, el cuerpo globular y el pie bajo. Dos asas nervadas, que arrancan debajo del borde, poseen en la fijación inferior un prótomo en relieve. La tapadera es de encaje, con asa plana. El cuerpo está decorado con la incisión de un sarmiento de vid, con pámpanos y racimos. Una banda de dientes de lobo delimita la porción inferior del cuerpo, cubierta de pequeños arcos que se alternan con triángulos en retículo. El borde, la base del cuello y la tapadera están decorados con series de astrágalos.
La vasija, de polvo de cuarzo al que se han añadido sal y adhesivos orgánicos para facilitar su modelado al torno, se produjo en Egipto con una técnica de doble cochura, la segunda después de extender el barniz vítreo, formado por carbonatos de sodio y potasio, minerales de cobre y polvo de cuarzo. Debido a la complejidad de la técnica, que obligaría a desechar muchas piezas defectuosas, tales vasijas eran sin duda una producción de lujo.
Este valioso ejemplar se halló casualmente en 1971 al suroeste de Altino, en Belgiardino, en el área de la necrópolis suroccidental de la Via Annia. El

contexto del hallazgo sugiere que se utilizó como urna osaria, destinada a contener los restos cremados de un personaje de alto rango social.
Margherita Tirelli

25
Alabastrón
Taller de ámbito alejandrino
Época ptolemaica, siglo III a.C.
Cerámica estampada con esmalte blanco y azul, altura 25 cm
Procedencia: desconocida; adquisición 1919 (Colección Khawam)
Musée du Louvre, París, inv. E 11603B
Bibliografía: F. Gombert-Meurice, en *Cleopatra. L'incantesimo dell'Egitto*, catálogo de la exposición, G. Gentili (ed.), Cinisello Balsamo, 2013, pp. 270-271, n. 71, con bibliografía anterior.

Nuestra hermosa vasija, de forma bicónica alargada, con un cuello corto y estrecho sin labio –probablemente lo tenía ancho y plano, hoy perdido–, es bastante singular tanto por el material del que está hecha como por su calidad. Es similar a los más frecuentes *alabastra*, ungüentarios de forma ovoide alargada, a menudo sin pie, realizados en alabastro *melleo* (de color de miel, también conocido como ónice oriental), una piedra dura muy usada en el antiguo Egipto. El ungüentario posee una variada decoración en varias bandas, recogiendo tanto la tradición egipcia como las nuevas aportaciones griegas y orientales. Buen ejemplo de ello es la banda adornada con grifos, de aire orientalizante, pintada sobre la parte inferior del recipiente, que está decorada con motivos de hojas, quizá de palmera. Sobre la banda de los grifos se representa una escena de danza con figuras de perfil, entre las que se distingue una mujer que toca el arpa y cinco danzantes.
Giovanni Gentili

26
Placa con busto de reina ptolemaica asimilada a Isis
Taller helenístico, siglos II-I a.C.
Plata con trazas de dorado, diámetro 7,4 cm
Procedencia: Egipto, ámbito alejandrino
Collection François Antonovich, París, inv. 101

Bibliografía: F. Antonovich, *Cléopâtre, la Grecque et l'Égyptienne*, León, 2013, pp. 100-101.

La espléndida placa, repujada por un orfebre de gran habilidad técnica, seguramente servía para decorar el centro de una suntuosa pátera. En ella se representa a una reina de semblante idealizado, asimilada a Isis, como era costumbre en la época ptolemaica. Viste un manto que le cubre un pecho, sujeto con el típico nudo isíaco. La fluyente cabellera está peinada en largos rizos líbicos y adornada sobre la frente con una guirnalda de flores. En el centro de la cabeza debía de ostentar un atributo real, hoy perdido, probablemente una corona hatórica con cuernos bovinos y disco lunar. A la izquierda, en el fondo, hay un cetro terminado en flor de loto.
Giovanni Gentili

27
Medallón con busto de Isis
Segunda mitad del siglo I a.C.
Lámina de oro repujada, 3,8 × 3 × 1 cm
Procedencia: Egipto
Antikenmuseum, Basilea, inv. LgAe NN 093
Bibliografía: A.B. Wiese, *Antikenmuseum Basel und Sammlung Ludwig – Die ägyptische Abteilung*, Mainz, 2001, pp. 190-192, n. 135a.

La representación de Isis es reconocible por la presencia del nudo isíaco en el centro del pecho. El peinado, de largos rizos, está coronado con un creciente lunar. Por su estilo y su calidad, el medallón puede fecharse en la segunda mitad del siglo I a.C.
André Wiese

28
Estatuilla tanagrina de mujer con manto
Siglo III a.C.
Terracota polícroma (rosa, azul, malva, blanco), altura 31 cm
Procedencia: Alejandría
Collection François Antonovich, París, inv. 237
Bibliografía: F. Antonovich, *Cléopâtre, la Grecque et l'Égyptienne*, León, 2013, pp. 236-237.

Representa a una joven estante, con las facciones individualizadas, vestida con un largo quitón y un

amplio manto que le cubre el pecho, los brazos y las manos, y cae hasta debajo de las rodillas. La cabeza está coronada de hojas y bayas de hiedra, lo que sugiere que la mujer –quizá una princesa ptolemaica– está asimilada a una ménade. Esta terracota tanagrina de elegante factura, en excelentes condiciones de conservación, adopta en líneas generales el elegante lenguaje formal de Praxíteles. En cuanto al lugar de producción, bien podría ser un taller alejandrino.
Giovanni Gentili

29
Estatuilla de Isis-Afrodita
Época ptolemaica, 309-30 a.C.
Terracota pintada, 42,5 × 6 × 12 cm
Procedencia: desconocida; Fondo Antiguo (adquisición anterior a 1888)
Fondazione Museo delle Antichità Egizie, Turín, inv. 7215
Bibliografía: M.M. Grewenig (ed.), *Ägypten - Götter. Menschen. Pharaonen. Meisterwerke aus dem Museum Egizio Turin*, Völklingen, 2014, p. 246.

La figura se representa desnuda, de pie, con los brazos extendidos y pegados al cuerpo. La cabellera, con largos tirabuzones que le caen sobre los hombros (los llamados "bucles líbicos"), está enmarcada por un velo hasta los hombros y dos hojas grandes en las sienes. Lleva un tocado complicado formado por dos coronas de flores y pétalos superpuestas, sobre las que se alza un gran *kalathos* abierto, una corona de plumas o de hojas. Las joyas que decoran el cuerpo están en relieve y pintadas: una cinta y una guirnalda terciadas entre los pechos, más cintas a modo de cinturón, un collar, cintas y brazaletes en las muñecas y los tobillos. La parte posterior está esculpida con detalle, pero sólo la frontal es polícroma; los colores empleados, además del revoco blanco, son azul, granate y marrón oscuro. La figura se ha identificado con la diosa egipcia Isis, que desde la época ptolemaica cobra el aspecto de la diosa griega Afrodita, al estar ambas asociadas a la belleza, el amor y la maternidad.
Alessia Fassone

30
Cabeza de reina o diosa
Periodo helenístico,

taller alejandrino, siglo III a.C.
Mármol, 22,8 cm
Fondation Gandur pour l'Art, Genève (Ginebra), inv. FGA-ARCH-GR-078
Bibliografía: H. Jucker, "Zwei hellenistische Isisköpfe aus Ägypten", en G. Barone y E. Epifanio (eds.), *Alessandria e il mondo ellenistico-romano. Studi in onore di Achille Adriani a cura di Nicola Bonacasa e Antonio di Vita*, Roma, 1983, pp. 185-189.

Esta cabeza, que obedece a un esquema praxiteliano y tiene acabados en estuco, pertenecía a un acrolito alejandrino, como revelan las cabezas del mismo tipo encontradas en Tell Timai. La idealización del modelo y la falta de atributos específicos impiden su identificación, ya que estas imágenes podrían representar una diosa o una figura femenina alegórica. Este retrato de mármol es un buen ejemplo de la escultura helenística alejandrina. Los restos de pintura roja sugieren que la cabeza estaba dorada.
Robert Steven Bianchi

31
Retrato de pequeño príncipe ptolemaico como Eros
Segunda mitad del siglo I a.C.
Alabastro, 15,2 cm
Procedencia: Egipto
Colección particular
Bibliografía: F. Antonovich, *Cléopâtre, la Grecque et l'Égyptienne*, León, 2013, pp. 346-347.

La cabeza, de excelente factura, pertenecía a una estatua de tamaño ligeramente inferior al natural. Representa a un niño de unos dos años, con la expresión general idealizada pero no desprovista de realismo, sobre todo en la zona de los ojos, la nariz y la boca. El cabello, con mechones ordenados sobre la frente, está sujeto con una banda o diadema. Probablemente estamos ante el retrato de un principito ptolemaico (¿Cesarión? ¿Alejandro Helio?) asimilado a Eros.
Giovanni Gentili

32
Modelo de escultura con busto de soberano
Inicios época ptolemaica, siglo IV a.C.
Caliza, 17 x 13,3 x 9,5 cm

Procedencia: desconocida, Fondo Antiguo (adquisición anterior a 1888)
Fondazione Museo delle Antichità Egizie, Turín, inv. 7047 - RCG 25050
Bibliografía: E. Vassilika, *I Capolavori del Museo Egizio di Torino*, Scala, Milano, 2009, p. 118.

El pequeño busto representa a un rey caracterizado por el tocado *nemes* y la frente adornada con el *uraeus*. Los detalles de la fisonomía son minuciosos y están finamente marcados. El busto también está esculpido por detrás; en objetos similares –empleados en los talleres de escultura como modelos o realizados como ejercicios– a veces se aprecian todavía restos de la cuadrícula que servía de guía para definir las proporciones y los detalles. El estilo de la escultura la sitúa a principios de la época ptolemaica, cuando las formas típicas del arte egipcio tradicional adquieren más redondez y tipicidad por influencia del arte griego. La hipótesis de que estas esculturas pudieran ser exvotos parece poco plausible; ése no debía de ser su empleo primario.
Alessia Fassone

33
Falo
Época helenística
Mármol de Paros, altura 131 cm, anchura 41 cm, profundidad 30 cm
Procedencia: Colección Jacques d'Adelswärd-Fersen, Capri, Villa Lysis; mercado anticuario de entonces
Collezione Roberto Della Valle
Bibliografía: inédito

El falo, de proporciones gigantescas, formaba parte de la colección del excéntrico barón Jacques Fersen y al parecer se guardaba dentro de un templete del jardín de la famosa Villa Lysis de Capri, la cual ocupa una parte del terreno de la Villa Jovis, grandiosa morada donde el emperador Tiberio pasó su destierro insular. Se supone que se encontró hacia 1904, durante las obras de construcción de la mansión del aristócrata, junto con otros amuletos fálicos de varios tamaños y materiales (por lo general mármoles), que supuestamente formaban parte de la singular colección del emperador y se perdieron tras la

muerte de Fersen. Esta pieza en cuestión consta de una gran verga cilíndrica, alargada en el extremo superior, esculpida plásticamente en el frente para imitar las venas cubiertas por la epidermis, con el prepucio extendido cubriendo el glande, surcado de pliegues y terminado en forma troncocónica. En la parte inferior, la verga asume la forma de una pelvis felina, con dos gruesas patas de león, cada una con cuatro dedos provistos de largas garras; del centro de la pelvis arranca una cola larga terminada en forma fálica, con el glande descubierto, que pasa por delante, entre las patas, y se apoya en el muslo derecho. Justo por debajo del glande un cordel atado a la verga sirve para colgar amuletos y otros objetos, como un gallo, un saltamontes, un amorcillo, un águila o ave similar con las alas extendidas y dos crisálidas de insecto o dos orugas (?) con cabeza fálica, además de una *bulla* y una anforilla. Por el tipo de mármol, el tamaño y la forma, el falo se relaciona con los ejemplares de grandes dimensiones hallados en el *sacellum* de Dioniso de Delos, en Grecia (excavaciones de 1904; véase P. Bruneau, *Recherches sur les cultes de Délos à l'époque hellénistique et à l'époque impériale*, París, 1970). El carácter dionisíaco del enorme amuleto es indiscutible. Por su elegante factura helenística cabe suponer que fue llevado de Grecia a Capri por orden del emperador Tiberio, quien también era un excéntrico coleccionista.
Giovanni Gentili

34
Panel con Dioniso y Ariadna dormida
Época augustea
Vidrio de camafeo azul y blanco, altura 25,2 cm, longitud 39,4 cm
Procedencia: Pompeya, triclinio de la Casa de Fabius Rufus
Museo Archeologico Nazionale, Nápoles, inv. 153652
Bibliografía: M. Boriello, en *Giulio Cesare. L'uomo, le imprese, il mito*, catálogo de la exposición, G. Gentili (ed.), Cinisello Balsamo, 2008, p. 187, con bibliografía anterior.

La preciosa lastra de vidrio camafeo, quizá destinada a decorar un mueble junto con otra de un motivo semejante (MAN, Nápoles, inv. 153651), representa

el encuentro de Dioniso con Ariadna, que aparece blandamente recostada delante del pórtico de un edificio sagrado, formado por dos columnas. Un sátiro le señala al joven Dioniso medio desnudo, con una corona de pámpanos, apoyado en un largo tirso. Dos amorcillos, uno con una tea encendida y el otro con un ritón para las libaciones en la mano derecha y una cesta sobre la cabeza, merodean entre las ramas.
Giovanni Gentili

35
Camafeo con Atenea y Poseidón disputándose el dominio del Ática
Hacia 40-30 a.C.
Ónice, sardónice, 5,2 x 4,3 cm
Procedencia: antigua Colección Lorenzo de Médicis, 1942, después Colección Farnesio
Museo Archeologico Nazionale, Nápoles, inv. 25837/5
Bibliografía: U. Pannuti, *Museo Archeologico Nazionale di Napoli. La collezione glittica*, II, Roma, 1994, II, 82, pp.112-113; A. Giuliano (ed.), *Studi normanni e federiciani*, Roma, 2003, pp. 109-116.

El espléndido camafeo probablemente perteneció a Marco Antonio; luego, tras la victoria de Accio, a Octaviano, y más tarde al tesoro imperial. Las dos deidades compiten por el dominio sobre el Ática, realizando al mismo tiempo dos prodigios: Atenea da origen al olivo, al pie del cual está Erictonio, con cuerpo de serpiente; Poseidón, en cambio, hace brotar un manantial, simbolizado por el delfín que aparece detrás del dios.
Giovanni Gentili

36
Tesela con el toro Apis
Época ptolemaica, 305-30 a.C.
Pasta de vidrio polícroma, 1,05 x 1,29 cm
Procedencia: Pompeya
Museo Archeologico Nazionale, Nápoles, inv. 158871
Bibliografía: U. Pannuti, *Museo Archeologico Nazionale di Napoli. La collezione glittica*, I, Roma 1983, p. 75, n. 113.

La tesela, elemento destinado a decorar muebles y sarcófagos, revela la altísima calidad de la producción de vidrio alejandrino llamado "en mosaico". Una serie de barritas polícromas, fijadas en caliente con gran maestría y

recortadas, ha permitido en este caso realizar la figura del toro Apis sobre un prado florido. El dios, de capa berrenda en negro, lleva el disco solar entre los cuernos.
Giovanni Gentili

37
Anforilla
Primera época imperial
Vidrio de camafeo azul y blanco, altura 18 cm
Procedencia: hallada en una tumba en Torrita di Siena
Museo Archeologico Nazionale, Florencia, inv. 70811
Bibliografía: D. Whitehouse, "Cameo Glass", en *Roman Glass. Two Centuries of Art and Invention*, M. Newby, K. Painter (eds.), London, 1991, p. 25, n. 11.

La pequeña vasija, de cuerpo ovoide terminado en punta (hoy rota), destinada a contener perfumes, pertenece a un corpus limitado de obras realizadas con la complicada técnica del vidrio de camafeo, que al parecer se puso de moda en la época augustea y julioclaudia, hasta mediados del siglo I d.C. Realizada en vidrio azul –quizá soplado, o bien moldeado– cubierto de una capa vidriada blanca, se grababa en esta última superficie, retirando mecánicamente el material con arreglo a un dibujo o modelo preparatorio. Los objetos que han llegado hasta nosotros –vasijas, placas, copas, páteras– suelen tener decoraciones de tema dionisíaco, como esta pequeña vasija encontrada en las inmediaciones de Siena. En ella se representa a un joven sátiro y a una mujer con un cántaro junto a un joven Dioniso (?) cubierto parcialmente con una piel ferina. Completan la escena dos hermas, una de Príapo, con un gran falo, y la otra del viejo Paposileno. Cabe suponer que esta singular producción fuera obra de artesanos alejandrinos que trabajaban en su patria o en otros lugares, como Roma o Campania. Al ser objetos muy valiosos, servían para adornar la casa y la mesa de los miembros del patriciado romano.
Giovanni Gentili

38
Estatuilla de reina, probablemente Cleopatra VII, asimilada a una diosa
Época ptolemaica, siglo I a.C.

Esteatita, altura 14 cm
Procedencia: Egipto ptolemaico
Collection François Antonovich, París, inv. 161
Bibliografía: F. Antonovich, *Cléopâtre, la Grecque et l'Égyptienne*, León, 2013, pp. 160-163; C.G. Schwentzel, *Images d'Alexandre et des Ptolemées*, Boulogne-París, 1999, pp. 114-115, n. 70.

La estatuilla, con los pies mutilados, representa a una reina ptolemaica asimilada a la diosa Mut. Se adivina por el tocado de alas de buitre, aquí terminado en un pequeño modio, y el ropaje, caracterizado por la presencia de alas emplumadas que ciñen el cuerpo de la reina por debajo de los pechos. La mano derecha, bajada, sujeta el *ank*, mientras que la izquierda tiene una flor de loto a modo de cetro. En la peluca tripartita son evidentes los restos de dos o tres *uraei*, atributos característicos de los retratos de Cleopatra VII, que probablemente está representada aquí en el papel de reina madre, dada la presencia de la corona de buitre en la cabeza. Los rasgos de la estatuilla son típicos de la producción faraónica ptolemaica y sugieren que probablemente fue un objeto de culto privado o votivo.
Giovanni Gentili

39
Retrato de Cleopatra VII
50-30 a.C.
Mármol, altura 15,6 cm
Procedencia: probablemente Egipto; Colección Clarence Day, Memphis, Tennessee
Fondation Gandur pour l'Art, Genève (Ginebra), inv. ARCH-GR-054
Bibliografía: R.S. Bianchi, en *Cleopatra. Roma e l'incantesimo dell'Egitto*, catálogo de la exposición, G. Gentili (ed.), Roma, 2013, pp. 186-187 y 285-286, n. 117; R.S. Bianchi, "Images of Cleopatra VII Reconsidered", en S. Walker, S.-A. Ashton (eds.), *Cleopatra Reassessed*, The British Museum Occasional Paper, 103, London, 2003, p. 20, tab. 6.

Por sus rasgos fisonómicos, este retrato se relaciona con las imágenes de las monedas acuñadas en la ceca siria de Damasco durante los años 37-36 a.C. La notable coincidencia del perfil de este retrato con el que

aparece en dichas imágenes numismáticas es patente, sobre todo en la expresión del rostro. Este parecido permite identificar con certeza la imagen de mármol como un retrato de Cleopatra VII.
Robert Steven Bianchi

40
Cabeza retrato de Cleopatra VII
Época ptolemaica tardía, 50-30 a.C.
Piedra caliza, 13,5 x 11 x 12 cm
Procedencia: desconocida, Fondo Charles Edwin Wilbour
The Brooklyn Museum of Art, Nueva York, inv. 71.12
Bibliografía: S.-A. Ashton, en *Cleopatra of Egypt. From history to myth*, catálogo de la exposición, S. Walker, P. Higgs (eds.), London, 2001, p. 164, n. 163.

La cabeza pertenecía a una estatuilla dotada de una pequeña pilastra anepígrafe de la que se conserva la parte superior. Es el retrato de una joven reina con rasgos juveniles, ojos grandes que estaban hechos de otro material (pasta de vidrio o mármoles polícromos), nariz larga, hoy erosionada, boca pequeña y barbilla redonda. Sobre la melena de largos bucles lleva la diadema helenística con tres *uraei* frontales, típicos de las representaciones universalmente reconocidas de Cleopatra VII, como la estatua del Museo del Hermitage de San Petersburgo.
Giovanni Gentili

41
Cabeza retrato de mujer joven (¿Cleopatra VII?)
Arte helenístico-romano, mediados del siglo I a.C.
Mármol pentélico, altura 21,4 cm; anchura 14,5 cm; profundidad 17,1 cm
Procedencia: ¿Egipto?
Museo di Antichità - Polo Reale di Torino, Turín, inv. 4685
Bibliografía: G.W. Goudchaux (ficha sin firmar), en *Le mythe Cléopâtre*, catálogo de la exposición, Paris, 2014, n. 1, pp. 24-25; A.M. Riccomini, "Ritratto di giovane donna", en *Cleopatra. Roma e l'incantesimo dell'Egitto*, catálogo de la exposición, G. Gentili (ed.), p. 287, n. 119; L. Mercando, M.L. Lazzarini, "Sculture greche-romane provenienti dall'Egitto nel Museo di Antichità di Torino", en *Alessandria e il mondo ellenistico-romano*,

"Atti del II Congresso Internazionale Italo-Egiziano", Roma, 1995, pp. 356-367.

La cabeza es de una mujer joven, de facciones delicadas pero bien caracterizadas. En el rostro redondeado de pómulos altos destacan las amplias arcadas superciliares, que llegan hasta el arranque de la nariz, de perfil aguileño. Los ojos, grandes y bien separados, tienen el iris señalado con un redondel en relieve, que estuvo pintado, como sugieren los restos de pintura marrón rojiza que aún quedan. La boca tiene labios pequeños pero carnosos, delicadamente arqueados en el centro. La frente está enmarcada por una hilera de rizos que, a la altura de las sienes, asumen la típica forma de tirabuzones. Los cabellos están recogidos en dos grandes trenzas que parten paralelas de la nuca y se juntan, a modo de diadema, sobre la cabeza.

La parte posterior de la cabeza está apenas esbozada y sólo deja intuir los entrelazamientos del peinado.

En los márgenes anteriores de la trenza el cabello está interrumpido por cinco orificios, el del medio más profundo y circular y los demás de forma cuadrangular, destinados a insertar elementos de materiales distintos. En el central seguramente se fijaba un atributo metálico.

El tipo especial de peinado y la caracterización intencionada de las facciones incluyen esta pieza en un pequeño grupo de cabezas-retrato de mediados del siglo, que documenta la difusión de los modelos iconográficos ptolemaicos, favorecida por la temporada romana de Cleopatra VII (46-44 a.C.). Por la amplitud de sus arcadas superciliares y el énfasis puesto en los ojos, la cabeza de Turín es la que más se parece a la llamada cabeza Castellani del British Museum (Greek & Roman Sculpture 1873), en travertino, que se interpreta como el retrato de una dama romana peinada al estilo de Cleopatra VII, pero también como un posible retrato de la reina de Egipto hecho en Roma.

En fechas más recientes G.W. Goudchaux propuso que la cabeza turinesa es un retrato de Cleopatra realizado en Egipto hacia el 40-34 a.C. Pero a mi entender, la diferencia, en la forma de la boca y el perfil del mentón, con las efigies monetarias y los retratos comprobados de la reina, como los de Berlín y de los Musei Vaticani, excluye esta posibilidad. La procedencia de esta cabeza es desconocida, pero algunos elementos técnicos, ya señalados por Dütschke, podrían sugerir un origen egipcio: la práctica de pintar el iris es típicamente egipcia, y el acabado del peinado con estuco, que también se puede suponer en la estatua de Turín, es frecuente en los retratos de mármol del Egipto romano. Según algunos autores, el atributo que la joven llevaba en la cabeza y se ha perdido podría ser una "corona de justificación", relacionada con los rituales funerarios y reproducida en las máscaras de momia y los sarcófagos de la época romana. Pero también podría tratarse de una auténtica diadema: el refinamiento del modelado y cierta semejanza con algunos retratos de interpretación discutida, pero que podrían ser de reinas o princesas ptolemaicas, deja abierta la posibilidad de que la cabeza turinesa sea el retrato de una joven de la dinastía o una dama de la corte. El rostro redondeado, la boca pequeña de labios carnosos, los pómulos altos y las amplias arcadas superciliares son elementos fisonómicos que encontramos también en el presunto retrato juvenil de Berenice II de Cirene y en la conocida como Cleopatra Eisenberg, presente en esta exposición, que probablemente representa a una princesa ptolemaica de mediados del siglo I a.C.
Anna Maria Riccomini

42

Retrato de Cleopatra VII con el tradicional tocado de buitre
Época ptolemaica, 51-30 a.C.
Arenisca púrpura silicificada, altura 23 cm
Procedencia: Egipto
Collection François Antonovich, París, inv. 175
Bibliografía: F. Antonovich, *Cléopâtre, la Grecque et l'Égyptienne*, León, 2013, pp. 170-181.

La cabeza pertenecía a una estatua real esculpida en bulto redondo, de tamaño natural. Realizada por un habilísimo artista del Egipto ptolemaico, representa a la reina con arreglo al antiguo modelo faraónico. Lleva un tocado de buitre, corona real propia de las reinas madres y atributo de la diosa Nejbet, hoy mutilado del cuello y la cabeza del animal, que se erguían sobre la frente, y de la cola, que estaba a la altura de la nuca. Las grandes alas cubren gran parte de la rica peluca tripartita, dejando las orejas descubiertas. Las facciones del rostro juvenil están esculpidas con esmero en el duro granito: los ojos son grandes y rasgados, la nariz aguileña y la boca pequeña. La mirada es serena. En general, los rasgos de la reina la asemejan a los perfiles de algunas monedas ptolemaicas de origen sirio, en particular al de Cleopatra I, esposa de Ptolomeo V Epífanes. Es de gran interés el cotejo del perfil de esta cabeza con la de estilo alejandrino (y por tanto más realista) del British Museum, en la que algunos autores reconocen las facciones de Cleopatra VII.
Giovanni Gentili

43

Retrato de Julio César
44 a.C.
Mármol de Carrara, altura total 33 cm; altura cabeza 21,5 cm
Procedencia: excavaciones de *Tusculum*, 1804-1820
Estado de conservación: íntegro, superficie erosionada y deteriorada, sobre todo la mejilla izquierda
Museo di Antichità - Polo Reale di Torino, Turín, inv. 2098 de la colección del Castello di Agliè
Bibliografía: M. Borda, *Monumenti archeologici tuscolani nel Castello di Agliè*, Roma, 1943; G. Pantò, "Ritratto di Giulio Cesare", en *Cesare. L'uomo, le imprese, il mito*, catálogo de la exposición, G. Gentili (ed.), Cinisello Balsamo, 2008, p. 126, n. 2; A.M. Riccomini, *Rivoluzione Augusto, l'Imperatore che riscrisse il tempo e la città*, catálogo de la exposición, R. Paris, S. Bruni, M. Roghi (eds.), Milano, 2014, pp. 108-109.

La cabeza-retrato, de tamaño natural, con presentación frontal y leve torsión a la derecha, muestra los rasgos de un hombre de edad madura, con la amplia frente abombada surcada por dos arrugas transversales, y otras, duras y profundas, que marcan el arranque de la nariz, alargada y con el tabique curvo. Las cejas, casi horizontales, enmarcan unos ojos pequeños de bulbos salientes, con párpados pesados y arrugas incipientes en las comisuras externas. Los pómulos son prominentes sobre las mejillas hundidas, la boca esboza una sonrisa irónica y la mandíbula es cuadrada. La cabeza se alza sobre un cuello delgado surcado de arrugas, con nuez prominente, y presenta algunas deformaciones craneales congénitas, como la marcada asimetría, con el parietal izquierdo más desarrollado (plagiocefalia) y la forma alargada del vértice que se hunde en la parte superior de la bóveda (dolicocrania y clinocefalia). La masa de los cabellos está esculpida en mechones finos, uno de los cuales le cae sobre la frente, mientras que los demás se reparten disimulando la calvicie. En la nuca el cabello es más espeso y los mechones se superponen en hileras con puntas divergentes.

El acabado escueto del retrato se aprecia también en el deterioro de la superficie del mármol debido a las condiciones de yacimiento previas a su hallazgo en la zona del Foro de *Tusculum*, durante las excavaciones dirigidas por Luciano Bonaparte.

Este tipo de retratos guarda un parecido fisonómico con la efigie monetaria que aparece en los denarios acuñados por M. Mecio en 44-43 a.C., en los que César presenta unos rasgos y un realismo similares, lo que sugirió la identificación correcta (Borda 1943) y permitió la datación del retrato en sus últimos meses de vida, cuando asumió la dictadura (49-44 a.C.) o poco después de su muerte. El detalle con que está esculpido el cabello sugiere que puede ser una copia en mármol de un original en bronce de la época cesariana, de la que dependerían algunas réplicas, como la cabeza encontrada en Pantelleria. Más expresiva es la cabeza recuperada en 2007 en el Ródano cerca de Arles e identificada por sus descubridores como un retrato de César realizado cuando el dictador todavía estaba vivo, entre 49 y 46 a.C.
Gabriella Pantò

44

Retrato masculino (¿Marco Antonio?)
Primera mitad del siglo I d.C.
Mármol, 55 × 30 × 30 cm
Procedencia: Fossombrone, Italia, adquirido en 1910
Museo Civico Archeologico, Bolonia, inv. Rom. 2002

La cabeza, de tamaño más grande que el natural, pertenecía a una estatua. Representa a un personaje de edad adulta, con facciones marcadas, frente plana y arrugada, ojos grandes, expresión ceñuda, mandíbula ancha y cuadrada, cabellos espesos y cortos. Si se compara nuestro retrato con los rostros que aparecen en algunas monedas, es posible identificar el personaje con Marco Antonio en un retrato de factura provincial, no carente de fuerza y nobleza.
Giovanni Gentili

45

Busto de Augusto del tipo "Accio" (?)
Principios siglo I d.C. (cabeza), segunda mitad siglo II d.C. (busto)
Mármol, 68 × 56 cm
Procedencia: Fondi, localidad S. Anastasia, 2005
Museo Archeologico Nazionale, Formia, inv. 134324 (cabeza) y 134325 (busto)
Bibliografía: N. Cassieri, en *Formiae. Una città all'inizio dell'impero*, catálogo de la exposición, Formia, 2014, pp. 67-70.

La escultura consta de un busto y una cabeza, dos piezas distintas que se juntaron en una época indeterminada. El retrato es de Augusto, según algunos autores del tipo "Accio", es decir, de los que se hicieron para celebrar la victoria del joven Augusto contra Cleopatra y Marco Antonio, pero en lo iconográfico se asemeja más al tipo llamado "de Prima Porta", célebre prototipo conservado en los Musei Vaticani (inv. 2290) y modelo oficial de los retratos del *princeps* en los años 31-27 a.C. Presenta el típico peinado, caracterizado por los mechones con forma de tenaza y de horquilla sobre la frente. El rostro tiene expresión serena, con rasgos juveniles distendidos, "lleno de solemnidad y de *gravitas*" (Cassieri 2014). Se supone que la cabeza formaba parte de una estatua.
Mauro Leoni

46

Bronce de Cleopatra VII
Alejandría, entre 52-29 a.C.
Bronce, 21 mm; 11,30 g
Museo Arqueológico Nacional,
Madrid, inv. 1997/82/326
Anverso: cabeza diademada de
Cleopatra vuelta a la derecha,
cabello recogido en un moño,
gráfila de puntos.
Reverso: ΚΛΕΟΠΑΤΡΑΣ a la
izquierda, ΒΑΣΙΛΙΣΣΗΣ a la
derecha, en el centro águila con
las alas cerradas estante a la
izquierda, sobre un rayo, doble
cornucopia en la izquierda del
campo, Π en el campo de la
derecha, gráfila de puntos.
Bibliografía: J.N. Svoronos, *Ta
Νομισματα του Κρατους των
Πτολεμαιων* (*The Coins of the
Ptolemaic Kings*), Athens, 1904, p.
269, n. 1872; *Sylloge Nummorum
Graecorum. The Royal Collection
of Coins and Medals. Danish
National Museum. Egypt: the
Ptolemies*, Copenhague, 1977, n.
423.

Conocemos la imagen de
Cleopatra sobre todo por sus
monedas. El perfil de la reina se
caracteriza por la frente y el
mentón pronunciados, los labios
especialmente finos, la nariz
prominente y el cabello recogido
en un moño.
Mauro Leoni

47

Áureo
Ceca itinerante de Marco Antonio,
41 a.C.
Oro, diámetro 21 mm, 7,95 g
Museo Archeologico Nazionale
(Medagliere), Nápoles, inv. F.r 3170
Anverso: M.ANT.IMP.AVG.III.VIR.
R.P.C.M.BARBAT.Q.P.
M(*arcus*) ANT(*onius*) IMP(*erator*)
AVG(*ur*) III VIR R(*ei*) P(*ublicae*)
C(*onstituendae*) (*et*) M(*arcus*)
BARBAT(*ius*) Q(*uestor*) P(*ropretore*)
Cabeza de Antonio a la derecha.
Gráfila perlada.
Reverso: CAESAR IMP. PONT. III.
VIR. R. P. C.
CAESAR IMP(*erator*) PONT(*ifex*) III
VIR R(*ei*) P(*ublicae*)
C(*onstituendae*)
Cabeza juvenil de Octaviano.
Gráfila perlada.
Bibliografía: M.H. Crawford,
Roman Republic Coniage,
Cambridge 1974, p. 525, 517/1a,
pl. LXII.

Después de la batalla de Filipos
(42 a.C.) Marco Antonio se
trasladó a Asia para reorganizar
las provincias orientales.

Inicialmente fijó su residencia en
Éfeso, y es probable que en esta
ciudad se acuñaran sus primeras
series de áureos y denarios en
Oriente. El responsable de esta
emisión fue M. Barbatius Pollio,
uno de los comandantes que
acuñaron monedas durante su
estancia en Asia Menor en el
transcurso del 41 a.C. El áureo
lleva en el reverso el retrato de
Octaviano, lo que induce a pensar
que se acuñó antes de la Guerra
de Perusa (41-40 a.C.), cuando
todavía existía un relativo
acuerdo entre Antonio y
Octaviano.
Mauro Leoni

48

*Ordenanza de Cleopatra VII
a favor de Publius Canidius (Crassus),
general de Marco Antonio*
33 a.C.
Facsímil (papiro), 23,3 × 20,2 cm
Procedencia: Egipto, necrópolis
romana de Abusir-el-Melek,
reutilizado como cartonaje de
momia; excavación 1903-1905
Altes Museum – Staatliche Museen
zu Berlin, Berlín, inv. P. 25.239
Bibliografía: P. van Minnen, en
Cleopatra of Egypt, catálogo de la
exposición, S. Walker, P. Higgs
(eds.), London, 2001, p. 188, n. 188.

El papiro se encontraba en una
momia de época romana, como
parte de su cartonaje. Es una
comunicación interna, escrita por
un escriba, entre Cleopatra VII y
un alto funcionario suyo de
Alejandría, sobre unas
exenciones fiscales
extraordinarias a favor de Publius
Canidius Crassus, brazo derecho
de Marco Antonio y comandante
de su ejército de tierra en Accio.
Los privilegios consisten, entre
otras cosas, en el permiso para
exportar de Egipto 10.000 sacos
de trigo anuales e importar 5.000
ánforas de vino de la isla de Kos
sin tener que pagar tributos. Se
extiende este favor a perpetuidad
a todas las propiedades del
comandante en tierras egipcias,
incluyendo granjas y animales,
así como a las de sus
lugartenientes. La fecha escrita
en la parte superior (23 de
febrero del 33 a.C.) es
probablemente de puño y letra
del receptor, mientras que el
texto griego γινέσθωι ("cúmplase")
probablemente fue escrito por la
propia Cleopatra, que no firma, al
ser el documento una nota
interna.
Giovanni Gentili

49

*Estela con representación
de la tríada tebana*
44-30 a.C.
Caliza, 20 × 16 cm
Procedencia: Tebas (?)
Colección privada
Bibliografía: J.-C. Grenier, *Deux
documents au nom de "Cesarion",
Hommage à Jean Leclant*, vol. III,
El Cairo, 1994, pp. 247-254;
*Cléopâtre. La Grecque et
l'Égyptienne*, catálogo de la
exposición, F. Antonovich (ed.),
León, 2013, pp. 305-306.

La pequeña estela, de carácter
devocional privado, presenta la
tríada divina tebana: de izquierda
a derecha, Amón, Jonsu niño y la
diosa Mut. Una inscripción
jeroglífica referida a Jonsu dice
que éste es "César amado por su
padre". De modo que Jonsu es
Ptolomeo XV Cesarión, mientras
que César está representado
como Amón y Cleopatra como Mut.
Giovanni Gentili

50

*Cabeza de hombre, presunto
retrato de "Cesarión"*
Época ptolemaica, segunda
mitad del siglo I a.C.
Microdiorita, 13,5 × 8,5 × 10,5 cm
Procedencia: desconocida;
adquisición Fava (1893)
Museo Civico Archeologico,
Bolonia, inv. MCABo EG 1803 bis
Bibliografía: G. Kminek-Szedlo,
*Museo Civico Archeologico.
Catalogo di Antichità Egizie*,
Torino, 1895, n. 1803;
S. Pernigotti, *La statuaria
egiziana nel Museo Civico
Archeologico di Bologna*, Bologna,
1980, pp. 76-77, n. 40; *Ägypten
Griechenland Rom. Abwehr und
Berührung*, Tübingen-Berlin,
2005, pp. 567-568, n. 139.

La cabeza, apoyada en un
pequeño pilar dorsal con el
extremo superior trapezoidal, es
lo que queda de una estatua de
tamaño inferior al natural que
representaba a un personaje de
estirpe real. Tanto la ejecución
como el tipo de peinado, con
pequeños mechones de cabello
que caen sobre la frente, sujetos
con una diadema circular que
ostenta en el centro un *uraeus*
estilizado, corresponden a la
producción escultórica grecoegipcia de los siglos II-I a.C. La
comparación detallada con una
estatua del Brooklyn Museum of
Art (inv. 54.117), que representa a
un joven soberano de pie con

peinado, diadema, pero sobre
todo facciones muy similares a
los de la cabeza de Bolonia,
sugieren su atribución al mismo
personaje, quizá Ptolomeo XV,
más conocido como "Cesarión".
Según algunos autores, la
identificación del joven hijo de
Cleopatra VII y César es posible
gracias al cotejo estilístico de
estas dos esculturas con un sello
de arcilla encontrado en Tanis y
hoy conservado en el British
Museum (inv. EA 15932), que
muestra un retrato de perfil de
soberano ptolemaico; es sin duda
una asociación sugerente, pero
quizá necesite más
confirmaciones.
Daniela Picchi

51

*Estatua fragmentada de joven
soberano ptolemaico
(¿Ptolomeo XV "Cesarión"?)*
Finales del siglo I a.C.
Mármol, 52,3 × 18 × 14,5 cm
Procedencia: ¿Roma?
Museo Civico di Palazzo Te,
Museo Egizio, Mantua,
inv. 96110098
Bibliografía: *La raccolta egizia di
Giuseppe Acerbi*, L. Donatelli (ed.),
Mantova, 1983, pp. 47-49, n. 14;
S.-A. Ashton, en *Cleopatra of
Egypt. From History to Myth*,
catálogo de la exposición, S.
Walker, P. Higgs (eds.), London,
2001, pp. 172-173, n. 171.

La estatuilla, que ha perdido la
parte inferior de las piernas,
representa a un joven soberano
de pie, con la pierna izquierda
adelantada, los brazos caídos y
dos varas o rollos de papiro en las
manos, con arreglo a la
iconografía egipcia tradicional.
Está tocado con un *nemes* sobre
el que destaca el *uraeus* con
forma de 8 tumbado, típico de la
época ptolemaica, y viste un
faldellín *shendit* sin plisar. Las
facciones son redondeadas y
marcadamente juveniles, los ojos
grandes y abiertos, y la
mandíbula ancha. Del *nemes*
asoma un abundante mechón de
cabello en cola de golondrina. La
estatua está adosada por detrás
a un pilar anepígrafe. Esta obra
presenta afinidades singulares
con algunos retratos atribuidos a
Ptolomeo XV "Cesarión",
candidatura que al parecer la
crítica no ha tenido en cuenta y
que me atrevo aquí a proponer
con la debida cautela. Me refiero,
en particular, a la estatua de
basalto del Museo de El Cairo

(inv. 13/3/15/3, que Sally-Ann
Ashton (Walker, Higgs 2001)
considera un retrato del hijo de
César y Cleopatra; a la estatuilla
del Brooklyn Museum de Nueva
York, incluida en la exposición
(inv. 54.117), en la que el joven
príncipe está retratado sin
nemes, con cara redonda,
cabellera caracterizada por la
presencia de la diadema
helenística y mechones espesos,
muy similar a la de nuestra
estatuilla y análoga a la de la
cabeza del Museo Archeologico
de Bolonia (inv. MCABo-Eg 1803
bis), también desprovista del
tocado real egipcio pero con
diadema, identificada
mayoritariamente con Cesarión,
también expuesta en Madrid; y a
otra, de basalto y con diadema
helenística, hoy en el Museo
Nacional de Varsovia. Creo que
nuestro retrato también se puede
relacionar con la cabeza de
granodiorita y tamaño colosal,
con *nemes*, hallada
recientemente en la zona del
antiguo puerto de Alejandría,
datable en mediados del siglo I
a.C. y que según algunos autores
representaría al mismo príncipe
(Museo Grecorromano de
Alejandría, inv. SCA 88). En
cuanto a la procedencia de la
estatuilla –al parecer no
pertenece a la colección Acerbi–,
se cree que es Roma. Por último,
el que escribe también tiene
dudas sobre la identificación del
material con que está hecha la
estatua (un "mármol italiano",
según el catálogo de la colección
del museo mantuano).
Giovanni Gentili

52

*Estatuilla de joven príncipe
ptolemaico (¿Ptolomeo XV
"Cesarión"?)*
Época ptolemaica tardía,
50-30 a.C.
Cuarcita, 31,8 × 13,5 × 8,5 cm
Procedencia: Charles Edwin
Wilbour Found
The Brooklyn Museum of Art,
Nueva York, inv. 54.117
Bibliografía: VV. AA., *Egyptian
Sculpture of the Late Period*,
The Brooklyn Museum, New York,
1960, pp. 176-177, n. 135;
S.-A. Ashton, *Ptolemaic Royal
Sculpture from Egypt*, BAR
International Series 923, 2001,
p. 96, n. 31.

La estatuilla, que ha perdido la
parte inferior de las piernas, se
apoya en un pilar anepígrafe.

Representa a un joven príncipe de pie, con la pierna izquierda adelantada. Los brazos están caídos y pegados a los costados, y las manos, una de las cuales se conserva, sostienen un objeto (vara o papiro). Lleva el faldellín *shendyt* sin plisar. Tiene la cabeza descubierta, los ojos están hoy huecos; el cabello, espeso y dividido en mechones que caen sobre la frente, está ceñido por una diadema helenística de la que sobresale el *uraeus*. El retrato bien podría ser de Ptolomeo XV "Cesarión", hijo de Cleopatra y Julio César.
Giovanni Gentili

53
Soporte para lucerna con figura de Alejandro Helio, hijo de Marco Antonio y Cleopatra VII
Época helenística,
finales del siglo I a.C.
Bronce, altura 80 cm
Fondation Gandur pour l'Art,
Genève (Ginebra),
inv. ARCH-GR-0045
Bibliografía: C. Rolley, *Kleopatras Kinder*, in *Kleopatra und die Caesaren*, B. Andreae *et al.* (eds.), München, 2006, pp. 164-175;
R.S. Bianchi, en *Cleopatra. L'incantesimo dell'Egitto*, catálogo de la exposición, G. Gentili (ed.), Cinisello Balsamo, 2008, pp. 285-286, n. 117.

El grupo representa a un muchacho vestido al estilo oriental, con una túnica sin mangas sobre unas bragas de factura esmerada, adornadas con botones. El calzado, adornado con borlas, está atado con lazos. Los rizos despeinados se juntan en la coronilla en una especie de moño, sobre el que lleva un alto tocado piramidal, con flecos que caen a los lados y por la espalda. La figura, de pie, está al lado de un alto soporte revestido de hojas, con el tallo espiralado, del que se separan seis ramas floridas, probablemente usadas para colgar lucernas, hoy perdidas. La composición descansa sobre una base moldurada, realizada aparte, con cuatro patas ferinas.
La vestimenta y la fisonomía de nuestra estatuilla recuerdan inequívocamente las famosas estatuas de bronce de los *Gemelos* del Metropolitan Museum of Art (inv. 49.11.3) y del Walters Art Museum (inv. 54.1330), de los que se han hecho varias interpretaciones. Una de

las hipótesis más verosímiles identifica al personaje representado en las tres estatuillas como Alejandro Helio, hijo de Marco Antonio y Cleopatra VII, con vestido armenio, reflejo de la ceremonia de las Donaciones de Alejandría (34 a.C.), cuando Antonio presentó al jovencísimo príncipe vestido a la moda de los medos. No obstante, sigue siendo un misterio por qué se incluyó la estatuilla en un portalámparas.
Robert Steven Bianchi

54
Pátera con alegoría de la fertilidad
Segunda mitad del siglo I a.C.
Plata parcialmente dorada, diámetro 29,5 cm
Procedencia: Aquilea, Italia
Kunsthistorisches Museum, Antikensammlung, Viena, inv. VII A 47
Bibliografía: L. Beschi, "Trittolemo: dal grande rilievo di Eleusi al piatto argenteo di Aquileia", en *Aquileia Nostra*, 60, 1989, pp. 149-170;
M. Laubenberger, en *Giulio Cesare. L'uomo, le imprese, il mito*, catálogo de la exposición, G. Gentili (ed.), Cinisello Balsamo, 2008, p. 218, n. 120.

El precioso plato ceremonial, obra maestra de la toréutica de la segunda mitad del siglo I a.C., quizás estaba destinado a proclamar las últimas glorias alejandrinas de Cleopatra VII y Marco Antonio si (como también es mi parecer) representa a la pareja real con sus tres hijos. A la derecha, Cleopatra VII se representa como Deméter, sentada en el trono, envuelta en un manto y sosteniendo una tea encendida; en el centro está Marco Antonio, representado como Triptólemo. Lleva una ofrenda en el brazo derecho y la tiende hacia un altar mientras se dispone a subir al carro de la diosa, tirado por dos serpientes aladas. A la izquierda de Antonio están Ptolomeo Filadelfo y los gemelos Alejandro Helio y Cleopatra Selene. Varias figuras de dioses –entre ellas Zeus, en lo alto– y alegóricas asisten a la escena. El plato podría datarse alrededor del 34 a.C., año de las fastuosas ceremonias que culminaron con las célebres Donaciones de Alejandría.
Giovanni Gentili

55
Estatuilla de Isis dolorosa
Época imperial romana,
siglo I d.C.
Bronce, altura 12,4 cm
Fondation Gandur pour l'Art,
Genève (Ginebra),
inv. FGA-ARCH-RA-002
Bibliografía: K. Parlasca, "Trauernde Isis, Euthenia oder 'Aegyptus capta'? Zu einer 'alexandrinischen' Bronzegruppe in Privatbesitz", *Antike Welt* 34 (2003), pp. 161-164.

Esta figura femenina está sentada en un trono, hoy perdido, con el brazo izquierdo apoyado en un reposabrazos con forma de esfinge. Reclina la cabeza sobre la mano derecha, en actitud afligida, como vemos claramente en otros ejemplos. Esta mujer sólo puede ser la diosa Isis, que llora la pérdida de su amado Osiris. Se ha sugerido que esta imagen de Isis puede estar basada en un modelo original helenístico, hoy perdido. También se ha supuesto que en época romana se usó en referencia a la conquista de Egipto por Octaviano.
Robert Steven Bianchi

56
Camafeo "de Accio"
Posterior a 27 a.C.
Sardónice en tres capas: blanco, gris azulado y marrón; con marco moderno (principios del siglo XVII) en oro, esmaltes y perlas, 6 x 6,6 cm
Kunsthistorisches Museum, Antikensammlung, Viena, inv. IXa 56 (en el inventario de 1619 del emperador Matías de Habsburgo)
Bibliografía: A. Furtwängler, *Die antiken Gemmen. Geschichte der Steinschneidekunst im klassischen Altertum*, I-III, Leipzig-Berlin, 1900;
W.-R. Megow, *Kameen von Augustus bis Alexander Severus* (*Antike Münzen und geschnittene Steine*, XI), I-II, Berlin, 1987;
G. Sena Chiesa, "Ottaviano capoparte. Simboli politici in Roma nella produzione glittica della fine della repubblica e del principato augusteo", en λογιος ανηρ. *Studi di antichità in memoria di Mario Attilio Levi* (*Quaderni di* "Acme", 55), Milano, 2002, pp. 395-424.

El camafeo combina la evocación de la victoria naval de Accio con los honores tributados a Augusto

en enero del 27 a.C. Augusto está representado avanzando sobre las olas en una cuadriga, decorada en el timón con una concha (alusiva a la victoria en el mar, pero también a la antepasada mítica de la *gens Iulia*, Venus, nacida del mar) y tirada por cuatro tritones. Luce las vestiduras del triunfo, que celebró en agosto del 29 a.C. por las victorias de Accio sobre los dálmatas y sobre Egipto. Ciñe su cabeza con una corona de oro, viste una toga y con la mano izquierda (hoy perdida) sostiene un largo cetro terminado en un globo con un águila posada; con la derecha sujeta una rama de laurel. El primer tritón de la izquierda sostiene un globo con un símbolo formado por dos capricornios y un escudo rodeado por una corona de hojas de roble. Alude a los honores especiales que el Senado tributó a Octaviano en 27 a.C., junto con el atributo de *Augustus*: el *clipeus virtutis*, un escudo de oro expuesto en la *Cura Iulia* en el que se enumeraban sus cualidades, y la *corona civica*, que adornaba la puerta de su casa. Los capricornios, en cambio, están relacionados con el tema astral de Augusto, pues nació el 23 de septiembre del 63 a.C. (equinoccio de otoño), "poco antes de la salida del sol" (Suet. *Aug.* 5, 1), bajo Libra, con luna (más importante que el sol para los nacimientos antelucanos) en Capricornio, donde cae también la Suerte de la Fortuna; además, se consideraba que la posición de la luna al salir era la del ascendente en la concepción (273 días antes), es decir, el 23 de diciembre del 64 a.C. (solsticio de invierno), y por tanto en Capricornio, día del "renacimiento" del sol; por último, el propio principado de Augusto comenzó bajo Capricornio, con la sesión del Senado del 13 de enero del 27 a.C. La Victoria que se posa sobre el globo sostenido por el cuarto tritón, a la derecha, probablemente evoca la estatua, por entonces ya antigua, que Octaviano erigió en la *Curia Iulia* el 29 a.C. Los dos tritones externos llevan otros atributos significativos: una espada envainada, signo de paz, y un timón, símbolo marítimo pero también político, el "timón del Estado".
Elisabetta Gagetti

57
Camafeo con "gorgoneion"
Siglos I a.C. – I d.C.
Sardónice en tres estratos, diámetro 1,6 cm, grosor máximo 0,4 cm
Procedencia: Colección particular 2002
Fondazione Dino ed Ernesta Santarelli, Roma, inv. 47/73g (temporalmente en los Musei Capitolini)
Bibliografía: P. Vitellozzi, en *La Glittica Santarelli ai Musei Capitolini. Intagli, cammei, sigilli*, A. Gallottini (ed.), Roma, 2012, pp. 188-189, n. 300; M. Papini, en *Augusto*, catálogo de la exposición, E. La Rocca, C. Parisi Presicce, A. Lo Monaco, C. Giroire, D. Roger (eds.), Roma, 2013, p. 152, II.8.

La cabeza de la Gorgona aparece de frente, con el cabello rizado reunido en espesos mechones desgreñados, pero sin las serpientes canónicas. Era un atributo de Alejandro Magno y los soberanos ptolemaicos, y tras la victoria de Octavio sobre Cleopatra la Gorgona se usó para simbolizar a la reina vencida, dentro de un repertorio de imágenes simbólicas que incluía la personificación de la Victoria.
Giovanni Gentili

58
Retrato femenino, quizá Cleopatra VII
Siglo I a.C.
Mármol de Paros, altura 35 cm
Procedencia: Roma, villa Doria Pamphilj
Musei Capitolini, Centrale Montemartini, Roma, inv. 3356
Bibliografía: K. Fittschen, P. Zanker, *Katalog der römischen Porträts in den Capitolinischen Museen und der anderen kommunalen Sammlungen der Stadt Rom Band III, Kaiserinnen und Prinzessinnenbildnisse, Frauenporträts*, Mainz, 1983, p. 38, cat. 40, tab. 52, 1-4; *Cleopatra Regina d'Egitto*, catálogo de la exposición, S. Walker, P. Higgs (eds.), Milano, 2000, n. III.20, pp. 169-170.

El retrato femenino, esculpido junto con el busto en un bloque de mármol, muestra el rostro de una mujer aún joven, con unas facciones bastante severas que recuerdan a las de Cleopatra VII. Los ojos, grandes y prominentes, están rodeados de párpados gruesos; la nariz, aunque está dañada, conserva un dorso que sugiere un perfil aguileño, similar al de las efigies monetarias de la última reina de la dinastía ptolemaica. Los labios carnosos y alargados, en cambio, difieren de los de los retratos conocidos de la reina; el perfil muestra un mentón poco pronunciado. El cabello está peinado siguiendo el modelo llamado "de melón", en el que una serie de trenzas onduladas bajaban de la frente y las sienes hasta la nuca; en la parte central de la frente debía de haber una gruesa trenza o una diadema. La singularidad del peinado se aprecia sobre la frente, donde dos superficies lisas y oblicuas servían para sujetar, mediante pernos, partes de la cabellera modeladas por separado o un adorno, quizá de oro. La parte posterior de la cabeza también se había esculpido aparte, fijándola con dos teselas de mármol. A ambos lados, dos gruesos rizos circulares caen por delante de las orejas.

Las facciones, el peinado anómalo y el adorno precioso sugieren que la mujer retratada es Cleopatra VII. De no ser así, el retrato podría ser de una mujer contemporánea de la reina de Egipto que imitaba su estilo, haciendo que la representaran como adepta de un culto religioso o con el aspecto de una diosa.
Vito Mazzuca

59
Augusto como faraón ofrenda a Mandulis y Thot
Siglo I a.C.
Arenisca polícroma,
74 × 51,5 × 7,2 cm
Procedencia: templo de Kalabsha, Baja Nubia
Musée Champollion, Figeac, en depósito del Musée Fenaille de Rodez, inv. D 86.3.186.3.1
Bibliografía: M. Dewachter, "Un fragment de relief prélevé à Kalabsha", en *1841-1842*, *BIFAO* 81, El Cairo, 1981, pp. 7-10; J. Delmas, "Un 'Egyptien' de l'Aveyron: le lieutenant-général Jean-Joseph Tarayre (1770-1855)", en *L'Egypte, Bonaparte et Champollion*, Figeac, 1990, p. 40.

Este bajorrelieve, encontrado en Baja Nubia por Amans Tarayre a principios de la década de 1840, presenta una rica paleta cromática que hace justicia a la fama, en este aspecto, del lugar donde fue hallado, el templo de

Kalabsha. En él encontramos el rojo, el verde y el violeta, un color que el propio Jean-François Champollion dijo haber descubierto por primera vez en un bajorrelieve de este yacimiento nubio el 27 de enero de 1829. Procede de la decoración de la sala que precede al santuario del templo, construido en el siglo I a.C. por el emperador romano (Octavio) Augusto aprovechando una estructura del tiempo de Ptolomeo IX Soter II, cuyos cimientos iniciales se remontan a Amenhotep II. Considerado como el templo más grande de la región después del de Isis de Filae, fue desmontado entre 1961 y 1963 con motivo de la construcción de la presa alta de Asuán y trasladado a cuarenta kilómetros de su emplazamiento original, en la orilla izquierda del lago Nasser. Gracias a la localización de nuestra escultura en el edificio se puede completar y explicar una escena que hoy sólo aparece de forma fragmentaria: se trata de Augusto, el nuevo amo de Egipto, probablemente haciendo una ofrenda de vino en vasos globulares a la deidad solar local, Mandulis, forma nubia de Horus, y al dios Thot. En virtud de la adaptación iconográfica, el romano se representa como un faraón, tocado con *nemes*, con el *uraeus* en la frente y un collar *usej*. El signo jeroglífico *sa* ("protección") encima de su hombro evoca la protección divina de que goza, mientras que los signos mutilados situados en columna más atrás, con una orientación distinta, acompañaban la imagen, todavía visible en el emplazamiento actual, de Augusto haciendo una ofrenda de incienso a Mandulis y Uadjet.
Benjamin Findinier

60
Escena nilótica con hipopótamo y pez
Siglo I d.C.
Pintura al fresco, 87 × 65 cm
Procedencia: entorno de Pompeya
Museo Archeologico Nazionale, Nápoles, inv. 8608
Bibliografía: VV. AA., *Le Collezioni del Museo Nazionale di Napoli*, 1, I, pp. 166-167, n. 314.

La figura de un gran pez en un espejo de agua dulce aparece rodeada de hojas de loto y cañas

palustres, elementos típicos de la ambientación nilótica. En la orilla del río, un hipopótamo se acerca al agua para abrevarse.
El fragmento debió de pertenecer a una decoración más grande que no ha llegado hasta nosotros.
Giovanni Gentili

61
Cocodrilo
Época adrianea, 117-138 d.C.
Mármol de Paros, longitud 126 cm (con la cabeza 162 cm)
Procedencia: Canopo de Villa Adriana, Tívoli
Musei Vaticani, Ciudad del Vaticano, inv. 22837
Bibliografía: G. Botti, P. Romanelli, *Le sculture del Museo Gregoriano Egizio*, Città del Vaticano, 1951, p. 116, n. 185; A. Roullet, *The Egyptian and Egyptianizing Monuments of Imperial Rome*, Leiden, 1972, pp. 127-128, n. 258.

El cocodrilo se apoya en una peana cuya superficie imita las ondas de un río. El tegumento de escamas córneas está esculpido sin esmerarse en los detalles, aunque no carece de eficacia naturalista. La cabeza y el cuello son restauraciones modernas.
En el mundo romano la figura del cocodrilo era un componente esencial del paisaje nilótico, como se aprecia en las representaciones del animal tanto en relieve como en pintura o mosaico encontradas en varios contextos, en Roma o en sus alrededores.
Estas estatuas de animales se colocaban en los santuarios dedicados a los dioses egipcios o en ambientes que evocaban Egipto y reflejan la afición por lo exótico y lo egiptizante que cundió en Roma desde los primeros tiempos de la época imperial. Estos elementos pueden explicar su presencia en el Canopo de la Villa Adriana de Tívoli, donde se encontró la escultura.
Mario Cappozzo

62
Lastra "Campana" con escenas nilóticas
Siglo I a.C.
Terracota moldeada,
48 × 50,5 × 5 cm
Procedencia: probablemente Palestrina
Museo Nazionale Romano, Palazzo Massimo alle Terme, Roma, inv. 62662
Bibliografía: H. von Rohden, A. Winnefeld, *Architektonische*

roemische Tonreliefs der Kaiserzeit, I-II, Berlin-Stockholm, 1911; G. Rocco, en *Il fascino dell'Oriente nelle collezioni e nei Musei d'Italia*, catálogo de la exposición, Beatrice Palma Venetucci (ed.), Frascati, 2010-2011.

Dentro de una arcada doble sostenida por pilares con capitel corintio se representan dos escenas, ambas ambientadas en un tramo del río Nilo: a la izquierda, en primer plano aparecen un hipopótamo, un cocodrilo y una gran flor de loto; cerca de la orilla hay una cabaña con un ibis en el nido, que está en lo alto del tejado; junto a la cabaña hay una figura femenina recostada delante de un herma de Príapo. En la arcada de la derecha se ve una barca con dos pigmeos junto a un cocodrilo y una pareja de ánades. En la orilla, una cabaña con dos ibis en el tejado y un corral de cañas palustres. En la época de Augusto los temas egipcios alcanzaron una gran difusión tras la conquista de Egipto, hazaña que llenó de orgullo a Octavio por haber puesto bajo el poder de Roma un país tan rico y refinado.
Miria Roghi

63
Cabeza de joven nubio
Época adrianea, siglo II d.C.
Mármol *bigio morato* y caliza, altura 27 cm
Procedencia: desconocida
Museo Nazionale Romano, Terme di Diocleziano, Roma, inv. 49596
Bibliografía: V. Intini, "Testa di nero", en S. De Caro, M. Scarpari (eds.), *I due imperi. L'aquila e il dragone*, Milano, 2010, p. 324, n. 143.

La cabeza, de tamaño natural y con ligera torsión a la izquierda, representa a un joven nubio de facciones chatas y espesa cabellera, que se reparte en mechones alternados con rizos estrechos y alargados, reunidos por detrás en una masa compacta por encima de la nuca. La frente baja está ligeramente fruncida y los párpados enmarcan unos ojos muy expresivos gracias a la incrustación de caliza, con pupila de color gris oscuro *(bigio morato)*. Bajo la nariz ancha y roma los labios son carnosos, con leve inclinación hacia abajo, sobre un mentón bastante

pronunciado. En los lóbulos de las orejas hay orificios para colgar pendientes de metal.
Ingrid Melandri

64
Escena de jardín con pareja de esfinges
Hacia mediados del siglo I d.C.
Pintura al fresco, 151 × 172 cm
Procedencia: Pompeya, Casa del Bracciale d'Oro (VI 17 Ins. Occ., 42)
Depositi Soprintendenza Speciale per i Beni Archeologici di Pompei, Ercolano e Stabia, Pompeya, inv. 87228
Bibliografía: *Egittomania*, S. De Caro (ed.), Milano, 2006, pp. 188-191, III.60.

La escena formaba parte de la decoración de un espacio absidado que se abría a un jardín, enriquecido con esculturas inspiradas en el antiguo Egipto, una moda difundida en la primera época imperial entre las familias eminentes de las ciudades vesubianas, que de este modo también expresaban su lealtad política, adecuándose a los modelos propuestos por la corte tras la conquista de Egipto.
El fresco representa un frondoso *viridarium* que se extiende detrás de una celosía, que está en primer plano. Entre los árboles y los matorrales, poblados por varias especies de aves cuyas figuras se han perdido, se ven dos esfinges agachadas sobre ménsulas, tocadas con *nemes* y *uraeus*, símbolo del poder faraónico. Las estatuas están enfrentadas a ambos lados de un pequeño pilar que sostenía una lastra de mármol, no conservada, probablemente decorada con una imagen de inspiración egipcia.
La pintura, bastante somera en la técnica y la representación de las figuras, es el resultado de las restauraciones realizadas en la última etapa vivida de la casa, quizá después del terremoto que asoló Pompeya en el año 62 d.C.
Sara Matilde Masseroli

65
Relieve de Venus Genetrix
Segunda mitad del siglo I a.C. – principios del siglo I d.C.
Mármol frigio, 76 × 65 × 9 cm
Procedencia: Sperlonga, frente a la gruta-ninfeo de la Villa de Tiberio, 1959
Museo Archeologico Nazionale, Sperlonga, inv. 80439
Bibliografía: N. Cassieri, *La grotta*

di Tiberio e il Museo Archeologico Nazionale. Sperlonga, Roma, 2000, pp. 65-66, fig. 30; B. Andreae mit Beiträgen von J.-C. Grenier und C. Landwehr, *Kleopatra und die historischen Persönlichkeiten in ihrem Umkreis*, in *Kleopatra und die Caesaren. Eine Ausstellung des Bucerius Kunst Forums*, München, 2006, pp. 48-125, cat. n. 24, fig. 52.

El relieve muestra un busto femenino, con el rostro de perfil, que se ha identificado con Venus Genetrix (genitora). Tiene un peinado refinado, con diadema y pendiente. Por detrás del hombro derecho, descubierto por el vestido que baja modelando el pecho, asoma un amorcillo alado con un abanico en forma de hoja de hiedra en la mano.
El modelo de este relieve fue probablemente la estatua de culto del templo erigido a la misma diosa en el Foro de César, en Roma. La iconografía de este simulacro, esculpido por Arquesialo y dedicado en 46 a.C., se repite en varios cuños monetarios de la época cesariana, así como en unas réplicas menores. La presencia del relieve en la villa de Sperlonga podría deberse a la voluntad de Tiberio de señalar que, además de ser descendiente de Ulises (considerado el fundador de su linaje, la *gens Claudia*), tenía un vínculo estrecho con la *gens Iulia*, descendiente de Venus, a la que pertenecían por adopción Augusto y el propio Tiberio.
Carlo Molle

66
Cadena
Siglos I a.C. – I d.C.
Oro, longitud 242 cm; 312,7 g
Procedencia: Pompeya, Moregine, edificio B
Soprintendenza Speciale per i Beni Archeologici di Pompei, Ercolano e Stabia, Pompeya, inv. 81589
Bibliografía: A. d'Ambrosio, "I monili dallo scavo di Moregine", en *MEFRA* – 113, 2001, pp. 969 ss y 977 con bibliografía; M. Mastroroberto, en VV. AA., *Storie da un'eruzione. Pompei, Ercolano, Oplontis*, catálogo de la exposición, Milano, 2003, p. 471.

El collar está formado por una malla de tipo *loop-in-loop* múltiple; en los extremos lleva

dos pequeños cilindros acanalados con sendos anillos soldados. Se trata de una *catena*, adorno que debía acicalar el busto de una mujer de alto rango, cruzándose sobre su pecho y su espalda, como está documentado iconográficamente en hallazgos de distinto tipo correspondientes a la época helenística y romana. La falta de broche, quizá perdido, puede dar pie a la hipótesis de un uso ornamental distinto de la cadena: como collar, apoyado alrededor del cuello y sobre los hombros.
Giovanni Gentili

67-68
Par de brazaletes con forma de serpiente
Siglo I a.C. – I d.C.
Oro, plasma de esmeralda, diámetros 9 y 9,2 cm
Museo Archeologico Nazionale, Nápoles, inv. 126364 y 126365
Bibliografía: L. Breglia, *Catalogo delle oreficerie del Museo Nazionale di Napoli*, Roma, 1941, p. 85, n. 829-830, tab. XXXVI; R. Siviero, *Gli ori e le ambre del Museo Nazionale di Napoli*, Firenze, 1954, p. 59.

Una serpiente se enrosca en varias espiras. La barra es lisa, a excepción de las escamas que cubren la cabeza y la cola del animal, obtenidas con una fina labor de incisión en V y repartidas irregularmente por la superficie. La cabeza está finamente labrada, reproduciendo con detalle los rasgos naturalistas del animal: las fauces están entreabiertas, los bulbos oculares son engarces para esmeraldas –de las que sólo se conserva una–, y la parte superior de la cabeza presenta escamas de varios tamaños.
Fiorenza Grasso

69
¿Brazalete? en forma de serpiente
Siglos I a.C. – I d.C.
Plata con incrustaciones de oro, diámetro 11,1 cm, cabeza 3,5 × 2,2 cm
Procedencia: Pompeya, plaza del anfiteatro, junto a algunos esqueletos
Soprintendenza Speciale per i Beni Archeologici di Pompei, Ercolano e Stabia, Pompeya, inv. 6131
Bibliografía: A. d'Ambrosio, S. De Caro, *I monili dell'area vesuviana*, Roma, 1997, p. 34, n. 37, tab. V.

La serpiente (quizá un brazalete), excepcional por su peso (unos 500 g) y su exquisita factura, tiene un acabado esmerado, sobre todo en la cabeza, enriquecida con escamas de oro. Este modelo iconográfico de joya, muy en boga durante la época helenística a causa de su valor apotropaico, proliferó en la época de Augusto después de la conquista de Egipto. Así lo documentan los frecuentes hallazgos en la zona del Vesuvio, que suelen constar de pares de brazaletes y anillos, realizados en oro, con barra maciza o hueca, y en plata.
Giovanni Gentili

70
Urna cineraria
Siglo I a.C. – siglo I d.C.
Ónice oriental de El Qawatir, Egipto, 52 × 36 cm
Procedencia: Roma, via Laurentina
Colección Dario Del Bufalo, Roma
Bibliografía: *I Marmi colorati della Roma Imperiale*, catálogo de la exposición, M. De Nuccio y L. Ungaro (eds.), Venezia 2002, p. 368, n. 68

La urna tiene forma troncocónica y una tapadera de otra procedencia, añadida cuando se le dio un uso cinerario. En Egipto se debió de usar como balsamario y ungüentario. En la superficie hay una inscripción dedicatoria a la difunta Iulia, quizá una liberta, como parece indicar la abreviatura LIB que se lee en el tercer renglón. La edad de la difunta debía de ser 12 años o bien 18, dada la repetición del romano XII.
La tipología de la vasija, el material y las características de la inscripción nos permiten atribuirla a la época de Augusto.
Francesca Licordari

71
Ánfora
Época romana,
siglo I a.C. – siglo I d.C.
Alabastro egipcio, altura 98 cm
Procedencia: mercado anticuario
Fondazione Dino ed Ernesta Santarelli, Roma, inv. 394 a
Bibliografía: VV. AA., *Le Mythe Cléopâtre*, catálogo de la exposición, Paris 2014, n. 185, p. 302.

Se trata de una ánfora de gran tamaño, cuello bajo y labio apenas exvasado, hombro casi plano y ligeramente inclinado

hacia fuera; termina en punta redondeada y carece de asas. El recipiente se obtuvo tallando al torno un gran bloque de alabastro egipcio veteado, de color amarillo miel, y seguramente estaba destinado a contener vinos excelentes y a ser exhibido en la mesa de algún rico notable romano. La pasión típicamente romana por los objetos de lujo egiptizantes y las piedras raras procedentes de los territorios egipcios recién conquistados y destinados a adornar templos, villas y *domus*, está bien documentada por este objeto excepcional, de exquisita factura.
Giovanni Gentili

72
Crátera con dos asas
Época augustea
Alabastro egipcio, altura 37 cm, diámetro boca 31 cm
Procedencia: S. Maria Capua Vetere, necrópolis de Ponte di S. Prisco, 1897
Museo Archeologico Nazionale, Nápoles, inv. 124700
Bibliografía: *Augusto e la Campania. Da Ottaviano a Divo Augusto*, 2014, catálogo de la exposición, T.E. Cinquantaquattro, C. Capaldi, V. Sampaolo (eds.), pp. 92-94, VIII.56.

El pie es de restauración. En las asas y el cuello hay añadidos y lagunas. Esta suntuosa y preciada vasija, destinada a contener vino, es un documento excepcional del lujo que ostentaba la mesa de la alta sociedad romana, difundido en la época de Augusto, y probablemente es obra de artesanos greco-alejandrinos. Se ha tallado en un solo bloque de alabastro egipcio de extraordinaria transparencia, de color amarillo miel. El artesano ha reproducido con gran habilidad formas helenísticas propias de los metales, como el bronce y la plata, creando un objeto de factura excepcional, único en su género hasta hoy. La crátera se encontró en una sepultura, donde se usaba como urna cineraria.
Giovanni Gentili

73
Copa
Finales del siglo I a.C. - principios del siglo I d.C.
Calcedonia gris rosada, longitud máx 12 cm

Procedencia: Olbia, Cerdeña, necrópolis de Joanne Canu
Museo Archeologico Nazionale, Cagliari, inv. 39309
Bibliografía: P. Bernardini, en *Giulio Cesare. L'uomo, le imprese, il mito*, G. Gentili (ed.), Milano, 2008, p. 191, n. 63.

La preciosa copa se esculpió en un bloque de calcedonia gris rosada en un taller alejandrino. Tiene forma de hoja, con hojas y flores de rosal grabadas.
Giovanni Gentili

74
Copa con dos asas
Primera mitad del siglo I d.C.
Obsidiana con incrustaciones polícromas y pan de oro y plata, diámetro 20,6 cm, altura 5,5 cm
Procedencia: Pompeya
Museo Archeologico Nazionale, Nápoles, inv. 13591
Bibliografía: V. Spinazzola, *Le arti decorative in Pompei e nel Museo Nazionale di Napoli*, Milano, 1928, p. XVIII, tab. 222; VV. AA., *Le collezioni del Museo Nazionale di Napoli*, Milano, 1989, I, 1, p. 220, n. 19.

La copa, que se consideró erróneamente de vidrio negro moldeado, pone de relieve la excelencia de los talleres artesanos greco-alejandrinos. De exquisita y complicada factura, con las dos asas espléndidamente talladas en el único bloque utilizado para su realización, la copa está decorada por dentro con un motivo vegetal y animal que en gran parte se ha perdido. No obstante, el vaciado para embutir las incrustaciones diminutas de piedras duras y metales preciosos –aún se pueden apreciar incrustaciones verdes de malaquita para las hojas y cuentas redondas de cornalina que simulan granos de uva madura– está intacto: se trata de un elegantísimo sarmiento de vid sobre el que se posan y vuelan aves y libélulas.
Giovanni Gentili

75
Plato de vidrio millefiori
Siglo I a.C.
Vidrio rojo fundido sobre molde, con segmentos de caña monocromos en mosaico y en espiral, diámetro 13,2 cm, altura 2,5 cm
Procedencia: Trofarello, Turín
Museo di Antichità - Polo Reale

di Torino, Turín, inv. 3801
Bibliografía: *Vetri a Roma*,
catálogo de la exposición,
M. Cima y M.A. Tomei (eds.),
Milano, 2012, 25 bis, p. 111.

El plato consta de una lámina de
vidrio rojo con inserciones de
segmentos en mosaico de caña
de vidrio cuadrangular de color
blanco, azul, verde y amarillo, y
otros en espiral. El borde está
formado por una caña reticulada.
Gabriella Pantò

76
*Lucerna con representación
de Serapis*
Finales del siglo II – principios del
siglo III d.C.
Arcilla con engobe rojo,
altura 21 cm, longitud 23,5 cm,
anchura 17 cm
Procedencia: Palatino, Domus
Tiberiana, probablemente de un
sacelio de culto isíaco
Museo Nazionale Romano,
Palazzo Massimo alle Terme,
Roma, inv. 53566
Bibliografía: F. Manera, C. Mazza,
*Le collezioni egizie del Museo
Nazionale Romano*, p. 119, n. 88,
Roma, 2001; C. Pavolini,
M.A. Tomei, "Iside e Serapide nel
Palazzo. Lucerne isiache nella
Domus Tiberiana", en *JRA*, supl.
Serie n.° 11, pp. 93-96, 1993.

La lucerna es de volutas, con dos
piqueras y disco cóncavo
decorado con un busto de perfil
de Minerva galeada. El orificio de
alimentación está descentrado.
En el asa había dos bustos; el
único que se conserva es de
Serapis, que sale de un cesto de
acanto. La deidad viste quitón e
himatión, tiene barba poblada y
lleva un modio sobre la
abundante cabellera. Es bastante
probable que el busto que falta
representase a la compañera
habitual de Serapis, la diosa Isis.
La pareja divina alude a la pareja
imperial de Roma, asimilada a los
dioses egipcios en un proceso
propagandístico de legitimación y
exaltación del poder real, sobre
todo en el periodo severiano. En
dicho periodo se sitúa,
justamente, la fabricación de
esta lucerna, que no tiene
señales de haber sido usada.
Claudia Mazza

77
Relieve con divinidad alejandrina
Hacia mediados del siglo II d.C.
Mármol griego del Imeto,
79 x 126 cm, profundidad

máx 30 cm
Procedencia: Roma, via della
Conciliazione, antigua Piazza Pia,
1941
Musei Capitolini, Roma,
inv. 2425
Bibliografía: S. Ensoli, en
*Dalla Terra alle genti.
La diffusione del cristianesimo nei
primi secoli*, catálogo
de la exposición, A. Donati (ed.),
Milano, 1996, pp. 201-202, 45.

En el centro del relieve se
representa a Serapis sentado en
un trono. A ambos lados, el perro
tricéfalo Cerbero, acariciado por
el dios, y a la derecha el pequeño
Harpócrates, que lleva una
cornucopia. Junto a la máxima
divinidad alejandrina hay dos
figuras femeninas de pie: a la
izquierda Isis-Deméter, con el
típico modio cargado de frutos, y
a la derecha quizá la misma Isis
identificada con Perséfone. La
figura masculina del extremo
izquierdo probablemente es un
sacerdote. La lastra procede de
una zona vaticana donde se han
encontrado muchos materiales
egiptizantes; podría ser un lugar
de culto isíaco.
Giovanni Gentili

78
Estatua de Serapis en su trono
Finales del siglo II d.C.
Mármol, altura 112 cm
Procedencia: Pozzuoli, *Macellum*
Museo Archeologico Nazionale,
Nápoles, inv. 975
Bibliografía: E. Nuzzo, en
Egittomania. Iside e il mistero,
catálogo de la exposición,
S. De Caro (ed.), Milano, 2002,
II. 2, p. 78

La estatua se halló en Pozzuoli,
la antigua *Puteoli*, sede de la flota
romana en el mar Tirreno,
localidad donde el culto a Serapis
está documentado ya en el siglo II
a.C. Reproduce la famosa estatua
de culto del Serapeion de
Alejandría: el dios, coronado con
un alto modio adornado con
ramas y bayas de olivo, sujeta
con la izquierda un largo cetro,
mientras con la mano derecha
acaricia al perro tricéfalo
Cerbero, guardián de los
infiernos, sobre cuyo cuerpo se
enrosca una serpiente.
Giovanni Gentili

79
Estatua de Anubis
Siglo I a.C. – siglo I d.C.
Mármol, 137 × 41,5 cm

Procedencia: Cuma, 1836
Museo Archeologico dei Campi
Flegrei, Baia - Bacoli, inv. 981
Bibliografía: F. Zevi (ed.),
*Il museo archeologico dei campi
flegrei. Cuma*, vol. I, 2008,
pp. 394-395; A. Ruesch (ed.),
*Guida illustrata al Museo
Nazionale di Napoli*, Napoli, 1911.

La estatua representa a Anubis,
el dios con cabeza de cánido y
cuerpo de Hermes, conforme al
concepto de psicopompo, y es un
producto de la helenización de la
divinidad egipcia. Adopta la típica
postura lisipea: estante sobre la
pierna izquierda, con la derecha
ligeramente flexionada y
adelantada, el brazo derecho
doblado hacia delante y el
izquierdo pegado al cuerpo,
sujetando el caduceo, del que
sólo se conserva la parte
superior. El dios viste clámide
abrochada en los hombros que le
cae sobre el busto en amplios
pliegues, y se apoya en un pilar
de sostén con forma de tronco de
palmera.
El hallazgo de la estatua de
Hermes-Anubis junto a los muros
septentrionales de la ciudad de
Cuma, donde se cree que existió
un santuario público dedicado al
panteón egipcio, atestigua la
asimilación completa de los
cultos egipcios ya en el periodo
julioclaudio. Los cultos orientales
están documentados en
Campania por manifestaciones
precoces de la aculturación
progresiva, evidente sobre todo
en áreas portuarias y
comerciales, como sucede en las
antiguas *Cumae* y *Puteoli*.
Fiorenza Grasso

80
Estatua de Isis
Primeras décadas del siglo II d.C.
Mármol ¿de Tasos?, altura
148 cm
Procedencia: excavaciones
de 1940 en la Palestra de las
Termas del Foro de Ostia;
anteriormente en la colección
del castillo del papa Julio II
della Rovere.
Museo Ostiense, Ostia, inv. 154
Bibliografía: S. Ensoli, en VV. AA.,
*Ambrogio e Agostino, le sorgenti
dell'Europa*, Milano, 2003,
pp. 403-404, n. 206.

La diosa se representa en
postura estante, vestida con una
túnica y el típico manto con
flecos, atado a la altura del pecho
con el característico nudo isíaco.

La cabeza está tocada con una
diadema de la que sobresale el
uraeus sagrado.
En la mano derecha, mutilada,
probablemente llevaba un sistro,
mientras que con la izquierda,
extendida con el brazo –cuyas
sujeciones se conservan– a lo
largo del costado, debía de
sostener una sítula, ambos
instrumentos esenciales del culto
de la diosa. La estatua sigue el
modelo de la Isis conservada en
los Musei Capitolini (inv. 744),
quizá derivado, a su vez, del que
se encuentra en el Iseo
Campense de Roma.
Giovanni Gentili

81
*Figura femenina (¿sacerdotisa?)
con la cabeza cubierta*
Época imperial romana
Mármol blanco y piedra negra,
altura 108 cm,
anchura base 70 cm
Procedencia: desconocida
Museo di Antichità - Polo Reale
di Torino, Turín, inv. 283
Bibliografía: H. Dütschke, *Antike
Bildwerke im Oberitalien, IV*,
Lepzig, 1880, p. 52; V. Barberis,
"Collezioni archeologiche", en
M. Cima (ed.), *Liberty. La donna
al centro dell'universo*, Nichelino,
2010, pp. 61-67.

Estatua femenina con ropaje.
Lleva una corona trenzada de
flores en el cuello y viste una
túnica, ceñida bajo el pecho
mediante un cinturón decorado
en relieve con flores y pequeñas
abejas. La cabeza está cubierta
con un manto que le tapa los
brazos hasta el codo. En la base
se conservan las patas de dos
aves, quizá ibis. Podría ser la
representación de una deidad o
de una devota relacionada con
los cultos mistéricos o, en
general, con los cultos
helenísticos de origen oriental
(Afrodita de Afrodisias, Artemis
Efesia), que tuvieron gran
difusión en el Imperio Romano a
partir del siglo II d.C. y más aún
en el III.
Valentina Barberis

82
Ibis
62-79 d.C.
Pintura al fresco, 82,3 × 56,6 cm
Procedencia: Pompeya, Templo
de Isis
Museo Archeologico Nazionale,
Nápoles, inv. 8562
Bibliografía: G. Fiorelli,
Pompeianarum Antiquitatum

Historia, vol. III, Napoli, 1860-64;
S. De Caro (ed.), *Alla ricerca di
Iside. Analisi studi e restauri
dell'Iseo pompeiano nel Museo di
Napoli*, Roma, 1992.

El ibis se representa sobre fondo
blanco, con una flor de loto
encima de la cabeza y unas
espigas en el pico. El ave acuática
encarna a Tot, dios de la
sabiduría, que en su calidad de
deidad lunar guía al difunto
durante el juicio en el Más Allá.
El fragmento estaba pintado en
una pared del Templo de Isis de
Pompeya junto con otros
animales sagrados: la cobra,
símbolo de Uadyet, la diosa del
Bajo Egipto, y el buitre, símbolo
de Nejbet, del Alto Egipto. En la
misma pared también había un
león, borrado casi por completo.
La decoración del *sacrarium*,
caracterizada por pinturas de
estilo rápido e inmediato, con uso
de pocos colores y escasa
atención a los detalles, parece
obra de un artesano habitual en
la pintura de los lararios y
también en los rótulos de las
tiendas. El estilo es inmediato y
útil para expresar el simbolismo
de las imágenes.
Fiorenza Grasso

83
Ceremonia isíaca
Hacia mediados del siglo I d.C.
Pintura al fresco, 74 × 52 cm
Procedencia: ¿Herculano?
Museo Archeologico Nazionale,
Nápoles, inv. 8919
Bibliografía: *Iside. Il mito, il
mistero, la magia*, catálogo de la
exposición, E. Arslan (ed.),
Milano, 1997, p. 447.

Sobre el alto podio de un templo
adornado con palmas y
guirnaldas, un sacerdote pintado
de marrón rojizo y con máscara
(¿de Bes?) danza en presencia de
unos músicos, otros sacerdotes
con la cabeza rapada y túnica
blanca, y varios fieles, algunos
con címbalos y sistros. En el centro
de la escena, abajo, se ve un altar
para quemar ofrendas; sobre el
plinto del altar hay dos ibis.
Giovanni Gentili

84
Estela de Harpócrates
Siglo I d.C.
Esteatita, altura 24 cm
Procedencia: Roma, excavaciones
Colección Dario Del Bufalo, Roma
Bibliografía: F. Licordari, en
Cleopatra. L'incantesimo

dell'Egitto, catálogo de la exposición, G. Gentili (ed.), Milano, 2013, p. 297, n. 145.

La estela, fechable a principios de la época imperial, representa a Harpócrates desnudo pisando dos cocodrilos convergentes que cruzan sus hocicos. El dios tiene los brazos abiertos y en cada mano sujeta dos serpientes, un escorpión y un órice. Lleva el cabello recogido en una trenza que le cae sobre el hombro derecho, símbolo de la infancia del dios. La misma divinidad, cuando se representa niña, tiene el aspecto de Harpócrates, y cuando es adulta asume la apariencia de Horus. Sobre su cabeza hay una máscara de Bes. Las estelas de Harpócrates procedían de Egipto y se difundieron en la época helenística y romana por sus propiedades taumatúrgicas. Según la tradición, un escorpión había picado al dios niño, que sanó gracias a la intervención mágica del sabio dios Thot. Por eso cuando a alguien le picaba un animal venenoso se llevaba a cabo un ritual que incluía la inmersión en agua de la estatuilla. Así el agua adquiría poderes mágicos y favorecía la curación. La solidez de la esteatita evitaba que el objeto se deteriorase.
Aunque es una estela mágica, falta la inscripción jeroglífica de carácter propiciatorio.
Francesca Licordari

85
Sistro con Bes
Siglo I d.C.
Bronce, altura 22,5 cm
Procedencia: quizá Pompeya
Museo Archeologico Nazionale, Nápoles, inv. 109669 (bis)
Bibliografía: *Egittomania*, catálogo de la exposición, S. De Caro (ed.), Milano, 2006, p. 171, n. III.13.

El sistro tiene forma de herradura, con cuatro varillas. La base se ha obtenido por fundición, y los detalles con líneas grabadas en profundidad. La decoración de la base es una imagen estilizada de Bes. Por encima de la deidad, sobre una garganta entre dos molduras, aparece una máscara de Hathor rodeada de plumas.
En la inserción del marco con el mango sobresalen lateralmente dos cabecitas de serpiente.

El disco solar con plumas dentro de una cornamenta doble (a la izquierda) y un *uraeus* (a la derecha) poco legible están representados en altorrelieve a ambos lados del marco. En lo alto y en el interior del marco hay sendos gatos. El instrumento se agitaba durante las ceremonias para producir un sonido estridente.
Fiorenza Grasso

86-87
Estatuas de los ríos Tíber y Nilo
Época adrianea
Mármol blanco, 95 x 177 x 64 cm y 78 x 165 x 66 cm, respectivamente
Procedencia: Tívoli, Villa Adriana, inmediaciones del Canopo
Villa Adriana, Antiquarium del Canopo, Tívoli, inv. 2261 y 2259
Bibliografía: S. Klementa, *Gelagerte Flussgötter des Späthellinimus under Romischen* Kaiserzeit, Böhlau, Köln, 1993, lam. 9, nos. 17-18, pp. 21-22 y 52-53.

Las dos estatuas, de tamaño natural, representan la personificación del Tíber y el Nilo con semblanzas humanas. Dos vigorosas figuras masculinas adultas, con larga cabellera y barba poblada, yacen sobre un pedestal que imita la corriente de agua, apoyadas en un antebrazo. Ambas sostienen una cornucopia llena de frutos y mieses.
El Tíber, coronado con ramas y provisto de un remo, está acompañado de la loba y los gemelos Rómulo y Remo, para recordar los orígenes míticos de Roma; completa la representación del Nilo una esfinge agachada, retratada frontalmente y tocada con el *nemes* real.
Las esculturas se encontraron en las inmediaciones del Canopo, donde debían de tener una función decorativa junto con muchos otros monumentos egiptizantes de mármol (cráteras, estatuas, dos cocodrilos).
Giovanni Gentili

88
La muerte de Cleopatra
Giovanni Pietro Rizzoli, il Giampetrino (Milán, 1495-1549)
Hacia 1525
Óleo sobre tabla, 94,29 x 70,16 cm
Samek Art Museum, Bucknell University, Lewisburg, inv. 1961.K.347

Discípulo de Leonardo da Vinci y exponente destacado del Renacimiento lombardo, Giampietrino ofrece en esta Cleopatra –tabla cargada de colores densos y opacos– una visión distante de la última reina de Egipto, no exenta sin embargo de tonos íntimos y casi sobrios, asimilándola a heroínas míticas como Dido, Sofonisba o Lucrecia, entre otras, que se suicidaron por amor a su propia libertad o la de sus seres queridos.
El cuerpo desnudo de Cleopatra, de carnalidad luminosa y apenas oculto por un manto rojo anaranjado que sujeta su hombro izquierdo, destaca sobre un fondo pardo oscuro. La mesa de madera provista de un tapete con listas anchas en verde y el escabel sobre el que se sienta la reina parecen más propios de un entorno humilde; tan sólo las gruesas perlas que adornan el cuello y las orejas de la soberana revelan su dignidad real. Ella, resignada, alza los ojos y la mano derecha hacia el cielo mientras uno de los áspides que ha salido del cesto se aproxima a su seno, a punto ya de succionarle la vida.
Giovanni Gentili

89
Cleopatra
Lavinia Fontana (Bolonia, 1552 – Roma, 1614)
Hacia 1585
Óleo sobre tabla, 87,3 x 71 cm
Galleria Nazionale di Palazzo Spada, Roma, inv. 245

La pintora boloñesa realizó en torno a 1585 esta singular versión de Cleopatra, completamente distinta de las "Cleopatras" ya en boga desde principios de siglo. La reina lleva un lujoso vestido de intencionado sabor orientalizante, como también es de corte oriental el casquete, completado con una toca alada que le ciñe el mentón y la garganta, mientras se acerca, serena y con ademán heroico, al jarrón de bronce dorado del que asoma el áspid.
Giovanni Gentili

90
Muerte de Cleopatra
Denis Calvaert (Amberes, hacia 1540 – Bolonia, 1619)
Hacia 1590
Óleo sobre lienzo, 186 x 194 cm
Museo della Città di Bologna – Fondazione Cassa di Risparmio, Bolonia

Cleopatra, pintada teatralmente en el centro de una estudiada composición carente de dramatismo por el flamenco Calvaert –representante destacado de la escuela pictórica boloñesa en su paso del manierismo al neoclasicismo–, aparece desnuda, con evidente intención erótica, mientras dos serpientes se enredan en sus brazos como peligrosos brazaletes.
Giovanni Gentili

91
Muerte de Cleopatra
Guido Cagnacci (Santarcangelo di Romagna, 1601 – Viena, 1663)
1640
Óleo sobre lienzo, 120 × 93 cm
Collezione Comunale d'Arte di Palazzo d'Accursio, Bolonia, inv. P94

El erotismo propio de muchos cuadros de Cagnacci estalla con fuerza en esta hermosa Cleopatra, representada teatralmente sobre un fondo oscuro, mientras una suerte de pesado telón de damasco gris, recogido al efecto, permite que la contemplemos. La mirada es lánguida, el pecho turgente está descubierto para favorecer la mordedura de la serpiente en la piel tersa y luminosa de la mujer, en neto contraste con los colores pardos utilizados por el pintor, incluyendo el terciopelo granate del vestido real.
Giovanni Gentili

92
Cleopatra
Anónimo, escuela de Guido Reni
Hacia 1650
Óleo sobre lienzo, 96,60 × 78,80 cm
Museo de Huesca, inv. 00026
Bibliografía: Comisión Provincial de Monumentos, "Catálogo del Museo Provincial de Huesca. Sección de pintura", *Revista Argensola* 39, 1959, p. 228, nº 26; *Recuperación del Patrimonio Pictórico del Museo de Huesca: Año 2007*, catálogo de exposición, Huesca, 2008, p. 81-84.

La muerte o suicidio por un áspid escondido en un cesto es el tema más habitual en la representación de la reina egipcia desde el Renacimiento. Cleopatra constituyó, junto con Lucrecia, el modelo femenino del mundo clásico más representado por Guido Reni (Calvenzano di

Vergato, 1575- Bolonia, 1642), pintor barroco de la escuela boloñesa al que gustó pintar el suicidio de ambas heroínas, cuyo marcado dramatismo, muy del gusto del momento, acentuaba con los amplios pliegues de trajes y túnicas, como en el cuadro del Museo de Huesca atribuido a la escuela de Guido Reni, o el de su mano con el mismo tema que conserva el Museo del Prado (inv. P00209).
Cleopatra aparece en este lienzo de Huesca vista de medio cuerpo y mirando hacia arriba y hacia la derecha. Viste una amplia túnica blanca, que resalta la fina piel de su cuerpo, destacado sobre el fondo oscuro de la escena y sobre otra túnica azul y un manto púrpura de color rojizo, que simbolizaba el poder real. Con su mano izquierda sostiene el borde de la túnica, que ha retirado para que el áspid pudiera morderle en el pecho derecho, lo que añade un toque de sensualidad; y con la punta de los dedos de la otra mano sostiene delicadamente el animal en el momento crítico, antes de sucumbir por la mordedura. Realza la intensidad de la escena el acusado contraste entre luces y sombras, muy representativo de la estética del Barroco, lo mismo que el gusto por un cuerpo femenino amplio, por holgadas vestimentas con vivos colores y la actitud poco natural de la reina, como si estuviera imprecando a los cielos. La reciente restauración de este cuadro ha permitido identificar el áspid que muerde a la reina en su seno derecho, que antes estaba oculto. Este detalle ha despejado las dudas sobre el tema del cuadro, al asegurar que se trata de la muerte de Cleopatra. El lienzo procede del Fondo Valentín Cardedera, integrado por tablas y lienzos reunidos por este afamado pintor y coleccionista oscense del siglo XIX. Estas obras que formaban parte de su colección particular y le servirían también como elementos de estudio y de inspiración las donó al Museo de Hueca en 1875 con la condición de que permanecieran en esa ciudad.
Martin Almagro-Gorbea

93
Cleopatra
Claude Bertin (muerte en Versalles, 1705)
Anterior a 1697
Mármol, 56 × 49,5 × 30,5 cm

Musée du Louvre, département des sculptures, París, inv. RF3717

Bertin esculpe una Cleopatra vestida al modo clásico, con un rico manto adornado de encajes y una diadema de estilo isíaco en el cabello, mientras el áspid le muerde el pecho. El patetismo de la reina y el ropaje ahuecado son deudores de Bernini, príncipe del Barroco. Este busto formaba parte de una serie de retratos de heroínas de la antigüedad (junto con los de Zenobia, Popea, Dido y Berenice), realizados por el escultor en su taller de Versalles.
Giovanni Gentili

94
La muerte de Cleopatra
Sebastiano Mazzoni (Florencia, hacia 1611 – Venecia, 1678)
Hacia 1660
Óleo sobre lienzo, 75 × 110,5 cm
Pinacoteca dell'Accademia dei Concordi a Palazzo Roverella, Rovigo, inv. 190

Mazzoni, protagonista de la pintura veneciana del siglo XVII, nos brinda una representación teatral, tan insólita como fascinante, de la muerte de la última reina de Egipto. En el centro de la estancia Cleopatra yace boca arriba sobre unos almohadones, mientras a ambos lados las siervas lloran su muerte. La habitación, oscura y de colores terrosos, está iluminada por vivos y trágicos resplandores que evocan a Tintoretto.
Giovanni Gentili

95
La muerte de Cleopatra
Antoine Rivalz
(Toulouse, 1667-1735)
1715
Óleo sobre lienzo, 122 × 101 cm
Musée des Augustins, Toulouse, inv. 88 1 1

Este lienzo representa a Cleopatra moribunda. El áspid ya se ha separado de su pecho y vemos a la reina desfallecida en un sillón que queda oculto por el rico drapeado de sus ropajes. La luminosidad lívida de los encarnados, unida a la gama cromática de colores fríos y metálicos, resaltan sobre el fondo oscuro, marcando trágicamente el dramatismo del funesto suceso.
Giovanni Gentili

96
Cleopatra disuelve la perla
Carlo Maratti (Camerano, 1625 – Roma, 1713)
1693-1695
Óleo sobre lienzo, 162 × 113 cm
Museo Nazionale del Palazzo di Venezia, Roma, inv. PV 873

Maratti, apreciado pintor que trabajó para la corte pontificia, representa en esta versión –fastuosamente barroca aunque no desprovista de un comedido clasicismo– el momento culminante de la famosa cena ofrecida por Cleopatra a Antonio, narrada por Plinio el Viejo en su *Historia Natural* (IX, XLVIII). La reina está disolviendo en una copa de vinagre una perla extraordinaria, "la más grande de toda la historia, un trabajo notable y único de la naturaleza", que vale diez millones de sestercios, para luego beberla, una vez disuelta en el líquido, asombrando con este alarde de riqueza a Antonio y los demás invitados.
Giovanni Gentili

97
La muerte de Cleopatra
Jean-Baptiste Regnault
(París, 1754-1829)
1796-1797
Óleo sobre lienzo, 64,5 × 80 cm
Stiftung Museum Kunstpalast, Düsseldorf, inv. M 2353

Amigo de J.L. David y representante destacado del neoclasicismo francés, Regnault –que firmaba significativamente "Renaud de Rome" para señalar la importancia de su estancia en Roma alrededor de 1775– es el autor de esta *Muerte de Cleopatra*, tan patética como glacial, reflejo justamente de la temporada romana del artista. Lo revela la postura de la reina muerta, representada en el diván con el brazo derecho caído: una cita tanto de un célebre sarcófago de la época romana conservado en los Musei Capitolini que representa *La muerte de Meleagro*, como del no menos célebre lienzo de Caravaggio conocido como *Entierro de Cristo* que custodia la Pinacoteca Vaticana. Tampoco es casualidad que J.L. David se inspirase en las mismas obras para el cuadro que representa *La muerte de Marat*, pintado en 1793 y conservado en el Musée des Beaux-Arts de Bruselas.
Giovanni Gentili

98
Cleopatra
Mosè Bianchi
(Monza, 1840-1904)
1872
Óleo sobre lienzo, 55 × 45 cm
Galleria d'Arte Moderna, Milán, inv. GAM 239

Bianchi, pintor académico lombardo de historias y santos, nos brinda en esta *Cleopatra* una lectura todavía neorromántica de la mítica reina, aunque tanteando las novedades de la egiptomanía que cundía en la Europa de su tiempo. La heroína todavía es la *femme fatale*, la seductora de hombres, espléndida en su exhibida desnudez, con los brazos levantados arreglándose el cabello negro y largo, mientras una piel de leopardo le cubre parcialmente las piernas. Al fondo, en lo alto de una larga escalinata, un sirviente lleva en la cabeza una cesta: quizá la misma donde se oculta el áspid.
Giovanni Gentili

99
Cleopatra
John William Waterhouse
(Roma, 1849 – Londres, 1917)
Hacia 1887
Óleo sobre lienzo, 65,4 × 56,8 cm
Colección privada, cortesía Martin Besely Fine Arts

Una de las obras principales del célebre pintor victoriano Waterhouse es esta Cleopatra, pintada con arreglo a los cánones de su tiempo. Está representada como la reina embustera, desleal, la *femme fatale* por excelencia, con la mirada baja pero cauta y vigilante, sentada sobre una piel de leopardo en el exterior de un edificio decorado con símbolos egipcios, obviamente dictados por la egiptomanía vigente. El pequeño lienzo, pintado en 1887, fue un encargo del semanario inglés *The Graphic*, junto con otros veinte cuadros para ilustrar a las protagonistas del teatro de Shakespeare.
Giovanni Gentili

100
Con Verhaeren. Un ángel
Fernand Khnopff
(Grembergen-Lez-Termonde, Bélgica, 1858 – Bruselas, 1921)
1889
Técnica mixta sobre papel, 139 × 79 cm; el marco, original, fue diseñado por el artista
Collezione Roberto Della Valle

El famoso cuadro de Fernand Khnopff, admiradísimo intérprete del simbolismo europeo y singular pintor, vuelve a estar expuesto al público más de diez años después. La amistad y la fuerte influencia que ejerció el poeta belga de lengua francesa Émile Verhaeren (1855-1916) sobre Khnopff es evidente ya en el título que puso el pintor a este extraordinario ángel áptero, de rostro severo y mirada baja, representado con traje militar –un complicado yelmo y una coraza sobre una larga túnica ceñida con una faja anudada en los flancos–, propio de un caballero "neomedieval" según el gusto romántico tardío, que algunos han relacionado con la Rosacruz. La figura, de pie en un alto podio con balaustradas, se recorta sobre un oscuro fondo nocturno sembrado de estrellas. El ángel acaricia con la mano izquierda la cabeza femenina de una esfinge con cuerpo de tigre. Con sus largos cabellos sueltos y una sonrisa maliciosa y complacida, la esfinge interpreta aquí lo femenino por excelencia, perennemente enigmático, no por casualidad acompañada de un ángel guerrero y de sexualidad ambigua. Contribuye a la atmósfera densa de misticismo simbólico la opaca y vaga gama cromática que utiliza el pintor, una serie de tonalidades de grises, trazados a lápiz y carboncillo.
Giovanni Gentili

101
Armadura, túnica y manto de Marco Antonio
Papel interpretado por Richard Burton en *Cleopatra* (1963), de Joseph L. Mankiewicz
Cuero moldeado, ornamentos en bronce moldeado y dorado, lino y terciopelo de seda
Colección Costumi d'Arte-Peruzzi, Roma

102
Manto real de Cleopatra
Papel interpretado por Elizabeth Taylor en *Cleopatra* (1963), de Joseph L. Mankiewicz
Lamé de seda y oro, diseñado por Irene Sharoff
Colección Costumi d'Arte-Peruzzi, Roma

Egiptología y coleccionismo egiptológico en España

103
Alabastrón con inscripción egipcia
874-850 a.C. Osorkón II, dinastía XXII, hacia 710-620 a.C. reutilización
Alabastro pulido, altura 45 cm, diámetro 38 cm
Procedencia: tumba 17 de la necrópolis de Laurita (Cerro del Castillo de San Miguel), Almuñécar (Granada)
Museo Arqueológico de Granada, inv. CE08332
Bibliografía: M. Pellicer, *Excavaciones en la necrópolis púnica Laurita del Cerro de San Cristóbal (Almuñécar, Granada) (Excavaciones Arqueológicas en España, 17)*, Madrid, 1963; J. Padró i Parcerisa, *Egyptian-type Documents from the Mediterranean Littoral of the Iberian Peninsula, before the Roman Conquest*, Leyden, 1976; F. Molina Fajardo y J. Padró i Parcerisa, "Nuevos materiales procedentes de la necrópolis del Cerro de San Cristóbal (Almuñécar, Granada)", *Almuñécar Arqueología e Historia*, Granada, 1983, pp. 35-36; M. Pellicer, *La necrópolis Laurita (Almuñécar, Granada) en el contexto de la colonización fenicia (Cuadernos de Arqueología Mediterránea, 15)*, Barcelona, 2007.

Ánfora de alabastro egipcio de color amarillento, labrada y pulida a torno. Su cuerpo es ovoide, con los hombros y la base redondeados, y un cuello cilíndrico corto con borde exvasado. Bajo los hombros presenta dos gruesas asas semicirculares verticales de sección oval. En el centro, a la altura de las asas, ofrece grabada la cabeza grotesca del dios Bes, divinidad con figura de enano barbudo con la lengua fuera y tocado con una corona de plumas sobre la cabeza, que tenía función benéfica y protectora del sueño y de la muerte, lo que parece indicar una función funeraria. A ambos lados aparecen sendos cartuchos del faraón Osorkón II, con la inscripción jeroglífica "Usimare Setepenamon / Osorkon Meryamon Si-Bastet". Este faraón perteneció a la XXII dinastía o dinastía libia, y gobernó Egipto durante el Tercer Periodo Intermedio entre los años 874 y 847 a.C. Este preciado vaso de Almuñécar tiene la forma de las ánforas cananeas de cerámica en la zona fenicio-palestina, utilizadas desde la Edad del Bronce hasta el Hierro II (1730-600 a.C.), exportadas por su contenido a Chipre, Egipto y el Egeo y que también aparecen en el Mediterráneo occidental desde el siglo VIII a.C. El alto coste de un vaso de alabastro hace suponer que contendría algún producto muy apreciado, como vino o aceite, quizás perfumado, y los cartuchos grabados indican su pertenencia al faraón. Por ello, se ha supuesto que pudiera proceder de la tumba de Osorkón II en la necrópolis real de Tanis, antes de ser robado y reutilizado como urna cineraria. Sin embargo, otros vasos de alabastro con inscripción de Osorkón II han aparecido en Abidos (Egipto), en Katsamba (Creta) y en el palacio de Samaria del rey *Ajab* de Israel (874-853), citado en la Biblia (1 *Reyes* 16,29 a 22,40), y vasos lisos semejantes también se han hallado en Minet el Beida, en la costa siria, lo que indica que estos vasos pudieron haber servido como regalos regios. Desde alguna corte de Fenicia, quizás de la misma Tiro, más de un siglo después de fabricado y de haberse consumido, el rico vaso habría llegado a Almuñécar, donde fue reutilizado como urna cineraria por un importante personaje enterrado hacia fines del siglo VIII a.C. Apareció en la tumba 17 de la necrópolis más arcaica de la colonia fenicia de *Sexi*, la actual Almuñécar (Granada), que consistía en un pozo de 3,30 m de profundidad y 1,55 m de diámetro excavado en el extremo meridional de la necrópolis. En su fondo había un nicho de 0,80 m cerrado por bloques de esquisto, en el que se depositó la urna de alabastro junto a un plato de barniz rojo, originariamente con comida, como ofrenda.

La necrópolis arcaica de Almuñécar, denominada "Laurita", se situaba en la ladera del cerro de San Cristóbal, a 1 km al suroeste del poblado fenicio, separada por el río Seco. La formaban unas 20 tumbas en pozos excavados en el suelo de esquisto, que contenían enterramientos de incineración en urnas de alabastro, como la expuesta, que debieron pertenecer a las tres primeras generaciones de la élite de la colonia de *Sexi*, que se enterraron en ella durante unos 75 años.
Martín Almagro-Gorbea

104
Copia del Medallón de Trayamar
633-601 a.C. (original)
Oro, diámetro 25 mm, 6,70 g
Procedencia: Sepultura de cámara nº 4 de la necrópolis de Trayamar, Algarrobo (Málaga)
Museo de Málaga, inv. A/DJ13367
Bibliografía: H.G. Niemeyer y H. Schubart, *Trayamar. Die phönizischen Kammergräber und die Niederlassung an der Algarrobo-Mündung (Madrider Beiträge 4)*, Mainz, 1975, pp. 137-141, lám. 54a; V. Pingel, "Bemerkungen zu den Analysenergebnissen der Goldfunde von Trayamar", en H.G. Niemeyer y H. Schubart (eds.) 1975, pp. 161-167, 259, lám. 89,5; H. Schubart y H.G. Niemeyer, *Trayamar. Los hipogeos fenicios y el asentamiento en la desembocadura del río Algarrobo (Excavaciones Arqueológicas en España, nº 90)*, Madrid, 1976, pp. 217-222, lám. 54; B. Quillard, *Les bijoux carthaginois, I-II (Aurifex 2, Publications d'Histoire de l'Art et d'Archéologie de l'Université catholique de Louvain XV)*, Louvain la Neuve, 1979; M.J. Almagro Gorbea, *Orfebrería fenicio púnica del Museo Arqueológico Nacional*, Madrid, 1986; G. Nicolini, *Techniques des ors antiques. La bijouterie ibérique du VII au VI siècle*, Paris, 1990, pp. 405 s.; S. Lancel, "Note sur les pendentifs discoïdes a décor égyptisant des nécropoles archaïques de Carthage", *Actas del IV Congreso Internacional de Estudios Fenicios y Púnicos*, vol. IV, Cádiz, 1995; J.A. Martín Ruíz, *Catálogo documental de los fenicios en Andalucía*, Sevilla, 1995, p. 177, fig. 182.

Este bello medallón de oro es un magnífico ejemplo de la llegada de motivos y creencias egipcias hasta la antigua Hispania, en el lejano Occidente, a través de los fenicios, quienes habían asimilado elementos iconográficos e ideas de la religión egipcia adaptándolas a sus creencias semitas.
A partir del siglo X a.C., los fenicios establecieron numerosos enclaves y colonias en las costas de la Península Ibérica, en emplazamientos costeros o islotes elevados, fácilmente defendibles, y junto a la desembocadura de un río que servía de puerto y vía de comunicación con el interior, a la vez que facilitaban sus actividades mercantiles. En la costa de Málaga, uno de los asentamientos más antiguos es el Morro de Mezquitilla, al que se vincula la necrópolis de Trayamar, situada en la margen derecha del río Algarrobo, utilizada durante el siglo VII a.C. En ella se descubrieron cinco hipogeos o sepulturas de cámara subterránea con corredor de acceso construidas con sillares de arenisca. Eran panteones de la élite, que fueron usados durante dos o más generaciones y que son similares a otros hipogeos hallados en Cartago, Útica y Chipre, datados entre 650 y 600 a.C.
El hipogeo 4 contenía tres incineraciones y, años después, se añadieron dos inhumaciones. También se hallaron restos de la vajilla usada en los banquetes funerarios. Entre el ajuar que contenía la tumba destaca el Medallón de Trayamar, excepcional ejemplo de la orfebrería fenicia. Este medallón serviría para proteger a su dueño en el Más Allá. Su decoración se ha realizado con refinadas técnicas de granulado y filigrana, que los fenicios trajeron a Occidente desde el Próximo Oriente y ofrece un enganche en forma de carrete para su suspensión.
Su iconografía oriental bebe de fuentes egipcias. Se trata de una representación cosmológica originaria de la religión egipcia adaptada al campo circular del medallón. Éste ofrece en el centro el disco solar asociado al creciente lunar dispuesto sobre la montaña sagrada primigenia, a modo de ónfalo u ombligo del mundo, interpretada en ocasiones como un betilo. Está flanqueada por sendos *uraei* coronados de halcones, símbolo de Horus, como dios solar de la vida y la resurrección. Todo queda protegido por el disco solar alado dispuesto en la parte superior celeste.
El monte-betilo onfálico central se ha interpretado como la colina primigenia que emerge de las aguas primordiales (*Nun*), presente en la mayor parte de las cosmología egipcias como *Totenem*, "la tierra emergida", que parece conservar en estas joyas fenicias su carácter originario de fertilidad, pues se asocia al betilo-falo, por lo que simbolizaba la unión de la pareja divina, Baal y Astart, engendradora del mundo y de la fecundidad de la tierra, protegida por símbolos solares que aludían a la divinidad masculina, mientras que el creciente lunar se relaciona en el mundo fenicio con Astart, asociación de símbolos que en Oriente refleja el paso de creencias en una divinidad solar a una celeste, del "Señor del Sol" al "Señor de los Cielos".
Entre todos los ejemplares conocidos, esta joya de Trayamar es la de ejecución más depurada; su mayor cuidado técnico y su oro indican que seguramente procede de la mitad occidental de la Península Ibérica. Próximas a ella cabe citar otras joyas semejantes, todas del siglo VII o muy inicios del VI a.C., como las ocho de oro y una de plata de Cartago –entre ellas destacan las halladas en las necrópolis de Dermech y Douïmes– y otras de Malta, Motia en Sicilia, Sulcis en Cerdeña, Ibiza, Cádiz y la necrópolis de Medellín, en Extremadura.
Martín Almagro-Gorbea

105
Estatuilla de esfinge alada
Bronce Final orientalizante, 700-650 a.C.
Bronce, 11,1 × 5 cm
Procedencia: Necrópolis de Higuerones de Torrubia, Linares - Cástulo
Museo Arqueológico de Linares. Monográfico de Cástulo, inv. CE00901
Bibliografía: J.M. Blázquez, *Tartessos y los orígenes de la colonización fenicia de Occidente*, Salamanca, 1975, lám. 95; F.J. Jiménez Ávila, *La toréutica orientalizante en la Península Ibérica (Bibliotheca Archaeologica Hispana)*, Madrid, 2002, pp. 261 s. y 480, fig. 198 y 245, lám. 52, nº 148.

Pequeña figura de bronce que representa una esfinge alada egiptizante de cuidada elaboración dispuesta sobre una placa rectangular, a la que se une por un perno, de la que se conserva aproximadamente su mitad. Probablemente, formaría parte de algún mueble u objeto que estaba decorado con esta figura de bronce dorado; pudo ser una cajita o *larnax*, en la que la esfinge tendría carácter protector del contenido y de la persona que usara el objeto, en especial si estaba destinado a un uso funerario. Apareció depositada como ofrenda en una rica tumba indígena –quizá de carácter regio a juzgar por su ajuar– de la primera mitad del siglo VII a.C., hallada en el lugar de los Higuerones de Torrubia, cerca de la gran ciudad minera tartesia de *Cástulo* (Linares, Jaén).
La esfinge, de cabeza humana, aparece tumbada con las patas delanteras hacia delante, las alas desplegadas hacia atrás y una larga cola alzada y doblada de manera serpenteante en forma de S hasta casi tocar las alas. Lleva la Doble Corona de Egipto como símbolo real y su cuerpo muestra, probablemente, un collar *usekh*, actualmente muy perdido. Este animal mítico es un motivo de inspiración egipcia, tanto por su estilo como por ser el animal guardián y protector de la divinidad y del rey, por lo que pasó a tener un significado general de protección, que los fenicios adoptaron de los egipcios como otros elementos de su arte, su mitología y su religión.
La figurita ha sido fundida a la cera perdida y después se han troquelado y cincelado los pequeños detalles decorativos. Procede muy probablemente de un taller fenicio del sur de Hispania y puede fecharse en la primera mitad del siglo VII a.C.
Aunque el objeto al que perteneció es desconocido por haber sido destruido en la incineración de la tumba en que apareció, debe considerarse que sería propiedad de un rey o príncipe tartesio, como era lo habitual en estos objetos ricos y suntuosos.
Martín Almagro-Gorbea

106
Isis de Clunia
Siglo II d.C.
Mármol, 103 × 44 × 28 cm
Procedencia: Clunia, Peñalba de Castro (Burgos)
Museo de Burgos, inv. MBU-27
Bibliografía: R. Salomón, "Estatua romana de Clunia", *Semanario Pintoresco Español*, 1832, p. 124; A. García y Bellido, *Esculturas romanas de España y Portugal*, Madrid, 1949, nº 163; A. García y Bellido, *Les religions orientales dans l'Espagne*

romaine, Leyden, 1967, pp. 117-118; M. José Pena, "El culto a Tutela en Hispania", *Memorias de Historia Antigua*, V, 1981, pp. 73-88; A. Balil, "Los pseudo-isiaca del valle del Duero", *Numantia*, II, 1986, pp. 257-260; P. de Palol, "Los edificios de culto de la ciudad dde Clunia", *Anas*, 2-3, 1989-1990, pp. 40-42; J. Alvar, "El culto a Isis en Hispania", *La religión romana en Hispania, Simposio sobre la religión romana en Hispania*, Madrid, 1981, pp. 309-320; J. Alvar, *Los cultos egipcios en Hispania*, Besançon, 2012.

Esta bella escultura femenina representa a la diosa Isis. Está realizada en mármol blanco de espejuelo hacia fines del siglo I o inicios del siglo II d.C. Aunque ha perdido los brazos, la cabeza, perfectamente conservada, permite apreciar las delicadas facciones de la diosa, que proceden sin duda de un original helenístico alejandrino del siglo III-II a.C., como indica la sinuosa disposición del cuerpo, apoyado en la pierna derecha, con la pierna izquierda ligeramente adelantada y con la rodilla levemente doblada para imprimir un suave movimiento, que se refleja en las finas vestiduras de la divinidad.
Isis se adorna con un característico peinado de amplios rizos que caen hacia los lados y los cubre con un largo velo, que desciende por la espalda hasta los pies. Viste una túnica helenística caracterizada por un nudo central, el llamado "nudo isíaco", que resalta sus senos y acentúa el sensual movimiento del cuerpo, destacado sobre el largo velo que cae por la espalda.
Los brazos, hoy desaparecidos, debían sostener los atributos de la diosa como símbolos característicos de la religión isíaca, de carácter mistérico, que se extendió por todo el Imperio Romano. El brazo derecho sostendría el sistro, originario del culto a la diosa egipcia Hathor, cuyo sonido mágico propiciaba la fertilidad y el bienestar, mientras que la mano izquierda sostendría una jarra con el agua lustral para las purificaciones, tal como puede verse en esta misma exposición en la Isis de tipo Capitolino representada por José del Castillo en el Parque del Buen

retiro de Madrid (inv. 471). La estatua procede de la ciudad romana de Clunia, situada en la provincia de Burgos, un *oppidum* celtibérico convertido en capital de un importante convento jurídico. Fue hallada el 16 de febrero de 1852 en la zona del teatro romano, donde debió decorar una hornacina o templete, pues se encontró caída en posición horizontal junto a cinco columnas, tres alas pequeñas de bronce, vasos, fragmentos de marfil, un asta de ciervo y una lápida dedicada por los colonos de Clunia a la diosa Tutela para pedir por la salud del emperador Adriano, lo que fecha la escultura en la primera mitad del siglo II d.C. Aunque las noticias sobre el hallazgo no permiten identificar con seguridad el lugar ni el carácter del edificio, la aparente asociación de esta escultura de Isis a la inscripción dedicada a la diosa Tutela se repite también en Tarragona, la capital de la Provincia Citerior, lo que ha hecho suponer que el culto a Tutela pudiera estar asociado a cultos orientales como el de Isis, como ocurre en Clunia y Tarragona. Sin embargo, en fechas posteriores también se ha indicado que esta escultura de Isis pudiera representar a Julia Augusta, hija del emperador Tito, siguiendo la tradición iniciada por Cleopatra de identificarse con la diosa, lo que llevaría a datarla hacia fines del siglo I d.C.
El interés de esta escultura de Isis, sin duda de las más bellas halladas en España, es que evidencia la temprana difusión del culto a esta divinidad de origen alejandrino en las tierras habitadas por los celtíberos en el interior de *Hispania*.
Martín Almagro-Gorbea

107
El jardín del Buen Retiro hacia las tapias del Caballo de Bronce
José del Castillo
(Madrid, 1733-1797)
1779
Óleo sobre lienzo, 265 × 367 × 5 cm
Museo del Prado; depósito en el Museo Municipal, Madrid, inv. 1790 (P 3933)
Bibliografía: *Exposición del antiguo Madrid: catálogo general ilustrado*, Madrid, 1926, nº 1213; A. Martínez Ibarra, "Josef del Castillo", *Boletín de la Sociedad Española de Excursiones*, XLI, 1933, pp. 62-70; V. de Sambricio,

"José del Castillo, pintor de tapices", *Archivo español de Arte y Arqueología*, 23, 1950, p. 293; V. de Sambricio, *José del Castillo*, Madrid, 1958, lám. 15-18; J. Held, *Die Genrebilder der Madrider Teppichmanufaktur und die Anfäge Goyas*, Berlin, 1971, nº 231; A. Espinós, M. Orihuela y M. Royo Villanova, "'El Prado disperso'. Cuadros depositados en Madrid. VIII. Museo Municipal", *Boletín del Museo del Prado*, 3, 8, 1982, p. 128, nº 3933; J. Tomlinson, *Francisco Goya. The Tapestry Cartoons and Early Career at the Court of Madrid*, Cambridge, 1989, p. 13, lám. 1; A. E. Pérez Sánchez, *Museo Municipal. Catálogo de las Pinturas*, Madrid, 1990, pp. 116-117; D. Suárez de Figueroa, *Camino del cielo: emblemas christianos*, Madrid, 1992, p. 118; J.L. Morales y Marín, *Pintura en España: 1750-1808*, Madrid, 1994, p. 226, lám. 134; Museo Nacional del Prado, *Museo del Prado. Inventario general de pinturas*, III, Madrid, 1996, nº 5650; J.L. Morales, "José del Castillo. Cartones para tapices", *I Congreso Internacional de pintura española del siglo XVIII*, Madrid, 1998, p. 616; G.B. Cohen y F.A.J. Szabo, *Embodiments of Power. Building Baroque Cities in Europe*, Oxford-New York, 2008, p. 247, nº 29; *Corona y arqueología en el Siglo de las Luces*, catálogo de exposición, Madrid, 2010, pp. 313-323; J. Maier Allende, "Las antigüedades en Palacio: Ideología y función de las colecciones reales de arte antiguo en el siglo XVIII", *Reales Sitios*, XLVII, nº 183, 2010, pp. 6-29.

Este gran cuadro, que mide 2,62 m de altura por 3,64 m de longitud, es obra del pintor madrileño José del Castillo. Formado en la Real Academia de Bellas Artes de San Fernando desde los 10 años, en 1751, cuando apenas tenía 18, fue pensionado para estudiar en Roma por José de Carvajal, ministro de Fernando VI, donde siguió las directrices del pintor Conrado Giaquinto. Cuando éste vino a Madrid en 1753, Castillo reanudó sus estudios en la Academia de San Fernando, en la que ganó en 1756 la medalla de oro y de la que en 1758 obtuvo una nueva pensión para ir a Roma, donde fue recién casado.

En Italia se encontró y viajó con Juan de Villanueva, el futuro arquitecto del Museo del Prado, hasta su vuelta a Madrid en 1764. Desde entonces trabajó en la Real Fábrica de Tapices de Santa Bárbara, dedicado a pintar cartones entre los que destaca éste con los jardines del Buen Retiro, aunque también realizó dibujos para ilustrar libros, como el *Quijote grande* del impresor Joaquín Ibarra (1780). En 1785 fue elegido miembro de mérito de la Real Academia de San Fernando, pero no llegó a ser su director ni a obtener la dirección de la Fábrica de Tapices por oposición de Francisco Bayeu, a pesar de contar con el apoyo del Conde de Floridablanca.
Este cartón sobre el Buen Retiro fue pintado hacia 1789 y con él formaba pareja otro cuadro de tamaño y tema semejantes, *Un paseo junto al estanque grande del Retiro*, fechado hacia 1790 y también conservado en el Museo Municipal de Madrid como depósito del Museo de Prado, mientras que los tapices correspondientes adornan las estancias de los Borbones del Monasterio de El Escorial. Uno y otro constituyen una magnífica muestra de los cartones realizados con el estilo característico de la Real Fábrica de Tapices de Santa Bárbara, en cuya confección participaron a fines del siglo XVIII pintores tan famosos como Francisco Bayeu y Francisco de Goya.
Representa una escena costumbrista del Madrid a fines del siglo XVIII, en un ambiente agradable y refinado, que recuerda el Rococó, frente al estilo popular y en ocasiones satírico que imprimió Goya a sus cartones. El escenario es el parque del Buen Retiro, cerca de donde estaba el "caballo de bronce" al que se refiere el título del cuadro. Se trata de la famosa escultura ecuestre de Felipe IV, obra de Pietro Tacca con la colaboración de Juan Martínez Montañés, que seguía un diseño de Velázquez y en la que participó Galileo Galilei para calcular su estabilidad. Esta famosa estatua, una de los mejores retratos ecuestres del Barroco, que hoy adorna la Plaza de Oriente, permaneció en el Palacio del Buen Retiro hasta 1843. José del Castillo ha representado en primer plano una bella escultura de Isis Capitolina sobre un alto

pedestal, con su característico atuendo, el sistro en la mano derecha y un jarro en la izquierda, detalles que indican que había sido dibujada por él en Roma. Bajo ella conversan tres personajes que miran hacia la escultura, un caballero de pie y otro sentado que se vuelve para verla, más una dama sentada entre ambos sobre dos amplios escalones. En el centro, una pareja camina hacia el fondo, donde se ve la tapia del parque y unos árboles que centran la composición recortados sobre un cielo azul con nubes, mientras a la izquierda dos caballeros conversan con dos damas ante otra escultura romana.
Esta vista del Buen Retiro, en la que destaca la diosa egipcia Isis, muestra el interés por las antigüedades clásicas y la religión isíaca de un artista ilustrado del siglo XVIII formado en Italia en el nuevo gusto neoclásico, siguiendo el impulso dado a los trabajos y estudios anticuarios por Carlos III, el "Rey Arqueólogo".
Martín Almagro-Gorbea

108
Batalla de Actium
Bruselas, 1650-1700
Seda y lana, 343 × 250 cm
Museo Nacional de Artes Decorativas, Madrid, inv. CE01407

109
Description de l'Égypte
Impreso, 1095 × 1430 mm
Vol. I, Planches: Antiquités ("Mammutfolio"), tomo 21
París, 1810-1818
(edición imperial)
Instituto Egipcio de Estudios Islámicos, Madrid, inv. s.n.
Bibliografía: C.C. Gillispie, *Description de L'Egypte*, Princeton, 1987; G. Néret, *Description de L'Egypte*, London, 2007; R. Anderson e I. Fawzy, *Egypt in 1800. Scenes from Napoleon's Description de L'Egypte*, New York, 1988; J. Baines y J. Malek, *Atlas of Ancient Egypt*, Cairo, 2002; *Description de l'Égypte. Publiée par les ordres de Napoléon Buonaparte,* Köln, 1994.

Esta obra monumental, titulada *Description de l'Égypte, ou Recueil des observations et des recherches qui ont été faites en Égypte pendant l'expédition de l'armée française*, fue publicada en París en 23 volúmenes, entre 1809 y 1829. Napoleón Bonaparte organizó una expedición militar a Egipto en 1798 para dificultar a Inglaterra, con la que estaba en guerra, el camino hacia la India. En esta expedición, probablemente inspirándose en la forma de actuar de Alejandro Magno, junto a 35.000 soldados llevó consigo como séquito una *Commission des sciences et des arts* formada por más de 160 *savants*, entre los que había ingenieros, arquitectos, topógrafos, humanistas, intérpretes, historiadores, geógrafos, astrónomos, naturalistas, dibujantes e incluso dos músicos. Entre estos sabios que fueron a Egipto estaba Jean-François Champollion (1790-1832), el descifrador de la escritura egipcia gracias al hallazgo por un soldado de la Piedra de Roseta. A su vuelta a Francia tras huir de Egipto al verse copado por la flota inglesa, Napoleón decidió en 1802 publicar los estudios de la comisión en una edición monumental que incluía estudios, láminas, mapas e índices. Esta obra quizás pudo inspirarse en los magníficos 8 volúmenes ilustrados de *Le Antiquità di Ercolano Esposte* publicados pocos años antes (entre 1757 y 1792) por Carlos III, como rey de Nápoles, para dar a conocer sus descubrimientos en Pompeya y Herculano y prestigiarse ante las cortes europeas.

La primera edición de la *Description de l'Égypte*, denominada "Edición Imperial" por su impresionante tamaño, consta de un total de 23 volúmenes: nueve de texto y diez de láminas; además, un volumen con la descripción de las láminas, otros dos volúmenes adicionales de láminas, denominados láminas-elefante por medir 1 m por 1,4 m, dedicados a las antigüedades y al Egipto contemporáneo, más un tercero que es un atlas de mapas. Se trata de una publicación de gran prestigio, concebida para dar a conocer todos los resultados de los estudios de arqueología, topografía, geografía e historia natural del país, llevados a cabo por la comisión de sabios que le había acompañado a Egipto entre 1798 y 1801.En esta primera edición o "Edición Imperial" participaron 400 grabadores y

unos 2.000 artistas y técnicos, que realizaron 837 láminas grabadas sobre cobre y más de 3.000 dibujos, dedicadas a tres temas principales: *Antiquités, État Moderne* e *Histoire Naturelle,* además del atlas. El primer volumen se editó en 1809, pero la obra no se finalizó hasta el año 1829. Su éxito fue tan grande que, tras la caída de Napoleón, se publicó en 1820 una segunda edición, algo menos suntuosa, realizada ya durante la Restauración borbónica.

La calidad de la tipografía y de los grabados y el monumental formato de la *Description de l'Égypte* hacen que esta obra haya sido considerada desde entonces como una joya para las bibliotecas y entre los bibliófilos, pues constituye un verdadero monumento en sí misma.

Martín Almagro-Gorbea

110

Estatuilla del dios Ptah-Sokaris-Osiris
Baja Época, 664-342 a.C.
Madera tallada y pintada,
60 x 11 x 30 cm
Procedencia: Colección Eduardo Toda y Güell
Museo Arqueológico Nacional, Madrid, inv. MAN 15242
Bibliografía: M. Almagro, M.J. Almagro, M.C. Pérez Die, *Arte faraónico,* catálogo de la exposición, Madrid, Zaragoza, Barcelona, 1975, p. 201, nº 102; A. Cabrera, "Colección Toda", *De Gabinete a Museo. Tres siglos de Historia*, catálogo de la exposición, 1983, p. 373, fig. 199; E. Toda y Güell, *A través del Egipto*, Madrid, 1889, p. 279; E. Toda y Güell, L□ntic Egipte, Estudio y edición por Trinidad Montero, Orientalia *Barcinonensia*, 8, 1991; M. Seco Álvarez, "Eduardo Toda y la Tumba de Sennedjem", *120 años de arqueología Española en Egipto*, catálogo de la exposición, El Cairo, 2009, pp. 31-33.

La figura momiforme del dios Ptah-Sokaris Osiris está de pie, cubierta con un sudario de color rojizo que envuelve con una malla de canutillos negros. Lleva peluca tripartita, corona con cuernos y plumas, barba postiza y, en el pecho, la esclavina *usekh* rematada por sendas cabezas de halcón. Se apoya en un podio cuadrado, y éste a su vez sobre otro rectangular, con una

oquedad en el centro tapada por un halcón, el dios Sokar, que mira de frente a la figura. En estos huecos se solían colocar vendas de momia inscritas con capítulos del libro de la "Salida al día", o incluso una parte del cuerpo momificado del difunto. Dos inscripciones verticales en el frente y en la espalda mencionan a Osiris y a la propietaria de la figura, en este caso una dama llamada Tchaihathorimu.

Estas figuras que aparecen en las tumbas combinan tres divinidades en una, conectadas con la resurrección: Ptah momiforme, dios creador de Menfis; Sokar, representado como un halcón; y Osiris, el dios de los difuntos.

La estatuilla forma parte de la colección que Eduardo Toda y Güell vendió al Museo Arqueológico Nacional el 15 de enero de 1887. Toda ingresó en el cuerpo diplomático en 1873. En 1884 marchó a Egipto como cónsul general, viajando durante su estancia por todo el país. Colaboró con el Servicio de Antigüedades, fundamentalmente con su director, Gaston Maspéro, quien le permitió participar en el descubrimiento y excavación de la tumba de Sennedjem en Deir el-Medina (Luxor), y que más tarde el diplomático publicó en castellano.

Durante sus viajes por Egipto, Toda recogió objetos que integró en su colección particular, entre los que cabe destacar momias, ataúdes, cajas de ushebtis, telas, objetos de uso cotidiano, cartonajes, figuras de bronce, máscaras, cerámicas, mallas, momias de animales, amuletos y joyas. En aquella época en Egipto se autorizaban excavaciones a particulares, con la obligación de dividir con el Museo de El Cairo las antigüedades encontradas; además, se permitía a los excavadores vender su parte a coleccionistas o viajeros.

La colección particular de Eduardo Toda fue en parte donada al Museo de Vilanova i la Geltrú y el resto vendida al Museo Arqueológico Nacional. Su interés radica no sólo en el elevado número de piezas que la integran, sino que en la mayoría de ellas se explicita la procedencia y la cronología, lo que las revaloriza mucho al tener contexto preciso. En consideración al servicio que el cónsul prestó a los museos

españoles, la reina regente María Cristina le concedió en 1887 la Encomienda de Número de la Real Orden de Isabel la Católica.
M. Carmen Pérez Die

Relación de piezas expuestas

1 (Lám. 1)
Cabeza retrato de Cleopatra VII
Segunda mitad del siglo I a.C.
Vaciado, 39 × 20 cm
Procedencia: Roma, junto a la
Villa de los Quintilios
Musei Vaticani, Museo
Gregoriano Profano, Ciudad
del Vaticano, inv. 38511

2 (Lám. 4)
Esfinge
Época ptolemaica,
siglos III-I a.C.
Granito rosa, 73 × 135 × 39 cm
Procedencia: Cagliari, entorno de
la catedral de S. Maria di Castello
Museo Archeologico Nazionale,
Cagliari, inv. 6111

3 (Lám. 3)
Esfinge
Época ptolemaica,
siglos III-I a.C.
Granito rosa de Asuán,
73 × 135 × 39 cm
Procedencia: Cagliari, entorno de
la catedral de S. Maria di Castello
Museo Archeologico Nazionale,
Cagliari, inv. 6112

4 (Lám. 2)
Umbral con friso nilótico
Mediados del siglo I a.C.
Mosaico: teselas de caliza
polícroma, fayenza y pasta vítrea
de colores, 432 × 54,5 cm
Procedencia: Privernum, tablino
de la Domus della Soglia Nilotica
Museo Archeologico, Priverno,
inv. 84442

5
*Fragmento de molde con figura de
pájaro–Bennu*
Época ptolemaica
Piedra arenisca tallada,
8,5 × 11,9 × 2,8 cm
Fondazione Museo delle Antichità
Egizie, Turín, inv. 7069

6
*Modelo de escultura con figura de
golondrina*
Época ptolemaica
Caliza grabada, 7 × 10 cm
Fondazione Museo delle Antichità
Egizie, Turín, inv. 7059

7
Modelo de exvoto con oca
Época ptolemaica
Caliza grabada,
6,3 × 7,2 × 2,7 cm
Fondazione Museo delle Antichità
Egizie, Turín, inv. 7062

8
Estatua de Ibis
Siglo I d.C.

Bronce y mármol,
36 × 39 cm
Procedencia: probablemente
Herculano
Museo Archeologico Nazionale,
Nápoles, inv. 765

9
Estatuilla de rana
Siglo I d.C.
Terracota vidriada,
17 × 22,5 × 18 cm
Procedencia: Pompeya, Casa
delle Nozze d'argento
Museo Archeologico Nazionale,
Nápoles, inv. 121323

10 (Lám. 5)
Estatua de soberano
Época ptolemaica
Diorita, altura 130 cm
Procedencia: Roma,
Janículo, 1908
Museo Nazionale Romano,
Palazzo Altemps, Roma,
inv. 60921

11 (Lám. 7)
*Retrato de Alejandro Magno
llamado "Alexandre Guimet"*
300 o hacia 170-160 a.C.
Mármol, altura 33 cm
Procedencia: Bajo Egipto
Musée du Louvre, París,
inv. Ma 4399

12 (Lám. 6)
*Estatuilla de Alejandro Magno
a caballo*
Siglos III – II a.C.
Bronce, 51 × 36 × 21,6 cm
Procedencia: mercado anticuario
Fondation Gandur pour l'Art,
Genève (Ginebra),
inv. ARCH-GR 0049

13
Retrato de Alejandro Magno
Segunda mitad del siglo II d.C.,
de un modelo de época
helenística
Mármol, 22,5 × 19 cm
Procedencia: ¿Egipto?
Museo di Antichità - Polo Reale
di Torino, Turín, inv. 133

14 (Lám. 12)
*Piedra con Isis Faria y el faro
de Alejandría*
Principios del siglo II d.C.
Entalle en vidrio azul,
2,56 × 2,15 × 0,37 cm
Procedencia: legado Theodor Graf
Kunsthistorisches Museum,
Antikensammlung, Viena,
inv. XI 991

15
*Lucerna con escena de pesca
y el puerto de Alejandría (?)*

Finales del siglo II – principios del
siglo III d.C.
Terracota, diámetro 14,5 cm
Procedencia: Ostia, alrededores
de las Termas
Museo Archeologico Ostiense,
Ostia, inv. 2012

16
*Relieve con un faro y dos naves
de carga*
Finales del siglo II – principios del
siglo III d.C.
Mármol, 31 × 95 × 3,5 cm
Procedencia: Roma, catacumba
de Pretestato
Museo Cristiano della
catacomba di Pretestato, Roma,
inv. PRE 925

17
*Cabeza de Arsinoe III Filopátor,
hermana y esposa de Ptolomeo IV*
221-203 a.C.
Mármol griego, altura 15,5 cm
Procedencia: Egipto ptolemaico
Collection François Antonovich,
París, inv. 391

18
Cabeza de pequeña esfinge
Época ptolemaica, 305-30 a.C.
Piedra bejen (basanita),
18 × 14 cm
Museo Nazionale Romano,
Terme di Diocleziano, Roma,
inv. 124548

19
*Retrato de joven reina
ptolemaica con diadema
(¿Cleopatra VII?)*
Hacia mediados del siglo I a.C.
Mármol blanco con pátina
marrón-dorada, altura 23 cm
Procedencia: Egipto
Collection François Antonovich,
París, inv. 56-57

20
Retrato de reina ptolemaica (?)
Primera mitad del siglo II a.C.
Mármol, altura 16 cm
Procedencia: mercado anticuario
Fondazione Dino ed Ernesta
Santarelli, Roma, inv. 135

21
Tetradracma de Ptolomeo I
320-305 a.C.
Plata, diámetro 14,2 mm; 29 g
Museo Arqueológico Nacional,
Madrid, inv. 1997/82/2

22
Tetradracma de Ptolomeo I
Hacia 305-283 a.C.
Plata
Museo Arqueológico Nacional,
Madrid, inv. 1997/82/7

23 (Lám. 10)
*Tetradracma de Ptolomeo II
y Arsinoe*
Alejandría, entre 285-246 a.C.
Oro, diámetro 20 mm; 13,82 g
Museo Arqueológico Nacional,
Madrid, inv. 1991/112/2

24
Bronce de Ptolomeo II
Hacia 285-246 a.C.
Bronce, diámetro 4,5 mm; 73,49 g
Museo Arqueológico Nacional,
Madrid, inv. 1997/82/44

25
*Tetradracma de Ptolomeo XII
(anverso)*
Siglo I a.C.
Plata, diámetro 24 mm; 14,25 g
Museo Arqueológico Nacional,
Madrid, inv. 1997/82/309

26
*Tetradracma de Ptolomeo XII
(reverso)*
Siglo I a.C.
Plata, diámetro 24,53 mm; 13,95 g
Museo Arqueológico Nacional,
Madrid, inv. 1997/82/313

27 (Lám. 11)
*Anillo de sello con soberano
ptolemaico*
Finales del siglo II – principios del
siglo I a.C.
Oro, chatón 3,4 × 2,5 cm
Procedencia: Egipto, adquirido
en 1863
Musée du Louvre, département
des Antiquités grecques,
étrusques et romanes, París
inv. Bj 1092

28
*Anillo con retrato de Ptolomeo XI
Soter II*
116-81 a.C.
Oro y granate, 2,6 cm
Procedencia: Egipto,
probablemente Alejandría
Fondation Gandur pour l'Art,
Genève (Ginebra),
inv. ARCH-EG-030

29
*Retrato de soberano
(¿Ptolomeo II?)*
Época ptolemaica
Pizarra negra, 27 × 23 × 30 cm
Procedencia: Egipto, Colección
Giuseppe Acerbi
Museo Civico di Palazzo Te,
Museo Egizio, Mantua,
inv. 96110094

30
Retrato de reina ptolemaica
Siglo II a.C.
Calcita, 15 × 16 cm

Procedencia: Egipto
Galerie Cybèle, París

31 (Lám. 9)
*Busto de joven soberano
ptolemaico, quizá Ptolomeo VIII*
Época ptolemaica
Granodiorita, altura 92 cm;
anchura 86 cm; profundidad
43 cm
Procedencia: probablemente
Alejandría
Kunsthistorisches Museum,
Antikensammlung, Viena,
inv. AE 5780

32
*Cabeza retrato de Ptolomeo X
Alejandro*
Principios del siglo I a.C.
Diorita, altura 38 cm
Procedencia: Colección Campana
Musée du Louvre, París,
inv. MA 970

33 (Lám. 8)
*Retrato de reina ptolemaica
(¿Cleopatra VII?)*
Hacia mediados del siglo I a.C.
Mármol blanco de grano fino,
altura 42 cm, anchura 18,5 cm
Fondazione Dino ed Ernesta
Santarelli, Roma, inv. 125

34
Estatuilla de Thot como babuino
Baja Época – Periodo ptolemaico
Bronce y oro (?), 6 × 3,1 × 3,4 cm
Procedencia: donación de la
familia Faure en 1987
Real Academia de Bellas Artes
de San Fernando, Madrid,
inv. 12

35
Estatuilla de Horus
Baja Época – Periodo ptolemaico
Bronce, 8,6 × 1,5 × 2,4 cm
Procedencia: donación de la
familia Faure en 1987
Real Academia de Bellas Artes
de San Fernando, Madrid, inv. 9

36
Estatuilla de Harpócrates
Baja Época, 664-342 a.C.
Bronce, 15,8 × 3,6 × 5,1 cm
Procedencia: Colección Eduardo
Toda y Güell
Museo Arqueológico Nacional,
Madrid, inv. 15168b

37
Estatuilla de Toro Apis
Baja Época, 664-342 a.C.
Bronce, 8 × 2,5 × 8 cm
Procedencia: Colección Tomás
Asensi
Museo Arqueológico Nacional,
Madrid, inv. 2042

38
Ibis
Época saítica
Bronce y madera,
15 × 22 × 7,6 cm
Musée Champollion, Figeac,
inv. 94.03.1

39
Estatuilla de Bastet
Tercer Periodo Intermedio – Baja
Época
Bronce, 13,4 × 4,2 × 6,2 cm
Procedencia: donación de la
familia Faure en 1987
Real Academia de Bellas Artes
de San Fernando, Madrid, inv. 22

40
Estatuilla de Thot
Época romana
Bronce, 12 × 3 × 4,5 cm
Procedencia: donación de la
familia Faure en 1987
Real Academia de Bellas Artes
de San Fernando, Madrid,
inv. 1

41
Estatuilla del dios Amón-Ra
715-332 a.C.
Bronce fundido, 18,5 × 4 × 8 cm
Procedencia: Egipto
Museo Lázaro Galdiano, Madrid,
inv. 4013

42 (Lám. 15)
Estatuilla de Isis con Horus
Baja Época
Bronce, altura 36,9 cm
Procedencia: Gallerie Granducali,
Florencia
Museo Egizio, Florencia, inv. 319

43
Estatuilla de Imhotep
Baja Época, 664-342 a.C.
Bronce, 18 × 5 × 8 cm
Procedencia: Colección Tomás
Asensi
Museo Arqueológico Nacional,
Madrid, inv. 2161

44
Estatuilla de Ptah
Baja Época, 664-342 a.C.
Bronce, 12 × 3,5 × 2,6 cm
Procedencia: Colección
R. Martínez
Museo Arqueológico Nacional,
Madrid, inv. 34141

45
Estatuilla de Isis lactante
Baja Época, 664-342 a.C.
Bronce, 20,8 × 5 × 10 cm
Procedencia: Colección Tomás
Asensi
Museo Arqueológico Nacional,
Madrid, inv. 2079bis

46
Estatuilla del toro Apis
Baja Época
Bronce, 23,4 × 11,2 cm
Procedencia: Legado Bartolucci
1892
Museo Egizio, Florencia,
inv. 8419

47
Estatuilla de gato
Baja Época, dinastías XXV-XXXI,
712-332 a.C.
Bronce, 22,50 × 7,50 × 11,50 cm
Fondazione Museo delle Antichità
Egizie, Turín, inv. 0874

48 (Lám. 16)
Estatua del dios halcón Horus
¿Dinastía XXX, 380-343 a.C.?
Basalto, ojos de ónice
(el derecho restaurado),
altura 62 cm, anchura del
piedestal 45 cm
Procedencia: ¿Roma? Colección
Rolandi Magnini-Iacobilli
Musei Vaticani, Ciudad del
Vaticano, inv. 22703

49
Estatuilla de Bes
Baja Época, 664-332 a.C.
Basalto, 38 × 16 cm
Museo Nazionale Romano, Terme
di Diocleziano, Roma, inv. 56356

50
*Estatuilla de Serapis
Agatodaimon*
Siglo II d.C.
Grauvaca gris-verdosa,
altura 21 cm
Procedencia: Alejandría o ámbito
alejandrino
Collection François Antonovich,
París, inv. 418

51 (Lám. 13)
Busto de Serapis
Siglos II-I a.C.
Mármol blanco de grano fino,
altura 17,5 cm
Procedencia: Egipto ptolemaico,
probablemente Alejandría
Colección privada, Suiza

52
*Estatuilla de sacerdotisa isíaca o
de reina ptolemaica como Isis*
Finales del siglo III – mediados
del siglo II a.C.
Mármol de Paros, 42 × 13 × 11 cm
Procedencia: Egipto
Museo di Antichità - Polo Reale
di Torino, Turín, inv. 673

53
*Estela de Isis-Hermutis
amamantando al cocodrilo
Sobek-Horus*

Siglo II d.C.
Caliza, 47 × 36 × 12 cm
Procedencia: El Fayum, Tebtunis
Museo Nazionale Romano, Terme
di Diocleziano, Roma, inv. 121190

54
*Estela del tipo "Horus sobre los
cocodrilos"*
Época ptolemaica, finales del
siglo IV a.C.
Serpentinita, 14,5 × 7,8 × 3 cm
Procedencia: Collezione Palagi
Museo Civico Archeologico,
Bolonia, inv. MCABo EG 242

55
Cabeza del dios Ptah (?)
Baja Época – Época ptolemaica
Basalto gris, altura 11 cm
Procedencia: Colección
De Grüneisen 1930
Museo Egizio, Florencia,
inv. n.12292

56
Cabeza de sacerdote
Baja Época
Basalto gris, altura 10 cm
Procedencia: Gallerie Granducali,
Florencia
Museo Egizio, Florencia,
inv. 1796bis

57
Incensario
Época ptolemaica tardía
Bronce, 6,5 × 37,5 cm
Procedencia: Colección
De Grüneisen, 1930
Museo Egizio, Florencia,
inv. 12311

58
*Estela con rey ptolemaico
oferente*
Época ptolemaica, 304-30 a.C.
Arenisca, 45 × 31 cm
Procedencia: Egipto
Museo Egizio, Florencia, inv. 2594

59 (Lám. 18)
*Estela funeraria de
Tasherienbastet*
Época ptolemaica, siglo III a.C.
Madera estucada y pintada,
58,5 × 33,5 × 4 cm
Procedencia: desconocida, Fondo
Antiguo (adquisición anterior a
1888)
Fondazione Museo delle Antichità
Egizie, Turín, inv. 1637 – RGC 5790

60
Estela de Tasheritmin
Época ptolemaica, 332-30 a.C.
Madera de acacia estucada y
pintada, 52 × 30,5 × 14 cm
Fondazione Museo delle Antichità
Egizie, Turín, inv. 1631

61 (Lám. 19)
Sarcófago antropomorfo
Época ptolemaica, principios del
siglo IV a.C.
Madera de sicomoro tallada,
trazas de policromía, longitud
180 cm, anchura 60 cm
Procedencia: probablemente
Tebas; donación de Giuseppe
Acerbi, 1835
Museo di Antropologia
dell'Università degli Studi, Padua,
inv. 60

62
Sarcófago antropomorfo anónimo
Época ptolemaica
Madera pintada, longitud 171 cm,
anchura 42 cm
Procedencia: El Hibeh, donación
Instituto Papirológico "G. Vitelli"
1934-1935
Museo Egizio, Florencia,
inv. 10615

63 (Lám. 22)
Papiro funerario
Época ptolemaica, 304-30 a.C.
Papiro y tinta negra, longitud
71 cm, altura 23 cm,
Procedencia: Colección Nizzoli
1824
Museo Egizio, Florencia, inv. 3662

64
Máscara funeraria
Época ptolemaica
Tela estucada pintada y dorada,
29 × 20 cm
Procedencia: Akhmim, Egipto
Museo Egizio, Florencia, inv. 6528

65
Máscara funeraria
Época ptolemaica – época
romana
Cartonaje pintado, longitud
12,5 cm, altura 19,5,
Procedencia: Akhmim, Egipto,
adquisición Schiaparelli
1884-1885
Museo Egizio, Florencia, inv. 6542

66
*Elemento para cubierta de una
momia*
Época ptolemaica
Tela estucada y pintada,
25,8 × 38 cm
Procedencia: Colección Nizzoli
1824
Museo Egizio, Florencia, inv. 2444

67
Máscara funeraria
Época ptolemaica, 305-30 a.C.
Cuentas de fayenza y pasta
de vidrio polícromas,
12 × 11,5 cm
Procedencia: mercado anticuario

Fondazione Dino ed Ernesta
Santarelli, Roma, inv. 396

68
Máscara funeraria
Época ptolemaica
Cuentas de fayenza policromas,
12,5 × 15 cm
Procedencia: El Hibeh, Egipto
Museo Egizio, Florencia,
inv. 10505

69 (Lám. 20)
Máscara funeraria
Época romana, siglo II d.C.
Yeso pintado con incrustaciones
de pasta vítrea, altura 21,
anchura 11,5 cm
Procedencia: Colección
De Grüneisen, 1930
Museo Egizio, Florencia,
inv. 12270

70 (Lám. 21)
Retrato de hombre
Siglo II d.C.
Pitura al encausto sobre
madera, 38 × 20 cm
Procedencia: El Fayum, Egipto
Galerie Cybèle, París, inv. 1000

71
Vaso de Hadra
Época ptolemaica, finales del
siglo IV-III a.C.
Terracota pintada, altura 36,6 cm
Procedencia: donación Valle de
Paz 1868
Museo Egizio, Florencia,
inv. 4023

72
Malla
Baja Época, 664-342 a.C.
Fayenza, 78 × 44 cm
Procedencia: Colección Eduardo
Toda y Güell
Museo Arqueológico Nacional,
Madrid, inv. 15249

73 (Lám. 17)
Urna para momia de gato
Dinastía XXII, 945-712 a.C.
Bronce, altura 45,2,
anchura 18,2 cm
Procedencia: desconocida,
adquirida en 1847
Musei Vaticani, Ciudad del
Vaticano, inv. 18311

74 (Lám. 14)
*Estatua de Ptah-Sokar-Osiris
para Djedhor*
Época ptolemaica
Madera estucada, pintada y
dorada, altura 78,7 cm
Procedencia: Colección Nizzoli
1824
Museo Egizio, Florencia,
inv. 106

75
Estatuilla de Osiris
Baja Época, 664-342 a.C.
Bronce, 8 × 2,30 × 2 cm
Procedencia: Colección Eduardo
Toda y Güell
Museo Arqueológico Nacional,
Madrid, inv. 16927

76
Estatuilla de Anubis
Tercer Periodo Intermedio – Baja
Época
Bronce, 13,2 × 6,3 × 3,1 cm
Procedencia: donación
de la familia Faure en 1987
Real Academia de Bellas Artes
de San Fernando, Madrid,
inv. 26

77
Amuleto con figura de Thot
Baja Época
Fayenza, altura 11,8 cm
Procedencia: Gallerie Granducali,
Florencia
Museo Egizio, Florencia,
inv. 145

78
Amuleto con figura de Horus
Baja Época
Fayenza, altura 6,8 cm
Procedencia: Gallerie Granducali,
Florencia
Museo Egizio, Florencia,
inv. 391

79
Anillo
Baja Época
Pasta vítrea, diámetro 2,7 cm
Procedencia: Egipto
Colección privada, Suiza

80
Dos amuletos con el ojo-udjat
Baja Época – Época
grecorromana
Fayenza, 2,2 × 3 cm
y 4,5 × 5,9 cm
Museo Egizio, Florencia,
inv. 1579 y 4787

81
Hidria
Época helenística
Alabastro, altura 66,5 cm,
diámetro máximo 50 cm
Fondation Gandur pour l'Art,
Genève (Ginebra),
inv. FGA-ARCH-GR-84

82
Hidria con tapa
Época ptolemaica, siglo III a.C.
Alabastro, altura 56,5 cm
Fondation Gandur pour l'Art,
Genève (Ginebra),
inv. FGA-ARCH-GR-034

83 (Lám. 23)
Anforilla
Taller alejandrino,
siglos I a.C.-I d.C.
Ágata, 6,3 × 4,6 × 4,6 cm
Procedencia: mercado anticuario
Fondation Gandur pour l'Art,
Genève (Ginebra),
inv. ARCH-GR 0103

84
Vaso en miniatura
Siglo I a.C. – siglo I d.C.
Ágata, altura 6,4 cm
Procedencia: mercado anticuario
Fondation Gandur pour l'Art,
Genève (Ginebra), inv. ARCH-GR 10

85
Jarro
Época ptolemaica
Terracota pintada, altura 76 cm,
diámetro boca 27 cm
Procedencia: adquisición
Schiaparelli 1891-1892
Museo Egizio, Florencia, inv. 7022

86
*Copa con decoración de hoja
de palma*
Siglos II-I a.C.
Fayenza, altura 9,4 cm,
diámetro 14 cm
The Brooklyn Museum of Art,
Nueva York, inv. 55.1

87 (Lám. 24)
Vaso con dos asas
Finales del siglo I a.C. – principios
del siglo I d.C.
Fayenza con vidriado azul, altura
19 cm, diámetro boca 13 cm
Procedencia: Altino, localidad
Belgiardino, necrópolis de la Via
Annia (1971)
Museo Archeologico Nazionale,
Altino, inv. 10054

88
Vaso decorado en relieve
Época ptolemaica, siglos III-II a.C.
Fayenza, altura 15,2 cm
Fondation Gandur pour l'Art,
Genève (Ginebra),
inv. FGA-ARCH-EG-313

89 (Lám. 25)
Alabastrón
Época ptolemaica, siglo III a.C.
Cerámica esmaltada,
altura 25 cm
Procedencia: desconocida;
adquisición 1919 (Colección
Khawam)
Musée du Louvre, París,
inv. E 11603B

90 (Lám. 29)
Estatuilla de Isis-Afrodita
Época ptolemaica, 309-30 a.C.

Terracota elaborada a molde y
decorada con pintura polícroma,
42,5 × 6 × 12 cm
Procedencia: desconocida,
Fondo Antiguo (adquisición
anterior a 1888)
Fondazione Museo delle Antichità
Egizie, Turín, inv. 7218 /01 - RCG
22614 - vn. 115

91
Figura femenina del tipo Tanagra
Época ptolemaica, siglos III-II a.C.
Terracota con veladura de cal y
trazas de color,
altura 21 cm
Procedencia: desconocida,
Colección Carlo Grassi
Musei Vaticani, Ciudad del
Vaticano, inv. 37595

92 (Lám. 28)
*Estatuilla tanagrina de mujer con
manto*
Siglo III a.C.
Terracota polícroma (rosa,
azul, malva, blanco),
altura 31 cm
Procedencia: Alejandría
Collection François Antonovich,
París, inv. 237

93
*Estatuilla de divinidad con cabeza
de cánido (¿Anubis?)*
Época ptolemaica
Terracota elaborada a molde
y parcialmente retocada,
19 × 9 × 7,5 cm
Fondazione Museo delle Antichità
Egizie, Turín, inv. 7235

94
*Estatuilla de Harpócrates con
cornucopia*
Época ptolemaica – época
romana
Terracota eleborada a molde,
17,2 × 5,5 × 3,8 cm
Fondazione Museo delle Antichità
Egizie, Turín, inv. 7223

95
*Figura de Harpócrates con
recipiente*
Época grecorromana
Arcilla, 10,50 × 5 cm
Procedencia: Heracleópolis
Magna (Ehnasya el-Medina)
Museo Arqueológico Nacional,
Madrid, inv. 1976/114/a/32 (68)

96
Figura de Harpócrates (lámpara)
Época grecorromana
Arcilla, 15,50 × 7,30 × 4 cm
Procedencia: Colección Eduardo
Toda y Güell
Museo Arqueológico Nacional,
Madrid, inv. 14074

97
Figura de Bes
Época grecorromana
Arcilla, 12,60 × 4,90 × 3 cm
Procedencia: Colección
R. Martínez
Museo Arqueológico Nacional,
Madrid, inv. 34378

98
Eros y Psique
Época ptolemaica, siglos III-II a.C.
Terracota, altura 13 cm,
anchura 10,5 cm
Procedencia: desconocida,
Colección Carlo Grassi
Musei Vaticani, Ciudad del
Vaticano, inv. 37593

99
Máscara
Época grecorromana
Arcilla, 19,40 × 16,50 × 7 cm
Procedencia: Heracleópolis
Magna (Ehnasya el-Medina)
Museo Arqueológico Nacional,
Madrid, inv. 1976/114/a/82 (66)

100
Estatuilla de reina o deidad
¿Taller alejandrino?
Época helenística, finales del
siglo II – principios del siglo I a.C.
Bronce, altura 32,4 cm
Procedencia: mercado anticuario
Fondation Gandur pour l'Art,
Genève (Ginebra), inv. ARCH-GR 44

101
Eros
Época ptolemaica
Bronce, altura 7,5 cm
Procedencia: desconocida,
Colección Carlo Grassi
Musei Vaticani, Ciudad del
Vaticano, inv. 37627

102
*Enócoe con forma de sátiro
danzante o púgil*
Época ptolemaica
Bronce, altura 12 cm
Procedencia: desconocida,
Colección Carlo Grassi
Musei Vaticani, Ciudad del
Vaticano, inv. 15630

103
Enano itifálico como luchador
¿Taller alejandrino?
Época helenística, siglo I a.C.
Bronce, 5,8 × 4,9 × 2,5 cm
Procedencia: mercado anticuario
Fondation Gandur pour l'Art,
Genève (Ginebra), inv. ARCH-GR 100

104
Enano grotesco con odre
Taller de ámbito alejandrino
Finales del siglo III –

principios del siglo II a.C.
Bronce, 9,8 × 5,3 × 3,5 cm
Procedencia: Colección Victor,
Munster, Alemania
Fondation Gandur pour l'Art,
Genève (Ginebra),
inv. ARCH-GR 48

105
Enano itifálico como gladiador
Taller alejandrino, siglo I a.C.
Bronce, altura 6,4 cm
Procedencia: mercado anticuario
Fondation Gandur pour l'Art,
Genève (Ginebra),
inv. ARCH-GR 102

106
*Placa con imagen de reina
ptolemaica*
Época ptolemaica
Plata repujada y dorada,
24, 5 × 8 cm
Procedencia: desconocida,
Charles Edwin Wilbour Found
The Brooklyn Museum of Art,
Nueva York, inv. 44.120

107 (Lám. 26)
*Placa con busto de reina
ptolemaica asimilada a Isis*
Taller helenístico, siglos II-I a.C.
Plata con trazas de dorado,
diámetro 7,4 cm
Procedencia: Egipto, ámbito
alejandrino
Collection François Antonovich,
París, inv. 101

108 (Lám. 27)
Medallón con busto de Isis
Segunda mitad del siglo I a.C.
Lámina de oro repujada,
3,8 × 3 × 1 cm
Procedencia: Egipto
Antikenmuseum, Basilea,
inv. LgAe NN 093

109
Dije con forma de erote
Finales del siglo I a.C. – principios
del siglo I d.C.
Lámina de oro repujada,
2,8 × 2,1 × 0,5 cm
Procedencia: Egipto
Antikenmuseum, Basilea,
inv. LgAe NN 092

110
Astrágalo como enano grotesco
¿Taller alejandrino?
Época helenística,
siglos III-I a.C.
Oro, altura 3,5 cm
Procedencia: mercado anticuario
Fondation Gandur pour l'Art,
Genève (Ginebra), inv. ARCH-GR 80

111
Brazalete con dos cabezas de Bes
Siglos II-I a.C.

Oro, diámetro 5,5 cm
Procedencia: Stiftung für ein
Schwizerisches Orientmuseum,
Basilea (SSOM)
Antikenmuseum, Basilea,
inv. LgAe SSOM 0050

112
*Anillos con bustos de Serapis
y Isis*
Siglos I a.C.-I d.C.
Oro, 2,4 × 3,2 cm
The Brooklyn Museum of Art,
Nueva York, inv. 16.148

113
*Anillos con bustos de Serapis
y Isis*
Siglos I a.C.-I d.C.
Oro, 2,4 × 3,2 cm
The Brooklyn Museum of Art,
Nueva York, inv. 16.148

114
Anillo con forma de serpiente
Siglo III a.C.
Oro, 1,9 × 4,4 cm
The Brooklyn Museum of Art,
Nueva York, inv. 37.785E

115
*Anillo con motivos de serpientes
en el chatón*
Siglo II a.C. – siglo I d.C.
Oro, diámetro 1,8 cm
Procedencia: desconocida; antes
Colección Stevens
Museo Archeologico Nazionale,
Nápoles, inv. 126455

116
Pendientes
Siglos III-II a.C.
Oro, granate, 3,2 cm
Procedencia: probablemente una
tumba griega en zona cumana
Museo Archeologico Nazionale,
Nápoles, inv. 24888-24889

117
Pendientes
Siglo III a.C.
Oro, granate, ¿plasma de
esmeralda?, 4,2 cm
Procedencia: Colección Stevens
Museo Archeologico Nazionale,
Nápoles, inv. 126436

118
Pendientes
Siglo III a.C.
Oro, granate, 2,3 cm
Procedencia: Colección Stevens
Museo Archeologico Nazionale,
Nápoles, inv. 126423

119
Pendientes
Siglo III a.C.
Oro, 4 cm

Procedencia: Colección Stevens
Museo Archeologico Nazionale ,
Nápoles, inv. 126435

120
*Camafeo con Zeus luchando
contra los Gigantes*
Hacia mitad del siglo II a.C.
Ónice, sardónice, 3,5 × 2,9 cm
Procedencia: antigua Colección
Orsini, n° 325, después Colección
Farnesio
Museo Archeologico Nazionale,
Nápoles, inv. 25848/16

121 (Lám. 35)
*Camafeo con Atenea y Poseidón
disputándose el dominio del Ática*
Hacia 40-30 a.C.
Ónice, sardónice, 5,2 × 4,3 cm
Procedencia: antigua Colección
Lorenzo de Medicis, 1942,
después Colección Farnesio
Museo Archeologico Nazionale,
Nápoles, inv. 25837/5

122
*Gema con entalle que representa
a Alejandro Magno a caballo*
Siglo II a.C.
2,1 × 3 cm
Procedencia: campañas de Altino
(1953)
Museo Archeologico Nazionale,
Altino, inv. AL 11944

123
*Tesela de vidrio mosaico con
cabeza de halcón*
Siglos II-I a.C.
Pasta vítrea policroma,
1,1 × 1,6 × 0,15 cm
Procedencia: El Cairo, Colección
Achille Groppi (1890-1949)
Antikenmuseum, Basilea,
inv. LgAe WR 59

124
*Tesela de vidrio mosaico con
simbolos jeroglíficos*
Siglos II-I a.C.
Pasta vítrea policroma,
2,4 × 1,8 × 2,3 cm
Procedencia: Lucerna, Colección
Ernst Kofler-Truniger (1903-1990)
Antikenmuseum, Basilea,
inv. LgAe WR 28

125
*Fragmento de placa de
revestimiento*
Siglo I a.C.
Pasta vítrea polícroma,
altura 4,8 cm, longitud 3,8 cm
Museo Egizio, Florencia,
inv. 13969

126
*Fragmento de placa de
revestimiento*

Siglo I a.C.
Pasta vítrea polícroma,
altura 7,9 cm, longitud 5,4 cm
Museo Egizio, Florencia,
inv. 13971

127
*Elemento para incrustar en vidrio
mosaico*
Siglos I a.C.-I d.C.
Pasta vítrea polícroma,
altura 0,8 cm, longitud 2,1 cm
Museo Egizio, Florencia, inv. 10351

128 (Lám. 36)
Tesela con el toro Apis
Época ptolemaica, 305-30 a.C.
Pasta de vidrio polícroma,
1,05 × 1,29 cm
Procedencia: Pompeya
Museo Archeologico Nazionale,
Nápoles, inv. 158871

129
Rostro real de perfil
Época ptolemaica, siglos III-I a.C.
Pasta vítrea polícroma,
3,4 × 2,5 cm
Procedencia: Egipto
Colección privada, Suiza

130
Rostro real de perfil
Época ptolemaica, siglos III-I a.C.
Jaspe rojo egípcio, altura 1,8 cm
Procedencia: Egipto
Colección privada, Suiza

131 (Lám. 34)
*Panel con Dioniso y Ariadna
dormida*
Época augustea
Vidrio de camafeo azul
y blanco, altura 25,2 cm,
longitud 39,4 cm
Procedencia: Pompeya, triclinio
de la Casa de Fabius Rufus
Museo Archeologico Nazionale,
Nápoles, inv. 153652

132 (Lám. 37)
Anforilla
Primera época imperial
Vidrio de camafeo azul y blanco,
altura 18 cm
Procedencia: hallada en una
tumba en Torrita di Siena
Museo Archeologico Nazionale,
Florencia, inv. 70811

133
Plato en vidrio millefiori
Siglos III-II a.C.
Vidrio y fragmentos de pasta
vítrea amarilla con
incrustaciones azules y pan
de oro, 29,6 cm
Procedencia: Canosa di Puglia
Museo Archeologico Nazionale,
Nápoles, inv. 11522

134
Plato en vidrio millefiori
Siglos II-I a.C.
Vidrio y fragmentos de pasta
vítrea azul con incrustaciones
amarillas, 18 cm
Procedencia: antigua Colección
Castellani
Museo Nazionale Romano -
Terme di Diocleziano, Roma,
inv. 108351

135
Cuenco
200 a.C.-100 d.C.
Vidrio mosaico, diámetro 16,3 cm,
altura 3,2 cm
Procedencia: Mediterráneo
oriental o Italia
Museo Lázaro Galdiano, Madrid,
inv. 5709

136
*Vaso con decoración facetada en
nido de abeja*
Primera mitad del siglo I d.C.
Vidrio incoloro soplado dentro de
molde y tallado, pie aplicado,
altura 11 cm,
diámetro 9,9 cm
Procedencia: del territorio
piamontés
Museo di Antichità - Polo Reale
di Torino, Turín, inv. 3502

137
Cabeza femenina ideal
Principios del siglo I a.C.
Mármol, altura 38,6 cm
Musei Vaticani, Ciudad del
Vaticano, inv. 4392

138
Retrato de reina o divinidad
Taller alejandrino, siglo III a.C.
Mármol, altura 22,8 cm
Fondation Gandur pour l'Art,
Genève (Ginebra),
inv. FGA-ARCH-GR-079

139 (Lám. 30)
Cabeza de reina o diosa
Taller alejandrino, siglo III a.C.
Mármol, 22,8 cm
Fondation Gandur pour l'Art,
Genève (Ginebra),
inv. FGA-ARCH-GR-078

140 (Lám. 31)
*Retrato de pequeño principe
ptolemaico como Eros*
Segunda mitad del siglo I a.C.
Alabastro, 15,2 cm
Procedencia: Egipto
Colección particular

141 (Lám. 32)
*Modelo de escultura con busto de
soberano*
Inicios época ptolemaica,

siglo IV a.C.
Caliza, 17 × 13,3 × 9,5 cm
Procedencia: desconocida,
Fondo Antiguo (adquisición
anterior a 1888)
Fondazione Museo delle Antichità
Egizie, Turín,
inv. 7047 - RCG 25050

142
*Modelo de exvoto con figura de
golondrina*
Época ptolemaica
Caliza grabada, 10 × 12 cm
Fondazione Museo delle Antichità
Egizie, Turín, inv. 7061

143 (Lám. 33)
Falo
Época helenística
Mármol de Paros, altura 131 cm,
anchura 41 cm,
profundidad 30 cm
Procedencia: Colección Jacques
d'Adelswärd-Fersen, Capri, Villa
Lysis; mercado anticuario de
entonces
Collezione Roberto Della Valle

144
Cabeza de Apolo
Época ptolemaica
Estuco, 18 × 15,5 cm
Procedencia: Egipto
Galerie Cybèle, París, inv. 1228

145 (Lám. 39)
Retrato de Cleopatra VII
50-30 a.C.
Mármol, altura 15,6 cm
Procedencia: probablemente
Egipto; Colección Clarence Day,
Memphis, Tennessee
Fondation Gandur pour l'Art,
Genève (Ginebra),
inv. ARCH-GR-054

146 (Lám. 40)
Cabeza retrato de Cleopatra VII
Época ptolemaica tardía,
50-30 a.C.
Piedra caliza, 13,5 × 11 × 12 cm
Procedencia: desconocida, Fondo
Charles Edwin Wilbour
The Brooklyn Museum of Art,
Nueva York, inv. 71.12

147
Cabeza retrato de Cleopatra VII
Segunda mitad del siglo I a.C.
Mármol, 21 × 12 × 23 cm
Procedencia: desconocida,
probablemente Egipto ptolemaico
Musée du Louvre, París, inv. MA
3500

148
*Retrato femenino conocido como
"Cleopatra (?) Eisenberg"*
Hacia 50-25 a.C.

Mármol, altura 18,4 cm
Procedencia: Colección
J. Eisenberg, Nueva York
Collection François Antonovich,
París, inv. 64

149 (Lám. 41)
*Cabeza retrato de mujer joven
(¿Cleopatra VII?)*
Arte helenístico-romano,
mediados del siglo I a.C.
Mármol pentélico,
21,4 × 14,5 × 17,1 cm
Procedencia: ¿Egipto?
Museo di Antichità - Polo Reale
di Torino, Turín, inv. 4685

150 (Lám. 42)
*Retrato de Cleopatra VII
con el tradicional tocado
de buitre*
Época ptolemaica, siglo I a.C.
Arenisca púrpura silicificada,
altura 23 cm
Procedencia: Egipto
Collection François Antonovich,
París, inv. 175

151
*Busto de Cleopatra VII con las tres
uraei, perteneciente a una
estatuilla*
Siglo I a.C.
Fayenza, altura 15 cm
Procedencia: Egipto ptolemaico
Collection François Antonovich,
París, inv. 191

152 (Lám. 38)
*Estatuilla de reina,
probablemente Cleopatra VII,
asimilada a una diosa*
Época ptolemaica, siglo I a.C.
Esteatita, altura 14 cm
Procedencia: Egipto ptolemaico
Collection François Antonovich,
París, inv. 161

153
*Cabeza retrato de Ptolomeo XIII
Physcon (Barrigón), con el tocado
nemes*
Siglo I a.C.
Caliza, probablemente parte
de una esfinge,
altura 27 cm
Procedencia: Egipto
Collection François Antonovich,
París, inv. 406

154
*Cabeza masculina (llamada de
Pompeyo Magno)*
Mediados del siglo I a.C.
Terracota, 30 × 17 × 21 cm
Procedencia: S. Maria di Falleri,
Fabrica di Roma
Museo Nazionale Romano,
Palazzo Massimo alle Terme,
Roma, inv. 61422

155 (Lám. 43)
Retrato de Julio César
44 a.C.
Mármol de Carrara,
altura total 33 cm, altura
cabeza 21,5 cm
Procedencia: excavaciones de
Tusculum, 1804-1820
Museo di Antichità - Polo Reale
di Torino, Turín, inv. 2098
de la colección del Castello
di Agliè

156 (Lám. 45)
*Busto de Augusto del tipo
"Accio" (?)*
Principios siglo I d.C. (cabeza),
segunda mitad siglo II d.C. (busto)
Mármol, 68 × 56 cm
Procedencia: Fondi, S. Anastasia,
2005
Museo Archeologico Nazionale,
Formia, inv. 134324 (cabeza) y
134325 (busto)

157 (Lám. 48)
*Ordenanza de Cleopatra VII a favor
de Publius Canidius (Crassus),
general de Marco Antonio*
33 a.C.
Papiro (facsímil), 23,5 × 20,2 cm
Procedencia: Egipto, necrópolis
romana de Abusir-el-Melek,
reutilizado como cartonaje de
momia; excavación 1903-1905
Altes Museum – Staatliche
Museen zu Berlín, Berlín,
inv. P. 25.239

158 (Lám. 46)
Bronce de Cleopatra VII (anverso)
51-30 a.C.
Bronce, diámetro 21 mm; 11,30 g
Museo Arqueológico Nacional,
Madrid, inv. 1997/82/326

159
Bronce de Cleopatra VII (reverso)
51-30 a.C.
Bronce, diámetro 20,41 mm; 8,97 g
Museo Arqueológico Nacional,
Madrid, inv. 1997/82/327

160
*Denario romano-republicano a
nombre de Julio César*
P. Sepullius Macer, Roma, 44 a.C.
Plata, diámetro 19,38 mm;
3,66 g
Museo Arqueológico Nacional,
Madrid, inv. 2015/25/7654

161 (Lám. 47)
Áureo
Ceca itinerante de Marco Antonio,
41 a.C.
Oro, diámetro 21 mm; 7,95 g
Museo Archeologico Nazionale
(Medagliere), Nápoles,
inv. F.r 3170

162
Áureo de Octavio y Marco Antonio
Ceca itinerante de Octavio,
39 a.C.
Oro, diámetro 20,5 mm; 8,35 g
Museo di Antichità - Polo Reale
di Torino (Medagliere), Turín,
inv. 12045

163
*Denario acuñado por M. Barbatius
Pollio para Marco Antonio*
Ceca itinerante, 41-30 a.C.
Plata, 20,5 cm; 3,67 g
Procedencia: antigua Colección
Filippo Lavy
Museo di Antichità - Polo Reale
di Torino (Medagliere), Turín,
inv. 12046

164
*Denario romano-republicano.
Marco Antonio y Cleopatra
(anverso)*
Ceca móvil, 32 a.C.
Plata, diámetro 17,37 mm; 3,82 g
Procedencia: Colección Domingo
Sastre Salas
Museo Arqueológico Nacional,
Madrid, inv. 1973/24/10660

165
*Denario romano-republicano.
Marco Antonio y Cleopatra
(reverso)*
Ceca móvil, 32 a.C.
Plata, diámetro 17,5 mm; 3,78 g
Museo Arqueológico Nacional,
Madrid, inv. 2015/25/8375

166
Denario de Marco Antonio
Ceca itinerante de Marco Antonio,
32 a.C.
Plata, diámetro 17 mm; 3,35 g
Museo di Antichità - Polo Reale
di Torino (Medagliere), Turín,
inv. 12078

167
Denario de Marco Antonio
Ceca itinerante, 32 a.C.
Plata, diámetro 16-17 mm
Museo Archeologico Nazionale,
Nápoles, inv. Fr3209

168
Denario de Marco Antonio
Ceca itinerante, 32 a.C.
Plata, diámetro 17-18 mm
Museo Archeologico Nazionale,
Nápoles, inv. Fr3210

169 (Lám. 44)
*Retrato masculino
(¿Marco Antonio?)*
Primera mitad del siglo I d.C.
Mármol, 55 × 30 × 30 cm
Procedencia: Fossombrone, Italia,
adquirido en 1910

Museo Civico Archeologico,
Bolonia, inv. Rom. 2002

170
*Relieve de Cleopatra VII y
Ptolomeo XV "Cesarión"*
44-30 a.C.
Caliza, 53 × 45 cm
Procedencia: Egipto,
probablemente del templo de
Hator en Dendera
Collection François Antonovich,
París, inv. 212

171 (Lám. 49)
*Estela con representación
de la triada tebana*
44-30 a.C.
Caliza, 20 × 16 cm
Procedencia: Tebas (?)
Colección privada

172 (Lám. 50)
*Cabeza de hombre, presunto
retrato de "Cesarión"*
Época ptolemaica, segunda
mitad del siglo I a.C.
Microdiorita, 13,5 × 8,5 × 10,5 cm
Procedencia: desconocida;
adquisición Fava (1893)
Museo Civico Archeologico,
Bolonia, inv. MCABo EG 1803 bis

173 (Lám. 52)
*Estatuilla de joven príncipe
ptolemaico (¿Ptolomeo XV
"Cesarión"?)*
Época ptolemaica tardía, 50-30 a.C.
Cuarcita, 31,8 × 13,5 × 8,5 cm
Procedencia: Charles Edwin
Wilbour Found
The Brooklyn Museum of Art,
Nueva York, inv. 54.117

174 (Lám. 51)
*Estatua fragmentada de joven
soberano ptolemaico
(¿Ptolomeo XV "Cesarión"?)*
Finales del siglo I a.C.
Mármol, 52,3 × 18 × 14,5 cm
Procedencia: ¿Roma?
Museo Civico di Palazzo Te,
Museo Egizio, Mantua,
inv. 96110098

75 (Lám. 54)
Pátera con alegoría de la fertilidad
Segunda mitad del siglo I a.C.
Plata parcialmente dorada,
diámetro 29,5 cm
Procedencia: Aquileia, Italia
Kunsthistorisches Museum,
Antikensammlung, Viena,
inv. VII A 47

176 (Lám. 53)
*Soporte para lucerna con figura
de Alejandro Helio, hijo de
Marco Antonio y Cleopatra VII*
Época helenística, finales

del siglo I a.C.
Bronce, altura 80 cm
Fondation Gandur pour l'Art,
Genève (Ginebra),
inv. ARCH-GR-0045

177
Retrato femenino, probablemente Octavia Menor
Época augustea
Mármol, altura 33 cm
Procedencia: Palestrina
Museo Nazionale Romano,
Palazzo Massimo alle Terme,
Roma, inv. 124500

178
Parte angolare di Antico Fregio di Marmo... fatta fare da Augusto dopo la vittoria ottenuta ad Azzio
[Fragmento de friso conmemorativo de la victoria en Accio]
Giambattista Piranesi (Mogliano Veneto, 1720 – Roma, 1778)
Grabado (aguafuerte y buril),
[Roma, 1778]
Biblioteca Histórica de la UCM - Marqués de Valdecilla, Madrid,
sign. BH GRL 13(19)

179
Trofeo di Ottaviano Augusto inalzato per la Vittoria ad Actium, e Conquista dell'Egitto...
[Trofeo de Octavio Augusto por la victoria en Accio y conquista de Egipto]
Giambattista Piranesi (Mogliano Veneto, 1720 – Roma, 1778)
Grabado (aguafuerte y buril),
[Roma, 1778]
Biblioteca Histórica de la UCM - Marqués de Valdecilla, Madrid,
sign. BH GRL 7(10-6)

180
Retrato de Augusto
Siglo I d.C.
Mármol, 55 × 30 × 32 cm
Fondation Gandur pour l'Art,
Genève (Ginebra),
inv. FGA-ARCH-RA-003

181 (Lám. 56)
Camafeo "de Accio"
Posterior a 27 a.C.
Sardónice en tres capas:
blanco, gris azulado y marrón;
con marco moderno
(principios del siglo XVII)
en oro, esmaltes y perlas,
6 × 6,6 cm
Kunsthistorisches Museum,
Antikensammlung, Viena,
inv. IXa 56

182
Gema con busto de Victoria
Siglo I a.C.

Entalle en cornalina, 1 × 0,9 cm
Procedencia: Altino, santuario de Fornace
Museo Archeologico Nazionale,
Altino, inv. AL 45227

183
Gema con Victoria alada
Segunda mitad del siglo I a.C.
Vidrio, 2,6 × 1,7 cm
Procedencia: adquisión Cartiglio,
Florencia, 2004
Fondazione Dino ed Ernesta Santarelli, Roma, inv. 50/84c
(temporalmente en los Musei Capitolini)

184 (Lám. 57)
Camafeo con "gorgoneion"
Siglos I a.C.-I d.C.
Sardónice en tres estratos,
diámetro 1,6 cm, espesor
máx. 0,4 cm
Procedencia: Colección particular 2002
Fondazione Dino ed Ernesta Santarelli, Roma, inv. 47/73g
(temporalmente en los Musei Capitolini)

185
Entalle con cabeza masculina
Época julio-claudia
Cornalina, 1,4 × 1,2 cm
Procedencia: adquisión Cartiglio,
Florencia, 2004
Fondazione Dino ed Ernesta Santarelli, Roma, inv. 50/43 c
(temporalmente en los Musei Capitolini)

186
Gema con entalle que representa una nave con tripulación
Siglo I a.C.
Cornalina, 1,8 × 1,4 cm
Procedencia: Altino
Museo Archeologico Nazionale,
Altino, inv. AL 11866

187
Ficha de juego con representación de Nicópolis
Posterior a 30 a.C.
Hueso, diámetro 3,1 cm
Kunsthistorisches Museum,
Viena, inv. V 1033

188 (Lám. 58)
Retrato femenino, quizá Cleopatra VII
Siglo I a.C.
Mármol de Paros,
altura 35 cm
Procedencia: Roma, villa Doria Pamphilj
Musei Capitolini, Centrale Montemartini, Roma,
inv. 3356

189
Cobra egipcia, Naja haje
(Linnaeus, 1758)
Procedencia: Marruecos
Museo Nacional de Ciencias Naturales, Madrid, inv. 22707

190
Reproducción de cuatro áureos de Augusto
Hacia 27 a.C.
Oro, diámetro 30 mm
Museo Arqueológico Nacional,
Madrid, inv. 2005/60/1

191
Denario de Octavio
Ceca de Roma, 28 a.C.
Plata, diámetro 19,5 mm; 3,36 g
Museo di Antichità - Polo Reale di Torino (Medagliere), Turín,
inv. 12086

192
Denario de Octavio
Moneda oriental (¿Pérgamo ?),
anterior a 27 a.C.
Plata, 18,53 mm
Procedencia: antigua Colección F. Gnecchi
Museo Nazionale Romano
Palazzo Massimo (Medagliere),
Roma, inv. 85572

193 (Lám. 55)
Estatuilla de Isis dolorosa
Época imperial romana,
siglo I d.C.
Bronce, altura 12,4 cm
Fondation Gandur pour l'Art,
Genève (Ginebra),
inv. FGA-ARCH-RA-002

194 (Lám. 59)
Augusto como faraón ofrenda a Mandulis y Thot
Siglo I a.C.
Arenisca polícroma,
74 × 51,5 × 7,2 cm
Procedencia: templo de Kalabsha, Baja Nubia
Musée Champollion, Figeac, en depósito del Musée Fenaille de Rodez, inv. D 86.3.1

195
Emperador romano como faraón
Siglo I d.C.
Basalto, 31,3 × 29 × 25 cm
Procedencia: adquirido antes de 1852
Musée du Louvre, París,
inv. AE N 36 (A 35)

196
Pilastra con motivos egiptizantes
20-10 a.C.
Mármol, 148 × 39 × 9 cm
Procedencia: Roma,
probablemente *Iseum*

Metellinum; hallada en las excavaciones del área de la explanada de la Università Lateranense (1963-1967)
Antiquarium di San Giovanni in Laterano, Roma,
inv. 55926

197
Antefija
Siglos I-II d.C.
Mármol lunense, 30 × 22 cm
Procedencia: Roma,
probablemente Iseo Campense
Musei Vaticani, Ciudad del Vaticano, inv. 22861

198
Friso con Bes y pareja de esfinges sentadas
Época augustea
Terracota con trazas de policromía, 24 × 50 cm
Procedencia: Roma, Campo Verano
Musei Capitolini, Roma,
inv. A.C. 3301

199
Puteal decorado con motivos nilóticos
Época augustea
Mármol blanco, altura 57 cm,
diámetro 56 cm
Procedencia: Pozzuoli, Palazzo Ragnisco (1922)
Museo Archeologico Nazionale,
Nápoles, inv. 140619

200
Base de candelabro con simbolo isiaco
Época adrianea
Mármol blanco, quizá griego,
altura 81 cm, longitud base
61 cm, espesor máx. base 45 cm
Procedencia: Hallada en 1702 en Roccabruna, cerca de Tívoli,
en el entorno del Canopo de la Villa Adriana
Musei Vaticani, Museo Gregoriano Profano, Ciudad del Vaticano, inv. 22862

201
Basa de columna con motivos egiptizantes
Siglos I-II d.C.
Mármol, altura 68 cm,
diámetro 43 cm
Procedencia: Roma, Villa Mattei (ahora Celimontana); adquirida por los Musei Vaticani en 1770
Musei Vaticani, Galleria dei Candelabri, Ciudad del Vaticano,
inv. 2599

202 (Lám. 61)
Cocodrilo
Época adrianea, 117-138 d.C.

Mármol de Paros, longitud
total 162 cm
Procedencia: Canopo de Villa Adriana, Tívoli
Musei Vaticani, Ciudad del Vaticano, inv. 22837

203 (Lám. 63)
Cabeza de joven nubio
Época adrianea, siglo II d.C.
Mármol *bigio morato* y caliza,
altura 27 cm
Museo Nazionale Romano, Terme di Diocleziano, Roma, inv. 49596

204
Cabeza real masculina
Época adrianea, hacia 135 d.C.
Mármol gris negruzco,
altura 22 cm
Procedencia: Tívoli, Villa Adriana,
zona del Antinoeion,
excavaciones 2003-2004
Villa Adriana, Antiquarium del Canopo, Tívoli, depósito,
inv. s.n.

205 (Lám. 62)
Lastra "Campana" con escenas nilóticas
Siglo I a.C.
Terracota moldeada,
48 × 50,5 × 5 cm
Procedencia: probablemente Palestrina
Museo Nazionale Romano,
Palazzo Massimo alle Terme,
Roma, inv. 62662

206
Emblema con ánades
Siglos II-I a.C.
Mosaico de teselas de mármol polícromas, 28 × 27 cm
Procedencia: Pompeya, Casa del Cinghiale
Museo Archeologico Nazionale,
Nápoles, inv. 9983

207 (Lám. 64)
Escena de jardín con pareja de esfinges
Hacia mediados del siglo I d.C.
Pintura al fresco, 151 × 172 cm
Procedencia: Pompeya, Casa del Bracciale d'Oro
Depositi Soprintendenza Speciale per i Beni Archeologici di Pompei, Ercolano e Stabia, Pompeya,
inv. 87228

208 (Lám. 60)
Escena nilótica con hipopótamo y pez
Siglo I d.C.
Pintura al fresco, 87 × 65 cm
Procedencia: entorno de Pompeya
Museo Archeologico Nazionale,
Nápoles, inv. 8608

209 (Lám. 83)
Ceremonia isiaca
Hacia mediados del siglo I d.C.
Pintura al fresco, 74 × 52 cm
Procedencia: ¿Herculano?
Museo Archeologico Nazionale,
Nápoles, inv. 8919

210 (Lám. 82)
Ibis
62-79 d.C.
Pintura al fresco, 82,3 × 56,6 cm
Procedencia: Pompeya, Templo
de Isis
Museo Archeologico Nazionale,
Nápoles, inv. 8562

211 (Lám. 65)
Relieve de Venus Genetrix
Segunda mitad del siglo I a.C. –
principios del siglo I d.C.
Mármol frigio, 76 × 65 × 9 cm
Procedencia: Sperlonga, entorno
de la gruta-ninfeo de la Villa
de Tiberio, 1959
Museo Archeologico Nazionale,
Sperlonga, inv. 80439

212
*Cabeza femenina con diadema
(¿Cleopatra VII?)*
Hacia mediados del siglo I d.C.
Pintura al fresco, 50 × 35 cm
Procedencia: Herculano, *domus*
no identificada
Museo Archeologico Nazionale,
Nápoles, inv. 90778

213
Collar de oro y esmeraldas
Siglos I a.C.-I d.C.
Longitud 32 cm
Procedencia: entorno del Vesubio
Museo Archeologico Nazionale,
Nápoles, inv. 111116

214 (Lám. 66)
Cadena
Siglos I a.C.-I d.C.
Oro, longitud 242 cm; 312,7 g
Procedencia: Pompeya, Moregine,
edificio B
Soprintendenza Speciale per i
Beni Archeologici di Pompei,
Ercolano e Stabia, Pompeya,
inv. 81589

215-216 (Lám. 67-68)
*Par de brazaletes con forma de
serpiente*
Siglo I a.C. – siglo I d.C.
Oro, plasma de esmeralda,
diámetro 9 y 9,2 cm
Museo Archeologico Nazionale,
Nápoles, inv. 126364 y 126365

217
Brazalete en forma de serpiente
Siglo I a.C. – siglo I d.C.
Oro, esmeraldas,

diámetro 9,4 cm
Procedencia: Boscoreale, cerca
de Pompeya, hallado en 1895;
donación E. de Rothschild
Musée du Louvre, Antiquitées
grèques, etrusques et romaines,
París, inv. Bj 976

218 (Lám. 69)
¿Brazalete? en forma de serpiente
Siglos I a.C.-I d.C.
Plata con incrustaciones de oro,
diámetro 11,1 cm,
cabeza 3,5 × 2,2 cm
Procedencia: Pompeya, plaza del
anfiteatro, junto a algunos
esqueletos
Soprintendenza Speciale per i
Beni Archeologici di Pompei,
Ercolano e Stabia,
Pompeya, inv. 6131

219
Brazalete con forma de serpiente
Siglo I a.C.
Oro, diámetro 7,6 cm,
longitud 1,1 cm; 171 g
Procedencia: Pompeya, Moregine,
edificio B
Soprintendenza Speciale per i
Beni Archeologici di Pompei,
Ercolano e Stabia, Pompeya,
inv. 81580

220
Anillo con forma de serpiente
Mediados del siglo I a.C. –
siglo I d.C.
Oro, diámetro 2,7 cm
Procedencia: Pompeya
Museo Archeologico Nazionale,
Nápoles, inv. 25040

221
Colgante con Harpócrates
¿Siglo II a.C.?
Oro, altura total 5,7 cm, altura
del colgante 3 cm
Procedencia: ¿Herculano?
Museo Archeologico Nazionale,
Nápoles, inv. 24723

222
*Anillo de sello con retrato
masculino*
Taller de Eracleidas, siglo I a.C. –
siglo I d. C.
Oro, chatón 35 × 30 mm
Procedencia: S. Maria Capua
Vetere
Museo Archeologico Nazionale,
Nápoles, inv. 25085

223
*Collar hecho con amuletos y
cuentas de collar egipcias y de
estilo egipcio*
Siglo I d.C.
Bronce, ágata, cornalina, amatista,
cristal de roca, coral, hueso,

madreperla, fayenza, 46 cm
Procedencia: Pompeya,
probablemente la *domus* V, 3, 11,
excavación 1902
Museo Archeologico Nazionale
(Medagliere), Nápoles,
inv. N. 129488-129512

224
*Anillo con gema que representa
a Anubis*
Siglo I a.C. – siglo I d.C.
Hierro, entalle en cornalina,
1,2 × 1 cm
Procedencia: Pompeya, junto
a la Casa de la Corona
Museo Archeologico Nazionale,
Nápoles, inv. 158747

225
Entalle con esfinge alada
Siglo I a.C. – siglo I d.C.
Ágata, 1,40 × 1,10 cm
Procedencia: Colección Farnesio
Museo Archeologico Nazionale,
Nápoles, inv. 27175

226
*Camafeo con busto de
Harpócrates*
Siglo I a.C. – siglo I d.C.
Ágata, 1,75 × 1,16 cm
Procedencia: Pompeya
Museo Archeologico Nazionale,
Nápoles, inv. 27617

227
*Camafeo con busto de Zeus-
Serapis*
Siglo I a.C.
Sardónice, 2,3 × 1,3 cm
Procedencia: Domus I, 13, 9,
Pompeya
Museo Archeologico Nazionale,
Nápoles, inv. 158810

228
*Entalle con escena de culto
oriental*
Ágata gris
Procedencia: Herculano, Casa del
Bicentenario
Museo Archeologico Nazionale,
Nápoles, inv. MAN 158854

229
Amuletos egipcios y egiptizantes
Siglo I a.C. – siglo I d.C.
23 amuletos de fayenza,
45 cuentas de ágata, cornalina,
calcedonia y granodiorita egipcia,
5 escarabeos
Procedencia: Roma, antiguas
excavaciones junto a la muralla
del Aventino
Colección Dario Del Bufalo, Roma

230-232
Tres ungüentarios
Siglo I a.C. – siglo I d.C.

Ónice oriental de El Qawatir,
Egipto, altura 26, 14 y 12 cm
Colección Dario Del Bufalo, Roma

233 (Lám. 71)
Ánfora
Época romana, siglo I a.C. -
siglo I d.C.
Alabastro egipcio, altura 98 cm
Procedencia: mercado anticuario
Fondazione Dino ed Ernesto
Santarelli, Roma, inv. 394 a

234 (Lám. 70)
Urna cineraria
Siglo I a.C. – siglo I d.C.
Ónice oriental de El Qawatir,
Egipto, 52 × 36 cm
Procedencia: Roma, via
Laurentina
Colección Dario Del Bufalo, Roma

235
Urna cineraria
Primera época imperial
Alabastro egipcio,
altura 50 × 50 cm
Procedencia: probablemente
Campos Flégreos, cerca de
Pozzuoli
Musei Archeologico Nazionale
dei Campi Flegrei, Baia-Bacoli,
inv. s.n.

236 (Lám. 72)
Crátera con dos asas
Época augustea
Alabastro egipcio, altura 37 cm,
diámetro boca 31 cm
Procedencia: S. Maria Capua
Vetere, necrópolis de Ponte
di S. Prisco, 1897.
Museo Archeologico Nazionale,
Nápoles, inv. 124700

237 (Lám. 74)
Copa con dos asas
Primera mitad del siglo I d.C.
Obsidiana con incrustaciones
polícromas y pan de oro y plata,
diámetro 20,6 cm,
altura 5,5 cm
Procedencia: Pompeya
Museo Archeologico Nazionale,
Nápoles, inv. 13591

238 (Lám. 73)
Copa
Finales siglo I a.C. – principios
siglo I d.C.
Calcedonia gris rosada,
longitud máx 12 cm
Procedencia: Olbia, Cerdeña,
necrópolis de Joanne Canu
Museo Archeologico Nazionale,
Cagliari, inv. 39309

239
Copa
Siglos I a.C. – I d.C.

Ágata, altura 5,5 cm,
diámetro máximo 5 cm
Procedencia: Herculano,
antiguos almacenes portuarios,
excavaciones 1980
Soprintendenza Speciale
per i Beni Archeologici di Pompei,
Ercolano e Stabia, Pompeya,
inv. 78969

240
Copa de ágata murrina
Taller alejandrino
Siglos I a.C.- I d.C.
Diámetro máximo 9,5 cm
Colección particular, Roma

241
Ungüentario
Siglos I a.C. – I d.C.
Ágata, altura 4,5 cm, diámetro
máximo 1,9 cm
Procedencia: Pompeya
Museo Archeologico Nazionale,
Nápoles, inv. 138102

242
Ungüentario
Siglos I a.C. – I d.C.
Ágata, altura 4,7 cm,
diámetro máximo 2,2 cm
Procedencia: Pompeya
Museo Archeologico Nazionale,
Nápoles, inv. 27614

243
Ungüentario
Siglos I a.C. – I d.C.
Vidrio blanco con vetas oscuras
Altura 28 cm, diámetro boca 3
cm, diámetro máximo 5 cm
Procedencia: Pompeya
Museo Archeologico Nazionale,
Nápoles, inv. 13573

244
*Fragmentos de platos decorados y
de vajilla de mesa*
Siglo I a.C. – siglo I d.C.
33 de ágata murrina y 16
de vidrio murrino
Procedencia: antiguas
excavaciones en Roma y Ostia
Antica
Colección Dario Del Bufalo,
Roma

245
Ungüentario
Siglos I a.C. – I d.C.
Alabastro amarillo, altura 9,5 cm,
diámetro máximo 5,3 cm
Procedencia: probablemente
del entorno del Vesubio
Museo Archeologico Nazionale,
Nápoles, inv. 110501

246
Píxide con decoración egiptizante
Siglo I a.C. – siglo I d.C.

Marfil, altura 5 cm,
diámetro 8 cm
Procedencia: Pompeya,
tienda IX, 6, b
Museo Archeologico Nazionale,
Nápoles, inv. 118741

247
Copa con decoración de palmetas
¿Siglo I d.C.?
Plata, 8,3 × 13,5 cm
Museo Archeologico Nazionale,
Nápoles, inv. 25373

248
Pátera de tema dionisiaco
Época augustea
Vidrio de camafeo azul y blanco,
diámetro copa 29,4 cm
Procedencia: Pompeya, Casa
del Poeta Tragico
Museo Archeologico Nazionale,
Nápoles, inv. 13688

249 (Lám. 75)
Copa de vidrio millefiori
Siglo I a.C.
Varillas de vidrio fundidas y
cortadas transversalmente,
diámetro 13,2 cm,
altura 2,5 cm
Procedencia: Trofarello, Turín
Museo di Antichità - Polo Reale
di Torino, Turín, inv. 3801

250
Vaso de vidrio millefiori
Siglo I a.C.- siglo I d.C.
Vidrio con líneas blancas,
amarillas, azules y verdes,
9,1 × 5,4 cm
Procedencia: ¿Región
del Vesubio?
Museo Archeologico Nazionale,
Nápoles, inv. 13558

251
*Pie de copa de vidrio
en bandas*
Finales del siglo I a.C. – principios
del siglo I d.C.
Pasta vítrea en tonos oscuro,
ámbar y blanco, altura 2,1 cm,
diámetro 8,3 cm
Procedencia: Roma, Esquilino
Museo Nazionale Romano,
Palazzo Massimo, Roma,
inv. 54815

252
Ungüentario
Siglos I a.C.- I d.C.
Vidrio oscuro violáceo
con vetas blancas,
altura 27,2 cm,
diámetro boca 2,3 cm,
diámetro máximo 4,7 cm
Procedencia: Pompeya
Museo Archeologico Nazionale,
Nápoles, inv. 13571

253
Anforilla
Siglo I d.C.
Vidrio oscuro soplado
con estrías blanquecinas
aplicadas "a chorro",
altura 18,7 cm,
diámetro máximo 8,6 cm
Procedencia: Pompeya, Casa
de *Lesbianus*, I, 13 9
Soprintendenza Speciale
per i Beni Archeologici di Pompei,
Ercolano e Stabia, Pompeya,
inv. 11407

254
*Balsamario con motivo de
plumaje*
Primera mitad del siglo I d.C.
Vidrio violeta en mosaico blanco,
parcialmente soplado o trabajado
sobre una matriz invertida,
altura 8 cm, diámetro máximo
6,5 cm, diámetro del borde 2,1 cm
Procedencia: del territorio
piamontés
Museo di Antichità - Polo Reale di
Torino, Turín, inv. 3355

255 (Lám. 77)
Relieve con divinidad alejandrina
Hacia mediados del siglo II d.C.
Mármol griego del Imeto,
79 × 126 cm, profundidad
máx. 30 cm
Procedencia: Roma, via della
Conciliazione, antigua Piazza Pia,
1941
Musei Capitolini, Roma, inv. 2425

256 (Lám. 78)
Estatua de Serapis en su trono
Finales del siglo II d.C.
Mármol, altura 112 cm
Procedencia: Pozzuoli, *Macellum*
Museo Archeologico Nazionale,
Nápoles, inv. 975

257
Busto de Serapis
Siglo I d.C.
Alabastro, altura 35 cm
Museo Archeologico Nazionale,
Florencia, inv. 14181

258
Vaso canopo
Época ptolemaica – época
romana
Mármol, altura 22,5 cm
Procedencia: Gallerie Granducali,
Florencia
Museo Egizio, Florencia, inv. 5449

259 (Lám. 80)
Estatua de Isis
Primeras décadas del siglo II d.C.
Mármol ¿de Tasos?, 148 cm
Procedencia: excavaciones
de Ostia, Palestra de

las Termas del Foro
Museo Ostiense, Ostia, inv. 154

260
Altar votivo dedicado a Isis
Primera mitad del siglo II d.C.
Mármol, 87 × 51 × 51 cm
Procedencia: Roma, Iseo
Campense
Musei Capitolini, Roma,
inv. MC 1526

261 (Lám. 79)
Estatua de Anubis
Siglo I a.C. – siglo I d.C.
Mármol, 137 × 41,5 cm
Procedencia: Cuma
Museo Archeologico dei Campi
Flegrei, Baia-Bacoli, inv. 981

262 (Lám. 84)
Estela de Harpócrates
Siglo I d.C.
Esteatita, altura 24 cm
Procedencia: Roma,
excavaciones
Colección Dario Del Bufalo, Roma

263
Harpócrates
45-79 d.C.
Pintura al fresco, 40 × 50 cm
Procedencia: Herculano, Casa
del Colonnato Tuscanico
Museo Archeologico Nazionale,
Nápoles, inv. 8848

264 (Lám. 81)
*Figura femenina (¿sacerdotisa?)
con la cabeza cubierta*
Época imperial romana
Mármol blanco y piedra negra,
108 × 70 cm
Museo di Antichità - Polo Reale
di Torino, Turín, inv. 283

265
*Busto de joven probablemente
isiaco*
Primera mitad del siglo I d.C.
Mármol de Paros, altura 40 cm
Fondazione Dino ed Ernesta
Santarelli, Roma, inv. 272a

266
Naóforo
Siglo I d.C.
Mármol rojo antiguo de Cabo
Tenaron, Grecia, 42 × 15 × 15 cm
Procedencia: Roma, Iseo
Campense
Colección Dario Del Bufalo,
Roma

267
Estatuilla de Bes
Siglo I d.C.
Terracota vidriada,
33,8 × 11,5 cm
Procedencia: Pompeya

Museo Archeologico Nazionale,
Nápoles, inv. 22583

268
Estatua de cinocéfalo
Época adrianea, 117-138 d.C.
Basalto, altura 61 cm
Procedencia: Tívoli, Canopo
de Villa Adriana
Musei Vaticani, Ciudad del
Vaticano, inv. 22831

269 (Lám. 85)
Sistro con Bes
Siglo I d.C.
Bronce, altura 21,5 cm
Procedencia: probablemente
Pompeya
Museo Archeologico Nazionale,
Nápoles, inv. 109669 (bis)

270
Situla para el culto isiaco
Época imperial romana
Bronce, altura 12 cm
Procedencia: mercado
anticuario
Fondazione Dino ed Ernesta
Santarelli, Roma, inv. 392

271-272
Pareja de candelabros
Siglo I d.C.
Bronce, altura 27,2 cm
Procedencia: Pompeya,
cella del Templo de Isis,
hallados el 28 de junio de
1765
Museo Archeologico Nazionale,
Nápoles, inv. 72192 e 72193

273
Estatuilla de Agatodaimon
Siglo I d.C.
Plata, altura 4,4 cm,
base 6 × 3 cm
Procedencia: Scafati, junto a
Pompeya, villa de Cn. Domitius
Auctus
Museo Archeologico Nazionale,
Nápoles, inv. 125711

274
Estatuilla de Isis Panthea
Siglo I d.C.
Plata dorada, altura 13,4 cm,
base 4,3 × 4,3 cm
Procedencia: Scafati, junto a
Pompeya, villa de Cn. Domitius
Auctus
Museo Archeologico Nazionale,
Nápoles, inv. 125709

275
Estatuilla de Isis Fortuna
Siglo I d.C.
Plata, 4 × 2,3 cm
Procedencia: Pompeya, fuera
de Porta Nolana, junto al vaciado
de una joven que huye

Soprintendenza Speciale
per i Beni Archeologici di Pompei,
Ercolano e Stabia,
Pompeya, inv. 15496

276
Estatuilla de Venus
Siglo I d.C.
Plata dorada, altura 6 cm,
base 3,2 × 3,2 cm
Procedencia: Scafati, junto a
Pompeya, villa de Cn. Domitius
Auctus
Museo Archeologico Nazionale,
Nápoles, inv. 125710

277
Lucerna con forma de barca
Finales del siglo I – principios
del siglo II d.C.
Terracota, longitud 34,5 cm
Procedencia: Ostia, via del Teatro
Museo Archeologico Ostiense,
Ostia, inv. 3218

278 (Lám. 76)
Lucerna con busto de Serapis
Finales del siglo II – principios
de siglo III d.C.
Arcilla, 21 × 23,5 × 17 cm
Procedencia: Roma, Palatino,
Domus Tiberiana
Museo Nazionale Romano,
Palazzo Massimo alle Terme,
Roma, inv. 53566

279 (Lám. 86)
Estatua del río Tiber
Época adrianea
Mármol blanco,
95 × 177 × 64 cm
Procedencia: Tívoli, Villa Adriana,
inmediaciones del Canopo
Villa Adriana, Antiquarium
del Canopo, Tívoli, inv. 2261

280 (Lám. 87)
Estatua del río Nilo
Época adrianea
Mármol blanco, 78 × 175 × 66 cm
Procedencia: Tívoli, Villa Adriana,
inmediaciones del Canopo
Villa Adriana, Antiquarium
del Canopo, Tívoli,
inv. 2259

281
*Cabeza femenina ideal sobre
busto con nudo isiaco
(identificada con Cleopatra)*
Finales del siglo II a.C. (cabeza),
¿época adrianea? (busto)
Mármol de Paros (cabeza),
mármol pentélico (busto), altura
de la cabeza 29,5 cm, altura
del busto 76 cm
Procedencia: Colección Saboya
Museo di Antichità - Polo Reale
di Torino, Turín,
inv. 153 e 3275

282
Cleopatra
Michelangelo Buonarroti
(Caprese, 1475 – Roma, 1564)
Hacia 1534
Dibujo a lápiz, 23,4 × 18,2 cm
Fondazione Casa Buonarroti,
Florencia, inv. 2F

283 (Lám. 88)
La muerte de Cleopatra
Giovanni Pietro Rizzoli,
il Giampetrino
(Milán, 1495-1549)
Hacia 1525
Óleo sobre tabla,
94,29 × 70,16 cm
Samek Art Museum, Bucknell
University, Lewisburg,
inv. 1961.K.347

284 (Lám. 89)
Cleopatra
Lavinia Fontana
(Bolonia, 1552 – Roma, 1614)
Hacia 1585
Óleo sobre tabla,
87,3 × 71 cm
Galleria Nazionale di Palazzo
Spada, Roma, inv. 245

285 (Lám. 90)
Muerte de Cleopatra
Denis Calvaert (Amberes, hacia
1540 – Bolonia, 1619)
Hacia 1590
Óleo sobre lienzo,
186 × 194 cm
Museo della Città di Bologna –
Fondazione Cassa di Risparmio,
Bolonia

286
Cleopatra mostrando sus perlas
Bartholomeus Spranger
(Amberes, 1546 – Praga, 1611)
Siglos XVI-XVII
Óleo sobre lienzo,
130 × 107 cm
Museo de Huesca, inv. 00045

287 (Lám. 92)
Cleopatra
Anónimo, escuela de Guido Reni
Siglo XVII
Óleo sobre lienzo,
96,60 × 78,80 cm
Museo de Huesca,
inv. 00026

288 (Lám. 91)
Muerte de Cleopatra
Guido Cagnacci (Santarcangelo
di Romagna, 1601 – Viena, 1663)
1640
Óleo sobre lienzo,
120 × 93 cm
Collezione Comunale d'Arte di
Palazzo d'Accursio, Bolonia,
inv. P94

289
Cleopatra
Luca Ferrari, también llamado
Luca da Reggio (Reggio Emilia,
1605 – Padua, 1654)
Hacia 1650
Óleo sobre lienzo,
73 × 58,5 cm
Colección privada

290 (Lám. 94)
La muerte de Cleopatra
Sebastiano Mazzoni
(Florencia, hacia 1611 – Venecia,
1678)
Hacia 1660
Óleo sobre lienzo,
75 × 110,5 cm
Pinacoteca dell'Accademia dei
Concordi a Palazzo Roverella,
Rovigo, inv. 190

291 (Lám. 93)
Cleopatra
Claude Bertin (muerte en
Versalles, 1705)
Anterior a 1697
Mármol, 56 × 49,5 × 30,5 cm
Musée du Louvre, département
des sculptures, París,
inv. RF3717

292 (Lám. 95)
La muerte de Cleopatra
Antoine Rivalz
(Toulouse, 1667-1735)
1715
Óleo sobre lienzo, 122 × 101 cm
Musée des Augustins, Toulouse,
inv. 88 1 1

293 (Lám. 96)
Cleopatra disuelve la perla
Carlo Maratti
(Camerano, 1625 – Roma, 1713)
1693-1695
Óleo sobre lienzo,
162 × 113 cm
Museo Nazionale del Palazzo
di Venezia, Roma,
inv. PV 873

294 (Lám. 97)
La muerte de Cleopatra
Jean-Baptiste Regnault
(París, 1754-1829)
1796-1797
Óleo sobre lienzo, 64,5 × 80 cm
Stiftung Museum Kunstpalast,
Düsseldorf, inv. M 2353

295
Muerte de Cleopatra
Jean-François Gigoux (Besançon,
1806 – París, 1894)
1835
Óleo sobre lienzo,
120 × 200 cm
Musée des beaux-arts de
Chambéry, Chambéry, inv. M 23

296
Cleopatra
Girolamo Masini
(Florencia, 1840-1885)
1882
Mármol, 140 × 118 × 66,5 cm
Galleria Comunale d'Arte
Moderna, Roma, inv. AM 266

297 (Lám. 99)
Cleopatra
John William Waterhouse
(Roma, 1849 – Londres, 1917)
Hacia 1887
Óleo sobre lienzo, 65,4 × 56,8 cm
Colección privada, cortesía
Martin Besely Fine Arts

298 (Lám. 98)
Cleopatra
Mosè Bianchi
(Monza, 1840-1904)
1872
Óleo sobre lienzo, 55 × 45 cm
Galleria d'Arte Moderna, Milán,
inv. GAM 239

299
Cleopatra
Gaetano Previati (Ferrara, 1852 –
Lavagna, 1920)
1888
Óleo sobre lienzo,
78 × 64 cm
Galleria d'Arte Moderna, Milán,
inv. GAM 4991

300 (Lám. 100)
Con Verhaeren. Un ángel
Fernand Khnopff (Grembergen-
Lez-Termonde, Bélgica,
1858 – Bruselas, 1921)
1889
Técnica mixta sobre papel,
139 × 79 cm
Colección Roberto Della Valle

301
Vestuario teatral de Cleopatra
Léon Bakst
Papel interpretado por Ida
Rubinstein en *Cleopatra,*
de Anton Arenskij
Coreografía de Michel Fokine
en el Teatro de Châtelet,
junio 1909
Reproducción del original por
Anna Biagiotti en 2009
Teatro dell'Opera di Roma

302
Traje de fauno para Cleopatra
Ballet producido por
Serge Diáguilev y los Ballets
Rusos
Escenografía y vestuario
de Léon Bakst
Estreno en París en el Teatro
de Châtelet, 2 de junio de 1909
Teatro dell'Opera di Roma

303
Sarcófago utilizado en Cleopatra
Ballet producido por Serge
Diáguilev y los Ballets Rusos
Escenografía y vestuario
de Léon Bakst
Estreno en París en el Teatro
de Châtelet, 2 de junio
de 1909
Teatro dell'Opera di Roma

304
Vestido de Radamés para Aída
Puesta en escena de la ópera
de Giuseppe Verdi con vestuario
de Luigi Sapelli, "Caramba"
1924
Teatro dell'Opera di Roma

305
Vestido de Aída para Aída
Puesta en escena de la ópera
de Giuseppe Verdi con vestuario
de Luigi Sapelli, "Caramba"
1924
Teatro dell'Opera di Roma

306
Vestido de Amneris para Aída
Puesta en escena de la ópera
de Giuseppe Verdi con vestuario
de Luigi Sapelli, "Caramba"
1924
Teatro dell'Opera di Roma

307
Vestido de Amneris para Aída
Puesta en escena de la ópera
de Giuseppe Verdi con vestuario
de Luigi Sapelli, "Caramba"
1924
Teatro dell'Opera di Roma

308
Vestido de sirvienta para Aída
Puesta en escena de la ópera
de Giuseppe Verdi con vestuario
de Luigi Sapelli, "Caramba"
1924
Teatro dell'Opera di Roma

309
*Vestido de sirvienta de Amneris
para* Aída
Puesta en escena de la ópera de
Giuseppe Verdi con vestuario de
Luigi Sapelli, "Caramba"
1924
Teatro dell'Opera di Roma

310
Esfinge para Antonio
y Cleopatra
Ballet dirigido por Beppe
Menegatti y con escenografía
de Carlo Savi
Puesta en escena en el Teatro
Romano de Verona,
agosto 1996
Fondazione Arena di Verona

311
Esfinge para Antonio *y* Cleopatra
Ballet dirigido por Beppe
Menegatti y con escenografía
de Carlo Savi
Puesta en escena en el Teatro
Romano de Verona, agosto 1996
Fondazione Arena di Verona

312
Vestido de Radamés para Aída
Puesta en escena de la ópera
de Giuseppe Verdi con vestuario
de Georges Wakhevitch
Años 1970
Teatro dell'Opera di Roma

313
Vestido de Radamés para Aída
Puesta en escena de la ópera
de Giuseppe Verdi con vestuario
de Georges Wakhevitch
Años 1970
Teatro dell'Opera di Roma

314
Vestido de Julio César
William Orlandi
Papel interpretado por
Montserrat Caballé en
Julio César en Egipto, de Händel
Dirección de Alberto Fassini,
Teatro dell'Opera, Roma, 1985
Teatro dell'Opera di Roma

315-317
Vestimenta teatral de Cleopatra
William Orlandi
Papel interpretado por
Montserrat Caballé en
Julio César en Egipto, de Händel
Dirección de Alberto Fassini,
Teatro dell'Opera, Roma, 1985
Teatro dell'Opera, Roma

318
Vestido de Ptolomeo
William Orlandi
Papel interpretado por
Montserrat Caballé en
Julio César en Egipto, de Händel
Dirección de Alberto Fassini,
Teatro dell'Opera, Roma, 1985
Teatro dell'Opera di Roma

319
Vestido de Sexto
William Orlandi
Papel interpretado por
Montserrat Caballé en
Julio César en Egipto, de Händel
Dirección de Alberto Fassini,
Teatro dell'Opera, Roma, 1985
Teatro dell'Opera di Roma

320
*Vestido de mujer egipcia para
el coro de* Aída
Puesta en escena de la ópera
de Giuseppe Verdi dirigida

por Bob Wilson
2009
Teatro dell'Opera di Roma

321 (Lám. 102)
Manto real de Cleopatra
Papel interpretado por Elizabeth
Taylor en *Cleopatra* (1963),
de Joseph L. Mankiewicz
Diseñado por Irene Sharoff
Lamé de seda y oro
Colección Costumi d'Arte-
Peruzzi, Roma

322
Vestido de Cleopatra
Papel interpretado por Elizabeth
Taylor en *Cleopatra* (1963),
de Joseph L. Mankiewicz
Diseñado por Irene Sharoff
Seda y bordados de hilo de oro
realizados a mano
Colección Costumi d'Arte-
Peruzzi, Roma

323
Vestido y estola de Cleopatra
Papel interpretado por Elizabeth
Taylor en *Cleopatra* (1963),
de Joseph L. Mankiewicz
Diseñado por Irene Sharoff
Seda azul y roja, bordados
realizados a mano
Colección Costumi d'Arte-
Peruzzi, Roma

324
Vestido de Cleopatra
Papel interpretado por Elizabeth
Taylor en *Cleopatra* (1963), de
Joseph L. Mankiewicz
Vestido, diseñado por Irene Sharoff
Colección Costumi d'Arte-
Peruzzi, Roma

325
Vestido y capa de Cleopatra
Papel interpretado por Elizabeth
Taylor en *Cleopatra* (1963),
de Joseph L. Mankiewicz
Diseñado por Irene Sharoff
Colección Costumi d'Arte-
Peruzzi, Roma

326
Vestido y estola de Cleopatra
Papel interpretado por Elizabeth
Taylor en *Cleopatra* (1963),
de Joseph L. Mankiewicz
Diseñado por Irene Sharoff
Colección Costumi d'Arte-
Peruzzi, Roma

327
Capa de Cleopatra
Papel interpretado por Elizabeth
Taylor en *Cleopatra* (1963),
de Joseph L. Mankiewicz
Diseñado por Irene Sharoff
Crepé de lana blanca

y bordados en seda negra
realizados a mano
Colección Costumi d'Arte-
Peruzzi, Roma

328
Coraza y túnica de Julio César
Papel interpretado por Rex
Harrison en *Cleopatra* (1963),
de Joseph L. Mankiewicz
Cuero moldeado,
ornamentos en bronce moldeado
y dorado, lino y terciopelo
de seda
Colección Costumi d'Arte-
Peruzzi, Roma

329 (Lám. 101)
*Armadura, túnica y manto de
Marco Antonio*
Papel interpretado por Richard
Burton en *Cleopatra* (1963),
de Joseph L. Mankiewicz
Cuero moldeado y pintado,
ornamentos en bronce moldeado
y dorado, lino y terciopelo
de seda
Colección Costumi d'Arte-
Peruzzi, Roma

330
Biga o carro de Julio César
Papel interpretado por
Rex Harrison en *Cleopatra* (1963),
de Joseph L. Mankiewicz
Museo delle carrozze d'epoca,
Roma

331
*Theda Bara como
Cleopatra*
En la película *Cleopatra* (1917),
de J. Gordon Edwards
Fotografía en blanco y negro,
24 × 18 cm
Museu del Cinema, Col·lecció
Tomàs Mallol, Gerona,
inv. 08297-01

332
*Claudette Colbert como
Cleopatra*
En la película *Cleopatra* (1934),
de Cecil B. DeMille
Fotografía en blanco y negro,
23,9 × 18,1 cm
Museu del Cinema, Col·lecció
Tomàs Mallol, Gerona,
inv. 08298-03

333
Vivien Leigh como Cleopatra
En la película *César y
Cleopatra* (1945),
de Gabriel Pascal
Fotografía en blanco y negro,
23,9 × 18,1 cm
Museu del Cinema, Col·lecció
Tomàs Mallol, Gerona,
inv. 08299-02

334
Sofía Loren como Cleopatra
En la película *Las Noches de
Cleopatra* (1953),
de Mario Mattoli
Fotografía en blanco y negro,
24 × 18,1 cm
Museu del Cinema, Col·lecció
Tomàs Mallol, Gerona,
inv. 08344-02

335
Linda Cristal como Cleopatra
En la película *Las Legiones de
Cleopatra* (1960),
de Vittorio Cottafavi
Fotografía en blanco y negro,
24 × 18 cm
Museu del Cinema, Col·lecció
Tomàs Mallol, Gerona,
inv. 08418-01

336
Elizabeth Taylor como Cleopatra
En la película *Cleopatra* (1963),
de Joseph L. Mankiewicz
Fotografía en blanco y negro,
24 × 18 cm
Museu del Cinema, Col·lecció
Tomàs Mallol, Gerona,
inv. 07892-027

337
Bocetos de vestuario
Arnaldo Pomodoro
Tragedia *La muerte de Cleopatra*,
de Ahmed Shawqi
Escenografía de Arnaldo
Pomodoro en las ruinas
de Gibellina (Sicilia), 1989
Cortesía de la Fundación Arnaldo
Pomodoro, Milán

338
*Dibujos para la puesta
en escena de* La pasión
de Cleopatra
Arnaldo Pomodoro
Tragedia *La muerte de Cleopatra*,
de Ahmed Shawqi
Escenografía de Arnaldo
Pomodoro en las ruinas
de Gibellina (Sicilia), 1989
Cortesía de la Fundación Arnaldo
Pomodoro

339
*Maqueta de la escena con el
palacio-templo y el carro de Octavio*
Arnaldo Pomodoro
Tragedia *La muerte de Cleopatra*,
de Ahmed Shawqi
Escenografía de Arnaldo
Pomodoro en las ruinas
de Gibellina (Sicilia), 1989
Fibra de vidrio y madera
(maqueta), madera y plomo
satinado (carro); escala 1/20
Cortesía de la Fundación Arnaldo
Pomodoro, Milán

340
Obelisco con carro
Arnaldo Pomodoro
Tragedia *La muerte de Cleopatra*,
de Ahmed Shawqi
Escenografía de Arnaldo
Pomodoro en las ruinas de
Gibellina (Sicilia), 1989
Bronce y fibra de vidrio
dorados
Cortesía de la Fundación Arnaldo
Pomodoro, Milán

341
Máscara de Cleopatra
Arnaldo Pomodoro
Tragedia *La muerte de Cleopatra*,
de Ahmed Shawqi
Escenografía de Arnaldo
Pomodoro en las ruinas de
Gibellina (Sicilia), 1989
Cortesía de la Fundación Arnaldo
Pomodoro, Milán

342
Máscara de Cleopatra
Arnaldo Pomodoro
Tragedia *La muerte de Cleopatra*,
de Ahmed Shawqi
Escenografía de Arnaldo
Pomodoro en las ruinas de
Gibellina (Sicilia), 1989
Cortesía de la Fundación Arnaldo
Pomodoro, Milán

343
Atrezo de Cleopatra
Arnaldo Pomodoro
Tragedia *La muerte de Cleopatra*,
de Ahmed Shawqi
Escenografía de Arnaldo
Pomodoro en las ruinas
de Gibellina (Sicilia), 1989
Cortesía de la Fundación Arnaldo
Pomodoro, Milán

344
*Atrezo de Cleopatra
(escena final)*
Arnaldo Pomodoro
Tragedia *La muerte de Cleopatra*,
de Ahmed Shawqi
Escenografía de Arnaldo
Pomodoro en las ruinas
de Gibellina (Sicilia), 1989
Cortesía de la Fundación Arnaldo
Pomodoro, Milán

345
*Atrezo de puesta en escena
de* La muerte de Cleopatra
Arnaldo Pomodoro
Tragedia *La muerte de Cleopatra*,
de *Ahmed Shawqi*
Escenografía de Arnaldo
Pomodoro en las ruinas
de Gibellina (Sicilia),
1989
Cortesía de la Fundación Arnaldo
Pomodoro, Milán

346
Armadura de Marco Antonio
Arnaldo Pomodoro
Tragedia *La muerte de Cleopatra*,
de Ahmed Shawqi
Escenografía de Arnaldo
Pomodoro en las ruinas
de Gibellina (Sicilia), 1989
Cortesía de la Fundación Arnaldo
Pomodoro, Milán

347
Atrezo de Anubis
Arnaldo Pomodoro
Tragedia *La muerte de Cleopatra*,
de Ahmed Shawqi
Escenografía de Arnaldo
Pomodoro en las ruinas
de Gibellina (Sicilia), 1989
Cortesía de la Fundación Arnaldo
Pomodoro, Milán

348
Atrezo de Hilana
Arnaldo Pomodoro
Tragedia *La muerte de Cleopatra*,
de Ahmed Shawqi
Escenografía de Arnaldo
Pomodoro en las ruinas
de Gibellina (Sicilia), 1989
Cortesía de la Fundación Arnaldo
Pomodoro, Milán

349
Armadura de Oros
Arnaldo Pomodoro
Tragedia *La muerte de Cleopatra*,
de Ahmed Shawqi
Escenografía de Arnaldo
Pomodoro en las ruinas
de Gibellina (Sicilia), 1989
Cortesía de la Fundación Arnaldo
Pomodoro, Milán

350
Armadura de Scirmione
Arnaldo Pomodoro
Tragedia *La muerte de Cleopatra*,
de Ahmed Shawqi
Escenografía de Arnaldo
Pomodoro en las ruinas
de Gibellina (Sicilia),1989
Cortesía de la Fundación Arnaldo
Pomodoro, Milán

351
Máscara de Anubis
Arnaldo Pomodoro
Tragedia *La muerte de Cleopatra*,
de Ahmed Shawqi
Escenografía de Arnaldo
Pomodoro en las ruinas
de Gibellina (Sicilia), 1989
Cortesía de la Fundación Arnaldo
Pomodoro, Milán

352
Máscara de Cesarión
Arnaldo Pomodoro
Tragedia *La muerte de Cleopatra*,
de Ahmed Shawqi

Escenografía de Arnaldo
Pomodoro en las ruinas
de Gibellina (Sicilia), 1989
Cortesía de la Fundación Arnaldo
Pomodoro, Milán

353
Máscara de Anscio
Arnaldo Pomodoro
Tragedia *La muerte de Cleopatra,*
de Ahmed Shawqi
Escenografía de Arnaldo
Pomodoro en las ruinas
de Gibellina (Sicilia), 1989
Cortesía de la Fundación Arnaldo
Pomodoro, Milán

**Egiptología y coleccionismo
egiptológico en España**

354 (Lám. 103)
Alabastrón con inscripción egipcia
874-850 a.C. Osorkón II, dinastía
XXII; hacia 710-620 a.C.
reutilización
Alabastro pulido, altura 45 cm,
diámetro 38 cm
Procedencia: tumba 17 de la
necrópolis de Laurita (Cerro
del Castillo de San Miguel),
Almuñécar (Granada)
Museo Arqueológico de Granada,
inv. CE08332

355 (Lám. 104)
Copia del Medallón de Trayamar
633-601 a.C. (original)
Oro, diámetro 25 mm; 6,7 g
Procedencia: Sepultura de
cámara nº 4 de la necrópolis
de Trayamar, Algarrobo (Málaga)
Museo de Málaga,
inv. A/DJ13367

356 (Lám. 105)
Estatuilla de esfinge alada
Bronce Final orientalizante,
700-650 a.C.
Bronce, 11,1 × 5 cm
Procedencia: Necrópolis
de Higuerones de Torrubia,
Linares - Cástulo
Museo Arqueológico de Linares.
Monográfico de Cástulo,
inv. CE00901

357 (Lám. 106)
Isis de Clunia
Siglo II d.C.
Mármol, 103 × 44 × 28 cm
Procedencia: Clunia, Peñalba
de Castro (Burgos)
Museo de Burgos, inv. MBU-27

358 (Lám. 107)
*El jardín de El Retiro hacia las
tapias del Caballo de Bronce*
José del Castillo
(Madrid, 1733-1797)
1779
Óleo sobre lienzo,
265 × 367 × 5 cm
Museo del Prado; depósito
en el Museo Municipal, Madrid,
inv. 1790 (P 3033)

359 (Lám. 108)
Batalla de Actium
Bruselas, 1650-1700
Seda y lana, 343 × 250 cm
Museo Nacional de Artes
Decorativas, Madrid,
inv. CE01407

360 (Lám. 109)
Description de l'Égypte
Impreso, 1095 × 1430 mm

Vol. I - Planches: Antiquités
("Mammutfolio"), tomo 21
París, 1810-1818 (edición
imperial)
Instituto Egipcio de Estudios
Islámicos, Madrid, inv. s.n.

361 (Lám. 110)
*Estatuilla del dios Ptah-Sokaris-
Osiris*
Baja Época, 664-342 a.C.
Madera tallada y pintada,
60 × 11 × 30 cm
Procedencia: Colección Eduardo
Toda y Güell
Museo Arqueológico Nacional,
Madrid, inv. MAN 15242

362
Figura de divinidad masculina
700-501 a.C.
Bronce, altura 26 cm
Procedencia: Ría de Huelva
Museo de Huelva,
inv. A/DJ06974

363
Figura sedente de Imhotep
Talayótico IV, 700-500 a.C.
Bronce, 15 × 4,5 cm
Procedencia: Torre d'en Galmés,
Alaior (Menorca)
Museo de Menorca, inv. 19999

364
Figura del dios Horus
Talayótico III, 600-500 a.C.
Bronce, altura 10,9 cm
Procedencia: Torellí d'en Sintes,
Sant Climent (Menorca)
Museo de Menorca, inv. 21606

365
Relieve con divinidad egipcia
Alto Imperio romano,
27 a.C.-305 d.C.
Caliza, 15,5 × 10 × 16 cm
Procedencia: Segóbriga, Saelices
(Cuenca)
Museo de Cuenca, inv.
AA74/1/104

366
*Inscripción votiva dedicada a Isis
con pies de oferente*
Alto Imperio romano, 76-100 d.C.
Mármol, 43,6 × 32,1 × 2,30 cm
Procedencia: templo de Isis
en Baelo Claudia, Tarifa (Cádiz)
Museo de Cádiz, inv. DJ26937

367
Anillo con rostro de Hathor
Alto Imperio romano, 1-300 d.C.
Bronce, pasta vítrea y piedra
semipreciosa, 1,2 × 0,90 cm
Procedencia: Valeria, Las Valeras
(Cuenca)
Museo de Cuenca,
inv. AA74/15/730

368
La muerte de Cleopatra
Raphael Sadeler
(Amberes, 1561 – Múnich, 1632)
Grabado (aguafuerte y buril),
entre 1580 y 1632
Biblioteca Nacional de España,
Madrid, sign. INVENT/2104

369
Los áspides de Cleopatra
Francisco de Rojas Zorrilla
(Toledo, 1607 – Madrid, 1648)
En *Segunda parte de las comedias
de Don Francisco de Rojas
Zorrilla*, Madrid, Imprenta de
Francisco Martínez, 1645
Biblioteca Nacional de España,
Madrid, sign. TI/64

370
*Historia de Marco Antonio y
Cleopatra, última reina
de Egipto*
Alonso de Castillo Solórzano
(Tordesillas, 1584 – Zaragoza o
Palermo, 1648)
Segunda edición: Madrid,
1736
Biblioteca Histórica de la
UCM - Marqués de Valdecilla,
Madrid, sign. BH FLL 35534

371
Figura de Anubis sobre columna
Hacia 500 a.C. (figura); siglo XIX
(montaje actual)
Fayenza, madera y mármol,
5,2 × 1,3 × 1,9 cm
Museo Cerralbo, Madrid,
inv. 04665

372
*Cabeza de Osiris momiforme
sobre peana y plinto*
Baja Época, 525-323 a.C.
(cabeza); siglo XIX (montaje
actual)
Bronce, madera y mármol,
9,7 × 6,5 × 4,3 cm
Museo Cerralbo, Madrid,
inv. 04657

373
Esfinge
Siglo XIX
Bronce y mármol, 16,2 × 5 × 6 cm
Museo Cerralbo, Madrid,
inv. 03205

374
*Conjunto escultórico de Marco
Antonio y Cleopatra*
Real Fábrica de Porcelana de
Buen Retiro (Madrid),
1751-1800
Porcelana, 30 × 28 × 18 cm
Museo Nacional de Artes
Decorativas, Madrid,
inv. CE25583

375
*Fragmento de sarcófago falso con
representación de divinidad
femenina*
Siglo XIX
Mármol inciso,
24,50 × 29,40 × 6,80 cm
Procedencia: Tarragona
Museo Arqueológico Nacional,
Madrid, inv. 1907/32/1

Cronología

	Los Ptolomeos	Roma y Oriente
332-331 a.C.	Invierno: Alejandro Magno, hijo de Filipo II de Macedonia, conquista Egipto y funda la ciudad de Alejandría.	
323 a.C.	Muerte de Alejandro en Babilonia. Egipto queda asignado a su general Ptolomeo, indicado como sátrapa, que traslada a Alejandría los restos mortales de su fundador.	
305 a.C.	Ptolomeo I Soter toma posesión como soberano de Egipto. Se inicia la dinastía ptolemaica o lágida (de Lago, padre de Ptolomeo), que terminará con Cleopatra VII, en 30 a.C.	
285 a.C.	Reinan conjuntamente Ptolomeo I y su hijo Ptolomeo II Filadelfo.	
273 a.C.		Tratado entre Roma y Egipto.
218-202 a.C.		Segunda Guerra Púnica entre Roma y Cartago.
169-168 a.C.		Durante el reinado de Ptolomeo VI Filométor, guerra entre Siria y Egipto.
146 a.C.		Creación de la provincia romana de Macedonia.
133 a.C.		Átalo III deja en herencia a los romanos el reino de Pérgamo.
129 a.C.		Creación de la provincia romana de Asia.
88-81 a.C.	Reinado de Ptolomeo IX, hermano de Ptolomeo X.	
87-63 a.C.		Guerras de Roma contra Mitrídates del Ponto y constitución de la provincia romana de Siria y Palestina.
80 a.C.	Sube al trono de Egipto Ptolomeo XII Neo Dioniso Auletés, padre de Cleopatra VII.	
74 a.C.		Nicomedes de Bitinia deja en herencia a los romanos su reino, que se convierte en provincia de Roma.
70-69 a.C.	Invierno: Nacimiento de Cleopatra VII, tal vez en Alejandría.	
67 a.C.		Pompeyo Magno derrota a los piratas de Asia. Institución de la provincia romana que incluye Creta y Cirenaica.
58 a.C.	Ptolomeo XII, expulsado de Alejandría, se encuentra en Roma.	Chipre, antigua posesión de los Ptolomeos, se convierte en provincia romana.
57 a.C.	Reinado de Cleopatra VI, esposa-hermana de Ptolomeo XII, y de Berenice IV, primera hija de la pareja.	
55 a.C.	Regresa a Egipto Ptolomeo XII, con el apoyo de Pompeyo Magno.	

	Los Ptolomeos	Roma y Oriente
51 a.C.	Muerte de Ptolomeo XII. Cleopatra VII Theá Filopátor, de 18 años de edad, reina sobre Egipto junto con su hermano-esposo Ptolomeo XIII, de 10 años.	
48 a.C.		César derrota a Pompeyo en Farsalo. Pompeyo huye a Egipto, pero es mandado matar por Ptolomeo XIII. César conoce a Cleopatra.
48-47 a.C.		En Alejandría, guerra entre las fuerzas de César y las de Ptolomeo XIII. Muerte de éste; Cleopatra es ya la única soberana de Egipto.
47 a.C.		En junio, nacimiento de Ptolomeo XV César, hijo de Cleopatra y de César.
46-44 a.C.		Cleopatra y su hijo "Cesarión" residen en Roma, invitados por César.
44 a.C.		Idus de marzo: en Roma, César es asesinado.
43 a.C.		Acuerdos entre Marco Antonio, Octavio y Lépido para asegurar el gobierno de la República.
41 a.C.		En Tarso, encuentro oficial entre Marco Antonio y Cleopatra, cuya unión culminará en su matrimonio según el rito egipcio, celebrado en 37 a.C. De la pareja nacerán los gemelos Alejandro Helio y Cleopatra Selene (hacia 40 a.C.) y Ptolomeo Filadelfo (36 a.C.)
c. 40 a.C.		Para reforzar los vínculos entre Octavio y Marco Antonio, éste casa con Octavia, hermana de Octavio.
36 a.C.	Reinado conjunto de Cleopatra VII y de Cesarión.	
34 a.C.		Marco Antonio conquista Armenia. En el otoño, solemne ceremonia de las "Donaciones" en Alejandría. Marco Antonio proclama a Cleopatra "rey de reyes", y a Cesarión heredero legítimo de César. Alejandro Helio es nombrado rey de Armenia, Media y Partia, mientras que Cleopatra Selene recibe Cirenaica y Libia. Ptolomeo Filadelfo es rey de Siria y Cilicia.
33 a.C.		En Atenas, Octavia, esposa de Marco Antonio, es repudiada.
31 a.C.		En Roma, el Senado declara la guerra contra Cleopatra. El 2 de septiembre, gracias a la habilidad del almirante Marco Vipsanio Agripa, Octavio vence en aguas de Accio a la flota de Antonio y Cleopatra.
30 a.C.	Octavio ocupa Alejandría. Suicidio de Antonio, seguido del de Cleopatra. Cesarión es mandado ajusticiar. Egipto es ya dominio directo de Octavio.	

Bibliografía

A

Adriani 1958
A. Adriani, *s.v. Alessandria*, en "EAA" 1, 1958, pp. 204-218.

Adriani 1959
A. Adriani, *Divagazioni intorno a una coppa paesistica del Museo di Alessandria*, en "Documenti e ricerche d'arte alessandrina", III-IV, Roma, 1959.

Adriani 1966
A. Adriani, *Repertorio d'Arte dell'Egitto Greco-Romano*, Series C, 1-2, Palermo, 1966.

Alfano 2000
C. Alfano, *La penetrazione della cultura egizia in Italia al tempo di Cleopatra*, en *Cleopatra. Regina d'Egitto*, catálogo de la exposición a cargo de S. Walker, P. Higgs, Milano, 2000, pp. 210-220.

Alfaro 1993
C. Alfaro, *Catálogo de las monedas antiguas de oro del Museo Arqueológico Nacional*, Madrid, 1993.

Alvar 2011
J. Alvar, *Los cultos egipcios en Hispania*, Toulouse, 2011.

Aly 1992
A.A. Aly, *Cleopatra and Caesar at Alexandria and Rome*, in *Roma e l'Egitto nell'antichità classica*, Actas del I Congresso internazionale italo-egiziano (El Cairo, 6-9 febrero 1989), Roma, 1992, pp. 47-61.

Amici 1991
C. Amici, *Il Foro di Cesare*, Firenze, 1991.

Andreae 2006a
B. Andreae, "Kleopatra und die historischen Persönlichkeiten in ihrem Umkreis", en *Kleopatra und die Caesaren*, catálogo de la exposición a cargo de B. Andreae et al., München, 2006, pp. 48-126.

Andreussi 1993
M. Andreussi, *s.v.* "Isis (S. Sabina)", en *Lexicon Iconographicum Mythologiae Classicae*, I, Zürich-München, 1993, p. 114.

B

Argenti a Pompei 2006
Argenti a Pompei, catálogo del la exposición a cargo de G. Guzzo, Milano, 2006.

Ashton 2001
S.-A. Ashton, fichas catalográficas de piezas, en S. Walker, P. Higgins (eds.), *Cleopatra of Egypt: From History to Myth*, London, 2001.

Ashton 2008
S.-A. Ashton, *Cleopatra and Egypt*, Malden-Oxford-Victoria, 2008.

Baratte 1986
F. Baratte, *Le trésor d'orfèvrerie romaine de Boscoreale*, Paris, 1986.

Becher 1966
I. Becher, *Das Bild der Kleopatra in der griechischen und lateinischen Literatur*, Berlin, 1966.

Bevan 1968
E. R. Bevan, *The House of Ptolemy. A History of Egypt under the Ptolemaic Dynasty*, Chicago, 1968.

Blázquez 1993
J.Mª. Blázquez, *Mosaicos romanos de España*, Madrid, 1993.

Blázquez 2002
J.Mª. Blázquez, "Mosaicos de tema marino en Siria, Israel, Jordania, Norte de Africa, Hispania y Chipre", en *L'Africa romana* 14, 2002.

Bothmer 1960
B.B. Bothmer, *Egyptian Sculpture of the Late Period, 700 B.C to AD* 100, catálogo de la exposición, New York, 1960.

Bradbury 1988
R. Bradbury, *Cuentos de dinosaurios*, Barcelona, 1988.

Bragantini 2006
I. Bragantini, "Il culto di Iside e l'egittomania in Campania", in *Egittomania. Iside e il mistero*, catálogo de la exposición a cargo de S. De Caro, Milano, 2006, pp. 159-217.

C

Brazil 2004
W. Brazil, "Alexandria: The Umbilicus of the Ancient World", en R. MacLeod (ed.), *The Library of Alexandria. Centre of Learning in the Ancient World*, New York, 2004, pp. 35-59.

Cabrera 2002
P. Cabrera *et al., La herencia del pasado. Últimas adquisiciones del MAN 2000-2001*, Madrid, 2002.

Calandra 2008
E. Calandra, "L'occasione e l'eterno: la tenda di Tolomeo Filadelfo nei palazzi di Alessandria. Parte prima. Materiali per la ricostruzione", en *Lanx*, 1, 2008, pp. 26-74, http://riviste.unimi.it/index.php/lanx/index.

Calandra 2009
E. Calandra, "L'occasione e l'eterno. La tenda di Tolomeo Filadelfo nei palazzi di Alessandria, 2. Una proposta di ricostruzione", in *Lanx*, 2, 2009, pp. 1-77 http://riviste.unimi.it.pros.lib.unimi.it/index.php/lanx/article/view/212/347.

Calderini 1935
A. Calderini, *Dizionario dei nomi geografici e topografici dell'Egitto greco-romano*, 1, 1, Cairo, 1935 (reimpresión anastática Milano, 1972).

Calzini Gysens 1993
J. Calzini Gysens, *s.v.* "Isis-Demeter, Lararium (Domus sotto le Thermae Antoninianae; Reg. XII)", en *Lexicon Iconographicum Mythologiae Classicae*, I, Zürich-München, 1993, pp. 114-115.

Canfora 1986
L. Canfora, *La biblioteca scomparsa* (La memoria 140), Palermo, 1986.

Capel, Markoe 1996
A.K. Capel, G.E. Markoe (eds.), *Mistress of the House, Mistress of Heaven. Women in ancient Egypt*, New York, 1996.

Castelli 1992
M. Castelli, "Dedica onoraria di età tiberiana a due membri della famiglia degli Scipioni", en *MEFRA*, 104, 1992, pp. 177-208.

Cenerini 2009
F. Cenerini, *Dive e donne. Mogli, madri, sorelle e figlie degli imperatori romani*, Imola, 2009.

Chauveau 2000
M. Chauveau, *Egypt in the Age of Cleopatra*, Ithaca, 2000 (trad. del francés por D. Lorton).

Clauss 2002
M. Clauss, *Kleopatra*, Múnich 1995; trad. it. *Cleopatra*, Roma, 2002.

Cleopatra regina 2000
Cleopatra. Regina d'Egitto, catálogo de la exposición a cargo de S. Walker, P. Higgs, Milano, 2000.

Coarelli 1982
F. Coarelli, "I monumenti dei culti orientali a Roma", en AA.VV., *La soteriologia dei culti orientali nell'Impero romano*, Leiden, 1982, p. 55 y ss.

Coarelli 1992
F. Coarelli, "Aedes Fortis Fortunae, Naumachia Augusti, Castra Ravennatium. La Via Campana Portuensis e alcuni edifici adiacenti nella Pianta Marmorea Severiana", en *Ostraka*, 1, 1992, pp. 39-54.

Coarelli 1993a
F. Coarelli, *s.v.* "Isis Capitolina", en *Lexicon Iconographicum Mythologiae Classicae*, I, Zürich-München, 1993, pp. 112-113.

Coarelli 1993b
F. Coarelli, *s.v.* "Arcus ad Isis", en *Lexicon Iconographicum Mythologiae Classicae*, I, Zürich-München, 1993, p. 97.

Coarelli 1993c
F. Coarelli, *s.v.* "Iseum et Serapeum in Campo Martio; Isis Campensis", en *Lexicon Iconographicum Mythologiae Classicae*, I, Zürich-München, 1993, pp.107-109.

Coarelli 1993d
F. Coarelli, "Codeta Minor", *Lexicon Topographicum Urbis Romae* I, Roma, 1993, p. 291.

Coarelli 2004
F. Coarelli, "Fortis Fortunae fanum, templum (I miglio via Campana)", *Lexicon Topographicum Urbis Romae Suburbium* II, Roma, 2004, pp. 270-271.

Coarelli 2006
F. Coarelli, "Iside", en *Egittomania. Iside e il mistero*, catálogo de la exposición a cargo de S. De Caro, Verona, 2006, pp. 59-67.

Curtius 1933
L. Curtius, "Ikonographische Beiträge zum Porträt der Römischen Republik und der julisch-claudischen Familie. IV. Kleopatra VII Philopator", en *Mitteilungen des Deutschen Archäologischen Instituts. Römische Abteilung*, 48, pp. 182-192.

D

Debord 1967
G. Debord, *La Société du spectacle*, Paris, 1967 [versión española a cargo de J.L. Pardo: *La sociedad del espectáculo*, Valencia 1999]

Delfino 2008
A. Delfino, "Il foro di Cesare nella fase cesariana e augustea", en *Giulio Cesare. L'uomo, le imprese, il mito*, catálogo de la exposición a cargo de G. Gentili, Milano, 2008, pp. 52-54.

Delfino 2010
A. Delfino, "Il primo Foro di Cesare", en *Scienze dell'Antichità*, 16, 2010, pp. 335-347.

Desroches Noblecourt 2002
Ch. Desroches Noblecourt, *La reine mystérieuse, Hatshepsout*, Paris, 2002.

De Vos 1980
M. De Vos, *L'egittomania in pitture e mosaici romano-campani della prima età imperiale*, Leiden, 1980.

De Vos 1993

M. de Vos, *s.v.* "Iseum Metellinum", en *Lexicon Iconographicum Mythologiae Classicae*, I, Zürich-München, 1993, pp. 110-112.

Di Branco 2009
M. Di Branco, *Storie arabe di Greci e di Romani. La Grecia e Roma nella storiografia arabo-islamica medievale*, Pisa, 2009.

Dodson, Hilton 2004
A. Dodson, D. Hilton, *The Complete Royal Families of Ancient Egypt*, Cairo, 2004.

Dunand, Zivie-Coche 1991
F. Dunand, C. Zivie-Coche Cristiane, *Dieux et hommes en Egypte. 3000 Av-.Jc. 395 apr.-J.C*, Paris, 1991.

Dutkiewicz 2011
D. Dutkiewicz, "The Nile cruise of Cleopatra and Caesar and the creation of the Forum Julium", en S. Rucinⱷski, C. Balbuza, Ch. Królczyk (eds.), *Studia Lesco Mrozewicz ab amicis et discipulis dedicata* (Publicacje Instytutu Historii UAM 103), Poznán, 2011, pp. 87-98.

E

Egittomania 2006
Egittomania. Iside e il mistero, catálogo de la exposición a cargo de S. De Caro, Milano, 2006.

Ensoli Vittozzi 1990
S. Ensoli Vittozzi, *Musei Capitolini. La Collezione Egizia,* Milano, 1990.

Ensoli Vittozzi 1991
S. Ensoli Vittozzi, "La collezione egizia dei Musei Capitolini", in *BullCom*, Associazione Amici dei Musei di Roma, n.s., V, 1991, pp. 5-17.

Ensoli Vittozzi 1993
S. Ensoli Vittozzi, "Le sculture del 'larario' di S. Martino ai Monti. Un contesto recuperato", in *BullCom*, 95, 1993, pp. 221-243.

Etienne 2006
M. Etienne, "Queen, Harlot or Lecherous Goddess? An egyptological Approach to a Roman Image of Propaganda", en S. Walker, S.-A. Ashton (eds.), *Cleopatra Reassessed*, The British Museum Occasional Paper 103, London, 2003, pp. 95-100.

F

Faoro 2011
D. Faoro, *Praefectus, procurator, praeses. Genesi delle cariche presidiali equestri nell'Alto Impero Romano*, Le Monnier, Florencia, 2011.

Ferroukhi 2003
M. Ferroukhi, *Les deux Portraits de Cherchell, dits de Cléopâtre VII*, en S. Walker, S.-A. Ashton (eds.), *Cleopatra Reassessed*, The British Museum Occasional Paper 103, London, 2003, pp. 103-108.

Fezzi 2008
L. Fezzi, *Il tribuno Clodio*, Roma-Bari, 2008.

Fletcher 2008
J. Fletcher, *Cleopatra the Great,* New York, 2008.

Fraser 1972
P.M. Fraser, *Ptolemaic Alexandria*, I-III, Oxford, 1972.

Freed, Markowitz, D'Auria 1999
R. Freed, Y.J. Markowitz, S.H. D'Auria (eds.), *Pharaohs of the Sun: Akhenaten, Nefertiti, Tutankhamen*, catálogo de la exposición en el Museum of Fine Arts, Boston, 1999.

G

Gagetti 2006
E. Gagetti, *Preziose sculture di età ellenistica e romana,* (Il Filarete, CCXL), Milano, 2006.

Galán 2006
J.M. Galán, *En busca de Djehuty. Crónica de una excavación arqueológica en Luxor*, Barcelona, 2006.

Galán, Bryan, Dorman 2014
J.M. Galán, B.M. Bryan, P.F. Dorman (eds.), *Creativity and Innovation in the Reign of Hatshepsut*, SAOC 69, Chicago, 2014.

Gamer-Wallert 1978
I. Gamer-Wallert, *Ägyptische und ägyptisierende Funde von der Iberischen Halbinsel* (*Beihefte zum Tübinger Atlas des Vorderen Orients* 21), Tübingen, 1978.

Gasparri 2003
C. Gasparri, "Vases antiques inédits en pierres dures", en *Les vases en pierres dures,* Actas del congreso (París, Musée du Louvre, 9 junio 2001), a cargo de D. Alcouffe, Paris, 2003, pp. 11-29.

Gautier s. a.
T. Gautier, *Una noche de Cleopatra*, traducción de P. Vances, Lecturas de Una Hora 8, Madrid, s. a. (hacia 1920).

Gebhard 1988
E. Gebhard, "Rulers' use of theaters in the Greek and Roman World", en *Praktikà toù XII Diethnoùs Synedriou klasikis archaiologias*, Athens, 1988, pp. 65-69.

Ghedini 1987
F. Ghedini, "Il dolore per la morte di Druso Maggiore nel vaso d'onice di Saint Maurice d'Agaune", en *Rivista di Archeologia*, 11, 1987, pp. 68-74.

La Gloire d'Alexandrie 1998
La Gloire d'Alexandrie, catálogo de la exposición, Paris ,1998.

Goldsworthy 2011
A. Goldsworthy, *Antonio y Cleopatra*, Madrid, 2011.

Grenier 2008
J.C. Grenier, "Cesarione-Khonsou tra Mut (Cleopatra) e Amon (Cesare)", en *Giulio Cesare. L'uomo, le imprese, il mito*, catálogo del la exposición a cargo de G. Gentili, Milano, 2008, p. 154, n. 25.

Grimm 1998
G. Grimm, *Alexandria. Die erste Königsstadt der hellenistischen Welt*, Mainz, 1998.

Grimm 2003
G. Grimm, "Alexandria in the time of Cleopatra", en S. Walker, S.-A. Ashton (eds.), *Cleopatra Reassessed*, The British Museum Occasional Paper 103, London, 2003, pp. 45-54.

Gruen 2003
E.S. Gruen, "Cleopatra and Rome. Facts and Fantasies", en D. Braund, C. Gill (eds.), *Myth, History and Culture in Republican Rome. Studies in Honor of T.P. Wiseman*, Exeter, 2003, pp. 257-274.

Guizzi 1999
F. Guizzi, *Augusto e la politica della memoria,* Roma, 1999.

H

Haggard 1987
H. Rider Haggard, *Cleopatra*, traducción de M. Giménez, Barcelona, 1987.

Hein 1991
I. Hein, *Die ramessidische Bautätigkeit in Nubien*, Wiesbaden, 1991.

Heinen 2009
H. Heinen, *Kleopatra-Studien: gesammelte Schriften zur ausgehenden Ptolemäerzeit*, Konstanz, 2009.

Herráez 2012
I. Herráez *et al.,* "La momia de Nespamedu. Estudio y proceso de intervención realizados sobre una momia egipcia de época ptolemaica", *Informes y trabajos* 8, 2012, pp.7-30.

Higgs 2003
P. Higgs, "Resembling Cleopatra: Cleopatra VII's Portraits in the Context of Late Hellenistic Female Portraiture", in S. Walker, S.-A. Ashton (eds.), *Cleopatra Reassessed*, The British Museum Occasional Paper 103, London, 2003, pp. 57-70.

Higgs, Liverani 2000
P. Higgs, P. Liverani, "Ritratto di Cleopatra VII", en *Cleopatra. Regina d'Egitto*, catálogo de la exposición a cargo de P. Higgs, P. Liverani, Milano, 2000, pp. 157-158, III.2.

Higgs, Walker 2003
P. Higgs, S. Walker, "Cleopatra VII at the Louvre", en S. Walker, S.-A. Ashton (eds.), *Cleopatra Reassessed*, The British Museum Occasional Paper 103, London, 2003, pp. 71-74.

Hölbl 1994
G. Hölbl, *A History of the Ptolemaic Empire*, London, 1994.

Hurry 1978
J. Hurry, *Imhotep. The Egyptian God of Medicine*, segunda edición, Chicago, 1978.

I

Iside 1997
Iside: il mito, il mistero, la magia, catálogo de la exposición a cargo de E.A. Arslan, Milano, 1997.

J

Jiménez, Rodríguez, Izquierdo 2013
A. Jiménez, O. Rodríguez, R. Izquierdo, "Novedades arqueológicas adrianeas en el teatro de Itálica y su entorno", en R. Hidalgo, P. León (eds.), *Roma, Tibur, Baetica: Investigaciones adrianeas*, Sevilla, 2013.

Jones 2006
P.J. Jones, *Cleopatra: A Sourcebook*, Oklahoma Series in Classical Culture 31, Norman, 2006.

K

Kaiser Augustus 1988
Kaiser Augustus und die Verlorene Republik, catálogo de la exposición, Mainz, 1988.

Kleiner 2005
D.E.E. Kleiner, *Cleopatra and Rome*, Cambridge (Mass.), 2005.

Krause 1993
C. Krause, *s.v.* "Sepulcrum: C. Cestius", en *Lexicon Iconographicum Mythologiae Classicae*, I, Zürich-München, 1993, pp. 278-279.

L

Laboury 2010
D. Laboury, *Akhénaton*, Paris, 2010.

Landwehr 2008
C. Landwehr, *Die römischen Skulpturen von Caesarea Mauretaniae, IV. Porträtplastik/Fragmente von Porträt- oder Idealplastik*, Mainz, 2008, pp. 18-25.

La Rocca 1984
E. La Rocca, "L'età d'oro di Cleopatra. Indagine sulla Tazza Farnese", en *Documenti e ricerche d'arte alessandrina*, V, Roma, 1984.

Leblanc, Silotti 1993
Ch. Leblanc, A. Silotti, *Nefertari e la valle delle Regine*, Firenze, 1993.

León 2001
P. León, *Retratos romanos de la Bética*, Sevilla, 2001.

León 2009
P. León, "El retrato", en P. León (coord.), *Arte romano de la Bética. La escultura*, Sevilla, 2009.

Leospo 1978
E. Leospo, *La Mensa Isiaca di Torino* (Catálogo del Museo Egizio di Torino. Serie 1. Monumenti e testi, 4), Leiden, 1978.

Liberati 1996
A.M. Liberati, "Naumachia Caesaris", *Lexicon Topographicum Urbis Romae III*, Roma, 1996, p. 338.

Liverani 2008
P. Liverani, "Cesare urbanista", en *Giulio Cesare. L'uomo, le imprese, il mito*, catálogo de la exposición a cargo de G. Gentili, Milano, 2008, pp. 42-51.

Liverani, Spinola 2010
P. Liverani, G. Spinola, *Le necropoli vaticane. La città dei morti di Roma*, Milano, 2010.

Llagostera 1978
E. Llagostera, "Estudio radiológico de las momias egipcias del Museo Arqueológico Nacional", *Monografías Arqueológicas* 5, Madrid, 1978.

López 1963
J. Lopez, "Dos estatuas egipcias del Museo Arqueológico Nacional", *Ampurias*, XXV, pp. 211-217.

Luzón 2010
J.M. Luzón, "Manufacturas", en P. León (coord.), *Arte romano de la Bética. Mosaico, pintura, manufacturas*, Sevilla, 2010.

M

Macurdy 1932
G.H. Macurdy, *Hellenistic queens; a study of woman-power in Macedonia, Seleucid Syria, and Ptolemaic Egypt*, Baltimore-London, 1932.

Manolaraki 2013
E. Manolaraki, *Noscendi Nilum Cupido: Imagining Egypt from Lucan to Philostratus*, Trends in classics - Supplementary volumes, 18, Berlin-Boston, 2013.

Marasco 1995
G. Marasco, "Cleopatra e gli esperimenti su cavie umane", en *Historia*, XLIV, 1995, pp. 317-325.

Marasco 2012
G. Marasco, "Marco Antonio e le alter", en A.M. Corda, P. Floris (eds.), *Ruri mea vixi colendo. Studi in onore di Franco Porrà*, Ortacesus, 2012, pp. 307-318.

Martín Flores 2003
A. Martín Flores, "El templo de Debod", en S. Sauqet y S. Vilalta (coords.), *Nubia. Los reinos del Nilo en Sudán*, Barcelona, 2003, pp. 08-112.

Marcos Pous 1993
A. Marcos Pous (ed.), *De gabinete a museo. Tres siglos de historia*, catálogo de exposición en el Museo Arqueológico Nacional, Madrid, 1993.

McDonald 1996
J. K. McDonald, *The Tomb of Nefertari, House of Eternity*, Cairo, 1996.

McKenzie 2007
J.S. McKenzie, *The Architecture of Alexandria and Egypt 300 B.C. – A.D. 700*, New Haven-London, 2007.

Meadows 2001
A. Meadows, fichas catalográficas de piezas, en S. Walker, P. Higgins (eds.), *Cleopatra of Egypt: From History to Myth*, London, 2001.

Megow 1987
W.-R. Megow, *Kameen von Augustus bis Alexander Severus* (Antike Münzen und geschnittene Steine, XI), I-II, Berlin 1987.

Meyboom 1995
P.G.P. Meyboom, *The Nile mosaic of Palestrina. Early evidence of Egyptian religion in Italy*, Leiden, 1995.

Michels 1967
A.K. Michels, *The Calendar of the Roman Republic*, Princeton, 1967.

Molinero Polo 1998
M.Á. Molinero Polo, "La campaña de Nubia", en M.Á. Molinero Polo, J.R. Pérez-Accino, A. Pérez Largacha y C. Sevilla Cueva (coords.). *Egipto. Doscientos años de investigación arqueológica*, Madrid, 1998, pp. 94-109.

Molinero Polo 2007
M.Á. Molinero Polo, A. Martín Flores, A. (2007): "Le *naos* de Ptolémée XII pour Amon de Debod", en J.Cl. Goyon, Ch. Cardin (eds.), *Proceedings of the Ninth International Congress of Egyptologists / Actes du Neuvième Congrès International d'Égyptologie. Grenoble 6-12 septembre 2004* (Orientalia Lovanensia Analecta 150 / 2). Leuven, Paris, 2007, pp. 1311-1325.

Molinero Polo 2012
M.Á. Molinero Polo, "La dromedaria de Debod", *Djeser. Revista de Arte, Arqueología y Egiptología* 5, 2012, pp. 3-9.

Molinero Polo 2013
M.Á. Molinero Polo, A. Martín Flores, C. Ruiz Medina, D.M. Méndez Rodríguez, L.E. Díaz-Iglesias Llanos, "Los grafitis del templo de Debod", en *La aventura de la Historia* 174, abril 2013, pp. 72-76.

I monili dall'area vesuviana 1997
I monili dall'area vesuviana, a cargo de A. d'Ambrosio, E. De Carolis (Ministero per i Beni Culturali e Ambientali, Soprintendenza Archeologica di Pompei. Cataloghi, 6), Roma, 1997.

Muccioli 2004
F. Muccioli, "La titolatura di Cleopatra VII in una nuova iscrizione cipriota e la genesi dell'epiteto Thea Neotera", en *Zeitschrift für Papyrologie und Epigraphik*, 146, 2004, pp. 105-114.

P

Palma Venetucci 2010
B. Palma Venetucci (ed.), *Il fascino dell'Oriente nelle collezioni e nei musei d'Italia*, Roma 2010.

Papi 1996
E. Papi, "Horti Caesaris (trans Tiberim) ", en *Lexicon Topographicum Urbis Romae III*, Roma, 1996, pp. 55-56.

Padró i Parcerisa 1980-1985
J. Padró i Parcerisa, *Egyptian-type Documents: From the Mediterranean Littoral of the Iberian Peninsula before the Roman Conquest, I-III*, Leiden, 1980-1995.

Peña 2009
A. Peña, "La escultura decorativa", en P. León (coord.), *Arte romano de la Bética. La escultura*, Sevilla, 2009.

Pérez Die, Vernus 1992
Mª. C. Pérez Die, P. Vernus, *Excavaciones en Ehnasya el-Medina (Heracleopolis Magna): Introducción general, Inscripciones*, Madrid, 1992.

Pérez Die 1999
Mª. C. Pérez Die et al., *Hombres sagrados, dioses humanos*, catálogo de la exposición, Alicante, 1999.

Pérez Die 2002
Mª. C. Pérez Die et al., *La herencia del pasado.Últimas adquisiciones del Museo Arqueológico Nacional (2000-2001)*, Madrid, 2002.

Pérez Die 2002a
Mª. C. Pérez Die et al., *Museo Arqueológico Nacional*, Guía Electa, 2002.

Pérez Die 2004
Mª. C. Pérez Die et al., *La tumba de Tutmosis III, Las horas oscuras del sol*, catálogo de la exposición, Madrid, 2004.

Pérez Die 2007
Mª. C. Pérez Die et al., *Egipto, Nubia y Oriente Próximo. Colecciones del Museo Arqueológico Nacional*, catálogo de la exposición, Sevilla-Granada-Albacete y Murcia, 2007.

Pérez Die 2010
Mª. C. Pérez Die, *Heracleópolis Magna (Ehnasya el-Medina, Egipto). La Necrópolis "real" del Tercer Periodo Intermedio y su reutilización*, Madrid, 2010.

Pfrommer 1999
M. Pfrommer, *Alexandria. Im Schatten der Pyramiden*, Mainz, 1999.

Pfrommer 2002
M. Pfrommer, *Königinnen vom Nil*, Mainz, 2002.

Plutarco 1964
Plutarco, "Vidas paralelas, Demetrio y Antonio" (traducción de Antonio Ranz Romanillos), en *Biógrafos griegos*, Madrid, 1964.

Q

Queyrel 2006
F. Queyrel, "Die Ikonographie Kleopatras VII. Geschichte und Vorgeschichte", en B. Andreae (ed.), *Kleopatra und die Caesaren*, München, 2006, pp. 158-163.

R

Reddé 1986
M. Reddé, *Mare nostrum. Les infrastructures, le dispositif et l'histoire de la marine militaire sous l'Empire romain*, Roma-Paris, 1986.

Roberts 2013
P. Roberts, *Life and death in Pompeii and Herculaneum*, London, 2013.

Robins 1993
G. Robins, *Women in ancient Egypt*, London, 1993.

Roddaz 1984
J.-M. Roddaz, *Marcus Agrippa*, Roma-Paris, 1984.

Rodríguez Oliva 2009
P. Rodríguez Oliva, "La escultura ideal", en P. León (coord.), *Arte romano de la Bética. La escultura*, Sevilla, 2009.

Roehrig 2005
C. Roehrig (ed.), *Hatshepsut, from Queen to Pharaoh*, catálogo de la exposición San Francisco (de Young)-Nueva York (MET)-Fort Worth (Kimbell), New York, 2005.

Rojas Zorrilla 1952
F. de Rojas Zorrilla, *Comedias escogidas*, edición de R. Mesonero Romanos, Biblioteca de Autores Españoles LIV, Madrid, 1952.

Roller 2010
D.W. Roller, *Cleopatra. A Biography*, Oxford, 2010.

Roman Cameos 2010
P. Roberts et al., *Roman Cameos Glass in the British Museum*, London, 2010.

S

Scheid 2007
J. Scheid, *Res gestae divi Augusti. Haut faits du divin Auguste*, Paris, 2007.

Schiff 2010
S. Schiff, *Cleopatra: A life*, London, 2010.

Shaw 1987
George Bernard Shaw, *César y Cleopatra. La comandante Barbara. Candida*, traducciones de J. Broutá y R. Dessau, Biblioteca Personal Jorge Luis Borges, Barcelona, 1987.

Siliotti 1985
S. Siliotti (dir.), *Viaggiatori veneti alla scoperta dell'Egitto*, Venezia 1985

Sist 1997
L. Sist, "L'Iseo-Serapeo Campense", en *Iside. Il mito, il mistero, la magia*, catálogo de la exposición a cargo de E. Arslan, Milano, 1997, pp. 297-305.

Sist 2005
L. Sist, "L'Egitto e Roma", en A. Roccati (ed.), *Egittologia*, Roma, 2005, pp. 272-292.

Spinazzola 1928
V. Spinazzola, *Le arti decorative in Pompei e nel Museo Nazionale di Napoli*, Milano, 1928.

Spinola 2001
G. Spinola, "Alcune sculture egittizzanti nell'area lateranense: nuove testimonianze dell'Iseum

Metellinum?", en *Bollettino dei Monumenti, Musei e Gallerie Pontificie,* XXI, 2001, pp. 75-101.

Spinola 2012
G. Spinola, "Il Sepolcro degli Haterii", en E. La Rocca, C. Parisi Presicce (Eds.), *L'età dell'equilibrio*, Roma, 2012, pp. 345-346, num. VI.11.

Stierlin 2009
H. Stierlin, *Le Buste de Néfertiti: une imposture de l'égyptologie?,* Gollion, 2009.

Strazzulla 1990
M.J. Strazzulla, "Il principato di Apollo. Mito e propaganda nelle lastre 'Campana' dal tempio di Apollo Palatino", en *Studia Archaeologica,* 57, Roma, 1990

Strootman 2010
R. Strootman, "Queen of Kings: Cleopatra VII and the Donations of Alexandria", en M. Facella, T. Kaizer (eds.), *Kingdoms and Principalities in the Roman Near East* (Occidens et Oriens 19), Stuttgart, 2010, pp. 139-158.

T

Tesoros 2003 red
Tesoros del Gabinete Numismático, Museo Arqueológico Nacional, Madrid, 2003 (red).

Tyldesley 2008
J. Tyldesley, *Cleopatra: Last Queen of Egypt,* London, 2008.

Tormo 1944
E. Tormo, "El último de los faraones y la estatuaria egipcia en el Museo de El Prado", *Boletín de la Sociedad Española de Excursiones*, vol. 48, 1944, pp. 65-86.

Török 2009
L. Török, *Between Two Worlds. The Frontier Region between Ancient Nubia and Egypt 3700 BC – AD 500*, Leiden/Boston, 2009.

Traina 2003
G. Traina, *Marco Antonio*, Roma-Bari, 2003.

Troy 1986
L. Troy, *Patterness of Queenship in Ancient Egyptian Myth and History*, Acta Universitatis Upsaliensis, Uppsala, 1986.

Tucci 2004
P.L. Tucci, "Eight Fragments of the Marble Plan of Rome Shedding New Light on the Transtiberim", in *Papers of the British School at Rome,* 72, 2004, pp. 185-202.

U

Usick 2002
P. Usick, *Adventures in Egypt and Nubia. The Travels of William John Bankes,* London, 2002.

V

Versluys, Meyboom 2000
M.J. Versluys, P.G.M. Meyboom, "Les scènes dites nilotiques et les cultes isiaques. Une interprétation contextuelle", in *De Memphis à Rome: Actes du Ier Colloque International sur les études isiaques,* Leiden, 2000, pp. 111-127.

Verzár-Bass 1995
M. Verzár-Bass, en M. Cima, E. La Rocca (eds.), "Horti Romani", *BullCom Suppl*, 6, 1998, pp. 422-424.

Visconti 1885
C.L. Visconti, "Del larario e del Mitreo scoperti nell'Esquilino presso la chiesa di S. Martino ai Monti", in *BullCom*, XIII, 1885, pp. 173-182.

Vollenweider, Avisseau-Brouset 1995
M.L. Vollenweider, M. Avisseau-Broustet, *Camées et intailles,* tomo I. *Les Portraits grecs du Cabinet des Medailles. Catalogue raisonné,* 2 voll., Paris, 1995.

Vollenweider, Avisseau-Brouset 2003
M.L. Vollenweider, M. Avisseau-Broustet, *Camées et intailles,* tomo II. *Les Portraits romains du Cabinet des Médailles. Catalogue raisonné,* 2 voll., Paris 2003.

Vorster 2004
Ch. Vorster, *Vatikanische Museen. Museo Gregoriano Profano ex Lateranense. Katalog der Skulpturen, 2. Römische Skulpturen des späten Hellenismus und Kaiserzeit*, 2, Mainz, 2004.

VV.AA 2009
120 años de Arqueología Española en Egipto, Madrid, 2009.

W

Wallace-Hadrill 1999
A. Wallace-Hadrill, *Augustan Rome,* Bristol, 1999

Walker 2000
S. Walker, "Le immagini di Cleopatra: specchi della realtà", en *Cleopatra. Regina d'Egitto*, catálogo de la exposición a cargo de S. Walker, P. Higgs, Milano, 2000, pp. 98-101.

Walker 2001a
S. Walker, P. Higgs (eds.), *Cleopatra of Egypt: From History to Myth,* London, 2001

Walker 2001b
S. Walker, "Cleopatra's Images: Reflections of Reality", en S. Walker, P. Higgs (eds.), *Cleopatra of Egypt: From History to Myth,* London, 2001

Walker 2008
S. Walker, "Cleopatra in Pompeii?", en *Papers of the British School at Rome,* 76, 2008, pp. 35-46.

Walker, Ashton 2006
S. Walker, S.-A. Asthon, *Cleopatra*, London, 2006.

Weill Goudchaux 2006a
G. Weill Goudchaux, "Kleopatra Nahman", en *Kleopatra und die Caesaren*, catálogo de la exposición a cargo de B. Andreae *et al.*, München, 2006, pp. 126-129.

Weill Goudchaux 2006b
G. Weill Goudchaux, "Die Münzbildnisse Kleopatras VII", en *Kleopatra und die Caesaren*, catálogo de la exposición a cargo de B. Andreae *et al.*, München, 2006, pp. 130-135

Weill Goudchaux 2006c
G. Weill Goudchaux, "Die Venus vom Esquilin ist nicht Cleopatra", en *Kleopatra und die Caesaren*, catálogo de la exposición a cargo de B. Andreae *et al.*, München, 2006, pp. 138-141.

Westall 1996
R. Westall, "The Forum Iulium as representation of Imperator Caesar", in *RM,* 103, 1996, pp. 83-118.

Wildung 1977
D. Wildung, *Imhotep und Amenhotep: Gottwerdung im alten Agypten*, Münchner Ägyptologische Studien 36, München, 1977.

Z

Zanker 2006
P. Zanker, *Augusto e il potere delle immagini,* Torino, 2006 [versión española a cargo de P.Diener Ojeda: *Augusto y el poder de las imágenes,* Madrid 1992].

Zecchini 2001
G. Zecchini, *Cesare e il mos maiorum*, Stuttgart, 2001, pp. 77-88.

Zevi 2006
F. Zevi, "Pozzuoli come 'Delo minore' e i culti egizi nei Campi Flegrei", en *Egittomania. Iside e il mistero*, catálogo de la exposición a cargo de S. De Caro, Verona, 2006, pp. 69-76.

Ziegler 2008
Ch. Ziegler, *Queens of Egypt, from Hetepheres to Cleopatra*, Paris-Monaco, 2008.

Zivie 1979
A.P. Zivie, *Hermopolis et le Nome de l'Ibis: recherches sur la province du dieu Thot en Base Egypte,* Bibliothèque d'Étude 66, 1, Institut Français d'Archeologie Orientale, Cairo, 1979.

Zwierlein-Diehl 2005
E. Zwierlein-Diehl, *Gemmen mit Künsterlischriften, in Meisterwerke. Internationales Symposion anäßlich des 150. Geburtstages von Adolf Furtwängler* (Freiburg im Breisgau, 2003), a cargo de V.M. Stroka, München, 2005.

Zwierlein-Diehl 2008
E. Zwierlein-Diehl, *Magie der Steine. Die antiken Prunkkameen im Kunsthistorischen Museum*, Wien, 2008.